家藏文库

重订增广贤文 名贤集

谢永芳 注评

中州古籍出版社
·郑州·

图书在版编目（CIP）数据

重订增广贤文　名贤集 / 谢永芳注评．—郑州：中州古籍出版社，2021. 8
（家藏文库）
ISBN 978-7-5348-9778-8

Ⅰ．①重⋯　Ⅱ．①谢⋯　Ⅲ．①古汉语－启蒙读物　Ⅳ．① H194.1

中国版本图书馆 CIP 数据核字（2021）第 170649 号

JIACANG WENKU：CHONGDING ZENGGUANG XIANWEN　MINGXIAN JI

家藏文库：重订增广贤文　名贤集

选题策划	卢欣欣　赵发杰
约稿统筹	卢欣欣
责任编辑	高雪薇
责任校对	刘丽佳
封面设计	王　歌
版式设计	曾晶晶

出版社	中州古籍出版社（地址：郑州市郑东新区祥盛街 27 号 6 层　邮编：450016　电话：0371-65788693）
发行单位	河南省新华书店发行集团有限公司
承印单位	河南新华印刷集团有限公司
开　本	640 mm × 960 mm　1/16
印　张	24
字　数	307 千字
版　次	2021 年 8 月第 1 版
印　次	2021 年 8 月第 1 次印刷
定　价	46.00 元

本书如有印装质量问题，请与出版社调换。

前 言

"蒙学"一词,源出《周易》。《易传·象传上·蒙》:"山下出泉,蒙。君子以果行育德。"蒙卦上艮为山,下坎为泉水,山下出泉,就是蒙卦的卦象。王弼云:"山下出泉,未知所适,蒙之象也。"山下出泉,未有所适之处,行既不定,源又不开,所以为蒙。孔颖达谓:"君子当发此蒙道,以果决其行,告示蒙者,则'初筮之义'。'育德'谓隐默怀藏,不自彰显,以育养其德。"意即君子见此象,乃果决而行,育养己德所以去蒙,而求有所为。

传统蒙学,大致上可以分为三大类:一是知识类。包括识字,如《百家姓》《千字文》;识事,如《幼学琼林》;识史,如《龙文鞭影》。二是伦理类,如《三字经》《弟子规》。三是诗歌类,如《神童诗》《千家诗》《声律启蒙》《唐诗三百首》。整个蒙学教育,按年龄层次分阶段进行教学,分成三个循序渐进的阶段。总的来看,古代蒙学教育内容丰富,形式多样,途径各别,共同的目标都在于:用正确的教育方式启迪蒙童的智慧和心灵,使之健康成长,即所谓"蒙以养正"。事实上,蒙学读本中始终贯穿着传统文化的精神,包括人本精神、自强不息的拼搏精神等,体现在修身做人、孝悌友爱、忠君爱国、乐善好施、重义轻利、诚实守信、勤劳节俭等方面的道德意识上。这其中自然也存在一些不可取的地方,如森严的等级观念、保守的处世哲学、狭隘的人生观等，需要去粗取精，去伪存真，取其精华去其糟粕。

《增广贤文》属于上述传统蒙学分类之第一大类中的"识事"小类。《增广贤文》，又名《昔时贤文》，也称《昔氏贤文》，最早见于汤显祖名剧《牡丹亭》第七出《闺塾》："《昔氏贤文》，把人禁杀。"可见，至迟于明万历二十六年（1598）《牡丹亭》版行之前，《增广贤文》已基本成书。后来，经过明、清两代人的不断修订补充，名曰《增广昔时贤文》，简称《增广贤文》。带有"层累"性质的《增广贤文》，原文基本上两句一对，句式结构却没有做到完全整齐划一，内容五花八门且常有交叉重复，尽管都是中国人典型的人生态度和处世原则的反映，但时有不方便蒙童诵习处，故而便不断出现了各种改编本。

在《增广贤文》的改订本中，有两个是颇为知名的。一是《训蒙增广改本》，改编者署"硕果山人"。孙延钊《浙江畴人别记》曰："郑光祚，字四维，原籍余姚，迁秀水。善天文，明末隐居梅花径，自号硕果山人，年八十卒。"龚肇智《嘉兴明清望族疏证》谓："郑光祚，字四维，原籍余姚，迁秀水，明末隐居花泾，自号硕果山人。绍兴府学生，卒年八十。"或即其人。一是《重订增广贤文》，重订者周希陶。重订本周氏自序尾署云："同治八年（1869）己巳冬南至日，希陶山人识于晚香书屋。"据此可推知其成书时间。又，重订本有何荣爵（字健斋）所作序，尾署："郡人健斋何荣爵管见。"今重庆市合川区石泉庵观音殿内的石柱上刻有五副楹联，其中一副为："五百阿罗汉，仙云自海岛飞来，降龙伏虎；三千世界人，法雨将尘心洗净，月白风清。"款题："同治五年（1866）丙寅夏，郡人何荣爵敬献。"据此亦可推知周希陶的籍贯。

改编者的相关情况虽不甚了了，但并不影响读者了解和判断《增广贤文》系列读本的基本情况。《增广贤文》作为各种格言、俗语和谚语的集合之书，其内容编排还是有一定的内在逻辑的，并不像表面上看上去的那样杂乱无章。该书以冷峻的目光洞察社会、人生，似乎是以"性恶论"为认知前提的。不过，《增广贤文》中那些高度概括且似冰冷陈列的绝大多数句子，背后的思想观念实际上都直接或间接地来自儒、释、道经典，内容大致包括：谈论人与人际关系、人的命运、如何处世，以及表达对读书的看法。这些观点也正是因为庞杂，才能在烙下深深的时代印记的同时，具备了更广泛的代表性。不仅是蒙童，即便是心智成熟的成年人，也能常读常新，一直有所收获，正所谓"《贤文》一篇，古谚三千"，"读了《增广》会说话"。

《增广贤文》之所以表现出无可比拟的旺盛生命力，主要缘于其对蒙童开蒙启智的内容，除了精英知识体系和主流意识形态之外，也包含世俗的处世经验和人生智慧。《增广贤文》中宣扬的许多传统的道德训诫，比如敬老尊师、兄弟友爱、夫妇和顺、勤劳质朴、轻利重义、推己及人、惜时向学等，都已经得到了后世的广泛认同。《增广贤文》又全方位地切入现实生活，并总结大量的生活经验，用以启迪和警示后人。书中既有积极进取的入世精神，又时时流露避祸厌世的消极思想；既有简单的生活常识和科学道理，又不免掺杂着封建迷信和宿命论等观点。以现代人的眼光来看，其中既有可取之处，也有相当分量的应该抛弃的糟粕。但这些话语，在当时确确实实可以说是历经世事沧桑者对初涉人生旅途者的心曲吐露，谓之语重心长之语也并不过分。

《重订增广贤文》，可以说是《增广贤文》系列最好的版本。周希陶通过增加和删减原本内容，删除冗繁芜杂，补苴雅俗精华，同时按照平、上、去、入四声——跟《训蒙增广改本》分编成四、五、六、七、杂言五部分，并附录偶语不同，将全书重新编排成四个相对独立的部分，使得该版本更便于诵读，也大幅提高了读本的质量。这主要表现在，改本篇幅显著增加，行文条理性明显增强，有些为人处世的道理及对其的阐释，因而得以进一步拓展，从而为《增广贤文》成为流行读本并不断扩大影响力，奠定了坚实的基础。可以说，《重订增广贤文》是编者对他心目中的理想社会的一种呼唤，诚如何荣爵序言所云："古圣贤千言万语，无非教人为善耳。然与流俗人言，文言之不解，又俗言以晓之；直言之不受，又婉言以通之；且善言之不入，又法言以儆之，世之人安得有得意忘言者与之言哉！至若不屑之教，微已，抑又苦已。《增广》之集，非由是与？其次以韵者，非无谓也。盖声音之道，与性情通。故闻呦呦之韵，鹿且呼群；听嘤嘤之韵，鸟犹求友。况人为万物之灵，入于耳，必动于心，将和其声，以鸣国家之盛，未始非韵语引人入胜之一证也。若《三字经》、《百家姓》、《千字文》、三百篇《诗》，皆有韵，试讽咏之，何如？今周子希陶，本老学究。课读之余，集古今名言正论，将增广而参订之。有文言，有俗言，有直言，有婉言，有善恶言、勉戒言、在家出家言，复有仕宦治世言，隐逸出世言，士农工商，无一不备。理切身心，韵分次第，略备稽考，微加音解，诚善本也。释子云峰，玉成其美，捐资寿梓。是二子，殆深虑乎世道人心而为之者。可与流俗言，又不仅与流俗言。"那么，对于后世的读者而言，因读其书而知其人、论其世，也可以使我们与古人相知相交，明白世事的艰难，从而通古达今，肩负起推动社会前进的重任。

需要提出的是，取资或参考类似典籍的内容、形式，是不同时代蒙学读本编纂中的常见情形。《重订增广贤文》在编纂、收录格言和谚语时存在直接取用或略有改易的情况：其一，陈元靓《事林广记》，如"路遥知马力，日久见人心""入山擒虎易，开口告人难""但愿五湖明月在，不愁无处下金钩""人间私语，天闻若雷；暗室亏心，神目如电"等。其二，洪应明编《菜根谭》，如"责人者，原无过于有过之中，则情平；责己者，求有过于无过之内，则德进""山河大地已属微尘，而况尘中之尘；血肉之躯且归泡影，而况影外之影""非上上智，无了了心""扫地红尘飞，才著工夫便起障；开窗日月进，能通灵窍自生明"。其三，程登吉《幼学琼林》，如"鹪鹩巢林，不过一枝；鼹鼠饮河，不过满腹"等。其四，朱用纯编《朱子家训》，如"读书志在圣贤，非徒科第；为官心存君国，岂计身家。守分安命，顺时听天。为人若此，庶乎近焉""兄弟叔侄，需分多润寡；长幼内外，宜法肃辞严""一粥一饭，当思来处不易；半丝半缕，恒念物力维艰""宜未雨而绸缪，勿临渴而掘井"等。《训蒙增广改本》也是如此，有取自《事林广记》的，如"自家扫取门前雪，莫管他人瓦上霜"；取自吕坤《续小儿语》的，如"奉劝君子，各宜守己。只此呈示，万无一失"，等等。这些都说明，《增广贤文》逐渐形成相对完善的不同"定本"的成书过程，是一个不断吸纳宋元明清时期其他典籍内容，加以补充修订的过程。在这一过程中，不同时代的编纂者表现出的态度都是严肃认真的，从而成为《增广贤文》长盛不衰的一个重要缘由。

本书合编《增广贤文》和《名贤集》，是因为它们都以"贤"为主题，且两者之间存在历史渊源。《名贤集》，一般认为是南宋时期的儒家学者初纂，再经后代儒者订补而成。到了明代，又有学者在《名贤集》的基础上进行增订，遂编成《增广贤文》。《名贤集》以四、五、六、七言组成，汇集孔、孟以降名士贤达的嘉言善行，以及在社会上广为流传的为人处世、修身立业等方面的格言佳句。贤，作为儒家思想的重要组成部分，所施与的对象和表现的场合相比于"忠孝"观念而言更为宽泛，是需要长久地艰苦修炼才能达致的一种思想境界。书名为"名贤"，因之而包含希圣希贤、成人成己之意，反映的正是当时社会与民众的一种普遍心理和愿望。

本书为《重订增广贤文》与《名贤集》的合订本，底本均取用通行版本，再参以他本和他种文献，细加校正，以求尽可能提供准确无误的文本。又对两书中所涉典事、诗文等详加注释，且最大限度地提供可资参证的原始文献。评析则注重在读解文本的基础上作适度发挥，冀收牵引提升之效。另于《重订增广贤文》后附录《增广贤文》和《训蒙增广改本》，以为对照比较、对读领悟之资。

限于编者水平，书中恐难免存在不足，期望读者批评指正。必须说明的是，这本小书在编写过程中，对前修时彦的相关研究成果多有参考。所有这些，都尽量在前言和正文中以随文作注的方式加以说明，另于书末按其在行文中出现的先后顺序，列举出主要参考引用文献，以为读者提供方便。责任编辑高雪薇付出了辛勤的劳动。谨此一并致谢。

谢永芳

于广西科技师范学院

目 录

重订增广贤文

序 ……………………………………… 何荣爵 3
自序 ……………………………………… 周希陶 9
平韵 …………………………………………… 14
上韵 ………………………………………… 128
去韵 ………………………………………… 142
入韵 ………………………………………… 178
附录一 增广贤文 …………………………… 199
附录二 训蒙增广改本 ……………………… 228
    四言 ……………………………………… 228
    五言 ……………………………………… 247
    六言 ……………………………………… 259
    七言 ……………………………………… 266
    杂言 ……………………………………… 271
    附偶语 …………………………………… 304

名贤集

四言集 315
五言集 327
六言集 344
七言集 351

参考引用文献举要 363

重订增广贤文

序

　　古圣贤千言万语，无非教人为善耳。①然与流俗人言，文言之不解，又俗言以晓之；②直言之不受，又婉言以通之；③且善言之不入，又法言以儆之，世之人安得有得意忘言者与之言哉！④至若不屑之教⑤，微已，抑又苦已。《增广》之集，非由是与？其次以韵者，非无谓也⑥。盖声音之道，与性情通⑦。故闻呦呦之韵，鹿且呼群；听嘤嘤之韵，鸟犹求友。⑧况人为万物之灵，入于耳，必动于心，将和其声，以鸣国家之盛，未始非韵语引人入胜之一证也。⑨若《三字经》、《百家姓》、《千字文》、三百篇《诗》，皆有韵，试讽咏之⑩，何如？今周子希陶，本老学究⑪。课读之余，集古今名言正论，将增广而参订之。⑫有文言，有俗言，有直言，有婉言，有善恶言、勉戒言、在家出家言，复有仕宦治世言、隐逸出世言，士农工商，无一不备。⑬理切身心，韵分次第，略备稽考，微加音解，诚善本也。⑭释子云峰，玉成其美，捐资寿梓。⑮是二子，殆深虑乎世道人心而为之者⑯。可与流俗言，又不仅与流俗言。

郡人健斋何荣爵管见⑰

[注释]

　　①"古圣贤"二句：圣贤，圣人与贤人的合称，指品德高尚、有超凡才智的人。通常被认为是由官方祭祀制度和历代学者通过史书确认的，实践了儒学生命价值观，对历史和社会做出巨大贡献的人物。《周易·

鼎》："圣人亨以享上帝，而大亨以养圣贤。"司马迁《报任少卿书》："古者富贵而名摩灭，不可胜记，唯俶傥非常之人称焉。盖西伯拘而演《周易》；仲尼厄而作《春秋》；屈原放逐，乃赋《离骚》；左丘失明，厥有《国语》；孙子膑脚，《兵法》修列；不韦迁蜀，世传《吕览》；韩非囚秦，《说难》《孤愤》；《诗》三百篇，大氐贤圣发愤之所为作也。"为善，行善。《国语·齐语》："夫是，故民皆勉为善。"刘峻《辩命论》："为善一，为恶均，而祸福异其流，废兴殊其迹，荡荡上帝，岂如是乎？《诗》云：风雨如晦，鸡鸣不已。故善人为善，焉有息哉！"

②"然与"三句：流俗，世俗。《礼记·射义》："幼壮孝弟，耆耋好礼，不从流俗，修身以俟死者，不在此位也。"柳宗元《答韦中立论师道书》："今之世不闻有师，有辄哗笑之，以为狂人。独韩愈奋不顾流俗，犯笑侮，收召后学，作《师说》，因抗颜而为师。"文言，《周易》之《十翼》中的一篇，专门解释《乾》《坤》两卦。孔颖达《周易正义》曰："《文言》者，是夫子第七翼也。"又引庄氏云："文谓文饰，以乾坤德大，故特文饰以为《文言》。"在先秦时期，书面语言和口头语言的差别不是很大，主要的区别是书面语言更为精练简洁，辞藻也更为优美典雅。发展至唐宋，二者逐渐分化，并最终形成两套语言系统。那时一个人需要接受良好的文化教育才能够对文言运用自如，文言也成为人们身份和教养的象征。俗言，民间流传的说法。王充《论衡·福虚》："夫见两头蛇辄死者，俗言也；有阴德天报之福者，俗议也。"

③"直言"二句：直言，直率地说话。《左传·成公十五年》："初，伯宗每朝，其妻必戒之曰：'盗憎主人，民恶其上。子好直言，必及于难。'"婉言，婉转的言辞。沈复《浮生六记》卷三："严君怒犹未息，兄宜仍往扬州，俟严君归里，婉言劝解，再当专札相招。"

④"且善言"三句：善言，有益之言。《孟子·离娄下》："禹恶旨酒

而好善言。"法言，作为准则而对事情的是非给予评判之言。《论语·子罕》："法语之言，能无从乎。"《孝经·卿大夫章第四》："非先王之法言不敢道。"唐玄宗注："法言，谓礼法之言。"《说文解字》："儆（jǐng），戒也。"得意忘言，描述审美创造与欣赏中应达到的一种心理状态。《庄子·外物》："言者所以在意，得意而忘言。"即意重于言，言必须为表现意服务。《庄子·天道》："语之所贵者，意也。"对于言者来说，重要的是达意；对于言的接受者来说，重要的亦是领会言辞中表达或尚未表达出来的意，而不应拘泥于言辞。

⑤不屑：不顾惜，不重视。《诗经·鄘风·君子偕老》："鬒发如云，不屑髢也。"《庄子·则阳》："方且与世违，而心不屑与之俱。"

⑥无谓：没有意义。《史记·秦始皇本纪》："如此，则子议父，臣议君也，甚无谓，朕弗取焉。"

⑦性情：思想感情。钟嵘《诗品·序》："气之动物，物之感人，故摇荡性情，形诸舞咏。"杜甫《赠王二十四侍御契四十韵》："由来意气合，直取性情真。"

⑧"故闻"四句：《诗经·小雅·鹿鸣》："呦（yōu）呦鹿鸣，食野之苹。我有嘉宾，鼓瑟吹笙。"朱熹《诗集传》："呦呦，声之和也。"《诗经·小雅·伐木》："嘤（yīng）其鸣矣，求其友声。相彼鸟矣，犹求友声。"

⑨"况人为"六句：《尚书·泰誓上》："惟天地，万物父母；惟人，万物之灵。"人为万物之灵，是儒家思想中对人的价值的基本定位，如《礼记·礼运》："人者，天地之心也。"《孝经·圣治》："天地之性人为贵。"《白虎通义·三军》："人者，天之贵物也。"鸣……盛，歌颂盛世。《平山冷燕》第一回："天子又道：'朕见太祖高皇帝每宴群臣，必有诗歌鸣盛。'"刘义庆《世说新语·任诞》："王卫军云，酒正自引人着胜地。"

⑩讽咏：讽诵吟咏。张华《博物志》卷一○："席不正不坐，割不正

不食,听诵诗书讽咏之音,不听淫声,不视邪色。"

⑪学究:唐代取士,明经一科有"学究一经"的科目;宋代称为"学究",为礼部贡举十科之一。王定保《唐摭言》卷九:"许孟容进士及第,学究登科,时号锦袄子上着莎衣。"《朱子语类》卷一二八:"学究科但试墨义……凡试一大经者,兼一小经。每段举一句,令写上下文,以通不通为去取。"司马光《涑水记闻》卷一〇:"(范仲淹)与朱氏兄弟俱举学究……众客退,(姜遵)独留仲淹,引入中堂,谓其夫人曰:'朱学究年虽少,奇士也。'"又为读书人的泛称。陆游《自咏》:"衣冠醉学究,毛骨病维摩。"亦私塾先生旧称。郎瑛《七修类稿》卷二六:"近世嘲学究云:'我若有道路,不做猢狲王。'本秦桧之诗也。秦盖微时为童子师,仰束脩自给。"

⑫"课读"三句:课读,进行教学活动,传授知识。昭梿《啸亭续录》卷二:"公独处萧寺中,聚徒课读。"名言正论,著名的言论,正确合理的言论。《世说新语·言语》:"庾公尝入佛图,见卧佛,曰:'此子疲于津梁。'于时以为名言。"叶适《祭黄尚书文》:"公存匪石,终始根柢,常扶正论,独引大体。"增广,增加,扩大。参订,参校订正。张淏《云谷杂记》卷一:"以二书参订,稍稍可读。"

⑬"有善恶言"四句:善恶,指善与恶。若再加上无记,则合称"三性"。一般而言,善指顺理,恶指违理。依《成唯识论》之意,能顺益此世、他世之有漏与无漏行法为善,于此世、他世有违损之有漏行法为恶。善恶二者皆须贯串此世与他世,否则即为无记。如人天之乐果,于此世虽为顺益,于他世则不为顺益,故非为善,而为无记性。又如恶趣之苦果,于此世虽为违损,于他世则不为违损,故亦非恶,而为无记性。勉戒,勉励劝诫。范成大《次韵知府王仲行尚书鹿鸣燕古风》:"戒之书鱼蠹,勉以云鹏举。"在家出家,谓不剃度而在家修行佛道。《法苑珠林》

卷一〇七："故戒法理旷事深，在家出家，平等而受。"《景德传灯录》卷二："遂终日不食。乃许其在家出家。"（按：佛陀化世的本怀，是希望所有的人都能勤修戒、定、慧，以息灭贪、嗔、痴。但一切法本身并无贪、嗔、痴及种种罪过，而是加上了人内心的贪、嗔、痴之后，才有罪恶产生。因此，佛法的根本目的并非要从诸法中辨别清净与不清净，而是由净化内心以彻底改变对世界的错觉。可是修持戒、定、慧并不简单。比较起来，出家修行的障碍比在家少，而出家修行者发觉的障碍当中，心障又比业障多。）在家，居于家，没离家门。《尚书·君奭》："在我后嗣子孙，大弗克恭上下，遏佚前人光在家，不知天命不易，天难谌，乃其坠命，弗克经历。"孔传："我老在家则不得知。"孔颖达疏："我若退老在家，则不能得知。"戎昱《长安秋夕》："远客归去来，在家贫亦好。"仕宦，出仕。《史记·鲁仲连邹阳列传》："鲁仲连者，齐人也。好奇伟俶傥之画策，而不肯仕宦任职，好持高节。"治世，治国。《商君书·更法》："治世不一道，便国不必法古。"隐逸，隐居赋闲。《汉书·何武传》："吏治行有茂异，民有隐逸，乃当召见，不可有所私问。"出世，超脱人世（俗世）的束缚。颜之推《颜氏家训》卷五："考之内教，纵使得仙，终当有死，不能出世。"士农工商，古代"四民"的总称。《管子·小匡》："士农工商四民者，国之石民也。"《淮南子·齐俗训》："是以人不兼官，官不兼事，士农工商，乡别州异，是故农与农言力，士与士言行，工与工言巧，商与商言数。"不备，不完备。《孟子·滕文公下》："牺牲不成，粢盛不洁，衣服不备，不敢以祭。"《资治通鉴·梁武帝天监十七年》："魏主引见柔然使者，让之以藩礼不备。议依汉待匈奴故事，遣使报之。"

⑭"理切"五句：身心，身体和精神，两者互为依存。佛家认为，身心由五蕴构成，色蕴是身体，受、想、行、识四蕴是心。人通过五根（五官）攀缘外境而产生感受、想象和贪、嗔、痴等识别心理。翁洮

《夏》："身心已在喧阗处，惟羡沧浪把钓翁。"次第，次序。《诗经·大雅·行苇》"序宾以贤"郑玄笺："谓以射中多少为次第。"王若虚《滹南辨惑》卷九："次第明甚，不可乱也。"稽考，查核。苏辙《论雇河夫不便札子》："虽有官司，无由稽考。"善本，一般指雕印时代精加校雠的书本。《汉书·河间献王传》："从民间得善书，必为好写与之，留其真。"此所谓"善书"，即写本时代的善本。叶梦得《石林燕语》卷八："唐以前，凡书籍皆写本，未有模印之法，人以藏书为贵，人不多有，而藏者精于雠对，故往往皆有善本。"陈振孙《直斋书录解题》卷八："《元和姓纂》绝无善本，顷在莆田以数本参校，仅得七八。后又以蜀本校，互有得失，然粗完整矣。"

⑮"释子"三句：释子，僧徒的通称，取释迦弟子之意。《杂阿念经》："若欲为福者，应于沙门释子所作福。"韦应物《寄皎然上人》："吴兴老释子，野雪盖精庐。"玉成，促成。张载《西铭》："富贵福泽，将厚吾之生也；贫贱忧戚，庸玉汝于成也。"寿梓，镌刻，使之长远留存。袁庆麟《朱子晚年定论·跋》："众皆惮于翻录，乃谋而寿诸梓。"

⑯"殆深虑"句：深虑，甚为忧虑。任昉《天监三年策秀才文》三首其一："若终亩不税，则国用靡资。百姓不足，则恻隐深虑。"世道人心，泛指社会的道德风尚和人们的思想感情等。《周易·咸》："圣人感人心，而天下和平。"《颜氏家训》卷七："人心有所去取，去取谓之好恶。"叶梦得《避暑录话》卷上："所谓人心者，喜怒哀乐之已发者也。"

⑰"郡人"句：郡人，郡境居民。《全唐文补遗·大周故同州白水县令下博孔君元墓志铭》："遂家于兖州曲阜县，故为郡人焉。"管见，见识狭隘如管中窥物，是自谦之辞。陆云《国起西园第表启》："伏见西园大营第室，虽未审节度丰俭之制，然用功甚严，窃惧事不得济，愚臣管见，辄敢瞽言。"

自　序

　　昔舜好问，而好察迩言，①盖言以明道，未可以其近而忽之也。夫以大舜之智，犹以察焉，况其下者乎？若《增广》一书，行世已久，不知集自何人。节录杂记，雅俗兼收，虽无统纪②，而言浅意深，确中人情，虽迩言，而持己接物之道存焉③。但其间多有语病，如"欺老莫欺少""红粉佳人休便老，风流浪子莫贫"之类，④余窃弃之，补以经传格言之简易者，次以平上去入四韵，⑤略加音注释典，以便俗学。夫人莫不欲保身家也，保身家惟读书为最，而读书又以体行为贵。⑥资质钝者，既不能究四子、六经之奥，若于小学外兼读此书，⑦体而行之，纵不能升堂入室，亦不失为克家之令子，里党之正人。⑧而风俗益臻于淳美⑨，非特一身一家已也。苟不量子弟之智愚贤否，而徒浮慕经典，岂数载占毕，⑩遂能窥其美富哉！一旦半途而废，未有不尽弃其前功者。⑪种五谷不熟，不如荑稗之为愈也。⑫是可为苗而不秀、秀而不实者告⑬。

　　同治八年己巳冬南至日，希陶山人识于晚香书屋⑭

[注释]

　　①"昔舜"二句：《中庸》："舜好问而好察迩言。"迩，近也。郑玄注："近言而善，易以进人，察而行之也。"朱熹集注："迩言者，浅近之言，犹必察焉，其无遗善可知。"

　　②统纪：头绪，条理。褚澄《褚氏遗书·本气》："医方证候，统纪

浩繁，详其本源，疾积虚耳。"

③"而持己"句：持己，犹持身。曾巩《司封郎中孔君墓志铭》："君事母孝，持己约，与人交，尽其义，其于恩尤至也。"接物，与人交往。司马迁《报任少卿书》："少卿足下，曩者辱赐书，教以慎于接物，推贤进士为务。"《三国志·吴书·虞翻传》："翻一见之，便与友善，终咸显名。"裴松之注引虞预《会稽典录》："倾心接物，士卒皆为尽力。"

④"但其间"数句：语病，语文中措辞失当或不合逻辑的毛病。欧阳修《六一诗话》："诗人贪求好句，而理有不通，亦语病也。如'袖中谏草朝天去，头上宫花侍宴归。'诚为佳句矣。但进谏必以章疏，无直用稿草之理。"周希陶所举之例中，"风流浪子莫贫"句"莫"字下脱一字。

⑤"补以"二句：经传，儒家经典与注疏的合称。《史记·太史公自序》："夫儒者以六艺为法，六艺经传以千万数，累世不能通其学，当年不能究其礼，故曰'博而寡要，劳而少功'。"格言，含有教育意义、可为准则的话。《三国志·魏书·崔琰传》："盖闻盘于游田，《书》之所戒；鲁隐观鱼，《春秋》讥之；此周孔之格言，二经之明义。"简易，简单容易。《史记·叔孙通列传》："高帝悉去秦苛仪法，为简易。"平上去入，字的四种声调。中古四声，自齐梁之际始。与现代汉语的阴平、阳平、上声、去声不尽相同。又有"入派三声"之说，如周德清《中原音韵·正语作词起例》所云："入声派入平、上、去三声者，以广其押韵，为作词而设耳。然呼吸言语之间，还有入声之别。"平上去入的区别，一是平声长，上去较短，入声最促，故上去入又统称仄声。二是平声始终如一，没有升降；上声由低升高，去声由高降低；入声短，无所谓升降。《元和韵谱》："平声哀而安，上声厉而举，去声清而远，入声直而促。"《玉钥匙歌诀》："平声平道莫低昂，上声高呼猛烈强，去声分明哀远道，入声短促急收藏。"

⑥"夫人"三句：身家，本人和家庭。就科举考试而言，家庭是指应试者的父祖三代。顾炎武《生员论》："故今之愿为生员者，非必其慕功名也，保身家而已。以十分之七计，而保身家之生员，殆有三十五万人，此与设科之初意悖，而非国家之益也。"体行，亲自实行。东方朔《答客难》："太公体行仁义，七十有二，乃设用于文、武。"

⑦"资质"三句：资质，禀性。《汉书·梅福传》："故京兆尹王章资质忠直，敢面引廷争。"四子，《论语》《大学》《中庸》《孟子》合称四子书，省称作"四子"。《朱子语类》卷一〇五："'四子'，'六经'之阶梯；《近思录》，'四子'之阶梯。"六经，《诗经》《尚书》《仪礼》《乐经》《周易》《春秋》。其中，《乐经》已失传。小学，最初是指为贵族子弟设置的初级学校。《大戴礼记·保傅》："及太子少长，知妃色，则入于小学，小者所学之宫也。……古者年八岁而出就外舍，学小艺焉，履小节焉。"许慎《说文解字·序》云："《周礼》八岁入小学，保氏教国子，先以六书。"段玉裁注云："国子者，公卿大夫之子弟，师氏教之，保氏养之，而世子亦齿焉。六书者，文字声音义理之总汇也。"后来，其含义变成专指研究文字、音韵、训诂的学问。崔寔《四民月令》："正月：农事未起，命成童以上入太学，学五经；砚冻释，命幼童入小学，学篇章。"

⑧"纵不能"三句：升堂入室，古代宫室前为堂，后为室。比喻学问造诣得到真传，达到高深的境界。《论语·先进》："子曰：由也升堂矣，未入于室也。"《三国志·魏书·管宁传》："娱心黄老，游志六艺，升堂入室，究其阃奥。"克家，能承担家事。《周易·蒙》："纳妇吉。子克家。"孔颖达疏："子孙能克荷家事，故云子克家也。"（按：也有的学者看法与此不同。闻一多曰："案：《周书》曰：未家短折曰殇。家犹聚也。此爻辞上曰纳妇，则下曰子克家，犹言子能聚矣。《正义》释为子孙能克荷家事，失之。"高亨曰："《尔雅·释亲》：子之妻为妇。纳妇者，为子娶妻也。子克家谓子有室也。"）令子，

犹言佳儿，贤郎。《南史·任昉传》："四岁诵诗数十篇，八岁能属文，自制《月仪》，辞义甚美。褚彦回尝谓遥曰：'闻卿有令子，相为喜之。所谓百不为多，一不为少。'"里党，邻里，乡党。《聊斋志异》卷一一："里党乞求，不靳与。"盖由北魏时期取代宗主督护制的邻里党制而来，每五家立一邻长，每五邻设一里长，每五里置一党长，俗称三长制。正人，正直的人。《尚书·冏命》："小大之臣咸怀忠良，其侍御仆从罔匪正人。"孔颖达疏："其左右侍御仆从无非中正之人。"

⑨ "而风俗"句：风俗，相沿积久而成的风气、习俗。《毛诗序》："先王以是经夫妇，成孝敬，厚人伦，美教化，移风俗。"淳美，纯朴美好。陈孚《怀来县》："足迹半天下，爱此俗淳美。"

⑩ "苟不量"三句：子弟，泛指年轻后辈。《荀子·非十二子》："遇君则修臣下之义，遇乡则修长幼之义，遇长则修子弟之义，遇友则修礼节辞让之义，遇贱而少者则修告导宽容之义。"韩愈《送何坚序》："坚，道州人，道之守阳公贤也……湖南得道为属，道得坚为民。坚归唱其州之父老子弟服阳公之令，道亦唱其县与其比州服杨公之令。"《喻世明言》卷一："看官，则今日听我说《珍珠衫》这套词话，可见果报不爽，好教少年子弟做个榜样。"浮慕，表面上仰慕。《史记·酷吏列传》："（张汤）及列九卿，收接天下名士大夫，己心内虽不合，然阳浮慕之。"经典，指传统的具有典范性的著作。经，儒家作为思想、道德、行为等标准的书。刘勰《文心雕龙·宗经》："经也者，恒久之至道，不刊之鸿教也。"典，本义指重要的文献、书籍。《说文》："典，五帝之书也。从册在丌上，尊阁之也。庄都说：典，大册也。"《尔雅·释言》："典，经也。"占毕，谓经师不解经义，但视简上文字诵读以教人。后亦泛称诵读。《礼记·学记》："今之教者，呻其占毕，多其讯言，及于数进而不顾其安。"郑玄注："呻，吟也。占，视也。简谓之毕……言今之师自不晓经之义，但吟诵其

所视简之文，多其难问也。"

⑪"一旦"二句：一旦，有朝一日。《战国策·赵策》："今媪尊长安君之位，而封之以膏腴之地，多予之重器，而不及今令有功于国，一旦山陵崩，长安君何以自托于赵？"《朱子语类》卷二七："如人寻一个物事不见，终岁勤动，一旦忽然撞着，遂至惊骇。"半途而废，《中庸》："君子遵道而行，半涂而废，吾弗能已矣。"废，停止。《战国策·西周策》："公之功甚多。今公又以秦兵出塞，过两周，践韩而以攻梁，一攻而不得，前功尽灭。公不若称病不出也。"

⑫"种五谷"二句：《孟子·告子上》："五谷者，种之美者也。苟为不熟，不如荑稗。夫仁亦在乎熟之而已矣。"五谷，通常指稻、黍、稷、麦、菽这五种谷物，也泛指谷物。荑（tí），一作"稊"，似稗的草。稗（bài），即稗子，稻田杂草。

⑬"是可为"句：《论语·子罕》："子曰：'苗而不秀者有矣夫，秀而不实者有矣夫。'"秀，吐穗扬花。

⑭"同治八年"二句：南至，即冬至。冬至之日，日最偏南，故曰南至。王良士《南至日隔霜仗望含元殿炉烟》："节当南至日，星是北辰天。"山人，隐居在山中的士人，遂以之为雅号。孔稚珪《北山移文》："蕙帐空兮夜鹤怨，山人去兮晓猿惊。"王勃《赠李十四》四首其一："野客思茅宇，山人爱竹林。"晚香，指菊花。韩琦《九日水阁》："不羞老圃秋容淡，且看黄花晚节香。"刘克庄《沁园春·和林卿韵》："种杏仙人，看桃君子，得似篱边嗅晚香。"书屋，书斋。王建《书赠旧浑二曹长》："替饮觥筹知户小，助成书屋见家贫。"李商隐《自贶》："陶令弃官后，仰眠书屋中。"

平　韵

昔时贤文，诲汝谆谆，集韵增广，①多见多闻。观今宜鉴古，无古不成今。②

[注释]

①"诲汝"二句：谆（zhūn）谆，恳切貌。《诗经·大雅·抑》："诲尔谆谆，听我藐藐。"朱熹集传："谆谆，详熟也。"王安石《杨刘》："疑似已如此，况欲谆谆诲。"集韵，汇集押韵的文字。

②"观今"二句：观察今天的事情应该借鉴过去的历史，没有过去就没有今天。吴兢《贞观政要·任贤》："以铜为镜，可以正衣冠；以古为镜，可以知兴替；以人为镜，可以明得失。"《庄子·知北游》："无古无今，无始无终。"

[评析]

本节中"昔时贤文"，出自汤显祖《牡丹亭》第七出《闺塾》："《昔氏贤文》，把人禁杀。恁时节则好教鹦哥唤茶。"其中《昔时贤文》后经不断补充修订，名曰《增广昔时贤文》，简称《增广贤文》。由此可见，至晚于《牡丹亭》出版面世的万历二十六年（1598）之前，《增广贤文》已基本成书，并且流传的范围应该还不算小。

值得一提的是，在同剧第十出《惊梦》中，杜丽娘有一曲《山坡羊》，自述思春慕色之情："没乱里春情难遣，蓦地里怀人幽怨。则为俺生小婵娟,拣名门一例一例里神仙眷。甚良缘,把青春抛的远。俺的睡情谁见,则索因循腼腆。想幽梦谁边,和春光暗流转。迁延,这衷怀那处言。淹煎,泼残生,除问天。"吴震生、程琼夫妇批语中有云:"'没乱里'以下共十四句,只是'贤文禁杀'之注,又即'天壤王郎'一句。独于古往今来之中,写出聪明男女急色实情。"批语者认为男女慕色如春暖花开一般天经地义,任何人都不应加以禁杀,事实上也无法禁杀得了的。其中,"贤文禁杀"之"贤文",批者认为指的是劝诫男女谨守礼之大防的"圣贤文字",它违反天理自然与正常人性且"虚伪矫情"。华玮《走近汤显祖》:"今入世者嗔喜笑骂,总属不真,只'禁'此真情相属之相思,是不'禁'人假而'禁'人真也。"这又说明,在清代康熙、雍正年间,《增广贤文》相关的评点有明显借题发挥的成分在。

贤乃国之宝,儒为席上珍。①农工与商贾,皆宜敦五伦②。孝弟为先务,本立而道生。③尊师以重道,爱众而亲仁。④钱财如粪土,仁义值千金。⑤作事须循天理⑥,出言要顺人心。心术不可得罪于天地,言行要留好样与儿孙。处富贵地,要矜怜贫贱的痛痒;当少壮时,须体念衰老的酸辛。⑦

[注释]

①"贤乃"二句:贤,有德行、有才能的读书人。国之宝,国家的宝贵财富。《荀子·大略》:"口能言之,身能行之,国宝也。"《汉语纂疏》:"秦欲伐楚,伐人观楚之宝器,吴恤谓使者曰:客欲观楚之宝器乎?楚之所宝,即贤人也,惟大国之所观。"杜甫《送长孙九侍御赴武威判官》:"尊前失诗流,塞上得国宝。""儒为"句,指儒士以美善的德才进身。《礼记·儒行》:"儒有席上之珍以待聘,夙夜强学以待问,怀忠信以

待举,力行以待取。其自立有如此者。"杜甫《上韦左相二十韵》:"岂是池中物,由来席上珍。"儒,孔门之徒。此处泛指读书人。

②"皆宜"句:敦,劝勉。《汉书·扬雄传》:"敦众神使式道兮,奋六经以摅颂。"颜师古注:"敦,勉也。"五伦,即五常,中国传统社会基本的父子、君臣、夫妇、兄弟、朋友等五种人伦关系。《孟子·滕文公上》:"人之有道也,饱食、暖衣、逸居而无教,则近于禽兽。圣人有忧之,使契为司徒,教以人伦:父子有亲,君臣有义,夫妇有别,长幼有序,朋友有信。"

③"孝弟(tì)"二句:孝弟,孝顺父母,敬爱兄长。《论语·学而》:"其为人也孝弟,而好犯上者,鲜矣。"朱熹集注:"善事父母为孝,善事兄长为弟。"先务,首要的事务。《孟子·尽心上》:"尧舜之知而不遍物,急先务也。"《文心雕龙·书记》:"虽艺文之末品,而政事之先务也。"《论语·学而》:"君子务本,本立而道生。孝弟也者,其为仁之本与。"本,根本。道,治国做人的原则,此处指孔子提倡的仁道,即以仁为核心的道德思想体系及其在生活中的体现。

④"尊师"二句:道,此指教师指引的应该遵循的道理。《后汉书·孔僖传》:"臣闻明王圣主,莫不尊师贵道。"《论语·学而》:"子曰:弟子入则孝,出则弟,谨而信,泛爱众,而亲仁,行有余力,则以学文。"

⑤"钱财"二句:粪土,杨衡《经端溪峡中》:"逍遥一息间,粪土五侯荣。"仁义,仁爱和正义。《礼记·曲礼》:"道德仁义,非礼不成。"孔颖达疏:"仁是施恩及物,义是裁断合宜。"又《丧服四制》:"仁义礼知,人道具矣。"《孟子·梁惠王上》:"王何必曰利,亦有仁义而已矣。"

⑥天理:天道,自然法则。《庄子·天运》:"夫至乐者,先应之以人事,顺之以天理,行之以五德,应之以自然。"江淹《知己赋》:"谈天理之开基,辨人道之始终。"宋代理学家以封建伦理为永恒的客观道德法

则，也称天理。朱熹《答何叔京》："须知天理只是仁、义、礼、智之总名，仁、义、礼、智便是天理之件数。"

⑦"处富贵地"四句：矜（jīn）怜，怜悯。《尔雅·释训》："矜怜，抚掩之也。"郭璞注："抚掩，犹抚拍，谓慰恤也。"《后汉书·张奂传》："父母朽骨，孤魂相托。若蒙矜怜，壹惠咳唾，则泽流黄泉，施及冥寞。"痛痒，比喻疾苦。杨万里《庸言》四："觉一身之痛痒者，爱及乎一身，故孝子发不毁；觉万民之痛痒者，爱及乎万民，故文王视民如伤；觉万物之痛痒者，爱及乎万物，故君子远庖厨。"少壮，年轻力壮。汉武帝《秋风辞》："箫鼓鸣兮发棹歌，欢乐极兮哀情多，少壮几时兮奈老何。"杜甫《垂老别》："忆昔少壮日，迟回竟长叹。"体念，犹体谅。李贽《韩成》："而说者犹以一二功臣不终之故，大为帝疑，不知帝之体念诸功臣也亦已无所不至矣，而诸功臣则未必能一一仰体之也。"酸辛，辛酸，悲苦。阮籍《咏怀》八十二首其三十四："对酒不能言，凄怆怀酸辛。"杜甫《奉赠鲜于京兆二十韵》："微生沾忌刻，万事益酸辛。"

[评析]

本节中"贤乃国之宝，儒为席上珍"二句，应源自《神童诗》开篇几首劝学诗中的"学乃身之宝，儒为席上珍"二句，主要的意思和目的也是劝学。关于《神童诗》，明人朱国桢曾这样记载："汪洙，字德温，鄞县人。九岁善诗赋，牧鹅黉宫，见殿宇颓圮，心窃叹之，题曰：'颜回夜夜观星象，夫子朝朝雨打头。万代公卿从此出，何人肯把俸钱修。'上官奇而召见。……世以其诗铨补成集，以训蒙学，为《汪神童诗》。"（《涌幢小品》卷二四）铨补，犹选补。清人翟灏的看法也大致相近："其前二三叶相传皆汪诗，其后则杂采他诗铨补。"（《通俗编》卷七）说明《神童诗》在不断修补完善的过程中，渐渐成了明清时期影响和流传都较为普遍广泛的蒙学读本。其部分内容被吸纳进《增广贤文》,也是明证。(按:《训蒙增广改本》《名贤集》也有取资《神童诗》的情况,分别如"天子重英豪,文章教尔曹。万般皆下品,惟有读书高","将相本无种,男儿当自强"等。)

另外,据黄永年先生著文介绍,光绪年间南京李光明家刊刻的《香山诗选》六卷二册,书后附有一页售书广告,总共开列109种"自梓童蒙各种读本"书册名目:第一类是"蒙训",有《圣谕广训》《三字经》《百家姓》《千字文》《圣贤孝经》《三字孝经》《弟子规》《古事二十四孝》《日记故事》《昔时贤文》《空谷传声》,等等。其后依次为闺训、史类(其中有《龙文鞭影》)、经类、文类(其中有《古文观止》。黎庶昌编《续古文辞类纂》未列入,"自然是不合童蒙学做八股需要之故")、诗类、杂学(其中有《幼学句解》《幼学琼林》)、良方等类。广告上都有价目,价钱最高的《左传杜林》一千两百文,最低的是与《唐诗三百首》《千家诗》等一道列入诗类的《神童诗》,十文。

孝当竭力①,非徒养身。鸦有反哺之孝,羊知跪乳之恩。②岂无远道思亲泪,不及高堂念子心。③爱日以承欢,莫待丁兰刻木祀;椎牛而祭墓,不如鸡豚逮亲存。④兄弟相害,不如友生;外御其侮,莫如弟兄。⑤有酒有肉多兄弟,急难何曾见一人⑥。一回相见一回老,能得几时为弟兄。父子和而家不败,兄弟和而家不分。乡党和而争讼息,夫妇和而家道兴。⑦只缘花底莺声巧,遂使天边雁影分。⑧

[注释]

①竭力:竭尽力量。《礼记·燕义》:"臣下竭力尽能以立功于国,君必报之以爵禄,故臣下皆务竭力尽能以立功,是以国安而君宁。"范仲淹《上吕相公书》:"赖相公坐筹于内,某辈竭力于外,内外协一,奉安宗庙

社稷，以报君亲，以庇生灵，岂小节之谓乎！"

②"鸦有"二句：乌雏长成，衔食喂养其母。后比喻报答亲恩。成公绥《乌赋》："雏既壮而能飞兮，乃衔食而反哺（bǔ）。"梅尧臣《思归赋》："嗷嗷晨乌，其子反哺。"羊羔吃奶时会跪下前腿，如谢母恩。后喻指孝义。《公羊传·庄公二十四年》"腵脩云乎"何休注："凡贽，天子用鬯，诸侯用玉，卿用羔……羔取其执之不鸣，杀之不号，乳必跪而受之，类死义知礼者也。"

③"岂无"二句：远道，犹远路。《墨子·辞过》："古之民未知为舟车时，重任不胜，远道不至，故圣王作为舟车，以便民之事。"刘向《说苑·尊贤》："是故游江海者托于船，致远道者托于乘，欲霸王者托于贤。"杜甫《登舟将适汉阳》："中原戎马盛，远道素书稀。"思亲，思念父母。亦泛指思念亲人。《淮南子·诠言训》："故祭祀思亲，不求福。"王维《九月九日忆山东兄弟》："独在异乡为异客，每逢佳节倍思亲。"高堂，指父母。韦应物《送黎六郎赴阳翟少府》："只应传善政，日夕慰高堂。"

④"爱日"四句：谓应该趁父母在世时，尽心尽力孝敬。爱日，子女奉养父母的日子。扬雄《法言·孝至》："事父母自知不足者，其舜乎！不可得而久者，事亲之谓也，孝子爱日。"李轨注："无须臾懈于心。"《论语·里仁》："父母之年不可不知也。"朱熹集注："常知父母之年，则既喜其寿，又惧其衰，而于爱日之诚，自有不能已者。"曹植《灵芝篇》："丁兰少失母，自伤早孤茕，刻木当严亲，朝夕致三牲。"《老生儿》第三折："哎！你个择邻的孟母，休打这刻木的丁兰。"椎（chuí）牛，击杀牛。《史记·冯唐列传》："今臣窃闻魏尚为云中守，其军市租尽以飨士卒，（出）私养钱，五日一椎牛，飨宾客军吏舍人，是以匈奴远避，不近云中之塞。"黄庭坚《明叔知县和示过家上冢二篇辄复次韵》二首其一：

"且当置是事,椎牛会宾亲。"祭墓,祭奠于墓前。《周礼·春官·冢人》:"凡祭墓为尸。"郑玄注:"祭墓为尸,或祈祷焉。郑司农云:为尸,冢人为尸。"《韩诗外传》卷七:"是故椎牛而祭墓,不如鸡豚逮亲存也。"豚(tún),小猪。《孟子·梁惠王上》:"鸡豚狗彘(zhì)之畜,无失其时,七十者可以食肉矣。"杨伯峻译注:"《淮南子·主术训》说过:鱼不长尺不得取,彘不期年不得食。不准吃食小鸡、小狗、小猪可能就是无失其时。"刘禹锡《武陵书怀五十韵》:"来忧御魑魅,归愿牧鸡豚。"逮,及。《说文解字》:"逮,唐逮,及也。"《礼记·曲礼》:"逮事父母则讳王父母,不逮事父母则不讳王父母。"《世说新语·排调》:"上不及尧、舜,下不逮周、孔,亦一时之懿士。"

⑤"兄弟"四句:友生,朋友。《诗经·小雅·常棣》:"虽有兄弟,不如友生。"李华《云母泉诗》:"共恨川路永,无由会友生。"御侮,谓抵御外侮。《世说新语》刘孝标注引《尚书大传》:"自吾得由也,恶言不至于门,是非御侮乎!"《周书·魏玄传》:"灌瓜赠药,虽有愧于昔贤;御侮折冲,足方驾于前烈。"

⑥急难:解救危难。《诗经·小雅·常棣》:"脊令在原,兄弟急难。"杜甫《义鹘行》:"兹实鸷鸟最,急难心炯然。"

⑦"乡党"二句:乡、党,古代居民组织单位。泛指邻里。周制,一万二千五百家为乡,五百家为党。《孟子·万章上》:"乡党自好者不为,而谓贤者为之乎?"《汉书·司马迁传》:"仆以口语遭此祸,重为乡党戮笑,污辱先人。"《陈书·任忠传》:"少孤微,不为乡党所齿。"争讼,因争论而诉讼。《韩非子·用人》:"争讼止,技长立,则强弱不觳力,冰炭不合形,天下莫得相伤,治之至也。"苏辙《代陈述古舍人谢两府启》:"秋夏丰登,人怀富足之乐;风俗淳厚,庭无争讼之喧。"家道,家庭赖以成立与维持的规则和道理。《周易·家人》:"父父,子子,兄

兄，弟弟，夫夫，妇妇，而家道正；正家，而天下定矣。"王通《文中子·礼乐》："冠礼废，天下无成人矣；昏礼废，天下无家道矣；丧礼废，天下遗其亲矣；祭礼废，天下忘其祖矣。"

⑧"只缘"二句：花底莺声，喻指妻妾之言。天边雁影，比喻兄弟。章纶《吏部尚书何公行状》："永嘉民朱良观、良旦兄弟争财讼于郡，公召其乡长老，谕以兄弟天伦大义，因判诗于其状，有云'只缘花底莺声巧，致使天边雁影分'之句，于是良观兄弟感泣，退修亲睦之行。"

[评析]

本节中"丁兰刻木祀"，典出《初学记》卷一七引孙盛《逸人传》："丁兰者，河内人也。少丧考妣，不及供养，乃刻木为人，仿佛亲形，事之若生，朝夕定省。其后邻人张叔妻从兰妻有所借，兰妻跪报木人，木人不悦，不以借之。叔醉疾来诟骂木人，以杖敲其头。兰还，见木人色不怿，乃问其妻，妻具以告之，即奋剑杀张叔。吏捕兰，兰辞木人去，木人见兰，为之垂泪。郡县嘉其至孝，通于神明，图其形象于云台也。"据李发林《汉画考释和研究》，在山东武氏祠汉画像石上，刻出丁兰正跪着向他父亲的木偶像报告，丁兰右上方一人，即是前来借物的邻居。木偶上方有题铭："丁兰二亲终殁，立木为父，邻人假物，报乃借与。"又，《全相二十四孝诗选》云："'刻木为父母，形容在日新。寄言诸子侄，及早孝其亲。'丁兰父母死，思慕骨肉，乃刻木为象而事之，以报其本。其妻不敬，以针刺之，血出。兰归见之，弃妻，大泣不止。令人父母俱存者，可不敬乎？"都可见出丁兰"刻木事亲"事所造成的影响。

诸恶莫作，众善奉行。①知己知彼，将心比心。②责人之心责己③，爱己之心爱人。再三须慎意，第一莫欺心。宁可人负我，切莫我负人。④贪爱沉溺即苦海，利欲炽燃是火坑。⑤随时莫起趋时念，脱俗休存矫俗心。⑥横逆困穷，直从起处讨由来，则怨尤自息；功名富贵，还向灭时观究竟，则贪恋自轻。⑦

[注释]

①"诸恶"二句：诸恶，各种恶行。《法句经》："诸恶莫作，诸善奉行，自净其意，是诸佛教。"众善，各种善举。《吕氏春秋·应同》："故尧为善而众善至，桀为非而众非来（一本作"桀为恶而众恶来"）。"刘劭《人物志·序》："制礼乐则考六艺祗庸之德，躬南面则援俊逸辅相之材，皆所以达众善而成天功也。"任昉《答陆倕感知己赋》："冠众善而贻操，综群言而名学。"奉行，遵照实行。《孔子家语·六本》："子夏曰：商请志之，而终身奉行焉。"苏轼《应诏论四事状》："独以目所亲见民之疾苦，州县官吏日夜奉行残伤其肌体，散离其父子，破坏其生业，为国敛怨，而了无丝毫上助国用者四事，昧死献言。"

②"知己"二句：《孙子兵法·谋攻》："知彼知己者，百战不殆。"孟氏注："审知彼己强弱利害之势，虽百战，实无危殆也。"将心比心，设身处地为别人着想。《朱子语类》卷一六："俗语所谓将心比心，如此则各得其平矣。"

③"责人"句：林逋《省心录》："以责人之心责己，则寡过；以恕己之心恕人，则全交。"

④"宁可"二句：负，辜负，负欠。《三国志·魏书·武帝纪》裴松之注引孙盛《杂记》："太祖闻其食器声，以为图己，遂夜杀之，既而凄怆曰：宁我负人，毋人负我。"邵雍《处身吟》："君子处身，宁人负己，己无负人。小人处事，宁己负人，无人负己。"

⑤"贪爱"二句：贪爱，即贪恋，迷恋。《左传·僖公十四年》："背

施无亲，幸灾不仁，贪爱不祥，怒邻不义。"王令《思京口戏周器之》："江南别日醉方醺，贪爱青天带水痕。"《水浒传》第三十九回："宋江因见鱼鲜，贪爱爽口，多吃了些，至夜四更，肚里绞肠刮肚价疼。"苦海，道教、佛教指尘世间的烦恼和苦难。萧衍《净业赋》："轮回火宅，沉溺苦海；长夜执固，终不能改。"白居易《寓言题僧》："劫风火起烧荒宅，苦海波生荡破船。"利欲，对私利的欲望。蔡邕《太尉乔玄碑阴》："雅性谦克，不吝于利欲。"《抱朴子·审举》："不为利欲动，不为属托屈。"陆游《秋思》："利欲驱人万火牛，江湖浪迹一沙鸥。"炽（chì）燃，猛烈地燃烧。《百喻经·煮黑石蜜浆喻》："其犹外道，不灭烦恼炽然之火。"《法苑珠林》卷九六："是时大王，闻臣语已，转复闷绝，失念躃地。忧愁盛火，炽然其身。"宋濂《清斋偈》："火纵能燎原，炽然不可遏，苟非遘香木，香气从何起？"火坑，六道轮回中，以地狱、饿鬼、畜生等三恶道受苦最烈，佛经多譬为"火坑"。《法华经·普门品》："假使兴害意，推落大火坑；念彼观音力，火坑变成池。"又用来比喻极其悲惨的境遇。

⑥"随时"二句：随时，顺应时势。《周易·随》："彖曰：随，刚来而下柔，动而说，随。大亨贞无咎，而天下随时，随时之义大矣哉。"趋时，迎合时尚。葛洪《抱朴子·广譬》："体方贞以居直者，虽诱以封国，犹不违情以趋时焉，安肯蹑径以取容乎？"白居易《陈中师除太常少卿制》："不背俗以矫逸，不趋时以沽名。"脱俗，不沾染庸俗之气。《抱朴子·登涉》："近才庸夫，自许脱俗。"殷文圭《贺同年第三人刘先辈咸辟命》："脱俗文章笑鹦鹉，凌云头角压麒麟。"矫俗，矫正世俗。范升《上疏请谥祭遵》："矫俗厉化，卓如日月。"顾宪之《终制》："庄周、澹台，达生者也。王孙、士安，矫俗者也。吾进不及达，退无所矫。"司空图《丁巳元日》："自乏匡时略，非沽矫俗名。"

⑦"横逆"六句：横逆，横流逆行。苏舜钦《屯田郎荥阳郑公墓

志》:"暴雨十日不绝,山谿客水钟于河,河弗胜兼任,溢喧横逆,大决于凝阳。"困穷,艰难窘迫。《周易·系辞》:"困穷而通。"《史记·南越列传论》:"伏波困穷,智虑愈殖,因祸为福。"陆游《心太平庵》:"困穷何足道,持此端可死。"由来,自始以来。《周易·坤》:"臣弑其君,子弑其父,非一朝一夕之故,其由来者渐矣。"《世说新语·德行》:"王子敬病笃,道家上章应首过,问子敬由来有何异同得失?"怨尤,埋怨责怪。《吕氏春秋·诬徒》:"人之情,恶异于己者,此师徒相与造怨尤也。"应劭《风俗通义·穷通》:"是故君子厄穷而不闵,荣辱而不苟,乐天知命,无怨尤焉。"究竟,结果。黄宗羲《明名臣言行录·序》:"破城陷邑,智穷不能自免,则以亡卤降人为究竟。"贪恋,贪求眷恋。尹鹗《金浮图》:"贪恋欢娱,不觉金乌坠。"《京本通俗小说·拗相公》:"父亲宜及早回头,休得贪恋富贵。"

[评析]

本节中"贪爱沉溺即苦海,利欲炽燃是火坑"二句,源出真德秀《跋杨和父印施〈普门品〉》(载《西山文集》卷三四):

> 余自少读《普门品》,虽未能深解其义,然尝以意测之,曰此佛氏之寓言也。昔唐李文公问药山禅师曰:"如何是黑风吹船,飘落鬼国?"师曰:"李翱小子,问此何为?"文公怫然,怒形于色。师笑曰:"发此瞋恚心,便是黑风吹船,飘落鬼国也。"吁!药山可谓善启发人矣。以是推之,则知利欲炽燃,即是火坑,贪爱沉溺,便为苦海。一念清净,烈焰成池,一念警觉,船到彼岸。灾患缠缚,随处而安,我无怖畏,如械自脱。恶人侵凌,待以横逆,我无忿嫉,如兽自奔。读是经者作如是观,则知普陀大士真实为人,非浪语者。杨君和父刊本以传,辄诵浅闻,下一转语,庶几观者不无小补云。

"黑风吹船",在佛经中是指人在怒气之下易将自己断送入地狱。"黑风"是怒气,"船"乃人身。藥山禅师的反诘法很妙,不是正面作答,而是先骂得李翱勃然大怒,然后才告诉他何谓黑风吹船。"贪爱"云云,即是妄执被点破后所悟得者,既包括李翱,也包括作跋者真德秀。

昼坐惜阴①,夜坐惜灯。读书须用意②,一字值千金。酒逢知己饮,诗向会人吟。③相识满天下,知心能几人。相逢好似初相识,到老终无怨恨心④。平生不作皱眉事,世上应无切齿人。⑤栖迟蓬户,耳目虽拘而神情自旷;结纳山翁,仪文虽略而意念常真。⑥萤仅自照,雁不孤行⑦。苗从蒂发,藕由莲生。近水知鱼性,近山识鸟音。路遥知马力,事久见人心。⑧运去金成铁,时来铁似金。马行无力皆因瘦,人不风流只为贫。近水楼台先得月,向阳花木早逢春。⑨饶人不是痴汉,痴汉不会饶人。⑩不说自己桶索短⑪,但怨人家箍井深。

[注释]

①惜阴:珍惜光阴。杨发《太阳合朔不亏赋》:"遂使皆仰之人,既无虞于薄蚀;惜阴之士,咸有望于再中。"

②用意:用心研究或处理问题。《东观汉记·马防传》:"防言:'宣帝时五将出征,其奏言匈奴候骑得汉马矢,见其中有粟,即知汉兵出,以故引去。以是言之,马当与谷。'上善其用意微至,敕下调马谷。"《北齐书·李绘传》:"孤在晋,知山东守唯卿一人用意。及入境观风,信如所闻。"

③"酒逢"二句:欧阳修《春日西湖寄谢法曹韵》:"酒逢知己千杯

少,话不投机半句多。遥知湖上一樽酒,能忆天涯万里人。"知己,彼此相知而情谊深切的人。曹植《赠徐幹》:"弹冠俟知己,知己谁不然。"王勃《送杜少府之任蜀川》:"海内存知己,天涯若比邻。"《喻世明言》卷一:"即席间问了下处,互相拜望,两下遂成知己,不时会面。"会人,领会、懂得的人。寒山诗:"不恨会人稀,只为知音寡。"

④怨恨:仇恨,强烈不满。《墨子·兼爱》:"凡天下祸篡怨恨,其所以起者,以不相爱生也。"《汉书·王尊传》:"疑辅内怀怨恨,外依公事。"张祜《鹦鹉》:"雕笼悲敛翅,画阁岂关心。无事能言语,人闻怨恨深。"

⑤"平生"二句:邵雍《诏三下答乡人不起之意》:"平生不作皱眉事,天下应无切齿人。断送落花安用雨,装添旧物岂须春。幸逢尧舜为真主,且放巢由作老臣。六十病夫宜揣分,监司无用苦开陈。"皱眉,双眉紧蹙,表示忧虑或不悦的神态。关涉人我双方。《辞唱歌》:"复遣悭吝者,赠金不皱眉。"(按:自来注家都怀疑此诗是否出自韩愈之手。祝充注云:"此诗恐非。"何焯《义门读书记》曰:"近东野。"王元启《读韩记疑》说:"此诗后半议论,似欲规仿韩公,然其通首辞语嫩拙,必非公作。"均从"辞语"上判识。至钱仲联《韩昌黎诗系年集释》,将此诗编在韩公绝笔《玩月喜张十八员外以王六秘书至》后,并谓:"此诗见外集。"在别无更确凿证据的情况下,这不失为一种处理存疑之作的方法。)苏轼《赠写真何秀才》:"又不见雪中骑驴孟浩然,皱眉吟诗肩耸山。"《水浒传》第二回:"望英雄将我三人一发解官请赏,誓不皱眉。我等就英雄手内请死,并无怨心。"切齿,齿相磨切,表示极端愤怒。《战国策·魏策》:"是故天下之游士,莫不日夜搤腕,瞋目切齿,以言从之便,以说人主。"《史记·卫将军骠骑列传》:"自魏其、武安之厚宾客,天子常切齿。"

⑥"栖迟"四句:栖迟,游息。《诗经·陈风·衡门》:"衡门之下,

可以栖迟。"朱熹集传："栖迟，游息也。"袁宏《后汉纪·光武帝纪》："夫以邓生之才，参拟王佐之略，损翮弭鳞，栖迟刀笔之间，岂以为谦，势诚然也。"蓬户，用蓬草编成的门户。指穷人居住的陋室。《庄子·让王》："原宪居鲁，环堵之室，茨以生草，蓬户不完。"戴叔伦《新秋夜寄江右友人》："遥夜独不寐，寂寥蓬户中。"耳目，犹见闻。引申为审察和了解。《国语·晋语》："若先，则恐国人之属耳目于我也，故不敢。"《梁书·武帝纪》："故能物色幽微，耳目屠钓，致王业于缉熙，被淳风于遐迩。"结纳，犹结交。《汉书·石显传》："是时，明经著节士琅邪贡禹为谏大夫，显使人致意，深自结纳。"彭乘《墨客挥犀》卷五："李溥为江淮发运使，每岁奏计，则以大船载东南美货结纳当途。"仪文，礼仪形式。张九龄《请行郊礼疏》："圣朝典则，盛世仪文，亦云咸备，可谓无遗矣。"意念，念头，想法。枚乘《上书谏吴王》："臣乘愿披腹心而效愚忠，惟大王少加意念恻怛之心于臣乘言。"江淹《悼室人》十首其八："意念每失乖，徒见四时亏。"

⑦孤行：独自行路。张衡《思玄赋》："何孤行之茕茕兮，子不群而介立。"

⑧"路遥"二句：事久，一作"日久"，谓时间可以检验一切：考验人品，验证人性，影响人格。《争报恩》第一折："则愿得姐姐长命富贵，若有些儿好歹，我少不得报答姐姐之恩，可不道路遥知马力，日久见人心。"

⑨"近水"二句：俞文豹《清夜录》："范文正公镇钱塘，兵官皆被荐，独巡检苏麟不见录，乃献诗云：近水楼台先得月，向阳花木易为春。公即荐之。"

⑩"饶人"二句：吴亮《忍经》："谚曰：凡事得忍且忍，饶人不是痴汉，痴汉不会饶人。"饶人，宽容人，让人。欧阳修《定风波》："对酒

追欢莫负春，春光归去可饶人。"姚宽《西溪丛语》卷上："尝有道人善棋，凡对局，率饶人一先。后死于裹信，托后事于一村叟。数年后，叟为改葬，但空棺衣衾而已。道人有诗云：烂柯真诀妙通神，一局曾经几度春。自出洞来无敌手，得饶人处且饶人。"痴汉，愚蠢之人。《北史·裴谓之传》："文宣末年昏纵，朝臣罕有言者，谓之上书正谏，言甚切直。文宣将杀之，白刃临颈，谓之辞色不变。帝曰：痴汉何敢如此！"陆游《共语》："黄金已作飞烟去，痴汉终身守药炉。"

⑪索：绳索。《诗经·豳风·七月》："昼尔于茅，宵而索绹。"司马迁《报任少卿书》："其次关木索，被棰楚受辱。"《后汉书·段颎传》："追讨南度河，使军吏田晏、夏育募先登，悬索相引，复战于罗亭，大破之。"

[评析]

本节中"一字值千金"句，典出《史记·吕不韦列传》："是时诸侯多辩士，如荀卿之徒，著书布天下。吕不韦乃使其客人人著所闻，集论以为八览、六论、十二纪，二十余万言。以为备天地万物古今之事，号曰《吕氏春秋》。布咸阳市门，悬千金其上，延诸侯游士宾客有能增损一字者，予千金。"（按：顾炎武《日知录》卷一一所云可参："汉时黄金上下通行。……宋太祖问学士杜镐曰：'两汉赐予多用黄金，而后代遂为难得之货，何也？'对曰：'当时佛事未兴，故金价甚贱。'今以目所睹记及《会典》所载国初金价推之，亦大略可考。《会典·钞法卷》内云：'洪武八年，造大明宝钞，每钞一贯，折银一两。每钞四贯，易赤金一两。'是金一两当银四两也。《征收卷》内云：'洪武十八年，令凡折收税粮，金每两准米十石，银每两准米二石。'是金一两当银五两也。'三十年，上曰：折收逋赋，欲以苏民困也。今如此其重，将愈困民。更令金每两准米二十石，银每两准米四石。'然亦是金一两当银五两也。'永乐十一年，令金每两准米三十石。'则当银七两五钱矣。又,'令交址召商中盐,金一两给盐三十引'。则当银十两矣。……《汉书·食货志》:'黄金重一斤,直钱万。朱提银重八两为一流,直一千五百八十。他银一流,直一千。'是金价亦四五倍于银也。《元史》:'至大银钞一两,准至元钞五贯,白银一两,赤金一钱。'是金价十倍于银也。《史记·平准书》:'一黄金一斤。'臣瓒曰:'秦以一镒为一金,汉以一斤为一金。'是汉之金已减于秦矣。《汉书·食货志》:'黄金重一斤,直钱万。'《惠帝纪》注:'师古曰:诸赐金不言黄者,一斤与万钱。'")钟嵘则拿来评价《古诗十九首》的成就:"文温以丽,意悲而远,惊心动魄,可谓几乎一字千金。"(《诗品》卷上)此处犹言"书中自有黄金屋",强调认真读书的重要性。

美不美,乡中水;亲不亲,故乡人。割不断的亲,离不开的邻。相见易得好,久住难为人。客来主不顾,应恐是痴人。在家不会迎宾客①,出路方知少主人。群居守口②,独坐防心。志从肥甘丧,心以淡泊明。③有钱堪出众④,遭难莫寻亲。远水难救近火,远亲不如近邻。两人一般心,有钱堪买金;一人一般心,无钱堪买针。力微休负重,言轻莫劝人。⑤听话如尝汤,交财始见心。易涨易退山溪水,易反易覆小人心⑥。画虎画皮难画骨,知人知面不知心⑦。谁人背后无人说,哪个人前不说人。

[注释]

①宾客:客人的总称。《诗经·小雅·吉日》:"发彼小豝,殪此大兕。以御宾客,且以酌醴。"姚合《晦日宴刘值录事宅》:"花落莺飞深院静,满堂宾客尽诗人。"

②守口:闭口不言。《经律异相》卷一七:"守口摄意身莫犯,如是行者得度世。"

③"志从"二句：肥甘，肥美的食物。《孟子·梁惠王上》："为肥甘不足于口与？"《抱朴子·微旨》："知饮食过度之速疾病，而不能节肥甘于其口也。"淡泊，不热衷。《东观汉记·郑均传》："好黄老，淡泊无欲，清静自守。"秦观《送蔡子襄用蔡子俊韵》："故人淡泊出天性，鹪鹩巢林一枝足。"

④出众：超出常人。方干《赠赵崇侍御》："才因出众人皆嫉，势欲摩霄自不知。"

⑤"力微"二句：《万事足》第二十八出："我好言相劝反相仇，把六十岁老奴逐走。更逢邳二从旁诱，越引得河东狮吼。自古道：力微休负重，言轻莫劝人。""力微"句，谓力量微小就不要承担重担。言轻，说话不受人重视。苏轼《上执政乞度牒赈济及因修廨宇书》："某已三奏其事，至今未报。盖人微言轻，理当自尔。"曾巩《泰山祈雨文》："方夏久旱，麦苗将萎。吏思其繇，奔走群望。而人微言贱，不能上动。"

⑥"易反"句：反覆，变化多端。《诗经·小雅·小明》："岂不怀归，畏此反覆。"朱熹集传："反覆，倾侧无常之意也。"小人，人格卑下的人。《左传·昭公二十八年》："及馈之毕，愿以小人之腹为君子之心，属厌而已。"李德裕《小人论》："世所谓小人者，便辟巧佞，翻覆难信，此小人常态，不足惧也；以怨报德，此其甚者也；背本忘义，抑又次之。"

⑦知心：彼此契合，腹心相照。李陵《答苏武书》："人之相知，贵相知心。"王安石《明妃曲》二首其二："汉恩自浅胡自深，人生乐在相知心。"

[评析]

本节中"力微休负重"句，与《史记·秦本纪》中"举鼎绝膑"之义相近："武王有力好戏，力士任鄙、乌获、孟说皆至大官。王与孟说举鼎，绝膑。八月，武王死。族孟说。"也与柳宗元《蝜蝂传》讽刺"贪取"之徒的寓意有相通之处："蝜蝂者，善负小虫也。行遇物，辄持取，昂其首负之。背愈重，虽困剧不止也。其背甚涩，物积因不散，卒踬仆不能起。人或怜之，为去其负。苟能行，又持取如故。又好上高，极其力不已，至坠地死。"都同样能够警人劝世，觉醒痴迷。

又，"言轻莫劝人"句，所谓人微言轻，源出《后汉书·孟尝传》："桓帝时，尚书同郡杨乔上书荐尝曰：臣前后七表言故合浦太守孟尝，而身轻言微，终不蒙察。区区破心，徒然而已。"杨乔的建议最终还是没有被采纳。而孟尝被举荐的缘由之一，如《后汉书》本传所载，却可录以参读："尝少修操行，仕郡为户曹史。上虞有寡妇至孝养姑。姑年老寿终，夫女弟先怀嫌忌，乃诬妇厌苦供养，加鸩其母，列讼县庭。郡不加寻察，遂结竟其罪。尝先知枉状，备言之于太守，太守不为理。尝哀泣外门，因谢病去，妇竟冤死。自是郡中连旱二年，祷请无所获。后太守殷丹到官，访问其故，尝诣府具陈寡妇冤诬之事。因曰：'昔东海孝妇，感天致旱，于公一言，甘泽时降。宜戮讼者，以谢冤魂，庶幽枉获申，时雨可期。'丹从之，即刑讼女而祭妇墓，天应澍雨，谷稼以登。"（按：东海孝妇事，出自《搜神记》卷一一："汉时，东海孝妇养姑甚谨。姑曰：'妇养我勤苦。我已老，何惜余年，久累年少。'遂自缢死。其女告官云：'妇杀我母。'官收系之，拷掠毒治。孝妇不堪苦楚，自诬服之。时于公为狱吏，曰：'此妇养姑十余年，以孝闻彻，必不杀也。'太守不听。于公争不得理，抱其狱词，哭于府而去。自后郡中枯旱，三年不雨。后太守至，于公曰：'孝妇不当死，前太守枉杀之，咎当在此。'太守即时身祭孝妇冢，因表其墓。天立雨，岁大熟。"）当时之于太守而言，孟尝可谓人微言轻。

但行好事，莫问前程。①钝鸟先飞，大器晚成。②千里不欺孤，独木不成林③。贫居闹市无人问,富在深山有远亲。④人情似纸张张薄,世事如棋局局新。⑤世人结交须黄金,黄金不多交不深;纵令然诺暂相许,终是悠悠行路心。⑥当局者昧,旁观者明。⑦河狭水急,人急计生。饱暖思淫欲,饥寒起盗心。⑧飞蛾扑灯甘就镬,春蚕作茧自缠身。⑨江中后浪催前浪,世上新人赶旧人。⑩人生一世,草木一春。⑪来如风雨,去似微尘⑫。闹里有钱,静处安身。明知山有虎,莫向虎山行。⑬莺花犹怕风光老,岂可教人枉度春。相逢不饮空归去,洞口桃花也笑人。⑭昨日花开今日谢,百年人有万年心。北邙荒冢无贫富,玉垒浮云变古今。⑮幸名无德非佳兆,乱世多财是祸根。⑯世事茫茫难自料,清风明月冷看人。⑰劝君莫作守财虏,死去何曾带一文。⑱血肉身躯且归泡影⑲,何论影外之影;山河大地尚属微尘,而况尘中之尘。

[注释]

① "但行"二句:好事,于世有益的事。宋之问《过史正议宅》:"剑几传好事,池台伤故人。"问,思虑。前程,比喻未来的成就、地位。《旧五代史·冯道传》:"时有周玄豹者,善人伦鉴,与道不洽,谓承业曰:'冯生无前程,公不可过用。'"

② "钝鸟"二句:《正字通》:"凡质鲁者曰钝。"《史记·陈丞相世家》:"士之无耻、顽钝、嗜利者,亦多归汉。"大器晚成,用来描述能担当重任的人需要经过长期的磨炼,往往成就较晚。《老子》:"大方无隅,大器晚成。"《论衡·状留》:"大器晚成,宝货难售也。"《三国志·魏书·崔琰传》:"琰从弟林,少无名望,虽姻族犹多轻之,而琰常曰:此所谓大器晚成者也,终必远至。"

③"独木"句：比喻个人力量有限，办不成大事。崔骃《达旨》："高树靡阴，独木不林，随时之宜，道贵从凡。"梁乐府《紫骝马歌》："独柯不成树，独木不成林。"

④"贫居"二句：贫居，穷居困处。陆云《寒蝉赋》："于是贫居之士，喟尔相与而俱叹曰：'寒蝉哀鸣，其声也悲。'"权德舆《祭外舅相国安平公文》："亦既归止，贫居练水。静守绪言，期于没齿。"闹市，热闹的街市。《子华子·晏子》："门如闹市，惟利是视。"（按：今本《子华子》三卷，题程本撰，但史志均未著录，系后人伪托。《困学纪闻》卷一〇："朱文公谓：'词艰而理浅，近世巧于模拟者所为，决非先秦古书。'"《四库全书总目》卷一一七《子华子》提要亦云："其文虽稍涉曼衍，而纵横博辨，亦往往可喜。殆能文之士发愤著书，托其名于古人者。观篇末自叙世系，以程出于赵，眷眷不忘其宗，属其子勿有二心以事主，则明寓宋姓。其殆熙宁、绍圣之间，宗子之忭时不仕者乎？"）《水浒传》第三十五回："大江岸上，聚集好汉英雄；闹市丛中，来显忠肝义胆。"远亲，血缘关系疏远的亲戚。

⑤"人情"二句：谓人情多淡薄，世事多变化。人情，人与人的情分。韩愈《县斋有怀》："人情忌殊异，世路多权诈。"陆游《舟中口占》："业力顿消知学进，人情愈薄喜身轻。"班固《弈旨》："北方之人，谓棋为弈。弘而说之，举其大略，厥义深矣。局必方正，象地则也。道必正直，神明德也。棋有黑白，阴阳分也。骈罗列布，效天文也。四象既陈，行之在人，盖王政也。"（载严可均辑校《全上古三代秦汉三国六朝文》卷二六）皮日休《原弈》："则弈之始作，必起自战国，有害诈争伪之道，当纵横者流之作矣。岂曰尧哉！岂曰尧哉！"

⑥"世人"四句：张谓《题长安主人壁》："世人结交须黄金，黄金不多交不深。纵令然诺暂相许，终是悠悠行路心。"结交，与人交往，建立情谊。《管子·小匡》："公子举为人博闻而知礼，好学而辞逊，请使游

于鲁，以结交焉。"《苏武诗四首》其一："骨肉缘枝叶，结交亦相因。"刘良注："结交为友，情亦相亲。"然、诺，皆应对之词，表示应允。引申为言而有信。宋玉《神女赋》："含然诺其不分兮，喟扬音而哀叹。"李善注："言神女之意虽含诺，犹不当其心。"《史记·游侠列传序》："而布衣之徒，设取予然诺，千里诵义，为死不顾世，此亦有所长，非苟而已也。"行路，过路行人。《后汉书·范滂传》："行路闻之，莫不流涕。"长孙佐辅《别友人》："谁遣同衾又分手，不如行路本无情。"

⑦"当局"二句：当局，对局。局，棋局。喻身当其事。桓宽《盐铁论·刺复》："但居者不知负载之劳，从旁议者与当局者异忧。"白居易《和梦游春诗一百韵》："觉悟因傍喻，迷执由当局。"旁观，从旁观察。《颜氏家训·勉学》："有识旁观，代其入地。何惜数年勤学，长受一生愧辱哉。"韩愈《祭柳子厚文》："不善为斫，血指汗颜；巧匠旁观，缩手袖间。"

⑧"饱暖"二句：饱暖，食饱衣暖。王禹偁《十月二十日作》："饱暖我不觉，羞见黄州民。"淫欲，情欲。刘向《列女传·召南申女》："君子以为得妇道之仪，故举而扬之，传而法之，以绝无礼之求，防淫欲之行焉。"饥寒，饥饿寒冷。《国语·周语》："然则无夭昏札瘥之忧，而无饥寒乏匮之患，故上下能相固，以待不虞。"杜甫《莫相疑行》："往时文彩动人主，此日饥寒趋路旁。"盗心，盗贼之心。《韩非子·存韩》："臣恐陛下淫非之辩而听其盗心，因不详察事情。"《淮南子·精神训》："夫使天下畏刑而不敢盗，岂若能使无有盗心哉！"刘禹锡《袁州萍乡县杨岐山故广禅师碑》："革盗心于冥昧之间，泯爱缘于生死之际。"

⑨"飞蛾"二句：《梁书·到溉传》："如飞蛾之赴火，岂焚身之可吝。"镬（huò），形如大盆，煮食物的铁器。《周礼·春宫·大宗伯》："省牲镬。"郑玄注："烹饪器也。"又《周礼·天官·亨人》："掌共鼎

镬。"郑玄注："所以煮肉及鱼腊之器。"《淮南子·说山训》："尝一脔肉而知一镬之味。"高诱注："无足曰镬。"作茧，蚕老结茧。王建《簇蚕辞》："蚕欲老，箔头作茧丝皓皓。"欧阳修《镇阳读书》："有似蚕作茧，缩身思自藏。"

⑩"江中"二句：后浪催前浪，喻人事更迭，新陈代谢。释文珦《过苕溪》："只看后浪催前浪，当悟新人换旧人。"杜甫《佳人》："但见新人笑，那闻旧人哭。"

⑪"人生"二句：《千字文》："人生一世，草生一春。"谓人生短暂，就像草生一季。

⑫微尘：佛教语。色体的极小者称为极尘，七倍极尘谓之微尘。《大毗婆沙论》卷一三六："应知极微是细色。不可断截破坏贯穿，不可取舍乘履抟掣，非长非短，非方非圆，非正不正，非高非下，无有细分，不可分析，不可睹见，不可听闻，不可齅尝，不可摩触。故说极微是最细色。此七极微，成一微尘。是眼识所取色中最微细者。"《颜氏家训·归心》："何故信凡人之臆说，迷大圣之妙旨，而欲必无恒沙世界、微尘数劫也？"《北齐书·樊逊传》："法王自在，变化无穷，置世界于微尘，纳须弥于黍米。"常用以指极细小的尘埃，衬托人生的卑微。崔珏《和人听歌》："巫山唱罢行云过，犹自微尘舞画梁。"

⑬"明知"二句：见机而进，知难而退。《左传·宣公十二年》："见可而进，知难而退，军之善政也。"

⑭"相逢"二句：苏轼《九日次韵王巩》："相逢不用忙归去，明日黄花蝶也愁。"李白《当涂赵炎少府粉图山水歌》："若待功成拂衣去，武陵桃花笑煞人。"陶渊明《桃花源记》："晋太元中，武陵人捕鱼为业。缘溪行，忘路之远近。忽逢桃花林，夹岸数百步，中无杂树，芳草鲜美，落英缤纷。渔人甚异之。复前行，欲穷其林。林尽水源，便得一山，山有小

口，仿佛若有光。便舍船，从口入。初极狭，才通人。复行数十步，豁然开朗。"

⑮"北邙（máng）"二句：北邙，亦作"北芒"，即邙山。因在洛阳之北，故名。东汉、魏、晋的王侯公卿多葬于此。梁鸿《五噫歌》："陟彼北芒兮，噫！顾瞻帝京兮，噫！"沈佺期《邙山》："北邙山上列坟茔，万古千秋对洛城。"因借指坟墓。陶渊明《拟古》九首其四："一旦百岁后，相与还北邙。"欧阳詹《观送葬》："何事悲酸泪满巾，浮生共是北邙尘。"荒冢，荒坟。耿湋《晚次昭应》："藤草蔓古渠，牛羊下荒冢。"玉垒，指玉垒山。左思《蜀都赋》："廓灵关以为门，包玉垒而为宇。"刘逵注："玉垒，山名也，湔水出焉。在成都西北岷山界。"杜甫《登楼》："锦江春色来天地，玉垒浮云变古今。"

⑯"幸名"二句：幸名，希图侥幸成名。袁宏道《送江陵薛侯入觐序》："自古国家之祸，造于小人，而成于贪功幸名之君子者，十常八九。"佳兆，好的征兆。李商隐《赴职梓潼留别畏之员外同年》："佳兆联翩遇凤凰，雕文羽帐紫金床。"乱世，混乱不安定的时代。《公羊传·哀公十四年》："拨乱世，反诸正，莫近诸《春秋》。"杜甫《宿凿石浦》："穷途多俊异，乱世少恩惠。"祸根，指祸患的根源。《汉书·匈奴传》："不如椎破故印，以绝祸根。"王符《潜夫论·断讼》："凡诸祸根，不早断绝，则或转而滋蔓。"

⑰"世事"二句：自料，自己估量。韦应物《寄李儋元锡》："世事茫茫难自料，春愁黯黯独成眠。""清风"句，谓只与清风、明月为伍。喻逍遥自适，不慕荣华富贵。《南史·谢谲传》："入吾室者但有清风，对吾饮者惟当明月。"欧阳修《会老堂致语》："金马玉堂三学士，清风明月两闲人。"

⑱"劝君"二句：守财虏，守财奴。《初刻拍案惊奇》卷三八："我

何苦空积攒着做守财虏，倒与他们受用！"何曾，几曾。曹丕《与吴质书》："昔日游处，行则连舆，止则接席，何曾须臾相失。"王昌龄《九日登高》："谩说陶潜篱下醉，何曾得见此风流。"

⑲泡影：佛教用以比喻事物的虚幻不实，生灭无常。《金刚经》："一切有为法，如梦幻泡影，如露亦如电，应作如是观。"苏轼《六观堂老人草书诗》："方其梦时了非无，泡影一失俯仰殊。"

[评析]

本节中"大器晚成"，帛书乙本作"大器免成"（甲本残），帛书整理者据传世本读作"大器晚成"。高明《帛书老子校注》云："帛书乙本'大器免成'，世传今本皆作'大器晚成'。'免''晚'虽可通用，但孰为本字还须研究。楼宇烈云：'愚谓经文"大器晚成"疑已误。'本章言'大方无隅''大音希声''大象无形'，二十八章言'大制无割'等，一加'大'字则其义相反。'方'为有隅，'大方'则'无隅'；'音'为有声，'大音'则'无声'；'象'为有形，'大象'则'无形'；'制'为有割，'大制'则'无割'。唯此'大器'则言'晚成'，非'器'之反义。长沙马王堆汉墓出土帛书《老子》经文，此句甲本残缺，乙本作'大器免成'。'免'或为'晚'之借字。然据以上分析，又似非'晚'字之借字，而当以'免'本字解为是。二十九章经文'天下神器'，王弼注：'神，无形无方也；器，合成也。无形以合故谓之神器也。''器'既为合成者，则'大器'当为'免成'者，亦甚是。陈柱《老子韩氏说》曾提出：'"晚"犹"免"也，"免成"犹"无成"也。'今帛书乙本则为陈说得确证。"又，竹书此句作"大器曼成"，"曼"字竹书整理者建议读作"晚"，又有读作"慢"的。陈雄根《郭店楚简〈老子〉"大器曼成"试释》认为，"曼"读作"晚"或"慢"，从句子结构和句意看皆未妥，而应当读作"无"。其说引《小尔雅·广诂》云"曼,无也"以及《广雅·释言》云"曼、莫,无也"以为证,亦言之成理。又,王光汉《"大器晚成"初义辨》提出,作为《道德经》所援引的古"建言"者之言,无论从古文章法,还是从"晚"与"免"、"器"与"成"、"成"与"盛"诸字之间的关系等方面,都可以论证:"大器晚成"即"大器免盛","建言"者的取意、老子援引的取意都是"最盛者不盛",而不是一般理解的"贵重器物需要经过长时间才能完成"等意。

又,"北邙荒冢无贫富,玉垒浮云变古今"二句,劝导人们正确对待人生的意味,与骆宾王《帝京篇》中所云基本一致:"朱门无复张公子,灞亭谁畏李将军。相顾百龄皆有待,居然万化咸应改。桂枝芳气已销亡,柏梁高宴今何在?春去春来苦自驰,争名争利徒尔为。久留郎署终难遇,空扫相门谁见知?"

速效莫求,小利莫争①。名高妒起,宠极谤生。众怒难犯,专欲难成。②物极必反,器满则倾。欲知三叉路,须问去来人。③三十年前人寻病,三十年后病寻人。大富由命,小富由勤。自恨枝无叶,莫谓日无阴。一年之计在于春,一日之计在于寅。④一家之计在于和,一生之计在于勤。择婿观头角,娶女访幽贞。⑤大抵取他根骨好,富贵贫贱非所论。无限朱门生饿殍,几多白屋出公卿。⑥凌云甲第更新主,胜概名园非旧人。⑦众口难辩,孤掌难鸣。⑧当场不战,过后兴兵⑨。一肥遮百丑,四两拨千斤⑩。无病休嫌瘦,身安莫怨贫。岂能尽如人意,但求不愧我心。⑪雨露不滋无本草⑫,混财不富命穷人。

[**注释**]

①小利：小利益。《论语·子路》："子曰：'无欲速，无见小利。欲速则不达，见小利则大事不成。'"

②"众怒"二句：不能违背多数人的意愿。《左传·襄公十年》："子产曰：'众怒难犯，专欲难成，合二难以安国，危之道也。不如焚书以安众，子得所欲，众亦得安，不亦可乎？专欲无成，犯众兴祸，子必从之。'乃焚书于仓门之外，众而后定。"专欲，专权、独断行事。

③"物极"四句：极，顶点。《战国策·秦策》："物至而反，冬夏是也；致至而危，累棋是也。"《吕氏春秋·博志》："全则必缺，极则必反，盈则必亏。"《鹖冠子·环流》："物极则反，命曰环流。"器，指古代的欹器。《荀子·宥坐》："孔子观于鲁桓公之庙，有欹器焉。孔子问于守庙者曰：'此为何器？'守庙者曰：'此盖为宥坐之器。'孔子曰：'吾闻宥坐之器者，虚则欹，中则正，满则覆。'弟子挹水而注之，中而正，满而覆，虚而欹。"《荐福碑》第二折："这里是个三叉路，不知那条路往黄州去？"去来，往来，往返。《商君书·垦令》："商劳则去来赍送之礼，无通于百县，则农民不饥，行不饰。"《魏书·礼志》："各令骑将六人去来挑战，步兵更进退以相拒击，南败北捷，以为盛观。"

④"一年"二句：《女论语》："一年之计，惟在于春。一日之计，惟在于寅。"古代中国把一天划分为十二个时辰，用十二地支来表示，以夜半二十三点至一点为子时，一至三点为丑时，三至五点为寅时，依次递推。

⑤"择婿"二句：头角，喻年轻人显露出的气概或才华。韩愈《柳子厚墓志铭》："虽少年，已自成人，能取进士第，崭然见头角。"幽贞，幽静贞定之人，隐者。《周易·履》："履道坦坦，幽人贞吉。"颜延之

《拜陵庙作》："幼壮困孤介，末暮谢幽贞。"韩愈《复志赋》："假大龟以视兆兮，求幽贞之所庐。"

⑥"无限"二句：朱门，旧指官宦显贵之家。《抱朴子·嘉遁》："背朝华于朱门，保恬寂乎蓬户。"杜甫《自京赴奉先县咏怀五百字》："朱门酒肉臭，路有冻死骨。"饿莩（piǎo），饿死的人。《盐铁论·水旱》："《孟子》曰：'野有饿莩，不知收也。'"仲长统《昌言》："及至一方有警，一面被灾，未逮三年，校计骞短，坐视战士之蔬食，立望饿莩之满道。"白屋，古代平民所居。《汉书·王莽传》："开门延士，下及白屋。"《论衡·语增》传语曰："'周公执贽下白屋之士。'谓候之也。夫三公，鼎足之臣，王者之贞干也；白屋之士，闾巷之微贱者也。三公倾鼎足之尊，执贽候白屋之士，非其实也。时或待士卑恭，不骄白屋，人则言其往候白屋。或时起白屋之士，以璧迎礼之，人则言其执贽以候其家也。"公卿，三公九卿的简称。泛指高官。《论语·子罕》："出则事公卿，入则事父兄。"《孟子·告子上》："公卿大夫，此人爵也。"元稹《祭礼部庾侍郎太夫人文》："公卿委萎，贤彦骈繁。"

⑦"凌云"二句：凌云，直上云霄。宋玉《小言赋》："体轻蚊翼，形微蚤鳞，聿逞浮踊，凌云纵身。"邹阳《几赋》："高树凌云，蟠纡烦冤，旁生附枝。"甲第，旧时豪门贵族的宅第。《史记·孝武本纪》："赐列侯甲第，僮千人。"裴骃集解引《汉书音义》："有甲乙第次，故曰第。"张衡《西京赋》："北阙甲第，当道直启。"薛综注："第，馆也；甲，言第一也。"胜概，美景，美好的境界。李白《夏日陪司马武公与群贤宴姑熟亭序》："此亭跨姑熟之水，可称为姑熟亭焉。嘉名胜概，自我作也。"

⑧"众口"二句：众口，众人的言论。《庄子·秋水》："公孙龙问于魏牟曰：龙少学先王之道，长而明仁义之行，合同异，离坚白，然不然，可不可，困百家之知，穷众口之辩，吾自以为至达已。"《战国策·秦

策》：“闻三人成虎，十夫楺椎，众口所移，毋翼而飞。”《汉书·刘向传》：“上内重堪，又患众口之铄润，无所取信。”孤掌难鸣，喻力量孤单，难以成事。《韩非子·功名》：“人主之患在莫之应，故曰：一手独拍，虽疾无声。”

⑨兴兵：起兵。《战国策·东周策》：“颜率至齐，谓齐王曰：夫秦之于无道也，欲兴兵临周而求九鼎。”《后汉书·伏隆传》：“宗室兴兵，除乱诛莽。”

⑩"四两"句：谓顺势借力，以弱力胜强力。王宗岳《太极拳打手歌》：“任他巨力来打我，牵动四两拨千斤。”

⑪"岂能"二句：尽如人意，完全符合人的心愿。刘克庄《李艮翁礼部墓志铭》：“然议者但以为恩泽侯挟贵临民，安得尽如人意。”不愧，不感到羞愧。《孟子·尽心上》：“仰不愧于天，俯不怍于人，二乐也。”欧阳修《回丁判官书》：“夫人有厚己而自如者，恃其中有所以当之而不愧也。”

⑫本：根。《说文解字》：“本，木下曰本。”魏徵《谏太宗十思疏》：“臣闻求木之长者，必固其根本。”柳宗元《种树郭橐驼传》：“摇其本以观其疏密。”

[评析]

本节中"几多白屋出公卿"句中"白屋"，指露出本材的房屋。《演繁露·白屋》：“古者宫室有度，官不及数，则居室皆露本材，不容僭施采画，是为白屋也已。”颜师古注谓"庶人以白茅覆屋者也"，非是。李翀《日闻录》所辨甚确：“白屋者，庶人屋也。《春秋》：'丹桓公楹，非礼也。'在礼：楹，天子丹，诸侯黝垩，大夫苍，士黈黄色也。按此则屋楹循等级用采，庶人则不许，是以谓之白屋也。后世诸侯皆朱其邸，及官寺皆施朱，非古矣。《南史》：有一隐士，多游王门。或讥之，答曰：'诸君以为朱门，贫道如游蓬户。'又主父偃曰：'士或起白屋而致三公。'颜注：'以白茅覆屋。'非也。古者宫室有度，官不及数，则屋室皆露本材，不容僭施采画，是为白屋也。是故山节藻棁，丹楹刻桷，以诸侯大夫而越等用之，犹见讥诮，则庶人之家，其屋当白屋也。白茅覆屋，古今无传。后世诸侯王及达官所居之室，既饰以朱，故曰朱门，又曰朱邸，以别于白屋也。故凡庶人所居，皆曰白屋矣。"

又，"混财不富命穷人"句，混财，当指横财；命穷人，犹言命中注定受穷之人。韩愈尝撰《送穷文》，谓智穷、学穷、文穷、命穷、交穷为"五穷"，故后常以"五穷"喻厄运："元和六年正月乙丑晦，主人使奴星结柳作车，缚草为船，载糗与粮，牛系轭下，引帆上樯，三揖穷鬼而告之曰……主人应之曰：'子以吾为真不知也邪？子之朋俦，非六非四，在十去五，满七除二，各有主张，私立名字，捩手覆羹，转喉触讳，凡所以使吾面目可憎、语言无味者，皆子之志也。其名曰智穷，矫矫亢亢，恶圆喜方，羞为奸欺，不忍害伤。其次名曰学穷，傲数与名，摘抉杳微，高挹群言，执神之机。又其次曰文穷，不专一能，怪怪奇奇，不可时施，只以自嬉。又其次曰命穷，影与形殊，面丑心妍，利居众后，责在人先。又其次曰交穷，磨肌戛骨，吐出心肝，企足以待，置我仇冤。凡此五鬼，为吾五患，饥我寒我，兴讹造讪，能使我迷，人莫能间，朝悔其行，暮已复然，蝇营狗苟，驱去复还。'言未毕，五鬼相与张眼吐舌，跳踉偃仆，抵掌顿脚，失笑相顾，徐谓主人曰：'子知我名，凡我所为，驱我令去，小黠大痴。人生一世，其久几何，吾立子名，百世不磨。小人君子，其心不同，惟乖于时，乃与天通。携持琬琰，易一羊皮，饫于肥甘，慕彼糠糜。天下知子，谁过于予，虽遭斥逐，不忍子疏，谓予不信，请质诗书！'主人于是垂头丧气，上手称谢，烧车与船，延之上座。"其中"影与形殊"一句,韵味无穷。这"形",当是"面丑";而"影",则应是"心妍"。所谓"心妍",便是享利在众人之后,尽责在他人之前。令人绝倒的是,这些正大光明的宏论,却出之以自怨自艾的口吻,用小人之心代替君子之腹,在颠倒中展开文思,奇趣天成。

慢藏诲盗,冶容诲淫。①偏听则暗,兼听则明。②耳闻是虚,眼见是实。一犬吠影,百犬吠声。莫信直中直,须防仁不仁。虎生犹可近,人毒不堪亲。来说是非者,便是是非人。③世路由他险,居心任我平。④惺惺常不足,朦朦作公卿。⑤遍身绮罗者⑥,不是养蚕人。毋私小惠而伤大体,毋借公论而快私情。⑦毋以己长而形人之短,毋因己拙而忌人之能。勿恃势力而凌逼孤寡,勿贪口腹而恣杀牲禽。⑧倚势凌人,势败人凌我;穷巷追狗,巷穷狗咬人。⑨见色而起淫心,报在妻女;匿怨而用暗箭,祸延子孙。⑩

[注释]

① "慢藏"二句:《周易·系辞》:"慢藏诲盗,冶容诲淫。"孔颖达疏:"若慢藏财物,守掌不谨,则教诲于盗者,使来取此物。女子妖冶其容,身不精悫,是教诲淫者,使来淫己也。"慢藏,疏于治理或保管。《后汉书·杜笃传》:"天昺更始,不能引维,慢藏招寇,复致赤眉。"《魏书·乌洛侯传》:"民尚勇,不为奸窃,故慢藏野积而无寇盗。"冶容,《后汉书·崔骃传》:"扬娥眉于复关兮,犯孔戒之冶容。"李贤注:"饰其容而见于外曰冶。"

② "偏听"二句:谓要听取各方面的意见,才能正确认识事物。《管子·君臣》:"夫民别而听之则愚,合而听之则圣。"《潜夫论·明暗》:

"国之所以治者,君明也;其所以乱者,君暗也。君之所以明者,兼听也;所以暗者,偏信也。是故人君通必兼听,则圣日广矣;庸说偏信,则愚日甚矣。"

③ "来说"二句:爱搬弄是非的人,本身就是制造是非的人。《五灯会元》卷一九:"来说是非者,便是是非人。"《西游记》第二十九回:"这和尚'道高龙虎伏,德重鬼神钦',必有降妖之术。自古道:'来说是非者,就是是非人。'可就请这长老降妖邪,救公主,庶为万全之策。"是非,矛盾,纠纷。《庄子·盗跖》:"尔作言造语,妄称文武,摇唇鼓舌,擅生是非。"

④ "世路"二句:世路,人世间的道路。《后汉书·张衡传》:"吾子性德体道,笃信安仁,约己博蓺,无坚不钻,以思世路,斯何远矣!"杜甫《春归》:"世路虽多梗,吾生亦有涯。"居心,心地,存心。《世说新语·言语》:"卿居心不净,乃复强欲滓秽太清邪!"

⑤ "惺惺"二句:惺惺,聪明机灵。曾布《曾公遗录》卷八:"上谕:皇子……虽三岁未能行,然能语言,极惺惺。"朱敦儒《忆帝京》:"只为太惺惺,惹尽闲烦恼。"朦朦,迷惘貌。《风俗通义》卷三:"翮祖位则亚卿,雅有令称,义当纲纪人伦,为之节文,而首倡导犯礼违制,使东岳一郡朦朦焉,岂不愍哉!"

⑥ 绮罗:罗绮,轻软华美的丝织衣物。《世说新语·容止》:"王丞相见卫洗马曰:居然有羸形,虽复终日调畅,若不堪罗绮。"徐幹《情诗》:"绮罗失常色,金翠暗无精。"秦韬玉《贫女》:"蓬门未识绮罗香,拟托良媒益自伤。"

⑦ "毋私"二句:惠,恩惠。《左传·庄公十年》:"小惠未遍,民弗从也。"大体,关系全局的道理。《史记·平原君虞卿列传》:"平原君,翩翩浊世之佳公子也,然未睹大体。"公论,公正或公众的评论。《世说

新语·品藻》："王大将军下，庾公问：'闻卿有四友，何者是？'答曰：'君家中郎、我家太尉、阿平、胡毋彦国。阿平故当最劣。'庾曰：'似未肯劣。'庾又问：'何者居其右？'王曰：'自有人。'又问：'何者是？'王曰：'噫！其自有公论。'"私情，私人的情感或情谊。《史记·滑稽列传》："若朋友交游，久不相见，卒然相睹，欢然道故，私情相语，饮可五六斗，径醉矣。"

⑧"勿恃"二句：势力，权力，处于高位而产生的威力。《汉书·艺文志》："《春秋》所贬损大人当世君臣，有威权势力，其事实皆形于传。是以隐其书而不宣，所以免时难也。"凌逼，侵凌逼迫。《北齐书·魏收传》："所引史官，恐其凌逼，唯取学流先相依附者。"孤寡，孤儿寡妇。《左传·哀公元年》："亲巡孤寡，而共其乏困。"《汉书·主父偃传》："百姓靡敝，孤寡老弱不能相养，道死者相望。"口腹，指饮食。《孟子·告子上》："饮食之人，无有失也，则口腹岂适为尺寸之肤哉？"《隋书·地理志》："汉中之人，质朴无文，不甚趋利。性嗜口腹，多事田渔，虽蓬室柴门，食必兼肉。"

⑨"倚势"四句：倚势凌人，凭借权势欺侮别人。《三国演义》第一回："因本处势豪倚势凌人，被吾杀了；逃难江湖，五六年矣。"穷巷，冷僻简陋的小巷。《墨子·号令》："吏行其部，至里门，正与开门内吏，与行父老之守及穷巷幽间无人之处。"《史记·陈丞相世家》："家乃负郭穷巷，以弊席为门。"

⑩"见色"四句：淫心，淫乱的念头。《七修类稿》卷二六："守宫之法，《墨客挥犀》以为东方朔进于武帝，此或然也；又曰：'以其能守钥，能知宫人有异志淫心者，则吐血污衣。'此则非也。"匿怨，隐藏对别人的怨恨。《论语·公冶长》："子曰：巧言、令色、足恭，左丘明耻之，丘亦耻之。匿怨而友其人，左丘明耻之，丘亦耻之。"暗箭，喻暗地

里用某种手段伤害人。刘炎《迩言》卷六："暗箭中人，其深次骨，人之怨之，亦必次骨，以其掩人所不备也。"

[评析]

　　本节中"遍身绮罗者，不是养蚕人"二句，出自张俞《蚕妇》："昨日到城廓，归来泪满巾。遍身罗绮者，不是养蚕人。"梅尧臣《陶者》与之主旨类似，且同样难能可贵："陶尽门前土，屋上无片瓦。十指不沾泥，鳞鳞居大厦。"钱锺书先生曾指出：《淮南子·说林训》里有几句类似谚语的话讲到这种不合理的现象，也提及梅诗里所说的烧瓦工人："屠者藿羹，车者步行，陶人用缺盆，匠人处狭庐——为者不得用，用者不肯为。"可是这几句只是轻描淡写，没有把为者和用者双方苦乐不均的情形对照起来，不像后来唐代一句谚语那样衬托得鲜明："赤脚人趁兔，著靴人吃肉。"唐诗里像孟郊《织妇辞》的"如何织纨素，自著蓝缕衣"，郑谷《偶书》的"不会苍苍主何事，忍饥多是力耕人"，于濆《苦辛吟》的"垅上扶犁儿，手种腹长饥。窗下掷梭女，手织身无衣"，和杜荀鹤《蚕妇》的"年年道我蚕辛苦，底事浑身着苎麻"，都表示对这种现象的愤慨。梅尧臣这首诗，用唐代那种谚语的对照方法，不加论断，简辣深刻；同时人张俞的《蚕妇》，虽然落在孟郊、杜荀鹤的范围里，也可以参看。罗隐《蜂》："采得百花成蜜后，为谁辛苦为谁甜？"正是同样的用意而采取了比喻的写法。（《宋诗选注》）

　　先到为君，后到为臣。莫道君行早，更有早行人。灭却心头火，剔起佛前灯。①平日不作亏心事②，半夜敲门心不惊。牡丹花好空入目，枣花虽小结实成。③众星朗朗，不如孤月独明；照塔层层，不如暗处一灯。④鼓打千椎，不如雷轰一声；良田百亩，不如薄技随身。⑤富厚福泽，不过厚吾之生；贫贱忧戚，乃是玉汝于成。⑥命薄福浅，树大根深。非上上智，无了了心。⑦护疾忌医，掩耳盗铃。烈士让千乘，贪夫争一文。⑧气是无明火，忍是敌灾星。⑨但存方寸地，留与子孙耕。⑩万事劝人休瞒昧，举头三尺有神明。⑪为恶畏人知，恶中犹有善路；为善急人知，善处即是恶根。贫贱骄人，虽涉虚矫，还有几分侠气；奸雄欺世，纵似挥霍，全没半点真心。⑫扫地红尘飞，才著工夫便起障；开窗日月进，能通灵窍自生明。⑬发念处即遏三大欲，到头时方全一点真。⑭

[**注释**]

①"灭却"二句：灭却，熄掉，消除。《琵琶记》第三十四出："第一灭却心头火，第二解开眉间锁。"心头，心上，心间。白居易《思往喜今》："争似如今作宾客，都无一念到心头。"朱淑真《秋夜闻雨》三首其二："独宿广寒多少恨，一时分付我心头。"佛教认为，唯有消除心中的贪嗔痴，才能增长慈悲及智能，借此悲智双运、福慧双修，以圆满功德。又，在佛前点灯，可凭借佛的智慧光明，照破人们的无明暗痴，成就人们的智慧波罗蜜，而获无上功德。

②亏心：违背良心。《两世因缘》第二折："比及你见俺那亏心的短命，则我这一灵儿先飞出洛阳城。"《琵琶记》第三十七出："比似我做个负义亏心台馆客，到不如守义终身田舍郎。"

③"牡丹"二句：入目，观看。周亮工《书影》卷三："此等议谕，煞是可笑。与其为此等论，不如并此词不入目，即入目亦置若未见。"结实，结出果实或种子。何晏《景福殿赋》："结实商秋，敷华青春。"顾况《谅公洞庭孤橘歌》："飞花檐卜旃檀香，结实如缀摩尼珠。"

④"众星"四句：朗朗，明亮貌。《世说新语·容止》："时人目夏侯太初朗朗如日月之入怀。"张籍《关山月》："秋月朗朗关山上，山中行人马蹄响。"孤月，王昌龄《送人归江夏》："晓夕双帆归鄂渚，愁将孤月梦中寻。""照塔"二句，是禅宗的宝贵心要，也是中国传统文化的精神姿态。层层之塔，固然已经巍峨，复而照亮，辉煌绚烂可以想见。但繁华之上附加的繁华，不如暗淡之处不舍的经营，前者是轻丽的附随一场，后者是微小的心愿展成广大的希望。一切灯火烂漫，都来自最初暗处的照亮，没有这暗处之灯，很难得到最后外在光丽的结果。

⑤"良田"二句：良田，土质肥沃的田地。《商君书·垦令》："农逸则良田不荒。"嵇康《养生论》："夫田种者，一亩十斛，谓之良田，此天下之通称也。"陶渊明《桃花源记》："土地平旷，屋舍俨然，有良田美池桑竹之属。"薄技，微薄的技艺。《史记·货殖列传》："卖浆，小业也，而张氏千万。洒削，薄技也，而郅氏鼎食。"任昉《王文宪集·序》："昉尝以笔札见知，思以薄技效德。"

⑥"富厚"四句：富厚，物质财富雄厚。《战国策·秦策》："蜀既属，秦益强富厚，轻诸侯。"《汉书·高惠高后文功臣表》："故逮文、景四五世间，流民既归，户口亦息，列侯大者至三四万户，小国自倍，富厚如之。"颜师古注："言其赀财亦稍富厚，各如户口之多也。"福泽，犹福禄。张载《西铭》："富贵福泽，所以大奉于我，而使吾之为善也。"贫贱，贫苦微贱。《孟子·滕文公下》："富贵不能淫，贫贱不能移，威武不能屈。"《管子·牧民》："民恶贫贱，我富贵之。"《史记·鲁仲连列传》："鲁连逃隐于海上，曰：'吾与富贵而诎于人，宁贫贱而轻世肆志焉。'"崔颢《长安道》："莫言贫贱即可欺，人生富贵自有时。"忧戚，忧愁烦恼。《墨子·尚贤》："是以美善在上而所怨谤在下，宁乐在君，忧戚在臣。"《庄子·让王》："君固愁身伤生以忧戚不得也。"杜甫《催宗文树鸡

栅》:"不昧风雨晨,乱离减忧戚。"玉汝于成,爱之如玉,助之使成。《诗经·大雅·民劳》:"王欲玉女,是用大谏。"

⑦"非上上智"二句:上上智,最高的智慧。(按:"九品中正制"评品士人分为三等九级,即上上、上中、上下、中上、中中、中下、下上、下中、下下。然上上一般不评,实为虚品。)《六祖坛经》:"欲学无上菩提,不得轻于初学。下下人有上上智,上上人有没意智。若轻人,即有无量无边罪。"了了,通晓事理。《后汉纪·献帝纪》:"小时了了者,至大亦未能奇也。"《宋书·戴法兴传》:"大将军彭城王义康于尚书中觅了了令史,得法兴等五人。"

⑧"烈士"二句:烈士,有气节、有壮志的人。《韩非子·诡使》:"而好名义不仕进者,世谓之烈士。"曹操《龟虽寿》:"老骥伏枥,志在千里。烈士暮年,壮心不已。"千乘(shèng),兵车千辆。古以一车四马为一乘。《韩非子·孤愤》:"万乘之患,大臣太重;千乘之患,左右太信。此人主之所公患也。"《说苑·至公》:"夫不以国私身,捐千乘而不恨,弃尊位而无忿,可以庶几矣。"苏轼《径山道中次韵答周长官兼赠苏寺丞》:"篮舆置纸笔,得句轻千乘。"贪夫,贪婪之人。《孟子·万章下》:"故闻伯夷之风者,顽夫廉,懦夫有立志。"顽,贪。文莹《玉壶清话》卷五:"功名者,贪夫之钓饵。"一文,一枚铜钱。旧时铜币上皆有文字,说明其值,故名。郦道元《水经注·渐江水》:"汉世刘宠作郡,有政绩,将解任去治,此溪父老人持百钱出送,宠各受一文。"

⑨"气是"二句:无明火,泛指怒火。龚明之《中吴纪闻》卷六:"与君一把无明火,烧尽千愁万恨心。"一作"无名火"。《封神演义》第七十五回:"四人只为无名火起,眼前要定雌雄。"无明,佛典谓痴昧。慧远《大乘义章》卷四:"言无明者,痴暗之心,体无慧明,故曰无明。"《敦煌变文集·维摩诘经讲经文》:"一点无明火要防,焚烧善法更难当。"

谷子敬《城南柳》第三折："要我渡你也容易，你息得心上无明火，便渡你过去。"赵翼《戏为俳体遣闲》："心常欲按无明火，事不求全也罢茶。"灾星，泛指厄运、灾难。梁辰鱼《浣纱记》第二十九出："我今年流年不好，正应今日，若过午时，则灾星过度，太平无事。"古人以天象附会人事，认为某一星辰出现异常，人间便会有相应的灾变，因称引起灾变的星体为灾星。后世星命家谓人的命运亦与星辰相关，流年不利，往往由于灾星照临。

⑩"但存"二句：方寸，一寸见方。《淮南子·说山训》："视方寸于牛，不知其大于羊。总视其体，乃知其大，相去之远。"段成式《酉阳杂俎·前集》卷一四："相传裴旻山行，有山蜘蛛垂丝如匹布，将及旻，旻引弓射杀之，大如车轮，因断其丝数尺收之。部下有金创者，剪方寸贴之，血立止也。"子孙，儿子和孙子。泛指后代。《尚书·洪范》："身其康强，子孙其逢吉。"贾谊《过秦论》："自以为关中之固，金城千里，子孙帝王万世之业也。"

⑪"万事"二句：瞒昧，隐瞒欺骗。《西厢记诸宫调》卷六："甚不肯承当，抵死讳定，只管厮瞒昧，只管厮咭啈。"神明，天地间一切神灵的总称。《周易·系辞》："阴阳合德，而刚柔有体，以体天地之变，以通神明之德。"孔颖达疏："万物变化，或生或成，是神明之德。"《孝经·感应》："天地明察，神明彰矣。"李隆基注："事天地能明察，则神感至诚，而降福佑，故曰彰也。"

⑫"贫贱"六句：骄人，傲慢自大的人。《抱朴子·行品》："捐贫贱之故旧，轻人士而踞傲者，骄人也。"虚矫，虚伪做作。《南史·梁元帝纪》："性好矫饰，多猜忌……及武帝崩，秘丧逾年，乃发凶问，方刻檀为像，置于百福殿内，事之甚谨。朝夕进蔬食，动静必启闻，迹其虚矫如此。"侠气，豪侠的气概。《后汉书·成武孝侯刘顺传》："弘弟梁，以侠

气闻。"苏轼《答范祖禹》："而今太守老且寒，侠气不洗儒生酸。"奸雄，本指淆乱是非的辩士。后多以指弄权欺世、窃取高位之人。《荀子·非相》："听其言则辞辩而无统，用其身则多诈而无功，上不足以顺明王，下不足以和齐百姓。然而口舌之均，噡唯则节，足以为奇伟偃却之属。夫是之谓奸人之雄，圣王起，所以先诛也。"挥霍，奔放，洒脱。方孝孺《关王庙碑》："是气也，得其灵奇盛著，则为伟人。当其生乎时，挥霍宇宙，顿挫万类，叱电噫风，雄视乎举世，故发而为忠毅之业。"

⑬"扫地"四句：红尘，车马扬起的飞尘，代指纷纷攘攘的世俗生活。佛教、道教因以称人世。班固《西都赋》："红尘四合，烟云相连。"贾仲明《金安寿》第四折："你如今上丹霄，赴绛阙，步瑶台，比红尘中别是一重境界。"灵窍，慧心。屠隆《彩毫记·散财结客》："日角扬奇表，天藻藏灵窍。"袁中道《袁中郎先生全集·序》："而出自灵窍，吐于慧舌，写于铦颖。萧萧泠泠，皆足以荡涤尘情，消除热恼。"

⑭"发念处"二句：发念，一闪念的想法。刘元卿《江右名贤编·何廷仁》："尝语人曰：'学问之道，从起端发念处察识。'"三大欲，色欲、争斗之欲和贪欲。即《论语·季氏》所云"三戒"者："君子有三戒：少之时，血气未定，戒之在色；及其壮也，血气方刚，戒之在斗；及其老也，血气既衰，戒之在得。"大欲，最大的愿望。《礼记·礼运》："饮食男女，人之大欲存焉；死亡贫苦，人之大恶存焉。"到头，最后。张碧《农父》："到头禾黍属他人，不知何处抛妻女。"贾岛《不欺》："掘井须到流，结交须到头。"《醉写赤壁赋》第一折："送的我伏侍君王不到头，不能勾故国神游。"全真，保全真性。《庄子·盗跖》："子之道狂狂汲汲，诈巧虚伪事也，非可以全真也，奚足论哉！"又为全真道修炼之重要概念。李道纯《中和集》卷三："所谓全真者，全其本真也。全精、全气、全神，方谓之全真。"

[评析]

本节中"护疾忌医",典出《韩非子·喻老》:"扁鹊见蔡桓公,立有间,扁鹊曰:'君有疾在腠理,不治将恐深。'桓侯曰:'寡人无疾。'扁鹊出,桓侯曰:'医之好治不病以为功。'居十日,扁鹊复见,曰:'君之病在肌肤,不治将益深。'桓侯不应。扁鹊出,桓侯又不悦。居十日,扁鹊复见,曰:'君之病在肠胃,不治将益深。'桓侯又不应。扁鹊出,桓侯又不悦。居十日,扁鹊望桓侯而还走。桓侯故使人问之。扁鹊曰:'疾在腠理,汤熨之所及也;在肌肤,针石之所及也;在肠胃,火齐之所及也;在骨髓,司命之所属,无奈何也。今在骨髓,臣是以无请也。'居五日,桓公体痛,使人索扁鹊,已逃秦矣。桓侯遂死。"后用来比喻掩饰缺点错误,不愿改正。又作"讳疾忌医"。周敦颐《周子通书·过》:"今人有过,不喜人规,如讳疾而忌医,宁灭其身,而无悟也。"

又,"掩耳盗铃",典出《吕氏春秋·自知》:"范氏之亡也,百姓有得钟者,欲负而走,则钟大不可负,以椎毁之,钟况然有音,恐人闻之而夺己也,遽掩其耳。恶人闻之可也,恶己自闻之悖矣。为人主而恶闻其过,非犹此也?恶人闻其过尚犹可。"《淮南子·说山训》有相类似的记载:"范氏之败,有窃其钟负而走者,枪然有声,惧人闻之,遽掩其耳。憎人闻之可也,自掩其耳悖矣。"常用来比喻自己欺骗自己。吴曾《能改斋漫录》卷五尝谓:"谚有'掩耳盗铃',非铃也,钟也。"翟灏《通俗编》卷二六则未尝纠结于其间的转换是如何发生的,只是说:今言"掩耳盗铃",始见于《五灯会元》卷七:"今时人不悟个中道理,妄自涉事涉尘,处处染着,头头系绊。纵悟则尘境纷纭,名相不实,便拟凝心敛念,摄事归空。闭目藏睛,终有念起;旋旋破除,细想才生,即便遏捺。如此见解,即是落空亡底外道,魂不散底死人。冥冥漠漠,无觉无知。塞耳偷铃,徒自欺诳。这里分别则不然,也不是隈门傍户,句句现前。不得商量,不涉文墨。本绝尘境,本无位次。权名个出家儿,毕竟无踪迹。"又卷一一:"离临济参德山。山才见,下禅床作抽坐具势。师曰:'这个且置,或遇心境一如底人来,向伊道个甚么,免被诸方检责?'山曰:'犹较昔日三步在,别作个主人公来。'师便喝,山默然。师曰:'塞却这老汉咽喉也。'拂袖便出。沩山闻举云:'齑上座虽得便宜,争奈掩耳偷铃。'"

　　守分安命,趋吉避凶。①识真方知假,无奸不显忠。人无千日好,花无百日红。②人老心不老,人穷志不穷。座上客常满,杯中酒不空。③礼义兴于富足④,盗贼出于贫穷。乍富不知新受用,乍贫难改旧家风。⑤天上有星皆拱北,世间无水不朝东。⑥白发不随人老去,转眼又是白头翁。屋漏更遭连夜雨,船慢又被打头风⑦。笋因落箨方成竹,鱼为奔波始化龙。⑧汝惟不矜,天下莫与汝争能;汝惟不伐,天下莫与汝争功。⑨明不伤察,直不过矫。仁能善断,清能有容。不尽人之欢,不竭人之忠。⑩不自是而露才,不轻试以幸功⑪。受享不逾分外,修持不减分中。⑫待人无半毫诈伪欺隐,处事只一味镇定从容。肝肠煦若春风,虽囊乏一文,还怜茕独;气骨清如秋水,纵家徒四壁,终傲王公。⑬急行缓行,前程只有许多路;⑭逆取顺取,到头总是一场空。

[注释]

　　①"守分"二句:谓安守本分,遵于天命;谋求安吉,避开灾难。沈鲸《双珠记》第五出:"趋吉避凶,儒者之事。"安命,安于命运。《庄

子·德充符》:"知不可奈何而安之若命,唯有德者能之。"《韩诗外传》卷一:"传曰:安命养性者不待积委而富。"鲍照《园葵赋》:"荡然任心,乐道安命。"

②"人无"二句:谓人生在世,总会遇到各种挫折。《儿女团圆》楔子:"人无千日好,花无百日红。早时不算计,过后一场空。"

③"座上"二句:形容人豪爽好客。《后汉书·孔融传》:"融性宽容少忌,好士,喜诱益后进。及退闲职,宾客日盈其门。常叹曰:坐上客恒满,尊中酒不空,吾无忧矣。"《三国演义》第十一回:"(孔融)后为中郎将,累迁北海太守。极好宾客,常曰:座上客常满,樽中酒不空,吾之愿也。"

④"礼义"句:礼义,礼法道义。礼,谓人所履;义,谓事之宜。《诗经·卫风·氓序》:"礼义消亡,淫风大行。"戴圣《礼记·冠义》:"凡人之所以为人者,礼义也。礼义之始,在于正容体,齐颜色,顺辞令。容体正,颜色齐,辞令顺,而后礼义备。"《汉书·礼乐志》:"至文帝时,贾谊以为汉承秦之败俗,废礼义,捐廉耻。"王安石《上仁宗皇帝言事书》:"而朝廷尝奖之以礼义者,晚节末路,往往怵而为奸。"富足,财物丰富充足。《管子·枢言》:"其事君也,有好业,家室富足,则行衰矣;爵禄满则忠衰矣。"曾巩《劝农诏》:"要使缘南亩之民,举欣欣然,乐职安业,洽于富足,称朕意焉。"

⑤"乍富"二句:受用,享受。《法苑珠林》卷一二:"于此四根本中若犯一一罪,一切比丘所作法事悉不听入,四方僧物饮食卧具皆悉不得共同受用。"赵湘《留题西溪三绝》其一:"日落沙禽犹未散,也知受用藕花香。"家风,门风,家庭或家族世代相传的风尚、生活作风。

⑥"天上"二句:《五灯会元》卷二〇:"十五日已前,天上有星皆拱北。十五日已后,人间无水不朝东。已前已后总拈却,到处乡谈各不

同。"拱，环绕，拱卫。北，北极星。《论语·为政》："为政以德，譬如北辰，居其所而众星共之。"

⑦打头风：逆风。白居易《小舫》："黄柳影笼随棹月，白蘋香起打头风。"

⑧"笋因"四句：箨（tuò），竹笋上一片一片的皮。刘基《苦斋记》："携童儿数人，启陨箨以艺粟菽。""鱼为"句，鞭策和鼓励莘莘学子金榜题名。封演《封氏闻见记》卷二："当代以进士登科为登龙门。"《琵琶记》第五出："孩儿出去在今日中，爹爹妈妈来相送，但愿得鱼化龙，青云直上。"

⑨"汝惟"四句：《尚书·大禹谟》："汝惟不矜，天下莫与汝争能；汝惟不伐，天下莫与汝争功。"孔传："自贤曰矜，自功曰伐。"《荀子·君子》："不矜矣，夫故天下不与争能而致善用其功。"杜甫《见王监兵马使说近山有白黑二鹰罗者久取竟未能得王以为毛骨有异他鹰恐腊后春生鶱飞避暖劲翮思秋之甚眇不可见请余赋诗》二首其一："一生自猎知无敌，百中争能耻下鞲。"浦起龙心解："争能，争显其能也。"《周易·系辞》："劳而不伐，有功而不德，厚之至也。"《人物志·释争》："盖善以不伐为大，贤以自矜为损。"争功，争夺功利或功劳。《荀子·富国》："事业所恶也，功利所好也，职业无分，如是，则人有树事之患，而有争功之祸矣。"《史记·萧相国世家》："汉五年，既杀项羽，定天下，论功行封。群臣争功，岁余功不决。"

⑩"不尽"二句：《礼记·曲礼》："博闻强识而让，敦善行而不怠，谓之君子。君子不尽人之欢，不竭人之忠，以全交也。"欢，酒食之欢；忠，物质往来。

⑪幸功：希图侥幸立功。沈德符《万历野获编》卷三〇："其祸……盖始于隆畅之耄聩，成于杨友之幸功。"

⑫"受享"二句：分外，本分以外。《三国志·魏书·程昱传》："上不责非职之功，下不务分外之赏，吏无兼统之势，民无二事之役，斯诚为国要道，治乱所由也。"修持，修身守道。方干《寄于少监》："修持清苦振佳声，众鸟那知一鹗情。"

⑬"肝肠"六句：煦（xù），温暖。颜延之《陶徵士诔》："晨烟暮霭，春煦秋阴。"王禹偁《送柴侍御赴阙序》："煦而为阳春，散而为霖雨。"茕（qióng），没有兄弟。独，老而无子。《诗经·小雅·正月》："哿矣富人，哀此茕独。"后泛指孤独无依的人。白居易《北窗竹石》："有妻亦衰老，无子方茕独。"家徒四壁，形容十分贫困。《史记·司马相如列传》："文君夜亡奔相如，相如乃与驰归成都，家居徒四壁立。"王公，泛指达官贵人。韩愈《荆潭唱和诗序》："至若王公贵人，气满志得，非性能而好之，则不暇以为。"

⑭"急行"二句：缓行，徐步，慢走。杜甫《江头五咏·花鸭》："花鸭无泥滓，阶前每缓行。"陆游《游张园》："冷局归差早，名园得缓行。"前程，前面的路程。孟浩然《问舟子》："向夕问舟子，前程复几多。"王安石《送僧游天台》："前程好景解吟否，密雪乱云缄翠微。"

[评析]

本节中"年贫难改旧家风"句之"家风"尚有可说处。据《世说新语·文学》，潘岳曾作有《家风诗》："夏侯湛作《周诗》成，示潘安仁。安仁曰：'此非徒温雅，乃别见孝悌之性。'潘因此遂作《家风诗》。"刘孝标注曰："岳《家风诗》，载其宗祖之德，及自戒也。"此诗载《艺文类聚》卷二三，其辞曰："绾发绾发，发亦鬓止。日祇日祇，敬亦慎止。靡专靡有，受之父母。鸣鹤匪和，析薪弗荷。隐忧孔疚，我堂靡构。义方既训，家道颖颖。岂敢荒宁，一日三省。"又，《文选》卷五八王俭《褚渊碑文》李善注尝引潘岳《家风诗》佚句："经始复图终，葺宇营丘园。"似《家风诗》另有一首五言，然《唐钞文选集注》引作"经始图终，葺宇丘园"。潘岳既作诗以陈家风，自当以雅润的四言为是。

寻绎文义，现存潘岳《家风诗》显系残篇。不过，也能从中探知中牟潘氏家教传统的部分内容。如诗中"义方既训"云云，即可证明潘岳是在儒家"义方"的严格训诫下成长起来的。所谓"义方"，指为人行事应当遵循的正道。《左传·隐公三年》载，卫庄公的嬖子公子州吁，"有宠而好兵"，庄公不予禁止，石碏谏曰："臣闻爱子，教之以义方，弗纳于邪。骄、奢、淫、泆，所自邪也。四者之来，宠禄过也。将立州吁，乃定之矣，若犹未也，阶之为祸。夫宠而不骄，骄而能降，降而不憾，憾而能珍者鲜矣。且夫贱妨贵，少陵长，远间亲，新间旧，小加大，淫破义，所谓六逆也。君义，臣行，父慈，子孝，兄爱，弟敬，所谓六顺也。去顺效逆，所以速祸也。君人者，将祸是务去，而速之，无乃不可乎？"据此，"义方"的内容包括效"六顺"，去"六逆"，勿"骄奢淫泆"等。可见，教育子弟恪守"义方"，就是潘氏家族的家风。

生不认魂①，死不认尸。好言难得，恶语易施。美玉可沽，善贾且待；瓦甑既堕，反顾何为。②英雄行险道，富贵似花枝。人情莫道春光好，只怕秋来有冷时。父母恩深终有别③，夫妻义重也分离。人生似鸟同林宿，大限来时各自飞。④早把甘旨勤奉养⑤，夕阳光景不多时。人善被人欺，马善被人骑。人恶人怕天不怕，人善人欺天不欺。善恶到头终有报，只争来早与来迟⑥。龙游浅水遭虾戏，虎落平阳被犬欺。⑦但将冷眼观螃蟹，看你横行到几时。⑧黄河尚有澄清日，岂有人无得运时。十年窗下无人识，一举成名天下知⑨。燕雀那知鸿鹄志⑩，虎狼岂被犬羊欺。事业文章随身消毁⑪，而精神万古不灭；功名富贵逐世转移，而气节千载如斯。

[注释]

①魂：旧指能离开人体而存在的精神。魄则指依附形体而显现的精神。《左传·昭公七年》："人生始化曰魄，即生魄，阳曰魂；用物精多，则魂魄强。"孔颖达疏："魂魄，神灵之名，本从形气而有；形气既殊，魂魄各异。附形之灵为魄，附气之神为魂也。附形之灵者，谓初生之时，耳目心识手足运动啼呼为声，此则魄之灵也；附气之神者，谓精神性识渐有所知，此则附气之神也。"

②"美玉"四句：沽，卖。《论语·子罕》："子曰：'沽之哉！沽之哉！我待贾者也。'"善贾（gǔ），善于经商。《韩非子·五蠹》："鄙谚曰：'长袖善舞，多钱善贾。'此言多资之易为工也。"瓦甑（zèng），陶制炊器。《后汉书·礼仪志》："东园武士执事下明器……瓦灶二，瓦釜二，瓦甑一。"陆游《小疾自警》："渟糜煮石泉，香饭炊瓦甑。"反顾，回头看。李縠《和皮日休悼鹤》："犹怜反顾五六里，何意忽归十二城。"

③恩深：恩德、情义极为深重。吕颂《代郭令公谢男尚公主表》："事出非常，荣加望外，恩深义厚，何以克堪，糜躯粉骨，不知所报。"

④"人生"二句：《张协状元》："夫妻本是同林鸟，大限来时各自飞。"大限，死期。《抱朴子·极言》："不得大药，但服草木，可以差于常人，不能延其大限也。"权德舆《古兴》："人生大限虽百岁，就中三十称一世。"

⑤"早把"句：甘旨，美味的食物。任昉《启萧太傅固辞夺礼》："饥寒无甘旨之资，限役废晨昏之半。"白居易《奏陈情状》："臣母多病，臣家素贫。甘旨或亏，无以为养，药饵或阙，空致其忧。"奉养，赡养。

《管子·形势》："主惠而不解，则民奉养。"《后汉书·吴荣传》："尝躬勤家业，以奉养其姑。"

⑥来迟：来得晚。《汉书·孝武李夫人传》："夫人卒，上思念不已。方士少翁言能致其神。乃夜张灯烛，设帷帐，陈酒肉，而令上居他帐。遥见好女如李夫人之貌，又不得就视，上益相思悲感，为作诗曰：是邪，非邪？立而望之，偏何姗姗其来迟。"《文心雕龙·乐府》："观高祖之咏《大风》，孝武之叹'来迟'，歌童被声，莫敢不协。"

⑦"龙游"二句：《西游记》第二十八回："龙游浅水遭虾戏，虎落平原被犬欺。"《醒世姻缘传》第八十八回："龙游浅水遭虾戏，虎落平阳被犬欺。"平阳，地势平坦处。

⑧"但将"二句：冷眼，冷静或冷漠的眼光。徐鸾《上卢三拾遗以言见黜》："冷眼静看真好笑，倾怀与说却为冤。"朱熹《答黄直卿》："故其后复申炎所陈，荐举之说，乃是首尾专为王地，冷眼旁观，手足俱露，甚可笑也。"横行，喻肆行无忌。皮日休《咏蟹》："莫道无心畏雷电，海龙王处也横行。"《潇湘雨》第四折："常将冷眼看螃蟹，看你横行得几时。"

⑨"一举"句：《战国策·秦策》："然则是一举而伯王之名可成也。"韩愈《唐故国子司业窦公墓志铭》："公一举成名而东，遇其党必曰：'非我之才，维吾舅之私。'"一举，一次应试。韩愈《赠张童子序》："张童子生九年，自州县达礼部，一举而进立于二百之列。"钱起《送李栖桐道举擢第还乡省侍》："几年深道要，一举过贤关。"薛用弱《集异记》："维遂作解头而一举登第矣。"

⑩"燕雀"句：《史记·陈涉世家》："陈涉少时，尝与人佣耕，辍耕之垄上，怅恨久之，曰：'苟富贵，无相忘。'佣者笑而应曰：'若为佣耕，何富贵也！'陈涉太息曰：'嗟乎，燕雀安知鸿鹄之志哉！'"燕雀，

燕和雀。比喻微贱或器量志向小的人。丘迟《与陈伯之书》："弃燕雀之小志，慕鸿鹄以高翔。"鸿鹄（hú），天鹅。《管子·戒》："今夫鸿鹄，春北而秋南，而不失其时。"《孟子·告子上》："弈秋，通国之善弈者也。使弈秋诲二人弈，其一人专心致志，惟弈秋之为听；一人虽听之，一心以为有鸿鹄将至，思援弓缴而射之。虽与之俱学，弗若之矣。为是其智弗若与？曰：非然也。"

⑪消毁：销毁，毁掉。谢惠连《秋怀》："金石终消毁，丹青暂雕焕。"

[评析]

本节中"十年窗下无人识，一举成名天下知"二句，出自刘祁《归潜志》卷七："南渡后，疆土狭隘，止河南、陕西，故仕进调官皆不得遽，人仕或守十余载，号重复累，往往归耕，或教小学养生。故当时有云：'古人谓：十年窗下无人问，一举成名天下知。今日一举成名天下知，十年窗下无人问也。'其后，有辟举法行，虽未入仕，亦得辟为令。故新进士多便得一邑治民，其省令史亦以次召补。故士人方免沉滞之叹云。"不过，"沉滞之叹"云云，是由于进士录取额大，与可提供的官缺有限产生了矛盾。它只意味着作为个体的进士进入官场的时间拖后了，并不说明整个进士阶层在官僚队伍中的地位有丝毫下降。事实上，金制"国家诸路取人，惟进士之选最为崇重"（《金史·选举志》）。所以，即便是颠倒语序的"一举成名天下知，十年窗下无人问"，也仍然不减其重要的劝学意义。又，"十年"二句，把比较切合实际表最大数的单音词"十"选来和"一"进行对比，就使这"十年"之数，成了长年寒窗苦读的标志。如《宋书·沈攸之传》："攸之晚好读书，手不释卷，《史》《汉》事多所谙忆，尝叹曰：'早知穷达有命，恨不十年读书。'"江淹

《效阮公诗十五首》其二："十年学读书，颜华尚美好。"《竹坞听琴》第三折："十载寒窗积雪余，读得人间万卷书。"

得宠思辱，居安思危。国乱思良相，家贫思良妻。①荣宠旁边辱等待，贫贱背后福跟随。成名每在穷苦日，败事多因得意时。②声妓晚景从良，半世之烟花无碍；贞妇白头失守，一生之清苦俱非。③闲事休管④，无事早归。假饶染就真红色⑤，也被旁人说是非。常将酒钥开眉锁，莫把心机织鬓丝。为人莫作千年计，三十河东四十西。秋虫春乌，共畅天机，何必浪生悲喜；老树新花，同含生意，胡为要别妍媸⑥。许人一物，千金不移。一言既出，驷马难追。⑦鄙啬之极，必生奢男；厚德之至，定产佳儿。⑧日勤三省，夜惕四知。⑨博学而笃志，切问而近思。⑩少年不努力，老大徒伤悲。惜钱休教子，护短莫从师。⑪须知孺子可教，勿谓童子何知。⑫一举首登龙虎榜，十年身到凤凰池。⑬进德修业，要个木石的念头，若稍涉矜夸，便趋欲境；济世经邦，要段云水的趣味，若一有贪恋，便堕危机。⑭官清书吏瘦，神灵庙祝肥。⑮若要人不知，除非己莫为。⑯静坐常思己过，闲谈莫论人非。友如作画须求淡，邻有淳风不攘鸡⑰。小窗莫听黄鹂语，踏破荆花满院飞。平生最爱鱼无舌，游遍江湖少是非。无事常如有事时提防，才可以弭意外之变；⑱有事常如无事时镇定，才可以消局中之危。

[**注释**]

① "得宠"四句：居安思危，在安逸的环境里，要时刻考虑到危险降临。《墨子·七患》："心无备虑，不可以应卒。"《左传·襄公十一年》：

"居安思危,思则有备,有备无患,敢以此规。"国乱,国家的变乱。《左传·僖公元年》:"元年春,不称即位,公出故也。公出复入,不书,讳之也。讳国恶,礼也。"孔颖达疏:"国内有乱,致令公出,不书'公出复入',讳国乱也。国乱,国之恶事。讳国恶,是礼也。"

②"成名"二句:陈继儒《小窗幽记》:"成名每在穷苦日,败事多因得志时。"穷苦,贫穷困苦。《吕氏春秋·慎势》:"天下之民,穷矣苦矣。民之穷苦弥甚,王者之弥易。凡王也者,穷苦之救也。"《史记·秦始皇本纪》:"夫虞夏之主,贵为天子,亲处穷苦之实,以徇百姓,尚何于法?"韩愈《荆潭唱和诗序》:"欢愉之辞难工,而穷苦之言易好也。"

③"声妓"四句:声妓,也作"声伎",旧时宫廷及贵族家中的歌姬舞女。《后汉纪·顺帝纪》:"融外戚家,虽好儒术,而服饰甚丽。坐绛纱帐,侍婢数十,声妓不乏于前。"《新唐书·高宗三女传》:"天下珍滋谲怪充于家,供帐声伎,与天子等。"苏轼《韩魏公醉白堂记》:"府有余帛,廪有余粟,而家有声伎之奉。"晚景,晚年的境遇。《归潜志》卷二:"(麻九畴)晚景为赵闲闲所知。"袁枚《随园诗话》卷七:"东坡诗,有才而无情,多趣而少韵,由于天分高,学力浅也;有起而无结,多刚而少柔,验其知遇早,晚景穷也。"从良,旧谓妓女脱离乐籍而嫁人。王辟之《渑水燕谈录》卷一〇:"子瞻通判钱塘,尝权领州事。新太守将至,营妓陈状,以年老乞出籍从良。"半世,半生,半辈子。韩愈《赠侯喜》:"半世遑遑就举选,一名始得红颜衰。"黄庭坚《书摩崖碑后》:"平生半世看墨本,摩挲石刻鬓成丝。"袁宗道《有感》:"三生白业施功浅,半世乌纱染俗深。"贞妇,旧指从一而终的妇女。《礼记·丧服四制》:"礼以治之,义以正之,孝子、弟弟、贞妇,皆可得而察焉。"孔颖达疏:"贞妇者,谓贞节之妇。"赵晔《吴越春秋·勾践入臣外传》:"贞妇不嫁破亡之家,仁贤不官绝灭之国。"失守,丧失节操。《左传·成公十五年》:

"前志有之，曰：'圣达节，次守节，下失节。'为君，非吾节也。虽不能，敢失守乎？"

④闲事：无关紧要的事，跟自己没有关系的事。鲍溶《苦哉远征人》："虚名乃闲事，生见父母乡。"苏轼《戏周正孺二绝》其一："劝君驾骆犹闲事，肠断闺中杨柳枝。"

⑤假饶：假使。李山甫《南山》："假饶不是神仙骨，终抱琴书向此游。"《朱子语类》卷六〇："又如好底物事，如脑子之属，上面只着一点粪秽，便都坏了，不得为香矣。若是粪秽上面，假饶着一堆脑麝，亦不济事。"

⑥妍媸（chī）：美丑。陆机《文赋》："混妍媸而成体，累良质而为瑕。"《世说新语·巧艺》："顾长康画人，或数年不点目精，人问其故，顾曰：'四体妍媸，本无关妙处，传神写照，正在阿堵中。'"苏轼《和陶影答形》："妍媸本在君，我岂相媚悦。"

⑦"一言"二句：《邓析子·转辞》："一言而非，驷马不能追；一言而急，驷马不能及。"驷（sì），同拉一车的四匹马，或四匹马所同拉的一车。《说文解字》："驷，一乘也。"《论语·颜渊》："夫子之说君子也，驷不及舌。"

⑧"鄙啬（sè）"四句：鄙啬，吝啬。宋濂《戴仲积墓志铭》："其待乡党，接宾客，不翕翕以附，亦不鄙啬以自足。每有过从，辄列肴酾酒乐之，虽庖传屡空弗顾也。"厚德，犹大德。《周易·坤》："地势坤，君子以厚德载物。"《淮南子·泛论训》："故人有厚德，无问其小节。"

⑨"日勤"二句：三省，省察三事。《论语·学而》："吾日三省吾身：为人谋而不忠乎？与朋友交而不信乎？传不习乎？"《后汉书·郎𫖮传》："伏惟陛下躬日昃之听，温三省之勤，思过念咎，务消祇悔。"四知，谓天知、神知、我知、你知。《后汉书·杨震传》："当之郡，道经昌

邑，故所举荆州茂才王密为昌邑令，谒见，至夜怀金十斤以遗震。震曰：'故人知君，君不知故人，何也？'密曰：'暮夜无知者。'震曰：'天知，神知，我知，子知，何谓无知！'密愧而出。"又《传赞》："震畏四知。"后多用为廉洁自持、不受非义馈赠之典。《隋书·韦世康传》："志除三惑，心慎四知，以不贪而为宝，处膏脂而莫润。"

⑩"博学"二句：《论语·子张》："子夏曰：'博学而笃志，切问而近思，仁在其中矣。'"博学，广泛学习。《中庸》："博学之，审问之，慎思之，明辨之，笃行之。"《礼记·儒行》："儒有博学而不穷，笃行而不倦。"笃志，专心一志。《南史·郑灼传》："常蔬食，讲授多苦心热，若瓜时，辄偃卧以瓜镇心，起便读诵，其笃志如此。"切问，恳切地请教。《论语·子张》邢昺疏："切问者，亲切问于己所学未悟之事，不泛滥问之也。"《三国志·吴书·孙登传》："夫中庶子官最亲密，切问近对，宜用隽德。"近思，就习知易见者思之。《论语·子张》何晏集解："近思者，近思己所能及之事。"

⑪"少年"四句：汉乐府《长歌行》："少壮不努力，老大徒伤悲。"少年，年轻时。刘向《列女传·陈寡孝妇》："母曰：'吾怜汝少年早寡也。'"辛弃疾《丑奴儿·书博山道中壁》："少年不识愁滋味，爱上层楼。爱上层楼。为赋新词强说愁。"老大，年老。贺知章《回乡偶书》："少小离家老大回，乡音未改鬓毛衰。"白居易《琵琶行》："门前冷落车马稀，老大嫁作商人妇。"护短，为缺点或过失辩护。《抱朴子·勤求》："诸虚名之道士，既善为诳诈，以欺学者；又多护短匿愚，耻于不知。"《宋史·王显传》："显或失误，护短终不肯改，上每面戒之。"从师，跟老师学习。《东观汉记·郭丹传》："丹从师长安。"柳宗元《师友箴》："吾欲从师，可从者谁？"《二刻拍案惊奇》卷一七："至今两川风俗，女人自小从师上学，与男人一般读书。"

⑫"须知"二句：孺（rú）子可教，指年轻人可培养。《史记·留侯世家》："父去里所，复返，曰：'孺子可教矣。'"童子，儿童，未成年的男子。《论语·先进》："冠者五六人，童子六七人。"《仪礼·丧服》："童子唯当室缌。"郑玄注："童子，未冠之称。"《史记·商君列传》："五羖大夫死，秦国男女流涕，童子不歌谣，舂者不相杵。"韩愈《师说》："彼童子之师，授之书而习其句读者，非吾所谓传其道、解其惑者也。"

⑬"一举"二句：李日方《贺吕蒙正》："一举首登龙虎榜，十年身到凤凰池。"《新唐书·欧阳詹传》："举进士，与韩愈、李观、李绛、崔群、王涯、冯宿、庚承宣联第，皆天下选，时称'龙虎榜'。"凤凰池，魏晋南北朝时设掌管机要的中书省于禁苑，遂称中书省为"凤凰池"。《通典》卷二一："魏、晋以来，中书监令掌赞诏令，记会时事，典作文书，以其地在枢近，多承宠任，是以人固其位，谓之'凤凰池'焉。"《晋书·荀勖传》："久之，以勖守尚书令。勖久在中书，专管机事。及失之，甚罔罔怅恨。或有贺之者，勖曰：'夺我凤凰池，诸君贺我邪！'"刘禹锡《湖南观察使故相国袁公挽歌》三首其一："五驱龙虎节，一入凤凰池。"

⑭"进德"八句：进德修业，提高道德修养，扩大功业建树。《周易·乾》："君子进德修业。"木石的念头，谓坚定沉稳，不存功名利禄的欲念。济世经邦，指拯救人世，治理国家。屠隆《彩毫记·知几引退》："此行指望济世经邦，谁想竟成画饼。"云水的趣味，谓超脱自在，不为名利缠身的情趣。

⑮"官清"二句：书吏，汉以后善于书写文字或掌书写之吏的通称。《汉书·陈遵传》："遵凭几，口占书吏，且省官事。"在清代，则为吏胥之一种，大都供职于总督、巡抚、提督学政、盐政、各仓、各监督等衙

门；亦为吏胥通称。[日]织田万《清国行政法·官吏法》："凡在官衙掌簿书案牍之事务者，总称吏胥，或称书吏。……在外省则奉职于督抚、学政、盐政、各仓、各监督等衙门者，谓之书吏。"庙祝，寺庙中掌管香火的人。陆游《老学庵笔记》卷二："成都诸名族妇女，出入皆乘犊车。惟城北郭氏车最鲜华，为一城之冠，谓之'郭家车子'。江渎庙西厢有壁画犊车，庙祝指以示予曰：'此郭家车子也。'"

⑯ "若要"二句：《汉书·枚乘传》："欲人勿闻，莫若勿言；欲人勿知，莫若勿为。"除非，只有，表示唯一的条件。吕岩《五言》："要觅长生路，除非认本元。"武汉臣《玉壶春》第二折："若要他嫁我甚黑子，则除非死了李玉壶。"《三国演义》第四十七回："汝要说我降，除非海枯石烂！前番吾念旧日交情，请你痛饮一醉，留你共榻；你却盗吾私书，不辞而去，归报曹操，杀了蔡瑁、张允，致使吾事不成。"

⑰ 攘（rǎng）：偷。《孟子·滕文公下》："今有人日攘其邻之鸡者，或告之曰：'是非君子之道。'曰：'请损之，月攘一鸡，以待来年，然后已。'如知其非义，斯速已矣，何待来年？"

⑱ "无事"二句：提（dī）防，小心防备。张可久《醉太平·无题》："尘蒙了镜台，粉淡了香腮，不提防今夜故人来。"意外，料想不到，意料之外。《世说新语·赏誉》："（王汝南）答对甚有音辞，出济意外。"苏轼《辞免起居舍人第二状》："若骤膺非分之宠，恐别生意外之忧。"

[评析]

本节中"踏破荆花满院飞"句之"荆花"代指兄弟，最早似应出自陆机《豫章行》："泛舟清川渚，遥望高山阴。川陆殊途轨，懿亲将远寻。三荆欢同株，四鸟悲异林。乐会良自古，悼别岂独今。寄世将几何，日昃无停阴。前路既已多,后途随年侵。促促薄暮景,亹亹鲜克禁。曷为复以兹,曾是怀苦心。远节婴物浅,近情能不深。行矣保嘉福,景绝继以音。"

"三荆同株"事未见于西晋以前文献,然必有其传说,故陆机用之。兹录周景式《孝子传》、吴均《续齐谐记》等两则后世材料以备参。其一:"古有兄弟,忽欲分异,出门见三荆同株,接叶连阴,叹曰:'木犹欣聚,况我而殊哉!'还为雍和。"(《艺文类聚》卷八九引)其二:"京兆田真兄弟三人,共议分财,生赀皆平均。惟堂前一株紫荆树,花叶美茂,共议欲破三片。明日就截之,其树即枯死,状如火燃。真往见之,大惊,谓诸弟曰:'树本同株,闻将分斫,所以憔悴。况人兄弟孔怀,而可离异?是人不如木也!'因悲不自胜,不复解树,树应声荣茂。兄弟相感,合财宝,遂为孝门。真仕至太中大夫。陆机诗云:'三荆欢同株。'"后一则,李剑国《唐前志怪小说辑释》谓其本事来自《珚玉集》卷一二《感应篇》引《前汉书》(此书已佚,非班固书):"田真,前汉京兆人也。兄弟三人,二亲并没,共议分居。家之资产分之悉讫,唯有庭前三株紫荆,华叶美茂,真兄弟等议欲分之,明旦即伐斫。其荆经宿花叶枯萎,根茎憔悴。真旦携锯而往,见之大惊,谓诸弟曰:'树木无情,尚恶分别,况人兄孔怀,何可离哉?是人不如树木也。'因对悲泣,不复解树,树即应声青翠如故。兄弟相感,便合财产,遂成纯孝之门也。"

三人同行,必有我师。择其善者而从,其不善者改之。①养心莫善于寡欲,无恒不可作巫医。②狎昵恶少,久必受其累;屈志老成,急则可相依。③心口如一,童叟无欺。人有善念④,天必佑之。过则无惮改⑤,独则毋自欺。道吾好者是吾贼,道吾恶者是吾师。入观庭户知勤惰,一出茶汤便见妻。父老奔驰无孝子⑥,要知贤母看儿衣。入门休问荣枯事,观看容颜便得知。⑦养儿代老,积谷防饥。⑧

常将有日思无日，莫待无时想有时。守己不贪终是稳，利人所有定遭亏。美酒饮当微醉候⑨，好花看到半开时。当路莫栽荆棘树，他年免挂子孙衣。望于天，必思已所为；望于人，必思己所施。贪了牲禽的滋益，必招性分的损；占了人事的便宜，必受天道的亏。⑩

[注释]

①"三人"四句：《论语·述而》："三人行，必有我师焉。择其善者而从之，其不善者而改之。"同行，一同行走。杜甫《垂老别》："投杖出门去，同行为辛酸。"

②"养心"二句：养心，涵养心志。《孟子·尽心下》："养心莫善于寡欲。其为人也寡欲，虽有不存焉者，寡矣。其为人也多欲，虽有存焉者，寡矣。"寡欲，节制欲望。《老子》："见素抱朴，少私寡欲。"《北齐书·王昕传》："性闲淡寡欲，虽王事鞅掌，而雅操不移。"巫医，巫师和医师。《论语·子路》："子曰：'南人有言曰：人而无恒，不可以作巫医。善夫！'"邢昺疏："巫主接神除邪，医主疗病。"《史记·孝武本纪》："文成死明年，天子病鼎湖甚，巫医无所不致，不愈。"韩愈《师说》："巫医、乐师、百工之人，不耻相师。"

③"狎昵（xiá nì）"四句：狎昵，亲近，亲昵。郭宪《东方朔传》："武帝暮年好仙术，与朔狎昵。"《晋书·桓伊传》："及孝武末年，嗜酒好内，而会稽王道子昏醟尤甚，惟狎昵谄邪，于是国宝谗谀之计稍行于主相之间。"恶少，品行恶劣的年轻男子。《荀子·修身》："偷儒惮事，无廉耻而嗜乎饮食，则可谓恶少者矣。"杜甫《锦树行》："自古圣贤多薄命，奸雄恶少皆封侯。"屈志，曲意迁就，抑制意愿。屈原《九章·思美人》："欲变节以从俗兮，愧易初而屈志。"《世说新语·言语》："李弘度常叹不被遇。殷扬州知其家贫，问：'君能屈志百里不？'"老成，成熟稳重。

李渔《怜香伴·随车》:"我老成不作轻佻计,管将今是赎前非。"相依,互相依存。《左传·僖公五年》:"谚所谓'辅车相依,唇亡齿寒'者,其虞虢之谓也。"鲍照《芜城赋》:"灌莽杳而无际,丛薄纷其相依。通池既已夷,峻隅又以颓。"

④善念:修善之念,好的念头。《中阿含经·五支物主经》:"云何善念耶?无欲念,无恚念,无害念,是谓善念。"王阳明《传习录》卷上:"唐诩问:'立志是常存个善念,要为善去恶否?'曰:'善念存时,即是天理。此念即善,更思何善?此念非恶,更去何恶?此念如树之根芽,立志者,长立此善念而已。从心所欲,不踰矩,只是志到熟处。'"张居正《答宣大巡抚言虏求佛经》:"公可特作一书谕虏王,嘉其善念,曲为开导。"

⑤"过则"句:《论语·学而》:"过则勿惮改。"无惮,不怕。《抱朴子·行品》:"凌强御而无惮,虽险逼而不沮者,黠人也。"杜甫《舟中苦热遣怀奉呈阳中丞通简台省诸公》:"王室不肯微,凶徒略无惮。"韩愈《平淮西碑》:"凡兹廷臣,汝择自从,惟其贤能,无惮大吏。"

⑥孝子:孝顺父母的儿女。《诗经·大雅·既醉》:"威仪孔时,君子有孝子。孝子不匮,永锡尔类。"《庄子·天地》:"孝子操药以修慈父,其色燋然,圣人羞之。"王延寿《鲁灵光殿赋》:"忠臣孝子,烈士贞女,贤愚成败,靡不载叙。"

⑦"入门"二句:荣枯,喻人世的盛衰、穷达。《后汉书·冯异传》:"结死生之约,同荣枯之计。"钱起《初至京口示诸弟》:"兄弟得相见,荣枯何处论。"容颜,容貌神色。宋玉《神女赋》:"整衣服,敛容颜。"陶渊明《拟古》九首其五:"辛苦无此比,常有好容颜。"韩愈《雪后寄崔二十六丞公》:"秩卑俸薄食口众,岂有酒食开容颜。"

⑧"养儿"二句:《敦煌变文集·父母恩重经讲经文》:"积谷防饥,

养子防老。"《琵琶记》第三十一出:"爹爹又道是养儿代老,积谷防饥。"

⑨候:征候。发生某种情况的迹象。

⑩"贪了"四句:滋益,滋养补益。《朱子语类》卷二四:"若不融,一句在肚里,如何发得出来?如人吃物事,若不消,只生在肚里,如何能滋益体肤?"性分,天性,本性。《后汉书·逸民传序》:"然观其甘心畎亩之中,憔悴江海之上,岂必亲鱼鸟乐林草哉?亦云性分所至而已。"王安石《寄阙下诸父兄兼示平甫兄弟》:"久闻阳羡溪山好,颇与渊明性分宜。"便宜,好处。寒山诗:"有人来骂我,分明了了知。虽然不应对,却是得便宜。"赵长卿《满庭芳·荷花》:"算劳心劳力,得甚便宜。"《警世通言》卷三二:"原来纳粟入监的,有几般便宜:好读书,好科举,好中,结末来又有个小小前程结果。"

[评析]

本节中"无恒不可作巫医"句之"巫医",另有可说处。殷商时期,巫主要的作用是接通神灵,为政治功能,同时兼及诊病。殷墟甲骨文中的"巫妹",就是一位治小儿病的女巫医。从文字学角度看,巫与医相通。《说文解字》:"医,治病工也……古者巫彭初作医。"《广雅》:"医,巫也。"王念孙疏证:"巫与医皆所以除疾,故医字或从巫作毉。"俞樾《群经平议·孟子一》:"是巫、医古得通称,盖医之先亦巫也。……巫、医对文则别,散文则通。"西周时期,巫和医逐渐分离,分别属于不同官署。《周礼·天官冢宰》中有医师、食医、疾医、疡医、兽医等。不过巫和医仍有交叉。《逸周书》:"乡立巫医,具百药,以备疾灾。"《史记·扁鹊列传》:"信巫不信医,六不治也。"西周的"巫医"与一般巫师已不同,开始向医方向发展,并最终从巫中独立出来,成为专门的医官。当然,从官方职官看,一直到清代,巫、医才彻底分离。其间的发展情形为：隋代，开始被纳入官方医学范畴。唐代，承隋制，在医署设立"咒禁科"主管禁咒，除邪魅之法。宋代，从宋淳熙《秘藏善本祝由十三科》看，医学十三科分类已然十分完善。元代，为大方脉科、杂医科、小方脉科、风科、产科、眼科、口齿科、咽喉科、正骨科、金疮肿科、针灸科、祝由科、禁科。明代，为大方脉、小方脉、妇科、疮疡、针灸、眼、口齿、接骨、伤寒、咽喉、金镞、按摩、祝由。清代，太医院废除祝由科一职，但满族信仰萨玛教（今译萨满教。萨满源于通古斯语，即"巫"的意思），对患病者除正规医药外，尚保留"跳神"习俗，以为驱役鬼神。

出家如初，成佛有余。三心一净，四相俱无。① 著意于无，即是有根未斩；留心于静，便为动芽未锄。② 鹬蚌相持，渔人得利。城门失火，殃及池鱼。③ 人而无信，百事皆虚。④ 言称圣贤，心类穿窬⑤。学不尚实行，马牛而襟裾⑥。欲求生富贵，须下苦工夫。既耕亦已种，时还读我书。结交须胜己，似我不如无。⑦ 同君一夜话，胜读十年书。⑧ 求人须求大丈夫，济人须济急时无。⑨ 渴时一滴如甘露，醉后添杯不如无。作事惟求心可以，待人先看我何如。害人之心不可有，防人之心不可无。⑩ 酒中不语真君子，财上分明大丈夫。⑪ 白酒酿成缘好客，黄金散尽为收书。⑫ 竹篱茅舍风光好，道院僧房总不如。⑬ 炮凤烹龙，放箸时与盐齑无异；悬金佩玉，成灰处于瓦砾何殊。⑭ 先达笑弹冠，休向侯门轻束带；相知犹按剑，莫从世路暗投珠。⑮ 厚时说尽知心，恐妨薄后发泄。少年不节嗜欲，每致中道而殂。⑯

[注释]

① "出家"四句："出家"二句，指出家人经过更长时间的艰苦修行

磨炼，除去了一切杂念，心中清净，感到自由自在，便进入由必然走向自由的成熟阶段。出家，离开家庭，到庙宇里去做僧尼或道士。"三心"二句，谓断绝一切欲念，方可到达超脱尘世、情无所寄的境界。三心、四相，《金刚经》有过去心不可得、现在心不可得、未来心不可得之说，又有无人相、无我相、无众生相、无寿者相之说。净，清净，断除。

②"著意"四句：谓佛教徒应建立彻底的空观，无所执着，任何执着的意识都说明欲念未断。无，空，佛家认为现实世界的本质是虚幻和空无的。有，佛家指世俗世界的表象及人的各种欲念。又，道家修炼要求心静，排除一切杂念，心动则说明杂念未除。

③"城门"二句：比喻因受连累而遭到损失或祸害。杜弼《为东魏檄梁文》："但恐楚国亡猿，祸延林木；城门失火，殃及池鱼。"白居易《杂感》："老龟烹不烂，延祸及枯桑。城门自焚爇，池鱼罹其殃……是非不由己，祸患安可防。"

④"人而"二句：《论语·为政》："人而无信，不知其可也。"郑玄注："不知可者，言不可行也。"信，蒋伯潜《语译广解》认为有二义：说话必须真实，说了话必须能践言。

⑤穿窬（yú）：偷盗。《论语·阳货》："色厉而内荏，譬诸小人，其犹穿窬之盗也与！"何晏集解："穿，穿壁；窬，窬墙。"《孟子·尽心下》："人能充无穿逾之心，而义不可胜用也。"赵岐注："穿墙逾屋，奸利之心也。"

⑥"马牛"句：像马牛穿上人的衣服。韩愈《符读书城南》："人不通古今，马牛而襟裾（jū）。"石君宝《秋胡戏妻》第三折："你个富家郎惯使珍珠，倚仗着囊中有钞多声势，岂不闻财上分明大丈夫？不由咱生嗔怒，我骂你个沐猴冠冕，牛马襟裾。"

⑦"既耕"四句：陶渊明《读山海经》十三首其一："既耕亦已种，

时还读我书。"《论语·学而》:"主忠信,无友不如己者。"

⑧"同君"二句:称赞对方给自己的教益。《二程全书·伊川语录》:"古人有言曰:'共君一夜话,胜读十年书。'若一日有所得,何止胜读十年书也?"魏野《喜岐贡王阗见访》:"闲听一夜话,胜读十年书。"

⑨"求人"二句:《清平山堂话本·杨温拦路虎》:"才人有诗说得好:'求人须求大丈夫,济人须济急时无。'"

⑩"害人"二句:害人,伤害他人。《西游记》第六十四回:"师父不可惜他。恐日后成了大怪,害人不浅也。"防人,防备他人。

⑪"酒中"二句:王有光《吴下谚联》卷四:"'酒中不语真君子。'酒能乱性,伐德失仪,平人固有不可言者,即君子亦有不免处,言语之间是也。"分明,明明,显然。萧衍《游仙》:"委曲凤台日,分明柏寝事。"杜甫《历历》:"历历开元事,分明在眼前。"

⑫"白酒"二句:黄任《夜宿无聊偶感》:"白酒酿成缘好客,黄金散尽为收书。"苏轼诗题:"回先生过湖州东林沈氏,饮醉,以石榴皮书其家东老庵之壁云:'西邻已富忧不足,东老虽贫乐有余。白酒酿来因好客,黄金散尽为收书。'西蜀和仲,闻而次其韵三首。东老,沈氏之老自谓也,湖人因以名之。其子偕作诗,有可观者。"好客,喜好接纳和款待客人。《史记·孟尝君列传》:"初,冯驩闻孟尝君好客,蹑蹻而见之。"杜甫《答郑十七郎一绝》:"把文惊小陆,好客见当时。"刘禹锡《奉和裴令公新成绿野堂即书》:"好客交珠履,华筵舞玉颜。无因随贺燕,翔集画梁间。"收书,购藏书籍。

⑬"竹篱"二句:竹篱茅舍,常指乡村中因陋就简的屋舍。乔吉《卖花声·悟世》:"尘风薄雪,残杯冷炙,掩青灯我竹篱茅舍。"道院,道士居住的地方。王周《道院》:"白日人稀到,帘垂道院深。"僧房,僧人居住的房舍。谢灵运《山居赋》:"临浚流,列僧房。"张籍《逢贾岛》:

"僧房逢着款冬花,出寺吟行日已斜。"夏竦《崇胜寺》:"僧房宿鸟栖帘外,客馆鸣泉过枕前。"

⑭"炮凤"四句:炮凤烹(pēng)龙,谓饮食精美高贵。李贺《将进酒》:"烹龙炮凤玉脂泣,罗屏绣幕围香风。"齑斋(jī),素食。朱松《招友生》:"读书有味斋盐好,对境无情梦寐清。"陆游《马上》:"灯前薄饭陈盐斋,带睡强出行江堤。"《南史·何胤传》:"初,胤侈于味,食必方丈,后稍欲去其甚者,犹食白鱼、鲑脯、糖蟹,以为非见生物。疑食蚶蛎,使门人议之。学生钟岏曰:'鲑之就脯,骤于屈申,蟹之将糖,躁扰弥甚。仁人用意,深怀如怛。至于车螯蚶蛎,眉目内阙,惭浑沌之奇,矿壳外缄,非金人之慎。不悴不荣,曾草木之不若,无馨无臭,与瓦砾其何算。故宜长充庖厨,永为口实。'"瓦砾,破碎的砖头瓦片。比喻无价值的东西。《朱子语类》卷一二六:"佛家偷得《老子》好处,后来道家却只偷得佛家不好处。譬如道家有个宝藏,被佛家偷去;后来道家却只取得佛家瓦砾,殊可笑也。"

⑮"先达"四句:《汉书·王吉传》:"吉与贡禹为友,世称'王阳在位,贡公弹冠',言其取舍同也。"颜师古注:"弹冠者,言入仕也。"束带,整肃衣冠。《论语·公冶长》:"束带立于朝,可使与宾客言也。"《晋书·陶潜传》:"素简贵,不私事上官。郡遣督邮至县,吏白应束带见之,潜叹曰:'吾不能为五斗米折腰,拳拳事乡里小人邪!'"王维《酌酒与裴迪》:"白首相知犹按剑,朱门先达笑弹冠。"暗投珠,明珠暗投,喻怀才不遇。李白《留别贾舍人至》:"远客谢主人,明珠难暗投。"《史记·邹阳列传》:"臣闻明月之珠,夜光之璧,以暗投人于道,众莫不按剑相眄者,何则?无因而至前也。"

⑯"少年"二句:嗜欲,嗜好与欲望。《荀子·性恶》:"妻子具而孝衰于亲,嗜欲得而信衰于友,爵禄盈而忠衰于君。"《南史·沈约传》:

"约性不饮酒,少嗜欲,虽时遇隆重,而居处俭素。"中道,半途。《论语·雍也》:"力不足者,中道而废。"孟郊《审交》:"结交若失人,中道生谤言。"殂(cú),死亡。《尚书·舜典》:"帝乃殂落。"孔安国传:"殂落,死也。"诸葛亮《出师表》:"先帝创业未半,而中道崩殂。"

[评析]

本节中"鹬(yù)蚌相持,渔人得利"二句,典出《战国策·燕策》:"赵且伐燕,苏代为燕谓惠王曰:'今者臣来,过易水,蚌方出曝,而鹬啄其肉,蚌合而钳其喙。鹬曰:"今日不雨,明日不雨,即有死蚌。"蚌亦谓鹬曰:"今日不出,明日不出,即有死鹬。"两者不肯相舍,渔者得而并禽之。今赵且伐燕,燕、赵久相支,以弊大众,臣恐强秦之为渔夫也。故愿王之熟计之也。'惠王曰:'善。'乃止。"后常用来比喻双方争持不下,而第三方趁机得到了好处。

又,"城门失火,殃及池鱼"二句,出自《太平广记》卷四六六引《风俗通》:"旧说池仲鱼,人姓字也,居宋城门,城门失火,延及其家,仲鱼烧死。又云,宋城门失火,人汲取池中水,以沃灌之。池中空竭,鱼悉露死。喻恶之滋,并伤良谨也。"比喻无端受到连累,遭受祸患。周煇《清波杂志》则谓,池鱼"初不主姓名之说":"张无尽尝作一表云:'鲁酒薄而邯郸围,城门火而池鱼祸。'上句出《庄子》,下句不知所出,以意推之,当是城门失火,以池水救之,池竭而鱼死也。《广韵》'池'字韵注云:'池,水沼也。古有姓池名仲鱼者,城门失火烧死。谚云:城门失火,殃及池鱼。'白乐天诗有'火发城头鱼水里,救火竭池鱼失水',初不主姓名之说。然《广韵》所载,当必有据。"

水至清则无鱼,人至察则无徒。① 痴人畏妇,贤女敬夫。② 妻财之念重，兄弟之情疏。宁可正而不足，不可斜而有余。认真还自在③，作假费工夫。是非朝朝有，不听自然无。久住令人贱，频来亲也疏。但看三五日，相见不如初。人情似水分高下，世事如云任卷舒。④百年成之不足，一旦坏之有余。训子须从胎教始，端蒙必自小学初。⑤养子不教如养驴，养女不教如养猪。有田不耕仓廪虚，有书不读子孙愚。仓廪虚兮岁月乏⑥，子孙愚兮礼义疏。茫茫四海人无数，那个男儿是丈夫。⑦要好儿孙须积德，欲高门第快读书。救人一命，胜造七级浮图；积金千两，不如一解经书。⑧静中观物动，闲处看人忙，才得超尘脱俗的趣味；忙处会偷闲，闲中能取静，便是安身立命的工夫。⑨

[注释]

① "水至清"二句：《大戴礼记·子张问入官》："故水至清则无鱼，人至察则无徒。"即《汉书·东方朔传》所谓"举大德，赦小过，无求备于一人之义也"。范仲淹《举彭乘自代状》："博学不倦，孤立无徒，馆殿之中，独为淹久。"至察，过于明察。无徒，没有同伴。

② "痴人"二句：痴人，愚笨或平庸之人。《颜氏家训·归心》："世有痴人，不识仁义，不知富贵并由天命。"贤女，有才德的女子。《诗经·陈风·东门之池序》："《东门之池》，刺时也。疾其君之淫昏，而思贤女以配君子也。"《古诗为焦仲卿妻作》："东家有贤女，自名秦罗敷。"

③ "认真"句：认真，谓严肃对待，不苟且。《元史·王克敬传》："世俗喜言勿认真，此非名言。临事不认真，岂尽忠之道乎？"唐顺之《与胡梅林总督书》之七："弟今日认真干事，督将官，督有司，全赖朝廷委任。"自在，佛教以身体进退无碍曰自在，又以心远离烦恼之系缚，

通达无碍为自在。《百喻经·伎儿着戏罗刹服共相惊怖喻》："以我见故，流驰生死，烦恼所逐，不得自在。"王维《为舜阇黎谢御题大通大照和尚塔额表》："见闻自在，不住无为。"

④"人情"二句：高下，上下高低。《老子》："长短相形，高下相倾。"《国语·楚语》："地有高下，天有晦明。"叶梦得《怀西山》："西山十亩强，高下略不齐。"卷舒，卷起与展开。韩愈《符读书城南》："灯火稍可亲，简编可卷舒。"龙辅《女红余志·玟瑰屏》："阳文张玟瑰屏风，黄金为屈膝，长七尺，广二丈，可以卷舒。"

⑤"训子"二句：旧时认为，妇女怀胎后，其思想、视听、言动，必须谨守礼仪，予胎儿以良好影响，故名胎教。《大戴礼记·保傅》："古者胎教，王后腹之七月，而就宴室。""周后妃妊成王于身，立而不跛，坐而不差，独处而不倨，虽怒而不詈，胎教之谓也。"端蒙，以正道教导初学的儿童。

⑥"仓廪（lǐn）"句：仓廪，贮藏米谷的仓库。《墨子·非乐》："士君子……内治官府，外收敛关市山林泽梁之利，以实仓廪府库，此其分事也。"《礼记·月令》："季春之月……命有司发仓廪，赐贫穷，振乏绝。"孔颖达疏引蔡邕曰："谷藏曰仓，米藏曰廪。"元稹《范季睦授尚书仓部员外郎制》："乘我有秋，大实仓廪。"兮，语助词。《说文解字》："兮，语所稽也。"用于句末。《诗经·周南·葛覃》："葛之覃兮，施于中谷。"屈原《离骚》："路漫漫其修远兮，吾将上下而求索。"亦用于句中。《诗经·唐风·绸缪》："子兮子兮，如此良人何。"项羽《垓下歌》："力拔山兮气盖世，时不利兮骓不逝。骓不逝兮可奈何，虞兮虞兮奈若何。"

⑦"茫茫"二句：四海，古代先民认为中国四周皆被大海包围，含有四面八方之意。《尚书·大禹谟》："文命敷于四海，祗承于帝。"《尔雅·释地》："九夷、八狄、七戎、六蛮谓之四海。"《论语·颜渊》："四

海之内皆兄弟也。"犹言天下，泛指全国各地。李绅《悯农》二首其一："四海无闲田，农夫犹饿死。"张溥《五人墓碑记》："大阉之乱，缙绅而能不易其志者，四海之大，有几人欤？"男儿，犹男子汉，大丈夫。《东观汉记·公孙述传》："男儿当死中求生，可坐穷乎？"高适《燕歌行》："男儿本自重横行，天子非常赐颜色。"花蕊夫人《述国亡诗》："君王城上竖降旗，妾在深宫那得知。十四万人齐解甲，更无一个是男儿。"

⑧"救人"四句："救人"二句，指救人性命功德无量。《资治通鉴·陈纪十》："又于建康造大皇寺，起七级浮图；未毕，火从中起而焚之。"郑光祖《伶梅香》第二折："救人一命，胜造七级浮图。不索多虑。"七级，七层。积金，聚积金钱。王充《论衡·命禄》："怀银纡紫，未必稷契之才；积金累玉，未必陶朱之智。"《新唐书·尉迟敬德传》："公之心如山岳然，虽积金至斗，岂能移之？"

⑨"忙处"三句：偷闲，挤出空闲的时间。白居易《岁假内命酒赠周判官萧协律》："闻健此时相劝醉，偷闲何处共寻春？"梅尧臣《和公仪龙图戏勉》："岂意来嘲饭颗句，忙中唯此是偷闲。"安身立命，在禅语中，安身立命指在根本处见性亦即悟心而言。《景德传灯录》卷一〇："僧问：'学人不据地时如何？'师云：'汝向什么处安身立命？'"后用以指生活有着落，精神有寄托，事业有成就。

[评析]

此节中"救人一命，胜造七级浮图"二句中"浮图"，又作浮头、浮屠、佛图，旧译家以为佛陀之转音。《广弘明集》："浮图，或言佛陀，声明转也，译云净觉。灭秽成觉，为圣悟也。"《南山戒疏》："言佛者，梵云佛陀，或言浮陀、佛䭾、步陀、浮图、浮头，盖传音之讹耳。此无其人，以义翻之名为觉。"《秘藏记集释本》："浮图，佛也，新人曰物他也，古人曰浮图也。"因称佛教徒为浮屠，佛教为佛屠道。新译以为窣堵波（即塔）之转音。《大智度论》十六："诸聚落佛图精舍等。"《西域记》一："窣堵波，即旧所谓浮图也。"《瑜伽论记》十一上："窣堵波者，此云供养处，旧云浮图者，音讹也。"《梵语杂名》："浮图，素睹波，塔，制怛里。"此处即指佛塔。

子教婴孩，妇教初来。①内要伶俐②，外要痴呆。聪明逞尽，惹祸招灾。能让终有益，忍气免伤财。富从升合起③，贫因不算来。暗中休使箭，乖里放些呆。④衙门八字开，有理无钱莫进来。天灾不时有，谁家挂得免字牌。用人不宜刻，刻则思效者去；交友不宜滥，滥则贡谀者来。⑤财是怨府，贪为祸胎。⑥乐不可极，乐极生哀；欲不可纵，纵欲成灾。⑦百年容易过，青春不再来。欲寡精神爽，思多血气衰。一头白发催将去，万两黄金买不回。略尝辛苦方为福，不作聪明便是才。终身疾病，恒从新婚造起；盖世勋猷，多是老成建来。⑧

[注释]

①"子教"二句：谓施教应及早。《颜氏家训·教子》："俗谚曰：'教妇初来，教儿婴孩。'诚哉斯语。"

②伶俐：聪明，灵巧。朱淑真《自责》二首其二："添得情怀转萧索，始知伶俐不如痴。"

③升合：指很小的数量。升、合为容量单位，十合为一升。《三国志·蜀书·杨洪传》"洪迎门下书佐何祗"裴松之注："使人投算，祗听其读而心计之，不差升合，其精如此。"

④"暗中"二句：李世民《百字铭》："暗中休使箭，乖里藏些呆。"乖，乖巧。

⑤"用人"四句：刻，刻薄。贡谀，献媚。沈德符《万历野获编》卷一三："邱竟以外蕃再斥。盖两番贡谀，皆不得厚偿，世谓君相造命，亦未必然。"

⑥"财是"二句：怨府，众怨归聚之所。《左传·昭公十二年》："平子欲使昭子逐叔仲小。小闻之，不敢朝。昭子命吏谓小待政于朝，曰：'吾不为怨府。'"杜预注："言不能为季氏逐小，生怨祸之聚。"《史记·赵世家》："毋为怨府，毋为祸梯。"祸胎，祸根。枚乘《上书谏吴王》："福生有基，祸生有胎。纳其基，绝其胎，祸何自来？"《晋书·曹毗传》："名为实宾，福萌祸胎。"

⑦"乐不"四句：《贞观政要·刑法》："乐不可极，极乐成衰；欲不可纵，纵欲成灾。"纵欲，放纵欲望。

⑧"盖世"二句：勋猷（yóu），功勋。汪廷讷《种玉记·赠玉》："怎能树萧曹旧日勋猷，还念鸾皇偶何年好逑？"老成，精明练达。欧阳修《为君难论上》："其所陈天时人事，坚随以强辩折之，忠言谠论皆沮屈而去。如王猛、苻融，老成之言也，不听；太子宏、少子诜，至亲之言也，不听；沙门道安，坚平生所信重者也，数为之言，不听。"

[评析]

本节中"衙门八字开，有理无钱莫进来"二句，意谓旧时老百姓打官司，也是官吏索诈的机会，此中黑幕重重。当然，这样的俗语，也可能只是"一种坏经验的结果的歌诀"（鲁迅《经验》），使得人们只要事不干己，就会远远地站开。观汪辉祖《佐治药言·省事》所云，或可了然："谚云：'衙门六扇开，有理无钱莫进来。'非谓官之必贪，吏之必墨也。

一词准理，差役到家，则有馈赠之资；探信入城，则有舟车之费；及示审有期，而讼师词证，以及关切之亲朋，相率而前，无不取给于具呈之人。或审期更换，则费将重出。其他差房陋规，名目不一。谚云：'在山靠山，在水靠水。'有官法之所不能禁者，索诈之赃，又无论已。余尝谓作幕者于斩绞流徒重罪无不加意检点，其累人造孽，多在词讼。如乡民有田十亩，夫耕妇织，可给数口一讼之累，费钱三千文，便须假子钱以济，不二年必至鬻田，鬻一亩则少一亩之入，辗转借售，不七八年而无以为生。其贫在七八年之后，而致贫之故，实在准词之初。故事非急切，宜批示开导，不宜传讯差提。人非紧要，宜随时省释，不宜信手牵连。被告多人，何妨摘唤，干证分列，自可摘芟。少唤一人，即少累一人。谚云：'堂上一点朱，民间千点血。'下笔时多费一刻之心，涉讼者已受无穷之惠。故幕中之存心，以省事为上。"

见者易，学者难。莫将容易得，便作等闲看①。万恶淫为首，百善孝为先。妻贤夫祸少，子孝父心宽②。事亲须当养志，爱子勿令偷安。③不求金玉重重贵，但愿儿孙个个贤。却愁前面无多路，及早承欢向膝前④。祭而丰不如养之厚，悔之晚何若谨于前。花逞春光，一番雨一番风，催归尘土；竹坚雅操，几朝霜几朝雪，傲就琳琅。⑤

[**注释**]

①等闲：轻易，随便。白居易《新昌新居》："等闲栽树木，随分占风烟。"朱熹《春日》："等闲识得东风面，万紫千红总是春。"

②心宽：宽心，放心。《水浒传》第十七回："你且说与我些去向，

我自有补报你处。正教我怎地心宽！"

③"事亲"二句：养志，奉养父母能顺从其意志。《孟子·离娄上》："若曾子，则可谓养志也。事亲若曾子者，可也。"《盐铁论·孝养》："故上孝养志，其次养色，其次养体。"苏轼《赐正议大夫同知枢密院安焘乞外郡不许批答》二首其一："夫荣亲莫大于功名，养志不专于甘旨。"偷安，只图目前的安逸。《史记·秦始皇本纪》："小人乘非位，莫不恍忽失守，偷安日日。"司马光《遗表》："臣窃见十年以来，天下以言为讳，大臣偷安于禄位，小臣苟免于罪戾，闾阎之民，憔悴困穷，无所控告，宗庙社稷，危于累卵，可为寒心。"

④"及早"句：承欢，侍奉父母。骆宾王《上廉使启》："冀鹿迹丘中，绝汉机于俗网；承欢膝下，驭潘舆于家园。"孟浩然《送张参明经举兼向泾州觐省》："十五彩衣年，承欢慈母前。"膝前，膝下。指父母的身边。

⑤"竹坚"三句：雅操，高尚的操守。《晋书·山涛传》："足下在事清明，雅操迈时。"《北史·长孙嵩传》："名实须相称，尚书志安贫素，可改名俭，以彰雅操。"岑参《范公〈丛竹歌〉序》："美范公之清致雅操，遂为歌以和之。"琳琅（lín láng），精美的玉石。张衡《南都赋》："琢雕狎猎，金银琳琅。"司马光《奉和济川代书三十韵寄诸同舍》："琳琅固无价，燕石敢沽诸。"

[评析]

本节中"万恶淫为首，百善孝为先"二句，《围炉夜话》的解说很是明白："常存仁孝心，则天下凡不可为者，皆不忍为，所以孝居百行之先；一起邪淫念，则生平极不欲为者，皆不难为，所以淫是万恶之首。"邪淫罪报，《法苑珠林》卷七三所载凡十："如佛说：邪淫有十罪。何等为十？一者，常为所淫夫主欲危害之。二者，夫妇不睦，常共斗争。三者，诸不善法日日增长，于诸善法日日损减。四者，不守护身，妻子孤寡。五者，财产日耗。六者，有诸恶事，常为人所疑。七者，亲属知识所不爱喜。八者，种怨家业因缘。九者，身坏命终，死入地狱。十者，若出为女，多人共一夫；若为男子，妇不贞洁。如是等种种因缘不作，是名不邪淫。"又，关于不孝，《孟子·离娄上》云："不孝有三，无后为大。舜不告而娶，为无后也，君子以为犹告也。"赵岐注："于礼有不孝者三事，谓阿意曲从，陷亲不义，一不孝也；家穷亲老，不为禄仕，二不孝也；不娶无子，绝先祖祀，三不孝也。三者之中，无后为大。"只是，这样的解释恐怕跟孟子时代流行的观点不太符合。其一，孟子不但不反对，甚至有点提倡或赞扬对父母"阿意曲从"。在孟子的心目中，舜是"大孝"的典范，而舜的"孝"集中体现在"顺乎亲""顺于父母"。孟子和舜都认为："不得乎亲，不可以为人；不顺乎亲，不可以为子。"而舜的"事亲之道"可以用一个"顺"字来概括，这得到了孟子的极力赞扬。其二，在孟子的时代，天子、诸侯、卿、大夫、士都是贵族，贵族的身份世代相传。天子以下各级贵族都享有封邑和田地。当时官禄与土地是相应的，有官则有土，有土则有禄。禄仕是贵族享有的特权。在一般情况下，庶人、工、商是与禄仕无缘的。所以在那个时代是不存在"家穷亲老，不为禄仕"这种现象的。孔子、孟子虽然都很希望做官，但他们仅仅把做官当作实现自己政治理想的手段，并不曾把禄仕和孝联系起来。

言顾行，行顾言。① 为事在人，成事在天。② 伤人一语，痛如刀割；杀人一万，自损三千。③ 击石原有火④，逢仇莫结冤。有容德乃大⑤，无欲心自闲。瓜田不纳履，李下不整冠。⑥ 误处皆缘不学，强作乃成自然⑦。将相顶头堪走马，公侯肚内好撑船。⑧ 贫不卖书留子读,老犹栽竹与人看。不作风波于世上,但留清白在人间。⑨勿因群疑而阻独见⑩,勿任己意而废人言。路逢险处,为人辟一步周行,便觉天宽地阔;遇到穷时,使我留三分抚恤,自然理顺情安。⑪事有急之不白者,宽之或自明,勿操急以速其忿;人有切之不从者,纵之或自化,勿操切以益其顽。⑫

[注释]

①"言顾行"二句:《中庸》:"言顾行,行顾言,君子胡不慥慥尔!"郑玄注:"慥慥,守实言行相应之貌。"朱熹集注:"慥慥,笃实貌。"

②"为事"二句:谓正确对待、处理过程与结果的关系。《三国演义》第一〇三回:"孔明叹曰:'谋事在人,成事在天。不可强也!'"

③"杀人"二句:葛长庚《瑞鹤仙》:"莫说。杀人一万,自损三千,到底靦觍。"《元史·洪君祥传》:"谚云:杀人一万,自损三千。愿勿废国力,攻夺边城。"

④石:即火石、燧石。李白《留别广陵诸公》:"炼丹费火石,采药穷山川。"李好古《张生煮海》第三折:"家僮,将火镰、火石引起火来,用三角石头把锅儿放上。"

⑤"有容"句:《尚书·君陈》:"必有忍,其乃有济;有容,德乃大。"

⑥"瓜田"二句:意为避免引起嫌疑。《君子行》:"君子防未然,不处嫌疑间。瓜田不纳履,李下不正(一作整)冠。"《列女传·齐威虞姬》:"经瓜田不蹑履,过李园不正冠,妾不避,此罪一也。"

⑦"强作"句:《孔丛子·执节》:"魏安釐王问天下之高士,子顺曰:'世无其人也,抑可以为次,其鲁仲连乎?'王曰:'鲁仲连,强作之者,非体自然也。'答曰:'人皆作之,作之不止,乃成君子。'"强作,

勉力而做。

⑧"将相"二句：将相，将帅和丞相。亦泛指文武大臣。《墨子·法仪》："天下从事者，不可以无法仪。无法仪而其事能成者，无有也。虽至士之为将相者，皆有法。"《史记·高祖本纪》："诸侯及将相相与共请尊汉王为皇帝。"李涉《与梧州刘中丞》："三代卢龙将相家，五分符竹到天涯。"顶头，物体的顶上头。秦系《宿云门上方》："禅室遥看峰顶头，白云东去水常流。"《水浒传》第一一八回："却说时迁一步步摸到关上，扒在一株大树顶头，伏在枝叶稠密处。"公侯，公爵与侯爵。《礼记·王制》："王者之制禄爵，公、侯、伯、子、男凡五等。"《白虎通义·爵》："所以名之为公侯者何？公者，通也，公正无私之意也。侯者，候也，候逆顺也。"泛指有爵位的贵族和官高位显的人。《后汉书·朱景王杜马等传论》："自兹下降，迄于孝武，宰辅五世，莫非公侯。"李贤注："自高祖至于孝武凡五代也，其中宰辅皆以公侯勋贵为之。"沈约《齐故安陆昭王碑》："至公以奉上，鸣谦以接下。抚僚庶尽盛德之容，交士林忘公侯之贵。"白居易《歌舞》："雪中退朝者，朱紫尽公侯。"

⑨"不作"二句：邵雍《安乐窝中自贻》："不作风波于世上，自无冰炭到胸中。"风波，比喻纠纷或乱子。鲍溶《行路难》："入宫见妒君不察，莫入此地出风波。"《西湖佳话》卷一四："妻子初容我娶，及至小青进门，便生许大风波，一骂就是三朝四夜，一打就到万紫千红，甚觉难堪。"但留清白，于谦《石灰吟》："千锤万凿出深山，烈火焚烧若等闲。粉身碎骨浑不怕，要留清白在人间。"

⑩群疑：众人的疑惑。刘禹锡《上杜司徒书》："弘我大信，以祛群疑。"

⑪"为人"五句：周行，《诗经·小雅·大东》："佻佻公子，行彼周行。"《朱熹集传》："周行，大路也。"抚恤，安抚体恤。《东周列国志》

第七十七回:"伯嬴曰:'今日复位,宜先明赏罚,然后抚恤百姓,徐俟气力完足,以图恢复可也。'"

⑫ "宽之"五句:自明,自然明白。王安石《仓颉》:"仓颉造书,不诂自明。"程颐《代彭思永上英宗皇帝论濮王典礼疏》:"则是非之理昭然自明,不待辩论而后见也。"自化,自然化育。《老子》:"天下多忌讳,而民弥贫;人多利器,国家滋昏;人多伎巧,奇物滋起;法令滋彰,盗贼多有。故圣人云:'我无为,而民自化;我好静,而民自正;我无事,而民自富;我无欲,而民自朴。'"操切,办事过于急躁。张居正《辛未会试程策》二:"一令下,曰:'何烦苛也?'一事兴,曰:'何操切也?'相与务为无所事事之老成,而崇尚夫坐啸画诺之悖大,以此求理,不亦难乎?"

[评析]

本节中"勿任己意而废人言"句,源出《论语·卫灵公》:"君子不以言举人,不以人废言。"的确,自古以来具有理性精神的明智者都是主张不因人废言的。如陈振孙《直斋书录解题》卷二一《乐章集》解题:"柳三变耆卿撰。景祐元年进士,官至屯田员外郎,世号柳屯田。初磨勘及格,昭陵以其浮薄罢之,后乃更名永。其词格固不高,而音律谐婉,语意妥帖,承平气象,形容曲尽,尤工于羁旅行役。若其人则不足道也。"又《顺庵乐府》解题:"康与之伯可撰。与之父倬惟章,诡诞不检,事见《挥麈录》。与之又甚焉。尝挟吴下妓赵芷以遁。与苏师德仁仲有隙,遂与苏玭讦直之狱。玭,仁仲之子,而常同子正之婿也。与之受知于子正,一朝背之,士论不齿。周南仲尝为作传,道其实如此。世所传康伯可词,鄙亵之甚,此集颇多佳语。陶定安世为之序。王性之、苏养直皆称之。而其人不自爱如此,不足道也。"都是如此。又,沈德潜编《唐诗别裁集》

而收宋之问诗五古三首：《题老松树》《别之望后独宿蓝田山庄》《见南山夕阳召监师不至》，并说："不以人废言，故薄其行而仍录其诗。"这种态度，较之四库馆臣虽未全盘否定，却也未收严嵩《钤山堂集》，（按：《四库全书总目》卷一七六谓："嵩虽怙宠擅权，其诗在流辈之中乃独为迥出。王世贞《乐府变》云：'孔雀虽有毒，不能掩文章。'亦公论也。然迹其所为，究非他文士有才无行可以节取者比。故吟咏虽工，仅存其目，以明彰瘅之义焉。"）来得更为辩证一些。又，谢国桢《丛书刊刻源流考》评叶德辉，也是不取其人而取其学问的："叶氏为湖南土豪，出入公门，鱼肉乡里……论其人实无可取，然精于目录之学，能于正经正史之外，独具别裁，旁取史料，开后人治学之门径。"

一九五八年，王贵忱跋明正统司礼监本《书集传》云："明纲不正，奄人揽权，为此前所无，实千古丑事，此殆无可讳言者，故其东厂刻书为历代藏家所轻。余得此本，以其刻印及纸张俱精耳。窃意因人废言固不可，如其为太监，刻书则一味贬斥，亦不清爽矣。日前购得艺风先生之《云自在龛随笔》，其书籍类中称许此正统本《书集传》为至佳。先生为一代学者，尤精版本之学，其称定之本当不错可知矣。"这或许可以称之为广义上的不因人废言的情形，姑附于此，以备参证。

道路各别，养家一般①。逸态闲情，惟期自尚；清标傲骨，不愿人怜。②他急我不急，人闲心不闲。富人思来年③，贫人顾眼前。忙中多错事，醉后吐真言。上山擒虎易，开口告人难。④不是撑船手，休要提篙竿⑤。好言一句三冬暖，话不投机六月寒。⑥知音说与知音听，不是知音莫与谈。谗言败坏真君子，美色消磨狂少年。⑦用心计校般般错，退步思量事事难。⑧但有绿杨堪系马⑨，处处有路到长安。人欲从初起处剪除，如斩新刍，工夫极易，若乐其便而姑为染指，则深入万仞；天理自乍见时充拓，⑩如磨尘镜，光彩渐增，若惮其难而稍为退步,便远隔千山。

[注释]

①一般:一样,同样。王建《宫词》一百首其三十五:"云驳花骢各试行,一般毛色一般缨。"《京本通俗小说·碾玉观音》:"崔宁谢了恩,寻一块一般的玉,碾一个铃儿,接住了,御前交纳。"

②"逸态"四句:自尚,自高,自负。《新唐书·高霞寓传》:"霞寓能读《春秋》及兵法,颇以感概自尚,狡谲多变。"《太平广记》卷三三六引《广异记》:"唐建康常夷,字叔通,博览经典,雅有文艺,性耿正清直,以世业自尚。"清标,清高脱俗的风度,亦称"清质"。谢庄《月赋》:"升清质之悠悠,降澄晖之蔼蔼。"傲骨,喻高傲不屈的风骨。戴埴《鼠璞》卷上:"唐人言李白不能屈身,以腰间有傲骨。"袁宏道《感王胡庚》:"傲骨终然遭白眼,穷途无计觅青蚨。"

③来年:明年。《孟子·滕文公下》:"戴盈之曰:'什一,去关市之征,今兹未能,请轻之,以待来年,然后已。何如?'"韩愈《御史台上论天旱人饥状》:"今瑞雪频降,来年必丰。"

④"上山"二句:《京本通俗小说·错斩崔宁》:"泰山在上,道不得个'上山擒虎易,开口告人难'。如今的时势,再有谁似泰山这般怜念我的?只索守困。若去求人,便是劳而无功。"高明《琵琶记》第二十五出:"连丧双亲无计策,只得剪下香鬟,非奴苦要孝名传。正是:'上山擒虎易,开口告人难。'"告人,开口向人求援。

⑤篙竿:撑船的竹竿。苏轼《西山戏题武昌王居士》:"篙竿系舸菰茭隔,笳鼓过军鸡狗惊。"

⑥"好言"二句:王实甫《西厢记》第三本第二折:"别人行甜言美语三冬暖,我跟前恶语伤人六月寒。"三冬,冬季三月,即冬季。杨炯

《李舍人山亭诗序》："三冬事隙，五日归休。"张元幹《好事近》："三冬兰若读书灯，想见太清绝。"投机，意见相合。《误入桃源》第三折："吃紧的理不服人，言不谙典，话不投机。"

⑦ "谗言"二句：谗言，说坏话毁谤人。《尚书·盘庚》："尔无共怒，协比谗言予一人。"孔传："汝勿共怒我，合比凶人而妄言。"元稹《答姨兄胡灵之见寄五十韵》："世道难于剑，谗言巧似笙。"败坏，损害，破坏。《史记·酷吏列传》："乃以（义）纵为右内史，王温舒为中尉。温舒至恶，其所为不先言纵。纵必以气凌之，败坏其功。"《水经注·漾水》："峡中白水，生大石障塞水流，春夏辄溃溢，败坏城郭。"美色，形容人漂亮的外貌。《韩非子·备内》："妇人年三十而美色衰矣。"《后汉书·曹节传》："节弟破石为越骑校尉，越骑营五百妻有美色，破石从求之，五百不敢违，妻执意不肯行，遂自杀。"消磨，消耗，磨灭。王建《题酸枣县蔡中郎碑》："苍苔满字土埋龟，风雨销磨绝妙词。"刘子翚《出郊》："平生豪横气，未老半消磨。"

⑧ "用心"二句：俞文豹《吹剑四录》："著心计较般般错，退步思量事事宽。"计校，亦作"计较"，较量，争论。《汉书·贾谊传》"反唇而相稽"颜师古注引应劭曰："稽，计也，相与计校也。"孟郊《送卢郎中汀》："向事每计较，与山实绸缪。"般般，犹件件。方干《海石榴》："亭际天妍日日看，每朝颜色一般般。"《清平山堂话本·戒指儿记》："那阮三年方二九，一貌非俗，诗词歌赋，般般皆晓。"思量，考虑，忖度。《晋书·王豹传》："得前后白事，具意，辄别思量也。"杜荀鹤《秋日寄吟友》："闲坐细思量，唯吟不可忘。"

⑨ "但有"句：关汉卿《大德歌·夏》："夏俏冤家，在天涯，偏那里绿杨堪系马。"徐再思《阅金经·春》："紫燕寻旧垒，翠鸳栖暖沙，一处处绿杨堪系马。"

⑩"如斩"五句：新刍（chú），嫩草。染指，喻参与某种事情。苏轼《次韵水官诗》："高人岂学画，用笔乃其天。……丹青偶为戏，染指初尝鼋。"万仞（rèn），形容山极高。王之涣《凉州词》二首其一："黄河远上白云间，一片孤城万仞山。"《旧唐书·杨炯传》："富嘉谟之文，如孤峰绝岸，壁立万仞。"仞，古代长度单位，七尺或八尺为一仞。充拓，扩充开拓。《传习录》卷上："孩提之童，无不知爱其亲，无不知敬其兄，只是这个灵能不为私欲遮隔，充拓得尽，便完完是他本体。"唐顺之《与项瓯东郡守书》："兄得之资禀者，持守有余而充拓未至，资禀有余于毅而力量不足于弘。"

[评析]

本节中"知音说与知音听，不是知音莫与谈"二句之"知音"，典出《列子·汤问》："伯牙善鼓琴，钟子期善听。伯牙鼓琴，志在高山，钟子期曰：'善哉！峨峨兮若泰山。'志在流水，钟子期曰：'善哉！洋洋兮若江河。'伯牙所念，钟子期必得之。"《吕氏春秋·本味》所记略同："伯牙鼓琴，钟子期听之。方鼓琴而志在太山，钟子期曰：'善哉乎鼓琴，巍巍乎若太山。'少选之间，而志在流水，钟子期又曰：'善哉乎鼓琴，汤汤乎若流水。'钟子期死，伯牙破琴绝弦，终身不复鼓琴，以为世无足复为鼓琴者。"后遂以"知音"比喻知己。如曹丕《与吴质书》："徐、陈、应、刘，一时俱逝，痛可言邪！……昔伯牙绝弦于钟期，仲尼覆醢于子路，痛知音之难遇，伤门人之莫逮。"杜甫《哭李常侍峄》二首其一："斯人不重见，将老失知音。"

关于《高山流水》的意境，《天闻阁琴谱》所云可参："起首二、三段叠弹，俨然潺湲滴沥，响彻空山。四、五两段，幽泉出山，风发水涌，时闻波涛，已有蛟龙怒吼之象。息心静听，宛然坐危舟，过巫峡，目眩神移，惊心动魄。几疑此身在群山奔赴、万壑争流之际矣。七、八、九段，轻舟已过，势就淌洋，时而余波激石，时而旋洑微沤，洋洋乎！诚古调之希声者乎！"

风息时，休起浪①；岸到处，便离船。隐恶扬善，谨行慎言。②自处超然，处人蔼然。得意欿然，失意泰然。③老当益壮，穷且益坚。④榜上名扬，蓬门增色；床头金尽，壮士无颜。⑤由俭入奢易，由奢入俭难。少成若天性，习惯成自然。⑥自奉必须俭约，宴客切勿留连。⑦枯木逢春犹再发⑧，人无两度再少年。少而寡欲颜常好，老不求官梦亦闲。书有未曾经我读，事无不可对人言。兄弟叔侄，须分多润寡；长幼内外，宜法肃词严。⑨一饭一粥，当思来处不易；半丝半缕，恒念物力维艰。⑩人学始知道，不学亦徒然。⑪愚而好自用，贱而好自专。⑫有书真富贵，无事小神仙。⑬出岫孤云，去来一无所系；悬空朗镜，妍丑两不相干。⑭劝君作福便无钱，祸到临头使万千。善恶关头休错认，一失人身万劫难。⑮积德若为山，九仞头休亏一篑；容人须学海，十分满尚纳百川。⑯

[注释]

①起浪：掀起波浪。苏轼《送李供备席上和李诗》："擘水取鱼湖起浪，引杯看剑坐生光。"亦喻生事。

②"隐恶"二句：《中庸》："舜好问而好察迩言，隐恶而扬善。"隐，隐匿。扬，宣扬。

③"自处"四句：自处，自持。《宋书·刘湛传》："既不能以礼自处，又不能以礼处人。"苏辙《上曾参政书》："方今群公在朝，以君子长

者自处，而优容天下彦圣有技之士，士之有言者可以安意肆志而无患，然后知士之生于今者之为幸。"超然，离尘脱俗。《老子》："虽有荣观，燕处超然。"陶渊明《劝农》："若能超然，投迹高轨。敢不敛衽，敬赞德美。"李德裕《舴艋舟》："永日歌濯缨，超然谢尘滓。"蔼然，温和、和善貌。《管子·侈靡》："若夫教者，标然若秋云之远，动人心之悲，蔼然若夏之静云，乃及人之体。"施彦执《北窗炙輠录》卷上："伯淳既见，和气蔼然见眉宇间。"欿（kǎn）然，不自满的样子。《孟子·尽心上》："如其自视欿然，则过人远矣。"泰然，形容心情安定。《庄子·庚桑楚》"宇泰定者，发乎天光"，郭象注："夫德宇泰然而定，则其所发者天光耳，非人耀。"权德舆《丙寅岁苦贫戏题》："中忆裴子野，泰然倾薄糜。"

④"老当"二句：指一种乐观奋发的精神。《后汉书·马援传》："丈夫为志，穷当益坚，老当益壮。"王勃《滕王阁序》："老当益壮，宁移白首之心；穷且益坚，不坠青云之志。"穷，处境恶劣。

⑤"榜上"四句：蓬门，以蓬草为门。指贫寒之家。《宋书·袁顗传》："纡金拖玉，改观蓬门。"杜甫《客至》："花径不曾缘客扫，蓬门今始为君开。"壮士，意气豪壮而勇敢的人。《战国策·燕策》："风萧萧兮易水寒，壮士一去兮不复还。"《史记·货殖列传》："富者，人之情性所不学而俱欲者也。故壮士在军，攻城先登，陷阵却敌，斩将搴旗，前蒙矢石，不避汤火之难者，为重赏使也。"

⑥"少成"二句：贾谊《新书·保傅》："孔子曰：'少成若天性，习惯如自然。'是殷周之所以长有道也。"少成，年少时养成的习性。习惯，亦作"习贯"。原谓习于旧贯，后指逐渐养成而不易改变的行为。《大戴礼记·保傅》："少成若性，习贯之为常。"庆劭《风俗通义·序》："俗间行语，众所共传，积非习贯，莫能原察。"

⑦"自奉"二句：自奉，自身日常生活的供养。《说苑·政理》："武

王问于太公曰：'贤君之治国何如？'对曰：'贤君之治国，其政平，其吏不苛，其赋敛节，其自奉薄。'"《三国志·吴书·步骘传》："荣不足以自曜，禄不足以自奉。"俭约，俭省，节约。《荀子·非十二子》："上功用，大俭约而僈差等。"《后汉书·郎𫖮传》："夫救奢必于俭约，拯薄无若敦厚。"杜甫《送卢十四弟侍御护韦尚书灵榇归上都二十韵》："俭约前王体，风流后代希。"留连，留恋不舍。曹丕《燕歌行》二首其二："飞鸟晨鸣声可怜，留连顾怀不自存。"李白《友人会宿》："涤荡千古愁，留连百壶饮。"

⑧枯木逢春：枯木每逢春天再次拥有生机。比喻人或事物重新获得生机。《景德传灯录》卷二三："问：'枯树逢春时如何？'师曰：'世间希有。'"《喻世明言》卷九："两口儿回到家乡，见了岳丈黄太学。好似枯木逢春，断弦再续，欢喜无限。"

⑨"兄弟"四句：分润，分取钱财，分享利益。张煌言《答曹云林监军书》："徐兄适会弟于阮途，勿克稍为分润。"多寡，多少。《孟子·滕文公上》："五谷多寡同，则贾相若。"《水浒传》第四十一回："待日后出力多寡，别时另行定夺。"法肃词严，指家规严格，言辞庄重、严谨。

⑩"恒念"句：物力，可供使用的物资。贾谊《论积贮疏》："生之有时，而用之亡度，则物力必屈。"韩愈《黄家贼事宜状》："兵镇所处，物力必全。"维艰，犹艰难。《桃花扇》第九出："仍恐转运维艰，枵腹难待。"

⑪"人学"二句：知道，通晓天地之道，深明人世之理。《管子·戒》："闻一言以贯万物，谓之知道。"《孙子兵法·八阵》："知道者，上知天之道，下知地之理，内得其民之心，外知敌之情。"苏辙《答徐州教授李昭玘书》："夫古之所谓知道者，富贵不能淫，贫贱不能忧，夫岂如辙因踬而谋安者耶？"徒然，犹枉然。白白地，不起作用。任昉《为范始

兴作求立太宰碑表》：" 瞻彼景山，徒然望慕。" 杜荀鹤《乱后宿南陵废寺寄沈明府》：" 男儿仗剑酬恩在，未肯徒然过一生。" 赵雍《水调歌头·春色去何急》：" 功名自来无意，富贵浮云何济，于我亦徒然。"

⑫"愚而"二句：自用，自行其是，不接受别人的意见。《尚书·仲虺之诰》："能自得师者王，谓人莫己若者亡。好问则裕，自用则小。"《史记·秦始皇本纪》："始皇为人，天性刚戾自用，起诸侯，并天下，意得欲从，以为自古莫及己。"自专，一任己意，独断独行。《中庸》："愚而好自用，贱而好自专。"《史记·周本纪》："武王自称太子发，言奉文王以伐，不敢自专。"《古诗为焦仲卿妻作》："奉事循公姥，进止敢自专。"

⑬"有书"二句：富贵，富裕而显贵。《论语·颜渊》："商闻之矣：死生有命，富贵在天。"《颜氏家训·止足》："汝家书生门户，世无富贵；自今仕宦不可过二千石，婚姻勿贪势家。"韩愈《省试颜子不贰过论》："不以富贵妨其道，不以隐约易其心。""无事"句，谓心无烦忧，则心怡神泰，百体安和，近于神仙境界。周邦彦《鹤冲天·溧水长寿乡作》："此时情绪此时天。无事小神仙。"《老子》："取天下常以无事，及其有事，不足以取天下。"《史记·苏秦列传》："窃为君计者，莫若安民无事，且无庸有事于民也。"元好问《李道人崧阳归隐图》："道人本无事，何苦尘中为。"

⑭"出岫（xiù）"四句：岫，山穴。陶渊明《归去来兮辞》："云无心以出岫，鸟倦飞而知还。"妍丑，美和丑。吴兢《贞观政要·公平》："能以古之哲王鉴于己之行事，则貌之妍丑宛然在目，事之善恶自得于心。"相干，相关联，相牵涉。《左传·僖公四年》"风马牛不相及"孔颖达疏："谓牛马风逸，牝牡相诱，盖是末界之微事。言此事不相及，故以取喻不相干也。"《南海寄归内法传》卷二《随意成规》："忏摩乃是西音，

自当忍义,悔乃东夏之字,追悔为目,悔之与忍,迥不相干。"张养浩《塞儿令·赴詹事丞》:"名不相干,利不相关,天地一身闲。"

⑮"善恶"二句:关头,起决定作用的时机或转折点。谢肇淛《五杂俎》卷八:"死生之际,一生学问大关头也。"人身,佛教谓在轮回中转世投生的人。《颜氏家训·归心》:"但当兼修戒行,留心诵读,以为来世津梁。人身难得,勿虚过也。"《南史·褚裕之传》:"佛教自杀者不得复人身。"万劫,万世。佛教称世界从生成到毁灭的一个过程为一劫。《景德传灯录》卷一九:"莫将等闲空过时光,一失人身,万劫不复,不是小事。"

⑯"积德"四句:"积德"二句,《尚书·旅獒》:"为山九仞,功亏一篑。"孔传:"八尺曰仞。"陆德明释文:"七尺曰仞,一云八尺曰仞。"《孟子·尽心上》:"掘井九轫而不及泉。"赵岐注:"轫,八尺也。"黄滔《景阳井赋》:"没地无惭,顾九仞之深可匿。"叶适《何伦秀才亲丧不能举》:"何当深九仞,更与崇四尺。"篑(kuì),盛土竹器。《论语·子罕》:"譬如为山,未成一篑,止,吾止也。譬如平地,虽覆一篑,进,吾往也。"《抱朴子·勖学》:"崇一篑而弗休,必钧高乎峻极矣。""容人"二句,袁宏《三国名臣序赞》:"形器不存,方寸海纳。"李周翰注:"方寸之心,如海之纳百川也,言其包含广也。"

[评析]

本节中"由俭入奢易,由奢入俭难"二句,出自司马光《训俭示康》:

> 吾本寒家,世以清白相承。吾性不喜华靡,自为乳儿,长者加以金银华美之服,辄羞赧弃去之。二十忝科名,闻喜宴独不戴花。同年曰:"君赐不可违也。"乃簪一花。平生衣取蔽寒,食取充腹;亦不

敢服垢弊以矫俗干名，但顺吾性而已。众人皆以奢靡为荣，吾心独以俭素为美。人皆嗤吾固陋，吾不以为病。应之曰："孔子称'与其不逊也宁固'；又曰：'以约失之者鲜矣。'又曰：'士志于道，而耻恶衣恶食者，未足与议也。'古人以俭为美德，今人乃以俭相诟病。嘻，异哉！"

近岁风俗尤为侈靡，走卒类士服，农夫蹑丝履。吾记天圣中，先公为群牧判官，客至未尝不置酒，或三行、五行，多不过七行。酒酤于市，果止于梨、栗、枣、柿之类；肴止于脯、醢、菜羹，器用瓷、漆。当时士大夫家皆然，人不相非也。会数而礼勤，物薄而情厚。近日士大夫家，酒非内法，果、肴非远方珍异，食非多品，器皿非满案，不敢会宾友，常量月营聚，然后敢发书。苟或不然，人争非之，以为鄙吝。故不随俗靡者，盖鲜矣。嗟乎！风俗颓弊如是，居位者虽不能禁，忍助之乎！

又闻昔李文靖公为相，治居第于封丘门内，厅事前仅容旋马，或言其太隘。公笑曰："居第当传子孙，此为宰相厅事诚隘，为太祝奉礼厅事已宽矣。"参政鲁公为谏官，真宗遣使急召之，得于酒家，既入，问其所来，以实对。上曰："卿为清望官，奈何饮于酒肆？"对曰："臣家贫，客至无器皿、肴、果，故就酒家觞之。"上以无隐，益重之。张文节为相，自奉养如为河阳掌书记时，所亲或规之曰："公今受俸不少，而自奉若此。公虽自信清约，外人颇有公孙布被之讥。公宜少从众。"公叹曰："吾今日之俸，虽举家锦衣玉食，何患不能？顾人之常情，由俭入奢易，由奢入俭难。吾今日之俸岂能常有？身岂能常存？一旦异于今日，家人习奢已久，不能顿俭，必致失所。岂若吾居位、去位、身存、身亡，常如一日乎？"呜呼！大贤之深谋远虑，岂庸人所及哉！

御孙曰："俭，德之共（hóng）也；侈，恶之大也。"共，大也；言有德者皆由俭来也。夫俭则寡欲，君子寡欲，则不役于物，可以直道而行；小人寡欲，则能谨身节用，远罪丰家。故曰："俭，德之共也。"侈则多欲。君子多欲则贪慕富贵，枉道速祸；小人多欲则多求妄用，败家丧身；是以居官必贿，居乡必盗。故曰："侈，恶之大也。"

昔正考父饘粥以糊口，孟僖子知其后必有达人。季文子相三君，妾不衣帛，马不食粟，君子以为忠。管仲镂簋朱纮山节藻棁，孔子鄙其小器。公叔文子享卫灵公，史鳅知其及祸；及戌，果以富得罪出亡。何曾日食万钱，至孙以骄溢倾家。石崇以奢靡夸人，卒以此死东市。近世寇莱公豪侈冠一时，然以功业大，人莫之非，子孙习其家风，今多穷困。其余以俭立名，以侈自败者多矣，不可遍数，聊举数人以训汝。汝非徒身当服行，当以训汝子孙，使知前辈之风俗云。

这篇家训，至今读来仍然颇有教益，故全录以备参酌。

为善最乐①，为恶难逃。养兵千日，用在一朝。②国清才子贵，家富小儿骄。③士为知己用，节不岁寒凋。④不因渔父引，怎得见波涛。但知口中有剑，不知袖里藏刀。春蚕到死丝方尽⑤，恶语伤人恨难消。入山不怕伤人虎，只怕人情两面刀。世间公道惟白发，贵人头上不曾饶。⑥无求到处人情好，不饮随他酒价高⑦。书画是雅事，一贪痴便成商贾；山林是胜地，一营恋便成市朝。⑧情欲意识属妄心，消杀得妄心尽，而后真心现；矜高倨傲是客气，降伏得客气平，而后正气调。⑨

[注释]

①为善最乐：做善事是最快乐的事。《后汉书·东平宪王苍传》："日者问东平王处家何等最乐，王言为善最乐。"

②"养兵"二句：谓平时有备无患，关键时刻发挥作用。施耐庵《水浒传》第六十一回："卢俊义听了大怒道：养兵千日，用在一朝。我要你跟我去走一遭，你便有许多推故。"《南史·陈暄传》："江咨议有言：酒犹兵也，兵可千日而不用，不可一日而不备。酒可千日而不饮，不可一饮而不醉。"

③"国清"二句：释宗杲《偈颂一百六十首》其六十二："国清才子贵，家富小儿娇。大家出只手，彼此不相饶。"才子，古称德才兼备的人。《史记·五帝本纪》："昔高阳氏有才子八人，世得其利，谓之'八恺'。高辛氏有才子八人，世谓之'八元'。此十六族者，世济其美，不陨其名。"后多指有才华的人。潘岳《西征赋》："终童山东之英妙，贾生洛阳之才子。"朱庆余《送窦秀才》："江南才子日纷纷，少有篇章得似君。"

④"士为"二句："士为"句，谓有才能的人总是为能够欣赏他的人服务。《战国策·赵策》："晋阳之孙豫让事知伯，知伯宠之，及赵襄子杀知伯，豫让逃山中，曰：'嗟呼！士为知己者用，女为悦己者容，吾其报智氏矣。'"李洪《送江叔源除太府丞柯山需次》："士为知己用，素蕴得尽施。"岁寒，一年的严寒时节。黄滔《秋色赋》："松柏风高兮岁寒出，梧桐蝉急兮烟翠死。"张九龄《感遇》十二首其七："江南有丹橘，经冬犹绿林。岂伊地气暖，自有岁寒心。"

⑤"春蚕"句：李商隐《无题》："春蚕到死丝方尽，蜡炬成灰泪始干。"言情深谊长，至死不渝。

⑥"世间"二句：杜牧《送隐者一绝》："无媒径路草萧萧，自古云

林远市朝。公道世间唯白发，贵人头上不曾饶。"公道，公正的道理。《管子·明法》："是故官之失其治也，是主以誉为赏，以毁为罚也。然则喜赏恶罚之人，离公道而行私术矣。"《后汉书·杨震传论》："延、光之间，震为上相，抗直方以临权枉，先公道而后身名，可谓怀王臣之节，识所任之体矣。"柳宗元《非国语·获晋侯》："吾讨恶而进仁，既得命于天子矣，吾将达公道于天下。"贵人，显贵的人。《穀梁传·襄公二十九年》："贱人，非所贵也；贵人，非所刑也；刑人，非所近也。"《史记·汲郑列传》："弘为丞相，乃言上曰：右内史界部中多贵人宗室，难治，非素重臣不能任，请徙黯为右内史。"

⑦酒价：酒的价格。郑谷《辇下冬暮咏怀》："烟含紫禁花期近，雪满长安酒价高。"

⑧"书画"四句：雅事，风雅之事。常指有关琴、棋、书、画等活动。郑燮《潍县署中与舍弟第五书》："写字作画是雅事，亦是俗事。大丈夫不能立功天地，字养生民，而以区区笔墨供人玩好，非俗事而何？"《随园诗话》卷九："严公瑞龙作湖北布政使，续《汉上题襟集》，招诸诗人唱和，亦公卿雅事也。"贪痴，贪恋。京镗《雨中花》："自怜行客，犹对佳宾，留连岂是贪痴。谁会得，心驰北阙，兴寄东篱。"胜地，美好的景致。王勃《滕王阁序》："胜地不常，盛筵难再。兰亭已矣，梓泽丘墟。临别赠言，幸承恩于伟饯；登高作赋，是所望于群公。"营，迷惑。《淮南子·原道》："不以内乐外，而以外乐内。乐作而喜，曲终而悲。悲喜转而相生，精神乱营，不得须臾平。"市朝，市场和朝廷。《周礼·考工记·匠人》："左祖右社，面朝后市，市朝一夫。"戴震《考工记图》引徐昭庆曰："朝者官吏所会，市者商旅所聚，必须有一夫百亩之地，然后足以容之。"《礼记·檀弓》："君之臣不免于罪，则将肆诸市朝而妻妾执。"郑玄注："肆，陈尸也。大夫以上于朝，士以下于市。"此用以指争名逐

利之所。《战国策·秦策》："臣闻争名者于朝，争利者于市。今三川、周室，天下之市朝也。"司马光《花庵独坐》："为问市朝客，红尘深几何。"

⑨"情欲"六句：情欲，泛指对一切身外之物的欲望。意识，佛经中"六识"之一，指以意（精神、内心）为依据，以法（一切事物和现象）为观察对象的认识活动，包括想象、推理、判断等心理作用和思维活动。所谓"六识"，即眼识、耳识、鼻识、舌识、身识和意识。此处有主观妄想的意思。消杀，消除，抵消。苏舜钦《上集贤文相书》："声压夷狄，消杀异志。"妄心，妄生分别之心。《大乘起信论》："一切众生，以有妄心，念念分别。"元稹《酬知退》："莫著妄心销彼我，我心无我亦无君。"矜高，高傲自大。《三国志·蜀书·魏延传》："性矜高，当时皆避下之。唯杨仪不假借延，延以为至忿，有如水火。"《北齐书·崔昂传》："情尚严猛，每行鞭挞，虽苦楚万端，对之自若。前则崔暹、季舒为之亲援，后乃高德正是其中表，常有挟恃，意色矜高。以此不为名流所服。"倨傲，傲慢不恭。《管子·四称》："无道之臣……倨傲不恭，不友善士，谗贼与斗。"《庄子·渔父》："夫子犹有倨傲之容。"《汉书·匈奴传》："中行说令单于以尺二寸牍及印封，皆令广长大，倨骜其辞曰：天地所生，日月所置，匈奴大单于敬问汉皇帝无恙。"颜师古注："倨，慢也。骜与傲同。"客气，虚骄不诚之气。《左传·定公八年》："公侵齐，攻廪丘之郭……主人出，师奔。阳虎伪不见冉猛者，曰：'猛在此，必败。'猛逐之，顾而无继，伪颠。虎曰：'尽客气也。'"杜预注："言皆客气，非勇。"杨伯峻注："客气者言非出于衷心。"《宋书·颜延之传》："虽心智薄劣，而高自比拟，客气虚张，曾无愧畏。"降伏，降服，制伏。董仲舒《春秋繁露·五行相胜》："（齐）行霸兵，侵蔡，蔡溃，遂伐楚，楚人降伏，以安中国。"韩愈《黄家贼事宜状》："遣一郎官御史，亲往宣谕，必望风降伏，欢呼听命。"正气，光明正大的作风或纯正良好的风

气。《文子·符言》:"君子行正气,小人行邪气。内便于性,外合于义,循理而动,不系于物者,正气也;推于滋味,淫于声色,发于喜怒,不顾后患者,邪气也。"罗大经《鹤林玉露》卷二:"欧公非特事事合体,且是和平深厚,得文章正气。"

[评析]

本节中"不饮随他酒价高"之"酒价"尚有可说处。李颀《古今诗话》云:"章圣尝宴群臣于太清楼,忽问:'市店酒有佳者否?'中贵人对:'唯南仁和酒佳。'亟令沽赐群臣。又问近臣曰:'唐时酒每升价几何?'无有对者。唯丁晋公奏曰:'唐时酒每升三十钱。'章圣曰:'何以知之?'晋公曰:'臣尝记杜甫诗曰:速来相就饮一斗,恰有三百青铜钱。'章圣大喜曰:'杜甫诗自可为一代之史。'"史绳祖《学斋占毕·酒价绯鱼》亦云:"丁谓参知政事,真宗尝问唐酒价几何,谓对以每升三十。上曰:'何以知?'谓引杜诗云:'速来相就饮一斗,恰有三百青铜钱。'上喜其对。"有人据此认为唐时酒价三百钱一斗,其实未必然。王嗣奭《杜臆》卷二即曰:"北齐卢思道尝云:'长安酒贱,斗价三百。'此诗'速宜相就饮一斗'云云,正用其语。虽上云'街头酒价常苦贵',而此云酒贱,诗家不拘也。注不引卢,而引丁谓对真宗语,误矣。丁不过取办口给,以当戏噱,岂实价乎?乃又有引李白'金陵美酒斗十千'之句,疑李、杜同时,酒价顿异。不知李亦用曹植'君王宴平乐,美酒斗十千'之语,乃相援以评酒价,所谓痴人前不得说梦也。且酒有美恶,价亦随之;而钱亦随时贵贱,岂有定准乎?"所论近是。

杜甫另有一首《盐井》:"卤中草木白,青者官盐烟。官作既有程,煮盐烟在川。汲井岁榾榾,出车日连连。自公斗三百,转致斛六千。君子慎止足,小人苦喧阗。我何良叹嗟,物理固自然。"谓食盐公价三百钱一斗，盐商一转手，就要六百钱，当较为接近实际情况。如此一来，却又如何解释"转致"的盐价居然高于当时街头的酒价呢？

因风吹火，用力不多。光阴似箭，日月如梭。①吉人之辞寡，躁人之辞多。②黄金未为贵，安乐值钱多③。儿孙胜于我，要钱做甚么④；儿孙不如我，要钱做甚么。会使不在家豪富，风雅不用着衣多。⑤强中更有强中手，恶人自有恶人磨。知事少时烦恼少，识人多处是非多。世间好语书说尽，天下名山寺占多。⑥积德百年元气厚，读书三代雅人多。⑦上为父母，中为己身，下为儿女，做得清，方了却平生事；⑧立上等品，为中等事，享下等福，守得定，才是个安乐窝。一念常惺，才避得去神弓鬼矢；纤尘不染，方解得开地网天罗。⑨富贵是无情之物，你看得他重，他害你越大；贫贱是耐久之交⑩，你处得他好，他益你必多。

[注释]

①"光阴"二句，形容时间过得很快。光阴，时间。韦庄《关河道中》："但见时光流似箭，岂知天道曲如弓。"梭，织布时牵引纬线的工具。赵令畤《侯鲭录》卷二："织乌，日也，往来如梭之织。"

②"吉人"二句：《周易·系辞》："吉人之辞寡，躁人之辞多。"吉人，良善之人。扬雄《法言·问明》："吉人凶其吉，凶人吉其凶。"躁人，浮躁的人。《论衡·自纪》："被躁人之名，以多为不善。"司马光《乞不更责降王陶札子》："臣愚伏望陛下于执政进呈王陶谢上表之际，但谕以'躁人之辞，不足深罪。前已左迁在外，岂可更加贬责'。"

③"安乐"句：安乐，安逸，快乐。《孟子·告子下》："入则无法家

拂士，出则无敌国外患者，国恒亡。然后知生于忧患，而死于安乐也。"《史记·秦始皇本纪》："以诸侯为郡县，人人自安乐，无战争之患，传之万世。"《隋书·谯国夫人传》："朕抚育苍生，情均父母，欲使率土清净，兆庶安乐。"值钱，价值高。陈著《沁园春·潇洒书斋》："闻君礼佛日千。浪说道繁华不值钱。想鸳衾底下，都将命乞。蒲龛里畔，未必心安。"

④甚么：什么。吕岩《赠江州太平观道士》："不知甚么汉，一任辈流嗤。"《蔡顺奉母》第二折："要我这婆婆好，不问要甚么，都舍的。"《水浒传》第五十四回："李逵道：'你使的甚么鸟好，教众人喝采！'"《通制条格》卷五《学令》"蒙古字学·羊儿年三月"条："道来，这般道了呵，不好生的提调呵，文字其间里入去的人每，不怕那甚么？"

⑤"会使"二句：会使，懂得如何用钱。豪富，特别富有的人。《史记·秦始皇本纪》："徙天下豪富于咸阳十二万户。"《金史·郝天挺传》："为人有崖岸，耿耿自信，宁落魄困穷，终不一至豪富之门。"着衣，穿衣。刘义庆《世说新语·排调》："谢遏夏月尝仰卧，谢公清晨卒来，不暇著衣。"《南齐书·刘瓛传》："兄璩夜隔壁呼瓛共语，瓛不答，方下床着衣立，然后应。"项斯《宿山寺》："中宵能得几时睡，又被钟声催着衣。"

⑥"世间"二句：《狮吼记》第四出："精舍何缘得暂过，禅师住锡爱烟萝。世间好语佛说尽，天下名山僧占多。"好语，仁义之言，善言。《世说新语·言语》"魏明帝为外祖母筑馆于甄氏"刘孝标注引《魏末传》："帝置弓泣曰：'陛下已杀其母，臣不忍复杀其子。'文帝曰：'好语动人心。'"

⑦"积德"二句：积德，积累仁政或善行。《史记·叔孙通列传》："礼乐所由起，积德百年而后可兴也。"潘岳《西征赋》："庶人子来，神降之吉。积德延祚，莫二其一。"元气，本义是天地未分前的混沌之气。

泛指宇宙自然之气。也指人的精神，或国家、社会团体得以生存发展的物质力量和精神力量。雅人，风雅之士，多指文人。方孝孺《题褚遂良书唐文皇帝哀册墨迹》："晋宋间人以风度相高，故其书如雅人胜士，潇洒酝藉，折旋俯仰，容止姿态自觉有出尘意。"

⑧"中为"四句：己身，自身。《敦煌变文集·舜子变》："己身是儿，千重万过，一任阿耶鞭耻。"了却，事情办完。黄庭坚《登快阁》："痴儿了却公家事，快阁东西倚晚晴。"

⑨"一念"四句：惺，头脑清醒。原指佛教徒修行时，排除物欲，保持心地洁净。纤尘不染，泛指丝毫不受坏习惯、坏风气的影响。也用来形容非常清洁、干净。沈复《浮生六记》卷四："入门经韦驮殿，上下光洁纤尘不染，知为好静室。"地网天罗，天空地面，遍张罗网。《大宋宣和遗事·亨集》："才离阴府恓惶难，又值天罗地网灾。"

⑩耐久：持久，经久。《新唐书·武平一传》："日用折平一曰：君文章固耐久，若言经，则败绩矣。"司马光《南园杂诗六首·修酴醿架》："风摇雨渍不耐久，未及三载俱离披。"

[评析]

本节中"因风吹火，用力不多"二句，很容易让人联想到赤壁之战。建安十三年（208），曹操亲率二十万大军南下，意欲扫平江东，一统天下。孙权、刘备结成军事同盟，以求拒曹图存。两军相遇于赤壁，联军先施计诈降，后借东风巧用火攻，大败曹军。《三国演义》第四十九回状诸葛之多智云："七星坛上卧龙登，一夜东风江水腾。不是孔明施妙计，周郎安得逞才能？"从此更为深入人心。又，"强中更有强中手"句，比喻技艺无止境，不能自满自大。包含要想得到别人的尊重，自己要首先尊重别人之意。《庄子·寓言》中有大致相关的内容："阳子居南之沛，老聃西游于秦。邀于郊，至于梁而遇老子。老子中道仰天而叹曰：'始以汝为可教，今不可也。'阳子居不答。至舍，进盥漱巾栉，脱屦户外，膝行面前，曰：'向者弟子欲请夫子，夫子行不闲，是以不敢；今闲矣，请问其过。'老子曰：'而睢睢盱盱，而谁与居！大白若辱，盛德若不足。'阳子居蹴然变容曰：'敬闻命矣！'其往也，舍者迎将，其家公执席，妻执巾栉，舍者避席，炀者避灶。其反也，舍者与之争席矣。"通过写人们对杨朱态度的前后变化，从开始的敬而远之，到后来的愿意与他相处，尤其是其中的文眼之句——"大白若辱，盛德若不足"，以小见大，借以形容或表达"道""德"的深邃内敛。

谦恭待人，忠孝传家。①不学无术②，读书便佳。男以女为室，女以男为家。根深不怕风摇动，表正何愁日影斜③。能休尘境为真境，未了僧家是俗家。④成家犹如针挑土，败家好似水推沙。⑤池塘积水堪防旱，田地深耕足养家⑥。讲学不尚躬行，为口头禅；立业不思种德，如眼前花。⑦一段不为的气节，是撑天立地之柱石；一点不忍的念头，是生民育物之根芽。⑧

[注释]

①"谦恭"二句：谦恭，谦虚恭敬。《汉书·于定国传》："为人谦恭，尤重经术士，虽卑贱徒步往过，定国皆与钧礼，恩敬甚备，学士咸称焉。"白居易《放言》五首其三："周公恐惧流言日，王莽谦恭未篡时。"忠孝，忠于君国，孝于父母。《孝经·开宗明义》："夫孝，始于事亲，中于事君，终于立身。"李隆基注："言行孝道，以事亲为始，事君为中。忠孝道著，乃能扬名荣亲，故曰终于立身也。"《东观汉记·北海敬王刘

睦传》:"大王忠孝慈仁,敬贤乐士。"韩愈《潮州请置乡校牒》:"人吏目不识乡饮酒之礼,耳未尝闻《鹿鸣》之歌。忠孝之行不劝,亦县之耻也。"

②不学无术:没有学问,没有能力。《汉书·霍光传》:"然光不学亡术,暗于大理。"

③"表正"句:表,古代用以测量日影计时的标杆。《史记·司马穰苴传》:"穰苴先驰至军,立表下漏待贾。"司马贞索隐:"立表,谓立木为表以视日景;下漏,谓下漏水以知刻数也。"向秀《思旧赋》:"(嵇康)临当就命,顾视日影,索琴而弹之。"

④"能休"二句:尘境,佛教以色、声、香、味、触、法为"六尘",因称世俗世界为尘境。司空曙《寄卫明府常见短靴裼裘又务持诵是以有末句之赠》:"翠竹黄花皆佛性,莫教尘境误相侵。"杨衡《登紫霄峰赠黄仙师》:"兹焉悟佳旨,尘境亦幽通。"真境,得道之境。亦指仙境。王昌龄《武陵开元观黄炼师院》三首其三:"暂因问俗到真境,便欲投诚依道源。"顾况《从江西至彭蠡入浙西淮南界道中寄齐相公》:"真境靡方所,出离内外中。无边尽未来,定惠双修功。"僧家,僧人。崔峒《题崇福寺禅院》:"僧家竟何事,扫地与焚香。"俗家,僧道出家前的家庭。《酉阳杂俎·续集》卷二:"太和七年,上都青龙寺僧契宗,俗家在樊州(一作川)。"

⑤"成家"二句:成家,兴家,持家。《隶释》卷一五《汉金广延母徐氏纪产碑释》:"夫妇勤苦,积入成家。"《辽史·景宗睿智皇后萧氏传》:"思温尝观诸女扫地,惟后洁除,喜曰:此女必能成家!"败家,谓使家族、家庭破落。《孟子·离娄上》:"不仁而可与言,则何亡国败家之有?"

⑥养家:赡养家口。《初刻拍案惊奇》卷二〇:"那老儿和儿子,每

日只是锄田耙地，出去养家过活。"

⑦"讲学"四句：讲学，研习，学习。《左传·昭公七年》："孟僖子病不能相礼，乃讲学之，苟能礼者从之。"杜预注："讲，习也。"《后汉书·马援传》："后乃白援，从平原杨太伯讲学，专心坟典，能通《春秋》《左氏》，因览百家群言，遂交结英贤，京师大人咸器异之。"陆游《北窗怀友》："幸有北窗堪讲学，故交零落与谁同。"躬行，亲身实践。《论语·述而》："躬行君子，则吾未之有得。"《史记·滑稽列传》："太公躬行仁义七十二年，逢文王，得行其说。"口头禅，佛教谓拾人牙慧的禅语，此指无实际意义的空谈。王楙《临终诗》："平生不学口头禅，脚踏实地性虚天。"立业，建树功业。荀悦《汉纪·序》："斯皆明王贤臣命世立业。"种德，犹布德，施恩德于人。《尚书·大禹谟》："皋陶迈种德，德乃降，黎民怀之。"孔传："迈，行；种，布。"《宋书·武帝纪》："虽文命之东渐西被，咎繇之迈于种德，何以尚兹。"王贞白《金陵怀古》："恃险不种德，兴亡叹数穷。"

⑧"一段"四句：不为，不做，不干。《诗经·卫风·淇奥》："善戏谑兮，不为虐兮。"《孟子·梁惠王上》："为长者折枝，语人曰：'我不能。'是不为也，非不能也。"曾巩《寄欧阳舍人书》："立言者既莫之拒而不为，又以其子孙之所请也，书其恶焉，则人情之所不得，于是乎铭始不实。"此指保持节操，不做违背道义的事。柱石，顶梁的柱子和垫柱的础石。《汉书·师丹传》："关内侯师丹端诚于国，不顾患难，执忠节，据圣法，分明尊卑之制，确然有柱石之固。"元稹《有鸟二十章》其九："大厦虽存柱石倾，暗啮栋梁成蠹木。"不忍，指仁爱、恻隐之心。《穀梁传·桓公元年》："先君不以其道终，则子弟不忍即位也。"《史记·项羽本纪》："吾骑此马五岁，所当无敌，尝一日行千里，不忍杀之。"念头，内心的想法。《景德传灯录》卷五："祖曰：'前念不生即心，后念不灭即

佛。成一切相即心，离一切相即佛。'"根芽，植物的根与幼芽。比喻事物的根源、根由。曾瑞《留鞋记》第三折："你道是真赃正犯难干罢，平白地揣与我个祸根芽。"

[评析]

本节中"一点不忍的念头，是生民育物之根芽"二句，《孟子·梁惠王上》所云是很好的说明。齐宣王问曰："齐桓、晋文之事，可得闻乎？"孟子对曰："仲尼之徒，无道桓、文之事者，是以后世无传焉，臣未之闻也。无以，则王乎？"曰："德何如，则可以王矣？"曰："保民而王，莫之能御也。"曰："若寡人者，可以保民乎哉？"曰："可。"曰："何由知吾可也？"曰："臣闻之胡龁曰：'王坐于堂上，有牵牛而过堂下者，王见之，曰："牛何之？"对曰："将以衅钟。"王曰："舍之！吾不忍其觳觫，若无罪而就死地。"对曰："然则废衅钟与？"曰："何可废也？以羊易之！"'不识有诸？"曰："有之。"曰："是心足以王矣。百姓皆以王为爱也，臣固知王之不忍也。"王曰："然。诚有百姓者。齐国虽褊小，吾何爱一牛？即不忍其觳觫，若无罪而就死地，故以羊易之也。"曰："王无异于百姓之以王为爱也。以小易大，彼恶知之？王若隐其无罪而就死地，则牛羊何择焉？"王笑曰："是诚何心哉？我非爱其财而易之以羊也。宜乎百姓之谓我爱也。"曰："无伤也，是乃仁术也，见牛未见羊也。君子之于禽兽也，见其生，不忍见其死；闻其声，不忍食其肉。是以君子远庖厨也。"从以小易大（以羊易牛）中，孟子看出梁惠王有"足以王矣"的"不忍"之心，正是他的仁政措施能够施行的基本条件。

早起三光，迟起三慌。顺天者存，逆天者亡。①世路风波，炼心之境；人情冷暖，忍性之场。②爽口食多终作疾，快心事过必生殃。③汤武以谔谔而昌,桀纣以唯唯而亡。④量窄气大,发短心长。善必寿考⑤,恶必早亡。与治同道罔不兴,与乱同事罔不亡。⑥富贵定要依本分⑦,贫穷不必枉思量。福不可邀,养喜神以为招福之本;祸不可避,去杀机以为远祸之方。⑧贪他一斗米,失却半年粮;争他一脚豚,反失一肘羊。⑨不贪为宝,两不相伤。画水无风偏作浪,绣花虽好不闻香。贫无达士将金赠,病有高人说药方。⑩三生有幸,一饭不忘。⑪见善如不及,见恶如探汤。⑫隐逸林中无荣辱,道义路上泯炎凉。秋至满山皆秀色,春来无处不花香。⑬

[注释]

① "顺天"二句:《孟子·离娄上》:"天下有道,小德役大德,小贤役大贤;天下无道,小役大,弱役强。斯二者,天也。顺天者存,逆天者亡。"顺天,遵循天道,顺从天的意旨。《周易·大有》:"火在天上,大有。君子以遏恶扬善,顺天休命。"孔颖达疏:"顺奉天德。"天,天道,即自然界客观规律。逆天,违背天意或天道。《管子·形势》:"其功顺天者天助之,其功逆天者天违之;天之所助,虽小必大;天之所违,虽成必败;顺天者有其功,逆天者怀其凶,不可复振也。"《史记·晋世家》:"今天以秦赐晋,晋其可以逆天乎?"

② "世路"四句:世路风波,生活中充满的各种矛盾。白居易《除夜寄微之》:"家山泉石寻常忆,世路风波子细谙。"冷暖,泛指人情的变化。白居易《迁叟》:"冷暖俗情谙世路,是非闲论任交亲。"忍性,克制性情。《孟子·告子下》:"所以动心忍性,增益其所不能。"《庄子·列御寇》:"忍性以视民,而不知不信。"《后汉书·董卓传》:"卓素闻天下同疾阉官诛杀忠良,及其在事,虽行无道,而犹忍性矫情,擢用群士。"

③"爽口"二句：爽口，清爽可口。萧统《七契》："金盘荐美藉之珍，玉杯沉缥清之酒，义曰和神，事非爽口。"快心，犹称心，感到满足或畅快。《史记·平津侯主父列传》："靡獘中国，快心匈奴，非长策也。"徐渭《梅赋》："斯风格之雅幽，而韵调之殊异，亦足快心畅神。"

④"汤武"二句：谔（è）谔，直言争辩貌。《韩诗外传》卷一〇："有谔谔争臣者，其国昌；有默默谀臣者，其国亡。"《史记·商君列传》："千人之诺诺，不如一士之谔谔。"《晋书·傅玄传论》："抗辞正色，补阙弼违，谔谔当朝，不忝其职者矣。"唯唯，谦卑的应答声。宋玉《高唐赋序》："王曰：'试为寡人赋之。'玉曰：'唯唯。'"《汉书·司马相如传》："齐王曰：'虽然，略以子之所闻见而言之。'仆对曰：'唯唯。'"颜师古注："唯唯，恭应之辞也。"

⑤寿考：高寿。《说文解字》："考者，老也。"《诗经·大雅·棫朴》："周王寿考，遐不作人。"郑玄笺："文王是时九十余矣，故云寿考。"《后汉书·东夷传》："人性嗜酒。多寿考，至百余岁者甚众。"《旧唐书·裴潾传》："和则必臻于寿考，作则必致于伤残。"

⑥"与治"二句：《尚书·太甲》："与治同道，罔不兴；与乱同事，罔不亡。"孔颖达疏："总言治国，则称道；单指所行，则言事。"同道，谓同致力于仁善之道。《孟子·离娄下》："孟子曰：'禹稷颜回同道。'"朱熹集注："圣贤之道，进则救民，退则修己，其心一而已矣。"《论衡·齐世》："帝王治世，百代同道。"同事，谓行事相同。《韩非子·孤愤》："与死人同病者，不可生也；与亡国同事者，不可存也。"

⑦本分：安分守己。《京本通俗小说·志诚张主管》："这张主管是个本分之人，况又是个孝顺的，听见娘说，便不往铺里去。"张养浩《山坡羊·人生于世》："本分世间为第一。休使见识，干图甚的。"

⑧"养喜神"三句：喜神，吉神，掌吉善之神。《山海经·中山经》：

"是山也，五曲。九水出焉，合而北流注于河，其中多苍玉。吉神泰逢司之。"郭璞注："吉，犹善也。"远祸，避免祸患。《旧唐书·于志宁传》："然杜渐防萌，古人所以远祸。"

⑨"贪他"四句：谓贪小便宜吃大亏。斗，《说文解字》："斗，十升也。"《晋书·陶潜传》："吾不能为五斗米折腰。"失却，失掉。王建《失钗怨》："贫女铜钗惜于玉，失却来寻三日哭。"《玉搔头》第十四出："只是一件，从来替妇人写像的，多要添饰风姿，反失却本来面目。"脚豚，猪蹄。肘羊，羊肘子。

⑩"贫无"二句：达士，见识高超、不同于流俗的人。《吕氏春秋·知分》："达士者，达乎死生之分。"《后汉书·仲长统传》："至人能变，达士拔俗。"杜甫《写怀》二首其一："达士如弦直，小人似钩曲。"高人，才识超人的人。《抱朴子·塞难》："余阅见知名之高人，洽闻之硕儒，果以穷理尽性，研核有无者多矣。"苏轼《净因院画记》："世之工人，或能曲尽其形，而至于其理，非高人逸才不能辨。"药方，医生治病所开的方剂。《后汉书·百官志》："药丞、方丞各一人。（药丞主药。方丞主药方。）"徐夤《忆山中友人》："近日药方多誊写，旧来诗草半烧焚。"《西厢记》第三本第四折："我写一简，只说道药方。"

⑪"三生"二句：三生，佛家指前生、今生、来生。吴昌龄《花间四友东坡梦》第一折："久闻老师父大名，今日得睹尊颜，三生有幸。"一饭，一餐饭。常用以喻微小的利益或恩惠。蒲松龄《聊斋志异》卷八："异史氏曰：'一钱不轻受，正其一饭不忘者也。'"《公羊传·昭公十九年》："乐正子春之视疾也，复加一饭则脱然愈，复损一饭则脱然愈。"杜甫《解闷》十二首其五："一饭未曾留俗客，数篇今见古人诗。"叶适《文林郎前秘书省正字周君南仲墓志铭》："常以世道兴废为己重负，一饭不顾私，忧时如家，忧人如身。"钱谦益《直隶凤阳府虹县知县张凤翼授

文林郎》："其属城下邑父老子弟，皆高帝丰沛故人之遗也，朕岂能一饭置之哉！"

⑫"见善"二句：《论语·季氏》："见善如不及，见不善如探汤。"不及，赶不上，来不及。《周易·小过》："过其祖，遇其妣；不及其君，遇其臣，无咎。"高亨注："不及，行在其后。"《史记·项羽本纪》："长史欣恐，还走其军，不敢出故道。赵高果使人追之，不及。"陈子昂《为乔补阙论突厥表》："使良时一过，匈房复兴，则万代为患，虽后悔之亦不及矣。"探汤，探试沸水。形容戒惧。张衡《同声歌》："情好新交接，恐栗若探汤。"傅玄《和班氏诗》："秋胡见此妇，惕然怀探汤。"

⑬"隐逸"四句：隐逸，犹隐居、隐遁。《汉书·何武传》："吏治行有茂异，民有隐逸，乃当召见，不可有所私问。"葛洪《抱朴子·贵贤》："世有隐逸之民，而无独立之主者，士可以嘉遁而无忧，君不可以无臣而致治。"周敦颐《爱莲说》："予谓菊，花之隐逸者也。"荣辱，指地位的高低、名誉的好坏。《周易·系辞》："言行，君子之枢机。枢机之发，荣辱之主也。"张衡《归田赋》："苟纵心于物外，安知荣辱之所如。"元稹《寄乐天》二首其一："荣辱升沉影与身，世情谁是旧雷陈。"道义，道德义理。《周易·系辞》："成性存存，道义之门。"《汉纪·高祖纪》："夫立典有五志焉：一曰达道义，二曰彰法式，三曰通古今，四曰著功勋，五曰表贤能。"炎凉，喻人情势利，反复无常。萧纲《倡妇怨情诗十二韵》："含涕坐度日，俄顷变炎凉。"秀色，优美的景色。王僧达《答颜延年》："麦垄多秀色，杨园流好音。"杜甫《次晚洲》："晚洲适知名，秀色固异状。"王特起《梅花引》："山之麓，河之曲，一湾秀色盘虚谷。"

[评析]

本节中"不贪为宝"，典出《左传·襄公十五年》："宋人或得玉，献诸子罕。子罕弗受。献玉者曰：'以示玉人，玉人以为宝也，故敢献之。'子罕曰：'我以不贪为宝，尔以玉为宝，若以与我，皆丧宝也。不若人有其宝。'稽首而告曰：'小人怀璧，不可以越乡。纳此以请死也。'子罕置堵其里，使玉人为之攻之，富而后使复其所。"表示廉洁自律。又，"一饭不忘"，出自《史记·淮阴侯列传》："淮阴侯韩信者，淮阴人也。始为布衣时，贫无行，不得推择为吏，又不能治生商贾，常从人寄食饮，人多厌之者。常数从其下乡南昌亭长寄食，数月，亭长妻患之，乃晨炊蓐食，食时信往，不为具食。信亦知其意，怒，竟绝去。信钓于城下，诸母漂，有一母见信饥，饭信，竟漂数十日。信喜，谓漂母曰：'吾必有以重报母。'母怒曰：'大丈夫不能自食，吾哀王孙而进食，岂望报乎！'……信至国，召所从食漂母，赐千金。"谓不忘薄恩。（按：又有"一饭不忘君"，旧指臣下对君主的忠诚。语出苏轼《王定国诗集·序》："古今诗人众矣，而杜子美为首，岂非以其流落饥寒，终身不用，而一饭未尝忘君也欤？"又如《鹤林玉露·甲编》卷六："（陈与义）值靖康之乱，崎岖流落，感时恨别，颇有一饭不忘君之意。"宋濂《杜诗举隅·序》："骋新奇者称其一饭不忘君，发为言辞，无非忠君爱国之意。"也作"每饭不忘君"。袁枚《随园诗话》卷一四："人但知杜少陵每饭不忘君，而不知其于友朋、弟妹、夫妻、儿女间，何在不一往情深耶？"昭梿《啸亭续录》卷二："宪皇帝阅其诗曰：'查某每饭不忘君，杜甫流也。'因免其罪焉。"毛先舒《诗辩坻》卷三："论文不可穿凿，如解杜诗而句句傅著每饭不忘君是也。"）

恶忌阴，善忌阳。穷灶门①，富水缸。家贼难防②，偷断屋粮。坐吃如山崩，游嬉则业荒。③居身务期质朴，训子要有义方。④富若不教子，钱谷必消亡；贵若不教子，衣冠受不长。⑤能师孟母三迁教，定卜燕山五桂芳⑥。国有贤臣安社稷，家无逆子恼爹娘。⑦说话人短，记话人长。平生只会说人短，何不回头把己量。言易招尤，对亲友少说两句；书能化俗，⑧教儿孙多读几行。施惠勿念，受恩莫忘。⑨刻薄成家，理无久享；伦常乖舛，⑩立见消亡。触来莫与说，事过心清凉。⑪君子不可貌相，海水不可斗量。⑫蓬蒿之下，或有兰香；茅茨之屋，⑬或有公王。一家饱暖千家怨，万世机谋二世亡。⑭狐眠败砌，兔走荒台，尽是当年歌舞地；露冷黄花，烟迷绿草，悉为旧日争战场⑮。拨开世上尘氛，胸中自无火炎水竞；消去心中鄙吝，眼前时有鸟语花香。⑯

[注释]

①灶门：灶的烧火口。《墨子·备梯》："五步一灶，灶门有炉炭。"

②家贼：家庭内部的败类。亦指内奸。王充《论衡·感类》："宋华臣弱其宗，使家贼六人以铍杀华吴于宋。"

③"坐吃"二句：坐吃山崩，即坐吃山空，只消费而不从事生产，即使有堆积如山的财富，也终将耗尽。《京本通俗小说·志诚张主管》："在家中早过了一月有余，道不得坐吃山崩。"吴敬梓《儒林外史》第十二回："他是个不中用的货，又不会种田，又不会作生意。坐吃山崩，把些田地都弄得精光。"游嬉，游玩戏耍。欧阳修《湘潭县修药师佛殿记》："游嬉以浮于江湖，用力至逸以安，而得则过之，我有惭于彼焉。"

④"居身"二句：居身，犹安身，立身处世。《后汉书·台佟传》："孝威居身如是，甚苦，如何？"嵇康《答〈难养生论〉》："审轻重然后动，量得失以居身。"质朴，朴实淳厚。《春秋繁露·实性》："此皆圣人所继天而进也，非情性质朴之能至也。"《吴越春秋·越王无余外传》："无余质朴，不设宫室之饰，从民所居。"《晋书·纪瞻传》："皇代质朴，祸难不作；结绳为治，人知所守。"义方，正道，行事应遵守的道德规范。

《逸周书·官人》："省其居处，观其义方。"《抱朴子·崇教》："爱子欲教之义方，雕琢切磋，弗纳于邪。"

⑤"富若"四句：消亡，消失，灭亡。《诗经·卫风·氓》："宣公之时，礼义消亡。"苏辙《许昌》三首其三："齿发衰变，气血消亡。"衣冠，古代士人的穿戴。《史记·孝武本纪》："黄帝已仙上天，群臣葬其衣冠。"《史记·孔子世家》："故所居堂弟子内，后世因庙藏孔子衣冠、琴、车、书，至于汉二百余年不绝。"此指士大夫、官绅的身份、地位。《汉书·杜钦传》："茂陵杜邺与钦同姓字，俱以材能称京师，故衣冠谓钦为'盲杜子夏'以相别。"颜师古注："衣冠，谓士大夫也。"

⑥"定卜"句：卜，推断，预料。柳宗元《答韦中立论师道书》："仆自卜固无取。"燕山，刘克庄《使君次韵再赋》二首其一："当年双璧甲科郎，未羡燕山五桂芳。"五桂芳，《宋史·窦仪传》："窦禹钧五子，仪、俨、侃、偁、僖相继登科。冯道与禹钧有旧，尝赐诗曰：'灵椿一株老，丹桂五枝芳。'"

⑦"国有"二句：贤臣，贤明的臣子。诸葛亮《出师表》："亲贤臣，远小人，此先汉所以兴隆也；亲小人，远贤臣，此后汉所以倾颓也。"社稷，旧时亦用为国家的代称。《礼记·檀弓》："能执干戈以卫社稷。"《孙子兵法·见威王》："战不胜，则所以削地而危社稷也。"逆子，忤逆不孝的儿子。《三国志·魏书·杨阜传》："汝背父之逆子，杀君之桀贼，天地岂久容汝，而不早死，敢以面目视人乎！"陈子昂《为将军程处弼谢放流表》："臣无教训，家有逆子，臣合湮宗灭族，以显国刑。"

⑧"言易"三句：招尤，招致他人的怪罪或怨恨。韩愈《感二鸟赋》："虽家到而户说，只以招尤而速累。"化俗，谓风俗受德教而发生变化。司马相如《难蜀父老》："必若所云，则是蜀不变服而巴不化俗也。"《后汉书·曹褒传》："以礼理人，以德化俗。"苏轼《坤成节集英殿宴教

坊词致语口号巨闻视履考祥》:"文母忧勤初化俗,曾孙仁孝已通天。"

⑨"施惠"二句:施惠,施人以恩惠。《周礼·地官·乡师》:"赒万民之艰阨,以王命施惠。"《淮南子·人间训》:"圣王布德施惠,非求其报于百姓也。"受恩,受恩惠。《说苑·复恩》:"夫施德者贵不德,受恩者尚必报。"诸葛亮《出师表》:"臣不胜受恩感激。"韩愈《为裴相公让官表》:"受恩益大,顾己益轻。"

⑩"刻薄"三句:刻薄,冷酷无情。《史记·商君列传论》:"商君,其天资刻薄人也。"司马贞索隐:"刻,谓用刑深刻;薄,谓弃仁义,不悃诚也。"《周书·乐逊传》:"夫政之于民,过急则刻薄,伤缓则弛慢。"乖舛(chuǎn),谬误,差错。《颜氏家训·勉学》:"己身姓名,多或乖舛,纵得不误,亦未知所由。"《魏书·肃宗纪论》:"肃宗冲龄统业,灵后妇人专制,委用非人,赏罚乖舛。"《旧唐书·令狐楚传》:"吾气魄已殚,情思俱尽,然所怀未已,强欲自写闻天,恐辞语乖舛,子当助我成之。"

⑪"触来"二句:触,抵触,冲突。清凉,清静,不烦扰。《百喻经·煮黑石蜜浆喻》:"而望清凉寂静之道,终无是处。"苏轼《乘舟过贾收水阁收不在见其子》三首其二:"乐哉无一事,何处不清凉。"

⑫"君子"二句:貌相,根据外貌判断人。施惠《幽闺记》第二十五出:"怎凡人貌相,海水斗升量。"斗量,形容数量之多。刘禹锡《泰娘歌》:"斗量明珠鸟传意,绀幰迎入专城居。"

⑬"蓬蒿(hāo)"三句:蓬蒿,蓬草和蒿草。亦泛指草丛。《礼记·月令》:"(孟春之月)藜莠蓬蒿并兴。"《庄子·逍遥游》:"(斥鴳)翱翔蓬蒿之间。"《抱朴子·安贫》:"是以俟扶摇而登苍霄者,不充诎于蓬蒿之杪。"茅茨,简陋的居室。引申为平民里巷。《后汉纪·桓帝纪》:"不慕荣宦,身安茅茨。"苏轼《内中御侍以下贺太皇太后年节词语》:

"求贤审官，拔士茅茨之下。"

⑭"一家"二句：饱暖，食饱衣暖。王禹偁《十月二十日作》："饱暖我不觉，羞见黄州民。"机谋，犹计谋，计策。张乔《赠棋僧侣》："机谋时未有，多向弈棋销。"二世，两代。潘勖《册魏公九锡文》："乌丸三种，崇乱二世。"曹冏《六代论》："昔夏、殷、周之历世数十，而秦二世而亡。"

⑮争战：战斗，战争。《战国策·赵策》："秦行是计也，君桉救魏，是以攻齐之已弊，救与秦争战也。"《吴子·料敌》："击此之道，袭乱其屯，先夺其气，轻进速退，弊而劳之，勿与争战，其军可败。"李白《幽州胡马客歌》："旄头四光芒，争战若蜂攒。"

⑯"拨开"四句：尘氛，犹言灰尘烟雾。《抱朴子·畅玄》："弃赫奕之朝华，避偾车之险略。吟啸苍崖之间，而万物化为尘氛。"鄙吝，狭窄的心胸。高适《苦雨寄房四昆季》："携手流风在，开襟鄙吝祛。"

[评析]

本节中"孟母三迁"，谓孟子的母亲为选择良好的环境教育孩子，多次迁居。《列女传·邹孟轲母》："邹孟轲之母也，号孟母。其舍近墓。孟子之少也，嬉游为墓间之事，踊跃筑埋。孟母曰：'此非吾所以居处子也。'乃去，舍市傍。其嬉游为贾人炫卖之事。孟母又曰：'此非吾所以居处子也。'复徙舍学宫之傍。其嬉游乃设俎豆，揖让进退。孟母曰：'真可以居吾子矣。'遂居。及孟子长，学六艺，卒成大儒之名。君子谓孟母善以渐化。"其中的道理，与《墨子·所染》所论相类似："子墨子言见染丝者而叹曰：染于苍则苍，染于黄则黄，所入者变，其色亦变，五入必，而已则为五色矣！故染不可不慎也！非独染丝然也，国亦有染……非独国有染也，士亦有染。其友皆好仁义，淳谨畏令，则家日益、身日安、名日荣，处官得其理矣，则段干木、禽子、傅说之徒是也。其友皆好矜奋，创作比周，则家日损、身日危、名日辱，处官失其理矣，则子西、易牙、竖刁之徒是也。《诗》曰'必择所堪，必谨所堪'者，此之谓也。"

贫穷自在①，富贵多忧。既往不咎，覆水难收。②人无远虑，必有近忧。③勿临渴而掘井，宜未雨而绸缪④。宁向直中取，不可曲中求。⑤驭横切莫逞气，止谤还要自修。⑥忍得一时之气，免得百日之忧。是非只为多开口，烦恼皆因强出头⑦。酒虽养性还乱性，水能载舟亦覆舟。⑧克己者，触事皆成药石；尤人者，启口即是戈矛。⑨以直报怨，以义解仇。庄敬日强，安肆日偷。⑩惧法朝朝乐，欺公日日忧。⑪晴干不肯去，只待雨淋头。儿孙自有儿孙福，莫为儿孙做马牛。⑫人生七十古来稀⑬，问君还有几春秋。当出力处须出力，得缩头时且缩头。生年不满百，常怀千岁忧。⑭逢桥须下马，有路莫登舟。路逢险处须当避，事到头来不自由。吴宫花草埋幽径，晋代衣冠成古丘。⑮功名富贵若长在，汉水亦应西北流。⑯青冢草深，万念尽同灰冷；黄粱梦觉，一身都似云浮。⑰

[注释]

①自在：此谓安闲自得，身心舒畅。杜甫《江畔独步寻花》七首其六："留连戏蝶时时舞，自在娇莺恰恰啼。"梅尧臣《五月十三日大水》："戢戢后池鱼，随波去难留。扬鬐虽自在，江上多网钩。"

②"既往"二句：《论语·八佾》："子闻之曰：'成事不说，遂事不谏，既往不咎。'"谓已经过去的事不再追究。王嘉《拾遗记》："太公望初娶马氏，读书不事产，马求去。太公封齐，马求再合。太公取水一盆，

倾于地，令妇收水，惟得其泥。太公曰：'若能离更合，覆水定难收！'"《后汉书·何进传》："国家之事，亦何容易？覆水不收，宜深思之。"喻事已定局，无法挽救。

③"人无"二句：《论语·卫灵公》："人无远虑，必有近忧。"远虑，深远的计虑。《史记·吴王濞列传》："晁错为国远虑，祸反近身。"苏轼《司马温公行状》："小人无远虑，特欲仓猝之际，援立其所厚善者耳。"近忧，近在眼前的忧患。柳宗元《送杨凝郎中使还汴宋诗后序》："盖以将骄卒暴，则近忧且至。"

④绸缪（chóu móu）：喻事前做好准备工作。《诗经·豳风·鸱鸮》："迨天之未阴雨，彻彼桑土，绸缪牖户。"钱谦益《南京户部江西清吏司主事李士高授承德郎制》："非强兵无以备豫，非广蓄无以养兵，此根本绸缪之至计。"

⑤"宁向"二句：告诫世人做人行事要光明正大，堂堂正正。《武王伐纣平话》卷下："姜尚因命守时，直钩钓：负命者上钩来！"郑之珍《目连救母》卷中："承教承教！但古人论求财者，宁向直中取，不向曲中求。"《封神演义》第二十三回："岂可曲中而取鱼乎！非丈夫之所为也。吾宁在直中取，不向曲中求，不为锦鳞设，只钓王与侯。"

⑥"驭横"二句：驭横，驾驭横蛮无理之人。逞气，使气，任心斗气。止谤，止息谤言。《三国志·魏书·王昶传》："谚曰：'救寒莫如重裘，止谤莫如自修。'"徐幹《中论·虚道》："语称救寒莫如重裘，止谤莫如修身，疗暑莫如亲冰，信矣哉！"自修，修养自己的德行。《大学》："如琢如磨者，自修也。"《汉书·原涉传》："或讥涉曰：'子本吏二千石之世，结发自修，以行丧推财礼让为名，正复仇取仇，犹不失仁义，何故遂自放纵，为轻侠之徒乎？'"曾巩《筠州学记》："由汉之士，察举于乡间，故不能不笃于自修。"

⑦出头:犹出面。《京本通俗小说·西山一窟鬼》:"朱小四你这厮!有人请唤。今日须当你这厮出头!"张国宝《罗李郎》第一折:"我将皇城呷,索共那五奴虔婆出头。"《西游记》第三十二回:"只恐八戒躲懒便不肯出头,师父又有些护短,等老孙羁勒他羁勒。"

⑧"酒虽"二句:养性,涵养自然本性。《淮南子·俶真训》:"静漠恬惔,所以养性也。"乱性,迷乱心性。《抱朴子·畅玄》:"宴安逸豫,清醪芳醴,乱性者也。""水能"句,比喻民可拥护君主,也能推翻君主。《荀子·哀公》:"且丘闻之,君者,舟也;庶人者,水也。水则载舟,水则覆舟,君以此思危,则危将焉而不至矣?"

⑨"克己"四句:克己,克制私欲,严于律己。《汉书·王嘉传》:"孝文皇帝欲起露台,重百金之费,克己不作。"韩愈《贺太阳不亏状》:"陛下敬畏天命,克己修身,诚发于中,灾销于上。"触事,犹遇事。郭璞《方言注·序》:"余少玩雅训,旁味《方言》,复为之解,触事广之,演其未及,摘其谬漏,庶以燕石之瑜,补琬琰之瑕。"药石,药剂和砭石。泛指药物。《列子·杨朱》:"及其病也,无药石之储;及其死也,无瘗埋之资。"枚乘《七发》:"今太子之病,可无药石、针刺、灸疗而已,可以要言妙道说而去也。"曹髦《伤魂赋》:"岐鹊骋技而弗救,岂药石之能追?"启口,开口。《汉书·贾谊传》:"适启其口,匕首已陷其匈矣。"陈傅良《题张之望文卷后》:"温公尝言,洛中,士大夫渊薮,谈空说性多矣,惟史事无所启口,盖有讥云耳。"戈矛,激烈冲突,战争。王昌龄《箜篌引》:"便令海内休戈矛,何用班超定远侯。"

⑩"庄敬"二句:《礼记·表记》:"君子庄敬日强,安肆日偷。"庄敬,庄严恭敬。《礼记·乐记》:"致礼以治躬则庄敬,庄敬则严威。"孔颖达疏:"若能庄严而恭敬,则严肃威重也。"沈约《齐故安陆昭王碑文》:"在上哀矜,临下庄敬。"安肆,安乐放纵。《史记·吴王濞列传》:

"吴与胶西，知名诸侯也，一时见察，恐不得安肆矣。"《宋史·张浚传》："每论定都大计，以为东南形势，莫如建康，人主居之，可以北望中原，常怀愤惕。至如钱塘，僻在一隅，易于安肆，不足以号召北方。"日偷，日渐苟且怠惰。《礼记·表记》孔颖达疏："安肆日偷者……言小人安乐放恣，则其情性日为苟且。"

⑪"惧法"二句：《琵琶记》第十七出："惧法朝朝乐，欺公日日忧。"惧法，畏惧法律的威力而能遵守。欺公，蔑视公理。

⑫"儿孙"二句：徐守信《诗三首》其一："遥望南庄景色幽，前人田上后人收。儿孙自有儿孙福，莫与儿孙作马牛。"晦庵《满江红》："枉使心机空计较，儿孙自有儿孙福。"

⑬"人生"句：杜甫《曲江二首》其二："酒债寻常行处有，人生七十古来稀。"

⑭"生年"二句：《古诗十九首》："生年不满百，常怀千岁忧。昼短苦夜长，何不秉烛游。为乐当及时，何能待来兹。愚者爱惜费，但为后世嗤。仙人王子乔，难可与等期。"

⑮"吴宫"二句：李白《登金陵凤凰台》："凤凰台上凤凰游，凤去台空江自流。吴宫花草埋幽径，晋代衣冠成古丘。三山半落青天外，二水中分白鹭洲。总为浮云能蔽日，长安不见使人愁。"

⑯"功名"二句：李白《江上吟》："木兰之枻沙棠舟，玉箫金管坐两头。美酒樽中置千斛，载妓随波任去留。仙人有待乘黄鹤，海客无心随白鸥。屈平辞赋悬日月，楚王台榭空山丘。兴酣落笔摇五岳，诗成笑傲凌沧洲。功名富贵若长在，汉水亦应西北流。"

⑰"青冢"四句：青冢，此泛指坟墓。杜甫《咏怀古迹》五首其三："一去紫台连朔漠，独留青冢向黄昏。"仇兆鳌注："《归州图经》：边地多白草，昭君冢独青。"《汉宫秋》第二折："怎下的教他环佩影摇青冢月，

琵琶声断黑江秋。"灰冷，心灰意冷。苏轼《送参寥师》："上人学苦空，百念已灰冷。"《桃花扇》第十八出："不料四镇英雄，可笑如此；老夫一天高兴，却早灰冷一半也。"黄粱梦，喻虚幻的事和不能实现的愿望。范成大《邯郸道》："困来也作黄粱梦，不梦封侯梦石湖。"

[评析]

本节中"黄粱梦觉，一身都似云浮"二句，沈既济的《枕中记》对之进行过颇为精彩的文学表现，录以附读：

开元七年，道士有吕翁者，得神仙术。行邯郸道中，息邸舍，设榻施席，摄帽弛带，解囊而坐。俄见旅中少年，乃卢生也。衣短褐，乘青驹，将适于田，亦止于邸中，与翁共席而坐，言笑殊畅。久之，卢生顾其衣装敝亵，乃长叹息曰："大丈夫生世不谐，困如是也！"翁曰："观子形体，无苦无恙。谈谐方适，而叹其困者，何也？"生曰："吾此苟生耳。何适之谓？"翁曰："此不谓适，而何谓适？"答曰："士之生世，当建功树名，出将入相，列鼎而食，选声而听，使族益昌而家益肥，然后可以言适乎。吾尝志于学，富于游艺，自惟当年，青紫可拾。今已适壮，犹勤畎亩，非困而何？"言讫，而目昏思寐。时主人方蒸黄粱为馔，共待其熟。翁乃探囊中枕以授之，曰："子枕吾枕，当令子荣适如志。"其枕青瓷，而窍其两端。生俯首就之，见其窍渐大，明朗，乃举身而入，遂至其家。数月，娶清河崔氏女。女容甚丽，生资愈厚。生大悦，由是衣装服驭，日益鲜盛。明年，举进士，登第。释褐秘校。应制，转渭南尉。俄迁监察御史。转起居舍人，知制诰。三载，出典同州，迁陕牧。生性好上功，自陕西凿河八十里，以济不通，邦人利之，刻石纪德。移节卞州，领河南道采访使，征为京兆尹。是岁，神武皇帝方事戎狄，恢宏土宇。会吐蕃悉抹逻及烛龙莽布支攻陷瓜沙，而节度使王君㚟新被杀，河湟震动。帝思将帅之才，遂除生御史中丞、河西节度使。大破戎虏，斩首七千级，开地九百里，筑三大城以遮要害，边人立石于居延山以颂之。归朝册勋，恩礼极盛，转吏部侍郎，迁户部尚书兼御史大夫，时望清重，群情翕习。大为时宰所忌，以飞语中之，贬为端州刺史。三年，征为常侍，未几，同中书门下平章事。与肖中令嵩、裴侍中光庭同执大政十余年，嘉谋密令，一日三接，献替启沃，号为贤相。同列害之，复诬与边将交结，所图不轨。制下狱。府吏引从至其门而急收之。生惶骇不测，谓妻子曰："吾家山东，有良田五顷，足以御寒馁，何苦求禄？而今及此，思短褐、乘青驹，行邯郸道中，不可得也！"引刃自刎。其妻救之，获免。其罹者皆死，独生为中官保之，减罪死，投欢州。数年，帝知冤，复追为中书令，封燕国公，恩旨殊异。生子：曰俭、曰传、曰位、曰倜、曰倚，皆有才器。俭进士登第，为考功员，传为侍御史，位为太常丞，倜为万年尉，倚最贤，年二十八，为左襄，其姻媾皆天下望族。有孙十余人。两窜荒徼，再登台铉，出入中外，徊翔台阁，五十余年，崇盛赫奕。性颇奢荡，甚好佚乐，后庭声色，皆第一绮丽，前后赐良田、甲第、佳人、名马，不可胜数。后年渐衰迈，屡乞骸骨，不许。病，中人候问，相踵于道，名医上药，无不至焉。将殁，上疏曰："臣本山东诸生，以田圃为娱。偶逢圣运，得列官叙。过蒙殊奖，特秩鸿私，出拥节旌，入升台辅，周旋内外，锦历岁时。有忝天恩，无裨圣化。负乘贻寇，履薄增忧，日惧一日，不知老至。今年逾八十，位极三事，钟漏并歇，筋骸俱耄，弥留沈顿，待时益尽，顾无成效，上答休明，空负深恩，永辞圣代。无任感恋之至。谨奉表陈谢。"诏曰："卿以俊德，作朕元辅，出拥藩翰，入赞雍熙。升平二纪，实卿所赖，比婴疾疹，日谓痊平。

岂斯沈痼，良用悯恻。今令骠骑大将军高力士就第候省，其勉加针石，为予自爱，犹冀无妄，期于有瘳。"是夕，薨。卢生欠伸而悟，见其身方偃于邸舍，吕翁坐其傍，主人蒸黍未熟，触类如故。生蹶然而兴，曰："岂其梦寐也？"翁谓生曰："人生之适，亦如是矣。"生怃然良久，谢曰："夫宠辱之道，穷达之运，得丧之理，死生之情，尽知之矣。此先生所以窒吾欲也。敢不受教！"稽首再拜而去。

人平不语，水平不流。① 便宜莫买，浪荡莫收。不以我为德，反以我为仇。有花方酌酒，无月不登楼。人有三句硬话，树有三尺绵头。一家养女百家求，一马不行百马忧。深山毕竟藏猛虎，大海终须纳细流。② 到此如穷千里目，谁知才上一层楼。③ 欲知世事须尝胆，会尽人情暗点头。④ 受恩深处宜先退，得意浓时便可休。莫待是非来入耳，从前恩爱反为仇。贫家光扫地，贫女净梳头。景色虽不丽，气度自优游⑤。器具质而洁，瓦缶胜金玉；饮食约而精，园蔬愈珍馐。⑥ 无益世言休著口，不干己事少当头。留得五湖明月在，不愁无处下金钩。⑦ 休向君子谄媚，君子原无私惠；休与小人为仇，小人自有对头。⑧ 名利是缰锁，牵缠时，逆则生憎，顺则生爱；富贵如浮云，觑破了，⑨ 得亦不喜，失亦不忧。

[**注释**]

① "人平"二句：谓人心平气和就不必诉说，犹如水平了就不流动。《五灯会元》卷一八："问：'佛未出世时如何？'师曰：'绝毫绝厘。'曰：'出世后如何？'师曰：'填沟塞壑。'曰：'出与未出，相去几何？'师曰：'人平不语，水平不流。'"《张协状元》："人平不语，水平不流，

婆婆，你则甚底？"韩愈《送孟东野序》："大凡物不得其平则鸣……人之于言也亦然：有不得已者而后言，其歌也有思，其哭也有怀，凡出乎口而为声者，其皆有弗平者乎！"

② "深山"二句：深山，与山外距离远的、人迹罕至的山岭。《左传·襄公二十一年》："深山大泽，实生龙蛇。"东方朔《非有先生论》："遂居深山之间，积土为室，编蓬为户。"终须，最终还得。细流，小水流。《韩非子·大体》："太山不立好恶，故能成其高；江海不择小助，故能成其富。"李斯《谏逐客书》："是以泰山不让土壤，故能成其大；河海不择细流，故能就其深；王者不却众庶，故能成其德。"

③ "到此"二句：谓天外有天，楼外有楼。王之涣《登鹳雀楼》："欲穷千里目，更上一层楼。"《随园诗话》卷一："《记》曰：'学然后知不足。'可见知足者，皆不学之人，无怪其夜郎自大也。鄂公《题甘露寺》云：'到此已穷千里目，谁知才上一层楼。'"

④ "欲知"二句：苏轼《拟孙权答曹操书》："仆受遗以来，卧薪尝胆，悼日月之逾迈，而叹功名之不立，上负先臣未报之忠，下悉伯符知人之明。"点头，表示允许、赞成或领会等。齐己《寄松江陆龟蒙处士》："道在谁开口，诗成自点头。"

⑤ "气度"句：气度，气魄风度。《晋书·苻坚载记》："猛瑰姿俊伟，博学好兵书，谨重严毅，气度雄远。"《涑水记闻》卷二："昭素喜其开敏，谓人曰：'观李生才能器度，他日必为卿相。'"优游，悠闲自得。《诗经·大雅·卷阿》："伴奂尔游矣，优游尔休矣。"嵇康《兄秀才公穆入军赠诗十九首》其一："俯仰慷慨，优游容与。"《宋史·窦俨传》："俨性夷旷，好贤乐善，优游策府凡十余年。"

⑥ "器具"四句：瓦缶，不加雕饰的素朴瓦器。《周易·坎》"用缶"王弼注："处坎以斯，虽复一樽之酒，二簋之食，瓦缶之器，纳此至约，

自进于牖,乃可羞之于王公,荐之于宗庙,故终无咎也。"李商隐《行次西郊作一百韵》:"浊酒盈瓦缶,烂谷堆荆囷。"金玉,珍宝。《左传·襄公五年》:"无藏金玉,无重器备。"杜甫《黄河》二首其二:"愿驱众庶戴君王,混一车书弃金玉。"珍馐(xiū),珍奇名贵的食物。《晋书·谢浑传》:"元帝始镇建业,公私窘罄,每得一豚,以为珍馐。"吕蒙正《破窑赋》:"思衣而有罗锦千箱,思食而有珍馐百味。"

⑦"留得"二句:《玉环记》第四出:"却原是这厮胡说,要见强辨释非,左右的,与我丫将出去。但得五湖明月在,不愁无处下金钩。"《三报恩》第九出:"初八夜间便要进场了,须索寓中静养一日,调理身子。正是:留得五湖明月在,不愁无处下金钩。"谓只要根基犹存,日后就有重新发展的机会。金钩,金属钓钩。《抱朴子·广譬》:"金钩桂饵虽珍,而不能制九渊之沈鳞。"

⑧"休向"四句:谄(chǎn)媚,奉承讨好。《后汉书·袁绍传》:"何意凶臣郭图,妄画蛇足,曲辞谄媚,交乱懿亲。"张鷟《朝野佥载》卷五:"太子少保薛稷,雍州长史李晋,中书令崔湜、萧至忠、岑羲等,并外饰忠鲠,内藏谄媚。"私惠,私相馈赠。《礼记·缁衣》:"私惠不归德,君子不自留焉。"郑玄注:"私惠,谓不以公礼相庆贺,时以小物相问遗也。"荀悦《申鉴·政体》:"有公赐无私惠,有公怒无私怨。"对头,冤家、仇人。《桃花女》第四折:"可不有了你,就不显了我。以此心中不忿,要与你做个对头。"

⑨"名利"六句:名利,名位利禄,名声利益。《尹文子·大道》:"故曰礼义成君子,君子未必须礼义;名利治小人,小人不可无名利。"《后汉书·种暠传》:"其有进趣名利,皆不与交通。"韩愈《复志赋》:"惟名利之都府兮,羌众人之所驰。"缰锁,缰绳和锁链。比喻束缚,拘束。《汉书·叙传》:"今吾子已贯仁谊之羁绊,系名声之缰锁。"颜师古

注:"缰,如马缰也。"《北齐书·祖鸿勋传》:"而吾生既系名声之缰锁,就良工之剖厥。"柳宗元《法华寺石门精舍三十韵》:"潜躯委缰锁,高步谢尘坱。"牵缠,纠缠。谢灵运《佛影铭》:"群生因染,六趣牵缠。"白居易《放言》五首其二:"世途倚伏都无定,尘网牵缠卒未休。"杨时《此日不再得示同学》:"富贵如浮云,苟得非所臧。"觑(qù)破,看破究竟。

[评析]

本节中"五湖",多指古代吴越地区湖泊,说法不一。其一,吴县南部的湖泽。《周礼·夏官·职方氏》郑玄注:"具区、五湖在吴南。"具区,即太湖。其二,太湖。《国语·越语》:"反至五湖,范蠡辞于王曰:'君王勉之,臣不复入越国矣。'王曰:'不穀疑子之所谓者何也?'……范蠡对曰:'臣闻命矣。君行制,臣行意。'遂乘轻舟以浮于五湖,莫知其所终极。"韦昭注:"五湖,今太湖。"郭璞《江赋》李善注引《吴录》:"五湖者,太湖之别名也。"其三,太湖及附近四湖。《水经注·沔水》:"南江东注于具区,谓之五湖口。五湖谓长荡湖、太湖、射湖、贵湖、滆湖也。"其四,太湖附近的五个湖。《史记·夏本纪》张守节正义:"五湖者,菱湖、游湖、莫湖、贡湖、胥湖,皆太湖东岸五湾为五湖,盖古时应别,今并相连。"其五,江南五大湖的总称。《史记·三王世家》司马贞索隐:"五湖者,具区、洮滆、彭蠡、青草、洞庭是也。"杨慎《丹铅总录·地理》:"王勃文'襟三江而带五湖',则总言南方之湖。洞庭一也,青草二也,鄱阳三也,彭蠡四也,太湖五也。"另外,也有人说是指洞庭湖。如杜甫《归雁》:"年年霜露隔,不过五湖秋。"朱鹤龄注即云:"雁至衡阳则回。此五湖当指洞庭湖言。"又如孟浩然《自浔阳泛舟经明海》:"因之泛五湖,流浪经三湘。"贾至《初至巴陵与李十二白裴九同泛洞庭湖三首》其三:"轻舟落日兴不尽,三湘五湖意何长。"

上 韵

若登高，必自卑；若涉远，必自迩。①磨刀恨不利，刀利伤人指；求财恨不多，财多终累己。有福伤财，无福伤己。病加于小愈，孝衰于妻子。②居视其所亲，达视其所举；③富视其所不为，贫视其所不取。知足常足，终身不辱；知止常止，终身不耻。④君子爱财，取之有道；小人放利，不顾天理。悖入亦悖出⑤，害人终害己。人非善不交，物非义不取。身欲出樊笼外，心要在腔子里。⑥勿偏信而为奸所欺，勿自任而为气所使。⑦差之毫厘，谬以千里。⑧使口不如自走⑨，求人不如求己。为富兼为仁⑩，愿生莫愿死。人见白头嗔，我见白头喜。多少少年亡，不到白头死。贼是小人，智过君子。君子固穷，小人穷斯滥矣。⑪

[**注释**]

①"若登高"四句：《中庸》："君子之道，辟如行远必自迩，辟如登高必自卑。"自卑，从低处开始。迩，近。

②"病加"二句：小愈，谓病稍瘥。《孟子·公孙丑下》："今病小愈，趋造于朝。"《元史·刘国杰传》："若病幸小愈，得灭此虏，则死无憾矣。"妻子，娶妻养子。陈确《新妇谱补》："新妇不唯自己要尽孝，尤当劝夫尽孝。勿悖父母之爱，而稍弛孝敬之心。语云：'孝衰于妻子。'此言极可痛心。"

③"居视"二句：居，居家，指没有显达时。所举，所举荐的人。

④"知足"四句：《老子》："故知足不辱，知止不殆，可以长久。"又"祸莫大于不知足，咎莫大于欲得，故知足之足，常足矣。"知止，谓懂得适可而止。《韩诗外传》卷五："贪物而不知止者，虽有天下，不富矣"。《新唐书·李靖传》："会足疾，恳乞骸骨，帝遣中书侍郎岑文本谕旨曰：自古富贵而知止者盖少……公今引大体，朕深嘉之。"辱、耻，耻辱，羞耻，侮辱。《论语·学而》："恭近于礼，远耻辱也。"《后汉书·秦彭传》："吏有过咎，罢遣而已，不加耻辱。"

⑤"悖入"句：用不正当的手段得来的财物，也会被别人用不正当的手段拿去。《大学》："是故言悖而出者，亦悖而入；货悖而入者，亦悖而出。"纪昀《阅微草堂笔记》卷一四："诉者多矣。神以为悖入悖出，自作之愆；杀人人杀，相酬之道，置不为理也。"

⑥"身欲"二句：樊笼，比喻受束缚不自由的境地。陶渊明《归园田居》五首其一："久在樊笼里，复得返自然。"韦应物《忆沣上幽居》："一来当复去，犹此厌樊笼。""心要"句，谓做人要端正。《朱子语类》卷九六："或问：'心要在腔子里，如何得在腔子里？'曰：'敬，便在腔子里。'又问：'如何得会敬？'曰：'只管恁地滚做甚么？才说到敬，便是更无可说。'"腔子，躯体。

⑦"勿偏信"二句：偏信，相信一方。王符《潜夫论·明暗》："君之所以明者，兼听也；其所以暗者，偏信也。"《颜氏家训·勉学》："观天下书未遍，不得妄下雌黄。或彼以为非，此以为是；或本同末异；或两文皆欠，不可偏信一隅也。"自任，自以为是。《颜氏家训·文章》："慎勿师心自任，取笑旁人也。"《隋书·李德林传》："少以才学见知，及位望稍高，颇伤自任。"《新唐书·宪宗纪赞》："德宗猜忌刻薄，以强明自任，耻见屈于正论，而忘受欺于奸谀。"

⑧"差之"二句：《礼记·经解》："《易》曰：'君子慎始，差若毫

厘，缪以千里。'"《史记·太史公自序》："《春秋》之中，弑君三十六，亡国五十二，诸侯奔走不得保其社稷者不可胜数。察其所以，皆失其本已。故《易》曰：'失之豪厘，差以千里。'故曰：'臣弑君，子弑父，非一旦一夕之故也，其渐久矣。'故有国者不可以不知《春秋》。"《论语·先进》"过犹不及"朱熹集注："夫过不及，均也。差之毫厘，缪以千里。"毫厘，比喻极微细。《抱朴子·汉过》："官高势重，力足拔才，而不能发毫厘之片言，进益时之翘俊也。"王若虚《君事实辨》："近代诸儒以道学相高尚，论古人毫厘必计。"

⑨使口：动口。

⑩"为富"句：《孟子·滕文公上》："为富不仁矣，为仁不富矣。"赵岐注："富者好聚，仁者好施，施不得聚，道相反也。"

⑪"君子"二句：《论语·卫灵公》："子曰：'君子固穷，小人穷斯滥矣！'"朱熹集注："程子曰：'固穷者，固守其穷。'"张协《杂诗》十首其十："君子守固穷，在约不爽贞。"杜甫《前出塞》九首其九："丈夫四方志，安可辞固穷。"滥，不能自守。何晏集解："滥，溢也。君子固亦有穷时，但不如小人穷则滥溢为非。"陶渊明《有会而作》："斯滥岂攸志，固穷夙所归。"

[评析]

本节中"差之毫厘，谬以千里"二句，《汉书·赵充国传》所记之事颇有代表性："时，羌降者万余人矣。充国度其必坏，欲罢骑兵屯田，以待其敝。作奏未上，会得进兵玺书，中郎将卬惧，使客谏充国曰：'诚令兵出，破军杀将以倾国家，将军守之可也。即利与病，又何足争？一旦不合上意，遣绣衣来责将军，将军之身不能自保，何国家之安？'充国叹曰：'是何言之不忠也！本用吾言，羌虏得至是邪？往者举可先行羌者，吾举辛武贤，丞相御史复白遣义渠安国，竟沮败羌。金城、湟中谷斛八钱，吾谓耿中丞，籴二百万斛谷，羌人不敢动矣。耿中丞请籴百万斛，乃得四十万斛耳。义渠再使，且费其半。失此二册，羌人故敢为逆。失之毫厘，差以千里，是既然矣。今兵久不决，四夷卒有动摇，相因而起，虽有知者不能善其后，羌独足忧邪！吾固以死守之，明主可为忠言。'遂上屯田奏。"由于做错了两件事，西北地区才发生动乱。赵充国于是把他撤兵、屯田的设想奏报汉宣帝，最后招抚叛军，达到了安邦定国的效果。

壁有缝，墙有耳。好事不出门，恶事传千里。①之子不称服，奉身好华侈。②虽得市童怜，还为识者鄙。③天下无不是的父母，世间最难得者兄弟。青出于蓝而胜于蓝④，冰生于水而寒于水。不痴不聋，不作阿姑阿翁；得亲顺亲，方可为人为子。⑤处骨肉之变，宜从容不宜激烈；当家庭之衰，宜惕厉不宜委靡。⑥

[注释]

①"壁有缝"四句："壁有缝"二句，《管子·君臣》："古者有二言：'墙有耳，伏寇在侧。'墙有耳者，微谋外泄之谓也。"《金瓶梅词话》第八十六回："你打骂他不打紧，墙有缝，壁有耳。""好事"二句，《景德传灯录》卷一二："问：'如何是西来意？'师曰：'好事不出门，恶事传千里。'"《水浒传》第二十四回："自古道：'好事不出门，恶事传千里。'不到半月之间，街坊邻居都知得了，只瞒着武大一个不知。"

②"之子"二句：之子，这个人。《诗经·周南·汉广》："之子于归，言秣其马。"郑玄笺："于是子之嫁，我愿秣其马。"潘岳《悼亡诗》三首其一："之子归穷泉，重壤永幽隔。"《诗经·曹风·候人》："彼其之子，不称其服。"郑玄笺："不称者，言其德薄而服尊。"奉身，养身，守

身。郑处诲《明皇杂录》卷上："（卢怀慎）为黄门侍郎，在东都掌选事，奉身之具，才一布囊耳。"华侈（chǐ），豪华奢侈。《后汉书·单超传》："多取良人美女以为姬妾，皆珍饰华侈。"欧阳修《论罢修奉先寺等状》："开宝、兴国两寺塔殿，并皆焚烧荡尽，是以见天意厌土木之华侈，为陛下惜国力民财，谴戒丁宁，前后非一。"

③"虽得"二句：市童，世俗小人。识者，《汉书·师丹传》："京师识者咸以为宜复丹邑爵，使奉朝请，四方所瞻仰也。"颜师古注："识者，谓有识之人也。"杜甫《赠崔十三评事公辅》："且有元戎命，悲歌识者谁。"

④"青出于"句：青，靛蓝。王士禛《分甘余话》："近无锡秦氏摹宋刻小本《九经》，剞劂最精，点画不苟……余曾见宋刻于倪检讨雁园灿许，与秦刻方幅正同，然青出于蓝而青于蓝矣。"《镜花缘》第十八回："你只看见小小学生尚且如此，何况先生！固然有'青出于蓝而胜于蓝'的，究竟是他受业之师。"

⑤"得亲"二句：《孟子·离娄上》："不得乎亲，不可以为人；不顺乎亲，不可以为子。"得亲，得到父母的欢心。顺亲，孝顺父母。陈师道《代贺生皇子表》之二："臣闻王者之孝，以继体为先；人子之心，以顺亲为乐。"

⑥"处骨肉"四句：骨肉，比喻至亲。《墨子·尚贤下》："当王公大人之于此也，虽有骨肉之亲、无故富贵、面目美好者，实知其不能也，不使之也。"惕厉，心怀戒慎。《周易·乾》："君子终日乾乾，夕惕若厉，无咎。"《旧唐书·刘蕡传》："任贤惕厉，宵衣旰食，讵追三五之遐轨，庶绍祖宗之鸿绪。"王禹偁《右卫将军秦公墓志铭》："公谨俭惕厉，卒以无咎。"委靡，颓唐，不振作。韩愈《送高闲上人序》："颓堕委靡，溃败不可收拾。"

[评析]

　　本节中"好事不出门,恶事传千里"二句,出自孙光宪《北梦琐言》卷六:"先是,李远以曾有诗云:'人事三杯酒,流年一局棋。'唐宣宗以其非牧人之才,不与郡守,宰相为言,然始俞允。(又云:'长日惟消一局棋。'两存之。)蜀相韦庄应举时,遇黄寇犯阙,著《秦妇吟》一篇,内一联云:'内库烧为锦绣灰,天街踏尽公卿骨。'尔后公卿亦多垂讶,庄乃讳之。时人号《秦妇吟》秀才。他日撰家戒,内不许垂《秦妇吟》障子,以此止谤,亦无及也。晋相和凝,少年时好为曲子词,布于汴、洛。洎入相,专托人收拾焚毁不暇。然相国厚重有德,终为艳词玷之。契丹入夷门,号为曲子相公。所谓好事不出门,恶事行千里。士君子得不戒之乎!"此二句,《全唐诗》卷八七六题作《孙光宪琐言引古语》,《古谣谚》卷五八题作《孙光宪引谚论何凝》,《全唐诗续拾》卷五八题作《孙光宪引谚》。

　　需要说明的是,按《北梦琐言》"事类相近"的编排原则判断,时人号称韦庄"秦妇吟秀才"与和凝"号为曲子相公"一样,并非褒奖之辞,实含讥讽。《秦妇吟》题材之重大、结构之恢宏、叙事之详尽、描述之生动、手法之多样等,确为"端己平生诸作之冠"(陈寅恪语),而其下语则浅易直露,故王国维既称其"语极沉痛详尽",又指出其"语取易解,有类俳优"。"秦妇吟秀才"一称之讽意盖在其"有类俳优",有损士君子之德。其中"内库"一联即属"有类俳优",且有伤于公卿之尊严,故尤为公卿所垂讶;并非全诗仅此二句"有类俳优",则删之或改之均不能消去此诗在公卿眼中的"俳优"味;且此诗已广为流传,即使禁绝全诗,"以此止谤,亦无及也"。

是日一过，命亦随减。务下学而上达，毋舍近而趋远。①量入为出②，凑少成多；溪壑易填，人心难满。用人与教人，二者却相反。用人取其长，教人责其短。打人莫伤脸，骂人莫揭短。仕宦芳规清慎勤，饮食要诀缓暖软。③水暖水寒鱼自知④，花开花谢春不管。蜗牛角上校雌雄，石火光中争长短。⑤留心学到古人难，立脚怕随流俗转。⑥凡是自是⑦，便少一是；有短护短，更添一短。洒扫庭除，要内外整洁；关锁门户，必亲自检点。⑧天下无难处之事，只消两个如之何；天下无难处之人，只要三个必自反。⑨

[注释]

① "务下学"二句：下学而上达，谓由浅入深地学习。《论语·宪问》："子曰：'不怨天，不尤人，下学而上达。'"毋舍近而趋远，《孟子·离娄上》："道在迩而求诸远，事在易而求诸难。"《后汉书·臧宫传》："舍近谋远者，劳而无功；舍远谋近者，逸而有终。"

② 量入为出：根据收入的多少来决定开支的限度。《礼记·王制》："冢宰制国用，必于岁之杪，五谷皆入，然后制国用，用地小大，视年之丰耗，以三十年之通制国用，量入以为出。"

③ "仕宦"二句：芳规，前贤的遗规。《史记·乐毅传》司马贞述赞："间、乘继将，芳规不渝。"要诀，诀窍。周密《癸辛杂识·前集》："此一段要诀，且静心细意，字字研究看。"

④ "水暖"句：佛教禅宗用以比喻自己证悟的境界。《黄檗山断际禅师传心法要》："明于言下忽然默契，便礼拜云：如人饮水，冷暖自知，某甲在五祖会中枉用了三十年工夫。"《景德传灯录》卷四："今蒙指授入处，如人饮水，冷暖自知。"岳珂《桯史》卷六："至于有法无法，有相

无相,如鱼饮水,冷暖自知。"

⑤"蜗牛"二句:校,比。雌雄,强弱。石火,以石敲击,迸发出的火花。其闪现极为短暂。潘岳《河阳县作》二首其二:"人生天地间,百岁孰能要。颎如槁石火,瞥若截道飙。"《关尹子·五鉴》:"来干我者,如石火顷,以性受之,则心不生,物浮浮然。"

⑥"留心"二句:留心,关注。《文子·微明》:"故圣人常从事于无形之外,而不留心于已成之内。"《宋书·何尚之传》:"刑罚得失,治乱所由,圣贤留心,不可不慎。"元好问《善人白公墓表》:"子男五人,长曰彦升,留心典籍,而不就举选。"立脚,犹安身,立身。《醒世恒言》卷三六:"到后觉道声息不好,立脚不住,就悄地逃之夭夭。"

⑦自是:自以为是。《老子》:"自见者不明,自是者不彰。"《吕氏春秋·察今》:"人以自是,反以相诽。"韩愈《伯夷颂》:"彼独非圣人而自是如此。"

⑧"洒扫"四句:《诗经·大雅·抑》:"夙兴夜寐,洒扫廷内。"《史记·魏其武安侯列传》:"魏其与其夫人益市牛酒,夜洒扫,早帐具至旦。"苏轼《雨中过舒教授》:"客来淡无有,洒扫凉冠屦。"庭除,庭院。袁郊《甘泽谣·红线》:"时夜漏将传,辕门已闭。杖策庭除,唯红线从行。"陆游《大雨》:"几席乱蛙黾,庭除泳鹅鸭。"整洁,整齐而清洁。《宋书·阮佃夫传》:"于宅内开渎,东出十许里,塘岸整洁,泛轻舟,奏女乐。"《剪灯新话》卷二:"土床石枕,亦甚整洁。"关锁,关门上锁。《敦煌变文集·目连缘起》:"重门关锁难开得,振锡之声总自通。"门户,门扇。《管子·八观》:"宫墙毁坏,门户不闭,外内交通。"刘攽《新晴》:"惟有南风旧相识,偷开门户又翻书。"检点,查点。方干《赠山阴崔明府》:"压酒晒书犹检点,修琴取药似交关。"

⑨"天下"四句:《论语·为政》:"季康子问:'使民敬、忠以劝,

如之何?'子曰：'临之以庄，则敬；孝慈，则忠；举善而教不能，则劝。'"又《八佾》："定公问：'君使臣，臣事君，如之何?'孔子对曰：'君使臣以礼，臣事君以忠。'"如之何，怎么样。《孟子·离娄下》："有人于此，其待我以横逆，则君子必自反也：我必不仁也，必无礼也，此物奚宜至哉？其自反而仁矣，自反而有礼矣，其横逆由是也，君子必自反也：我必不忠。自反而忠矣，其横逆由是也，君子曰：此亦妄人也已矣；如此，则与禽兽奚择哉？于禽兽又何难焉？"自反，反躬自问，自我反省。《礼记·学记》："知不足，然后能自反也；知困，然后能自强也。"《孟子·公孙丑上》："自反而缩，虽千万人，吾往矣。"赵岐注："缩，义也……自省有义，虽敌家千万人，我直往突之。"陈亮《复吕子阳》："凡百不在多言，各以此自反足矣。"

[评析]

本节中"蜗牛角上校雌雄"句，典出《庄子·则阳》："惠子闻之而见戴晋人。戴晋人曰：'有所谓蜗者，君知之乎？'曰：'然。''有国于蜗之左角者曰触氏，有国于蜗之右角者曰蛮氏，时相与争地而战，伏尸数万，逐北旬有五日而后反。'君曰：'噫！其虚言与？'曰：'臣请为君实之。君以意在四方上下有穷乎？'君曰：'无穷。'曰：'知游心于无穷，而反在通达之国，若存若忘乎？'君曰：'然。'曰：'通达之中有魏，于魏中有梁，于梁中有王。王与蛮氏，有辩乎？'君曰：'无辩。'客出而君惝然若有亡也。"魏王伐齐，惠子往说之，以为魏齐之战，由广大的宇宙观之，无异于"蜗角蛮触"之争，魏王乃茫然。（按：在名家中，惠子稍前于公孙龙，尤其善于诡辩。他的诡辩题材有十说："至大无外，至小无内。无厚不可积也，其大千里。天与地卑，山与泽平。日方中方睨，物方生方死。大同与小同异。南方无穷而有穷。今日适越而昔来。连环可解。天下之中央。天地一体。"但是，惠子的终极目的并不是诡辩,乃是为治世而用。)后遂用"蜗角蛮触"以指为细微之事无谓争斗,也指追逐虚名薄利,或指战事。用者有如白居易《对酒》五首其二:"蜗牛角上争何事,石火光中寄此身。"苏轼《满庭芳》:"蜗角虚名,蝇头微利,算来着甚干忙。"陆游《自咏》:"无劳问蜗角,蛮触正横戈。"

凡事要好,须问三老①。好问则裕,自用则小。勿营华屋,勿作淫巧。②若争小可③,便失大道。但能依本分,终须无烦恼。有言逆于汝心,必求诸道;有言逊于汝志,必求诸非道。吃得亏,坐一堆④;要得好,大做小。志宜高而心宜下,胆欲大而心欲小。学者如禾如稻,不学者如蒿如草。唇亡齿必寒,教弛富难保。书中结良友,千载奇逢;门内产贤郎,⑤一家活宝。一场闲富贵,很很挣来,虽得还是失;百年好光阴,忙忙过去,纵寿亦为夭。⑥事事有功,须防一事不终;人人道好,须防一人着恼⑦。

[注释]

①三老:古代掌教化之官。此泛指老人。《礼记·礼运》:"故宗祝在庙,三公在朝,三老在学。"《汉书·高帝纪》:"举民年五十以上,有修行,能帅众为善,置以为三老,乡一人。择乡三老一人为县三老,与县令丞尉以事相教。"《后汉书·王景传》:"父闳,为郡三老。"

②"勿营"二句:华屋,华美的屋宇。《战国策·秦策》:"见说赵王于华屋之下。"《史记·平原君虞卿列传》:"文不能取胜,则歃血于华屋之下。"又《滑稽列传》:"楚庄王之时,有所爱马,衣以文绣,置之华屋之下,席以露床,啖以枣脯。"淫巧,谓过于奇巧而无益的技艺与制品。

《盐铁论·本议》:"有山海之货而民不足于财者,不务民用而淫巧众也。"

③小可:犹小。引申为细小、低微、寻常、轻易等意。范仲淹《让观察使第一表》:"今贼界沿边小可首领,并伪署观察团练使之名。"

④坐一堆:指与周围人友好相处。

⑤"书中"三句:良友,品行端正的朋友。《荀子·性恶》:"夫人虽有性质美而心辩知,必将求贤师而事之,择良友而友之。"《抱朴子·交际》:"櫽括修则枉刺之疾消矣,良友结则辅仁之道弘矣。"贤郎,对他人儿子的美称。欧阳修《与王懿恪公书》之三:"渐暖,为时自重。因贤郎行,谨布区区。"《独异志》卷中:"其夕,有乌衣五十人,扣泰门,谓其父母曰:'贤郎附钱五千,可领之。'"(按:《独异志》作者,《宋志》作李伉,《崇文总目》作李元,明抄本、《稗海》本作李冘。程毅中《唐代小说史话·附记》认为,李亢应为李伉之讹。是书,《新唐书·艺文志》著录为十卷,现存明嘉靖抄本(署"前明州刺史赐紫金鱼袋李冘撰")。唐明州刺史无李冘,仅有李伉在咸通六年(865)任)和《稗海》本为三卷,已非原本。)

⑥"很很"五句:很很,谓费力,辛劳。忙忙,形容事务烦冗,不得空闲。《论衡·书解》:"使著作之人,总众事之凡,典国境之职,汲汲忙忙,何暇著作!"高骈《遣兴》:"浮世忙忙蚁子群,莫嗔头上雪纷纷。"过去,某个时间、某种状态已经消逝。《朱子语类》卷六五:"老阳过去交阴,老阴过来交阳,便是《兑》《艮》第三画。"寿夭,长命与夭折。《庄子·应帝王》:"郑有神巫曰季咸,知人之死生存亡,祸福寿夭。"屈原《九歌·大司命》:"纷总总兮九州,何寿夭兮在予!"黄滔《祭林先辈》:"诚寿夭靡移于夙契,且鬼神何害于善人。"

⑦着恼:生气,发怒。《金线池》第四折:"你失误了官身,老爷在堂上,好生着恼哩。"《初刻拍案惊奇》卷二四:"老道着恼,喝叫猴形人四五个来揪采将来,按住在坐上。"

[评析]

　　本节中"唇亡齿必寒"句，典出《左传·僖公五年》："晋侯复假道于虞以伐虢。宫之奇谏曰：'虢，虞之表也。虢亡，虞必从之。晋不可启，寇不可玩。一之谓甚，其可再乎？谚所谓辅车相依，唇亡齿寒者，其虞、虢之谓也。'公曰：'晋，吾宗也，岂害我哉？'对曰：'大伯、虞仲，大王之昭也，大伯不从，是以不嗣。虢仲、虢叔，王季之穆也，为文王卿士，勋在王室，藏于盟府。将虢是灭，何爱于虞？且虞能亲于桓、庄乎？其爱之也，桓、庄之族何罪，而以为戮？不惟逼乎？亲以宠逼，犹尚害之，况以国乎？'公曰：'吾享祀丰洁，神必据我。'对曰：'臣闻之，鬼神非人实亲，惟德是依。故《周书》曰：皇天无亲，惟德是辅。又曰：黍稷非馨，明德惟馨。又曰：民不易物，惟德繄物。如是，则非德，民不和，神不享矣。神所冯依，将在德矣。若晋取虞，而明德以荐馨香，神其吐之乎？'弗听，许晋使。宫之奇以其族行，曰：'虞不腊矣。在此行也，晋不更举矣。'……冬，十二月丙子朔，晋灭虢。虢公丑奔京师。师还，馆于虞，遂袭虞，灭之。执虞公及其大夫井伯以媵秦穆姬，而修虞祀，且归其职贡于王。故书曰'晋人执虞公'，罪虞，且言易也。"比喻利害密切相关。亦见于《左传·哀公八年》："夫鲁，齐晋之唇，唇亡齿寒，君所知也。"

　　宁添一斗，莫添一口。但求放心①，休夸利口。要学好人，须寻好友。引醅若酸②，那得好酒。宁遭父母手，莫遭父母口。狗不嫌家贫，儿不嫌母丑。勿贪意外之财，勿饮过量之酒。进步便思退步，着手先图放手。不嫌刻鹄类鹜，只怕画虎成狗。③责善勿过高④，当思其可从；攻恶勿太严，要使其可受。享现在之福如点灯，随点则随灭；培将来之福如添油，愈添则愈久。恩里由来生害，得意时须早回头；败后或反成功，拂心处莫便放手。⑤

[注释]

①放心：心绪安定。《尚书·毕命》："虽收放心，闲之维难。"《孟子·告子上》："学问之道无他，求其放心而已矣。"

②引酵（jiào）：酿酒发酵用的浆液。

③"不嫌"二句：《后汉书·马援传》："效伯高不得，犹为谨敕之士，所谓'刻鹄不成尚类鹜'者也。效季良不成，陷为天下轻薄子，所谓'画虎不成反类狗'者也。"刻鹄类鹜（wù），比喻仿效不成功，但还近似。画虎成狗，比喻弄巧成拙。刘勰《文心雕龙·比兴》："故比类虽繁，以切至为贵，若刻鹄类鹜，则无所取焉。"黄庭坚《与赵伯充》："学老杜诗，所谓刻鹄不成，尚类鹜也；学晚唐诸人诗，所谓作法于凉，其弊犹贪，作法于贪，弊将若何。"

④责善：劝勉从善。《孟子·离娄下》："夫章子，子父责善而不相遇也。责善，朋友之道也；父子责善，贼恩之大者。"王安石《答韩求仁书》："责难于君者，吾闻之矣；责善于友者，吾闻之矣。"

⑤"得意"三句：回头，谓有所觉悟而改变原来的想法或行为。拂心，违逆其心意。《汉书·杜钦传》："臣窃有所忧，言之则拂心逆指，不言则渐日长，为祸不细。"《抱朴子·博喻》："洁操履之拘苦者，所以全拔萃之业；纳拂心之至言者，所以无易方之惑也。"《新唐书·元稹传》："其小人则择利曰：吾君所恶者拂心逆耳，吾将苟顺是非以事之。"

[评析]

本节中"败后或反成功"句，犹言失败是成功之母。鲧禹治水即其一例。《山海经·海内经》："洪水滔天。鲧窃帝之息壤以堙洪水，不待帝命。帝令祝融杀鲧于羽郊。鲧复生禹。帝乃命禹卒布土以定九州。"勾践复国也可以算一例。《吕氏春秋·顺民》："越王苦会稽之耻，欲深得民心，以致必死于吴。身不安枕席，口不甘厚味，目不视靡曼，耳不听钟鼓。三年苦心劳力，焦唇干肺。内亲群臣，下养百姓，以来其心。有甘脆不足分，弗敢食；有酒流之江，与民同之。身亲耕而食，妻亲织而衣。味禁珍，衣禁袭，色禁二。时出行路，从车载食，以视孤寡老弱之溃病、困穷、颜色愁悴、不赡者，必身自食之。于是属诸大夫而告之曰：'愿一与吴徼天之衷。今吴、越之国相与俱残，士大夫履肝肺，同日而死，孤与吴王接颈交臂而偾，此孤之大愿也。若此而不可得也，内量吾国不足以伤吴，外事之诸侯不能害之，则孤将弃国家，释群臣，服剑臂刃，变容貌，易姓名，执箕帚而臣事之，以与吴王争一旦之死。孤虽知要领不属，首足异处，四枝布裂，为天下戮，孤之志必将出焉！'于是异日果与吴战于五湖，吴师大败。遂大围王宫，城门不守，禽夫差，戮吴相，残吴二年而霸。此先顺民心也。"一言以蔽之，即"卧薪尝胆"。《史记·越王勾践世家》也基本上是这样记载的："吴既赦越，越王勾践反国，乃苦身焦思，置胆于坐，坐卧即仰胆，饮食亦尝胆也。曰：'女忘会稽之耻邪？'身自耕作，夫人自织，食不加肉，衣不重采，折节下贤人，厚遇宾客，振贫吊死，与百姓同其劳。"

值得注意的是，"卧薪尝胆"之"卧薪"，有人认为不是史书上没有记载，而是后人误解了它的意思，以为是睡在干硬的柴草上。《吴越春秋·勾践归国外传》："越王念复吴仇非一旦也，苦身劳心，夜以接日。目卧则攻之以蓼，足寒则渍之以水，冬常抱冰，夏还握火，愁心苦志，悬胆于户，出入尝之，不绝于口。中夜潸泣，泣而复啸。"蓼，即苦菜。"目卧则攻之以蓼"，是指要打瞌睡时，就用很多这种味道辛辣之物，所谓蓼薪，即刺激自己，以便能够忍耐克服。犹如头悬梁、锥刺股之类。

去　韵

多交费财，少交省用。①千里送毫毛，礼轻仁义重。②骨肉相残，煮豆燃萁；兄弟相爱，灼艾分痛。③以身教者从，以言教者讼。④厚积不如薄取⑤，滥求不如减用。一字入公门，九牛拖不出。⑥理字不多大，千人抬不动。两人自是，不反目稽唇不止，只温语称他人一句好，便有无限欢欣；两人相非，不破家亡身不止，只回头认自己一句错，便有无边受用。⑦

[注释]

①"多交"二句：费财，耗费钱财。《汉书·翼奉传》："今汉初取天下，起于丰沛，以兵征伐，德化未洽，后世奢侈，国家之费当数代之用，非直费财，又乃费士。"《宋书·武帝纪》："淫祠惑民费财，前典所绝，可并下在所除诸房庙。"省用，减省费用。《国语·晋语》："轻关易道，通商宽农。懋穑劝分，省用足财。"

②"千里"二句：谓礼物虽轻而情意深重。欧阳修《梅圣俞寄银杏》："鹅毛赠千里，所重以其人。"李致远《还牢末》第一折："兄弟，拜义如亲，礼轻义重，笑纳为幸。"顾张思《土风录》卷一三："馈遗自谦云'千里送鹅毛，礼轻情意重'。王厚之《复斋漫录》引谚曰：'千里寄鹅毛，物轻情意重。此鄙语也。'山谷取以为诗，《谢陈适用惠纸》云：'千里鹅毛意不轻。'案，东坡《以扬州土物寄子由》诗云：'且同千里送鹅毛。'此言盖起于宋初。山谷又有诗云：'鹅毛千里赠，所重以其人。'

(复斋之说，宋史容注《山谷外集》引之。)"

③"骨肉"四句：骨肉相残，比喻自相残杀。刘义庆《世说新语·政事》："仲弓曰：'盗杀财主，何如骨肉相残？'"灼艾分痛，比喻兄弟友爱。《宋史·太祖纪》："太宗尝病亟，帝往视之，亲为灼艾。太宗觉痛，帝亦取艾自灸。"灼艾，中医疗法的一种，指燃烧艾绒熏灸人体的穴位。

④"以身教"二句：身教，用自身的行为教育别人。《列女传·鲁之母师》："夫人、诸姬皆师之。君子谓母师能以身教。"李吕《师正堂》二首其一："物我虽殊理本同，算来身教易为功。"言教，用讲说的方式进行的教育。《三国志·魏书·陈思王植传》"植益内不自安"裴松之注引《典略》："至二十四年秋，公以修前后漏泄言教，交关诸侯，乃收杀之。"《晋书·李密传》："孔明与言者无己敌，言教是以碎耳。"

⑤厚积：丰富的储备。《孙子兵法·篡卒》："德行者，兵之厚积也。"苏轼《稼说送张琥》："博观而约取，厚积而薄发，吾告子止于此矣。"陆游《僧庐》："富商豪吏多厚积，宜其弃金如瓦砾。"

⑥"一字"二句：《五灯会元》卷一七："一字入公门，九牛曳不出。"谓诉讼应慎重。公门，官署，衙门。《荀子·强国》："观其士大夫，出于其门，入于公门，出于公门，归于其家，无有私事也。"《颜氏家训·后娶》："身没之后，辞讼盈公门，谤辱彰道路。"张固《幽闲鼓吹》："张长史释褐为苏州常熟尉，上后旬日，有老父过状，判去。不数日复至，乃怒而责曰：敢以闲事屡扰公门！"

⑦"不反目"七句：反目，泛指翻脸，不和。《鬼谷子·抵巇》："父子离散，乖乱反目。"苏轼《吕惠卿责授建宁军节度副使本州安置不得签书公事》："喜则摩足以相欢，怒则反目以相噬。"稽唇，计较口舌，指争讼，争吵。温语，温和的话语。《明史·秦金传》："比内阁拟旨辄中改，

至疏请,徒答温语,此任贤不能如初也。"欢欣,欢喜欣悦。《荀子·礼论》:"故人之欢欣和合之时,则夫忠臣孝子亦怅诡而有所至矣。"《后汉书·杜林传》:"海内欢欣,人怀宽德。"白居易《初除户曹喜而言志》:"置酒延宾客,客容亦欢欣。"受用,犹受益,得益。《朱子语类》卷九:"今只是要理会道理,若理会得一分,便有一分受用;理会得二分,便有二分受用。"王若虚《太一三代度师萧公墓表》:"而师常静坐无为,因问:'先生于此有何受用?'师曰:'静中自有所得,非语言可以形容。若无得者,虽片时不能安,况终身乎?'"

[评析]

本节中"千里送毫毛,礼轻仁义重"二句,一般认为源出徐渭《青藤山人路史》卷下:"谚'千里鹅毛'多昧。某兄泽尝从先君于云南。彼俗传不知何代土官缅氏,遣缅伯高贡天鹅于中朝。过沔阳,浴之,飞去,俄堕翎。高拾之,至阙下,上其翎,作口号云:'将鹅贡唐朝,山高路远遥。沔阳湖失去,倒地哭号号。上覆唐天子,可饶缅伯高。礼轻人意重,千里送鹅毛。'此与蔡泽、淳于及王次仲事何异哉?但不知缅地产天鹅不。即无,亦似鹅而奇者也。唐者凡四夷称中国,不曰汉即曰唐,不可定为何代也。或曰右四韵,即翎上有此笔迹,非伯高口占。尤通。"钱锺书先生则谓不然:"不知徐氏何本。窃疑五季以来有'千里鹅毛'俗谚,欧阳修《梅圣俞寄银杏》五古始摭取入诗,苏、黄继之;黄伯思《东观余论》卷上《法帖刊误》三《晋、宋、齐人书》:'纪瞻帖中有云:贫家无以将意,所谓物微意全也。观此语,不待见笔迹,可判其伪矣!'则此语宋前已入伪帖矣。徐氏逞狡狯,追造故实,以当出典,犹郑昂《东坡事实》、伊世珍《琅嬛记》中伎俩。然其为淳于髡献鹄事之增华,则望而可知也。"(《管锥编·史记会注考证·滑稽列传》)所论甚辨。不过,上引徐渭所云"此与蔡泽、淳于及王次仲事何异哉",其实已经点出了这一事实。

兹录《史记·滑稽列传》中"淳于献鹄"事以对读:"昔者,齐王使淳于髡献鹄于楚。出邑门,道飞其鹄。徒揭空笼,造诈成辞,往见楚王曰:'齐王使臣来献鹄,过于水上,不忍鹄之渴,出而饮之,去我飞亡。吾欲刺腹绞颈而死,恐人之议吾王以鸟兽之故令士自伤杀也。鹄,毛物,多相类者,吾欲买而代之,是不信而欺吾王也。欲赴佗国奔亡,痛吾两主使不通。故来服过,叩头受罪大王。'楚王曰:'善,齐王有信士若此哉!'厚赐之,财倍鹄在也。"另附"次仲为鸟""佐卿化鹤"二事以参读。郦道元《水经注·㶟水》:"郡人王次仲,少有异志,年及弱冠,变苍颉旧文为今隶书。秦始皇时官务烦多,以次仲所易文简便,于事要奇而召之,三征而辄不至。次仲履真怀道,穷数术之美。始皇怒其不恭,令槛车送之。次仲首发于道,化为大鸟,出在车外,翻飞而去,落二翮于斯山,故其峰峦有大翮、小翮之名矣。"薛用弱《集异记》卷一:"明皇天宝十三载重阳日猎于沙苑,云间有孤鹤徊翔焉。上亲御弧矢,一发而中。其鹤则带箭徐坠,将及地丈许,欻然矫翰西南而逝。……每有自称青城道士徐佐卿者,风局清古,一岁率三四而至焉。……一日忽自外至,神爽不怡,谓院中人曰:'吾行山中,偶为飞矢所加,寻已无恙矣。然此箭非人间所有,吾留之于壁上,后年箭主到此,即宜付之,慎无坠失。'……及玄宗避狄幸蜀,暇日命驾行游,偶至斯观。乐其佳景,因遍幸道室。既入此堂,忽睹挂箭,则命侍御取而玩之,盖御箭也。……即视佐卿所题,乃前岁沙苑纵畋之日也。佐卿盖中箭孤鹤耳。"蔡泽事,未详所指。

又,出自著名的《七步诗》的"煮豆然萁(qí)",亦另有可说处。此诗最早见于《世说新语·文学》:"文帝尝令东阿王七步中作诗,不成者行大法。应声便为诗曰:'煮豆持作羹,漉菽以为汁。其在釜下然,豆在釜中泣。本自同根生，相煎何太急。'帝深有惭色。"又，任昉《齐竟陵文宣王行状》："淮南取贵于食时，陈思见称于七步。"李善注引《世说》云："魏文帝令陈思王七步成诗，诗曰：'萁在灶下然，豆在釜中泣。本是同根生，相煎何太急。'"又，《初学记》卷一〇帝王部"七步"条载："刘义庆《世说》曰：'魏文帝令东阿王七步成诗，不成诗将行大法。遂作诗曰："煮豆然豆萁，豆在釜中泣。本是同根生，相煎何太急。"文帝大有惭色。'"又，《太平御览》卷六〇〇文部思疾类亦载："文帝尝欲害植，以其无罪，令植七步为诗，若不成加军法。植即应声曰：'煮豆然豆萁，豆在釜中泣。本是同根生，相煎何太急。'文帝善之。"又，冯惟讷辑《诗纪》，应该是首次从《世说新语》原书中抄出"煮豆持作羹"等六句诗，并在这六句下加了小注："一作'煮豆然豆萁，豆在釜中泣。本是同根生，相煎何太急。'"又，卓尔堪编刻《曹陶谢三家诗》，曹植诗两卷全本《诗纪》，但《七步诗》第二种四句者已改作大字正文，小注引了一段《漫叟诗话》说："曹子建《七步诗》，世传'煮豆然豆萁，豆在釜中泣'，一本作'萁向釜下然，豆在釜中泣'，其工拙浅深，若有以辨之者。"同时又据此把第一种六句的第三句改为"萁向釜下然"，小注"'萁向'一作'萁在'，'釜下'一作'釜中'"。说明卓氏已在《诗纪》的基础上进而做了一点校勘工作。诗后又有小字双行评说："七步者，言子建尝七步而能诗成，犹八叉手之谓。魏文岂有诗不成而行大法之理？此诗亦尝时以煮豆起兴者，非对其暴戾之兄而敢作此语。《世说》亦《齐谐》之余，小说之祖，因此诗'同根''相煎'，似对其兄语，以七步附会之耳！'煮豆然豆萁'，亦非子建口气。"这是第一个起来否定所谓《七步诗》的。(详参黄永年《从〈七步诗〉的由来评曹植诗的整理》)

曹植的《七步诗》因为不载于《三国志》，所以后人有些怀疑。郭沫若在《历史人物·论曹植》中也说："恐怕附会的成分要占多数"，"这首诗的真实性比较少"。还因此作了一首《反七步诗》："煮豆燃豆萁，豆熟萁成灰。熟者席上珍，灰作田中肥。不为同根生，缘何甘自毁。"曹植的后人是接受《七步诗》的真实性的。北齐皇建二年（561），曹植的十一世孙曹永洛奏请朝廷，在鱼山（今山东东阿）为曹植建庙，以供子孙祭祀。隋文帝开皇十三年（593）立碑，即《曹植庙碑》。碑文有云："寻声制赋，膺诏题诗。"前一句是说按曹操的要求作《铜雀台赋》，援笔立就；后一句即指奉曹丕之命吟诗，七步告成。碑文又称曹植为"七步文宗"，最后感叹"何世何年，还成七步"。只是，真正的文献价值恐怕非常有限。

和气致祥，乖气致戾。①玩人丧德，玩物丧志。②福至心灵③，祸至心晦。受宠若惊，闻过则喜。④创业固难，守成不易⑤。门内有君子，门外君子至；门内有小人，门外小人至。东海曾闻无定波，北邙未肯留闲地⑥。趋炎虽暖，暖后更觉寒增；食蔗能甘，甘余便生苦趣。⑦争名利，要审自己分量，休眼热别个，辄生嫉妒之心；撑门户，要算自己来路，莫步趋他人，妄起挪扯之计。⑧家庭和睦，疏食尽有余欢；骨肉乖违，珍馐亦减至味。⑨观过知仁，投鼠忌器。⑩爱而知其恶，憎而知其善；贫而无怨难，富而无骄易。⑪

[注释]

①"和气"二句：《汉书·刘向传》："和气致祥，乖气致异。"和气，和睦融洽。乖气，不和之气，不祥之气。《晋书·五行志》："君违其道，小人在位，众庶失常，则乖气应，咎征效，国以亡。"杜甫《前殿中侍御史柳公紫微仙阁画太一天尊图文》："故自黄帝已下，干戈峥嵘，流血不

干,骨蔽平原,乖气横放,淳风不返。"苏轼《贺时宰启》:"欢声格于九天,乖气消于万汇。"

②"玩人"二句:《尚书·旅獒》:"不役耳目,百度惟贞,玩人丧德,玩物丧志。"玩人丧德,戏弄他人则失去了做人的道德。玩物丧志,迷恋于所玩赏的事物而消磨了积极进取的志气。《朱子语类》卷九五:"明道以上蔡记诵为玩物丧志,盖为其意不是理会道理,只是夸多斗靡为能。若明道看史不差一字,则意思自别。此正为己为人之分。"朱熹《答王钦之》一:"玩物丧志之戒,乃为求多闻而不切己者发。"

③心灵:心思灵敏。《西湖佳话·西泠韵迹》:"(苏小小)早生得性慧心灵,姿容如画。"

④"受宠"二句:受宠若惊,《老子》:"何谓宠辱若惊?宠为下,得之若惊,失之若惊,是谓宠辱若惊。"苏轼《谢中书舍人启》:"省躬无有,被宠若惊。"闻过则喜,《孟子·公孙丑上》:"子路,人告之以有过,则喜。"

⑤守成:保持前人的成就和业绩。《诗经·大雅·凫鹥》:"《凫鹥》,守成也。太平之君子,能持盈守成,神祇祖考安乐之也。"孔颖达疏:"言保守成功,不使失坠也。"《贞观政要·君道》:"太宗谓侍臣曰:'帝王之业,草创与守成孰难?'"

⑥闲地:空闲的土地。许浑《下第寓居崇圣寺感事》:"东门有闲地,谁种邵平瓜。"

⑦"趋炎"四句:趋炎,喻趋附权势。梁栋《黄葵》:"九夏不趋炎,三月不争春。"萨都剌《灯蛾来》:"平生不傍太阳里,何故趋炎来就死。"杨珽《龙膏记》第二十四出:"俺老爷一生嗜利,半世趋炎……向来奉承元相公,甘为鹰犬;近日结交常仆射,托为心腹。"苦趣,佛教指地狱、饿鬼、畜生这三种恶道。均为轮回中的受苦之处。趣,同"趋"。杜光庭

《黄齐助黄箓斋并然灯词》："尽超苦趣，永出冥津。"洪迈《夷坚丙志》卷一："又谓赵曰：已蒙道力，得脱苦趣，犹当为异类，只在郡城某桥下。"屠隆《昙花记》第三十三出："罪根既灭，福慧自生，岂止永免于苦趣，便可修证乎道果。"

⑧"要审"七句：分量，谓分为若干份时所当得之量。《宋史·英宗高皇后传》："后弟内殿崇班士林，供奉久，帝欲迁其官，后谢曰：'士林获升朝籍，分量已过，岂宜援先后家比？'辞之。"眼热，羡慕，眼红。陈与郊《义犬记》第一出："我见世上的事，事事眼热，事事要做，做了便得，得了便厌，厌了便丢。"嫉妒，忌妒。屈原《离骚》："羌内恕己以量人兮，各兴心而嫉妒。"王逸注："害贤为嫉，害色为妒。"《汉书·董贤传》："嫉妒忠良，非毁有功，于戏伤哉！"门户，家庭。《陇西行》："健妇持门户，亦胜一丈夫。"《颜氏家训·后娶》："异姓宠则父母被怨，继亲虐则兄弟为仇，家有此者，皆门户之祸也。"王利器集解："门户，犹今言家庭。"来路，来源。《二刻拍案惊奇》卷二二："只是绝无来路，两口饭食不给，惟恐养他不活，不如等他别寻好处安身。"步趋，追随，效法。《庄子·田子方》："夫子步亦步，夫子趋亦趋，夫子驰亦驰，夫子奔逸绝尘，而回瞠若乎后矣！"叶适《题陈寿老论孟纪蒙》："使子及其时，步趋规矩于亲领密承之间，回复折旋于互畅交阐之盛，不挺然异材乎？"挪扯，挪借，移用。

⑨"家庭"四句：和睦，谓和好相处。《左传·成公十六年》："上下和睦，周旋不逆。"《后汉书·杜诗传》："陛下起兵十有三年，将帅和睦，士卒凫藻。"陈子昂《座右铭》："兄弟敦和睦，朋友笃信诚。"疏食，蔬食，以菜蔬为食，简朴的饮食。又指粗粝的饭食。《论语·述而》："饭疏食饮水，曲肱而枕之，乐亦在其中矣。"《礼记·丧大记》："君之丧……士疏食水饮，食之无算。"孔颖达疏："疏，粗也；食，饭也。士贱病轻，

故疏食。粗米为饭，亦水为饮。"乖违，隔绝，离散。陶渊明《于王抚军座送客》："洲渚四缅邈，风水互乖违。"鲍照《代邮街行》："念我舍乡俗，亲好久乖违。"韦应物《答令狐侍郎》："朝宴方陪厕，山川又乖违。"至味，最美味的食品。《吕氏春秋·本味》："汤得伊尹，祓之于庙，爝以爟火，衅以牺豭。明日，设朝而见之。说汤以至味。"高诱注："为汤说美味。"《春秋繁露·仁义法》："虽有天下之至味，弗嚼弗知其旨也。"

⑩"观过"二句：《论语·里仁》："人之过也，各于其党。观过，斯知仁矣。"投鼠忌器，比喻做事有顾忌，不敢放手去干。《汉书·贾谊传》："里谚曰：'欲投鼠而忌器。'此善喻也。"

⑪"贫而"二句：《论语·宪问》："子曰：'贫而无怨难，富而无骄易。'"骄易，傲慢轻率。范仲淹《耀州谢上表》："辞颇骄易，亦有怨尤。"

[评析]

本节中的"玩物丧志"，《左传·闵公二年》所载是一个非常典型的例子："冬十二月，狄人伐卫。卫懿公好鹤，鹤有乘轩者。将战，国人受甲者皆曰：'使鹤，鹤实有禄位，余焉能战！'公与石祁子玦，与宁庄子矢，使守，曰：'以此赞国，择利而为之。'与夫人绣衣，曰：'听于二子。'渠孔御戎，子伯为右，黄夷前驱，孔婴齐殿。及狄人战于荥泽，卫师败绩，遂灭卫。卫侯不去其旗，是以甚败。狄人因史华龙滑与礼孔以逐卫人。二人曰：'我大史也，实掌其祭。不先，国不可得也。'乃先之。至则告守曰：'不可待也。'夜与国人出。狄入卫，遂从之，又败诸河。"因为沉迷于某种嗜好而引发严重后果的君主，史不绝书。不过像卫懿公这样，爱仙鹤爱得如痴如醉，且举国皆知，举国皆怨，终致亡国身死的，还的确不多见。后来，在齐桓公的帮助下，卫国的遗民们才得以复国。当然，如果从美学意义上讲，"玩物丧志"也反映了古代统治阶级在处理物质生活与精神生活关系上认为对于"物"的观赏不能离开实用的前提和功利的目的。

晴空看鸟飞，流水观鱼跃，识宇宙活泼之机；霜天闻鹤唳，雪夜听鸡鸣，得乾坤清纯之气。①先学耐烦，切莫使气；性躁心粗，一生不济。②举世好承奉③，承奉非佳意；不知承奉者，以尔为玩戏。得时莫夸能④，不遇休妒世。物盛则必衰，有隆还有替。⑤路径仄处，留一步与人行；滋味浓的，减三分让人嗜。为人要学大莫学小，志气一卑污了，品格难乎其高；持家要学小莫学大，门面一弄阔了，后来难乎其继。⑥争斗场中，出几句清冷言语，便扫除无限杀机；寒微路上，用一片赤热心肠，遂培植许多生意。⑦

[注释]

①"识宇宙"四句：宇宙，《文子·自然》："往古来今谓之宙，四方上下谓之宇。"《庄子·庚桑楚》："出无本，入无窍。有实而无乎处，有长而无乎本剽，有所出而无窍者有实。有实而无乎处者，宇也。有长而无本剽者，宙也。"鹤唳，《说文新附》："唳，鹤鸣也。"《晋书·谢玄传》："闻风声鹤唳，皆以为王师已至。"乾坤，《周易·说》："乾为天……坤为地。"班固《典引》："经纬乾坤，出入三光。"元好问《自题中州集后》五首其三："万古骚人呕肺肝，乾坤清气得来难。"

②"先学"四句：耐烦，耐心，不怕麻烦。嵇康《与山巨源绝交书》："心不耐烦，而官事鞅掌，机务缠其心，世故繁其虑，七不堪也。"《朱子语类》卷一〇七："大凡事，只得耐烦做将去。才起厌心，便不

得。"使气，恣逞意气。《宋书·刘瑀传》："明年，迁御史中丞。瑀使气尚人，为宪司甚得志。"苏鹗《杜阳杂编》卷上："鱼朝恩专权使气，公卿不敢仰视。"心粗，犹粗心。《朱子语类》卷一〇："今人只是心粗，不子细穷究。若子细穷究来，皆字字有着落。"不济，不成功。《管子·大匡》："事之济也，在此时；事若不济，老臣死之，公子犹之免也。"袁郊《甘泽谣·红线》："红线曰：'某之行，无不济者。'"

③承奉：奉承讨好。李翱《疏屏奸佞》："臣以为察奸佞之人，亦有术焉。主之所欲，皆顺不违，又从而承奉先后之者，此奸佞之臣也。"

④夸能：以聪明才智炫耀争胜。梅鼎祚《玉合记》第二十六出："看你峨冠委佩，羞人沐猴，任你夸能斗智，驱人火牛，沧海无主一着残棋后。"

⑤"物盛"二句：《史记·田叔列传》："夫月满则亏，物盛则衰，天地之常也。"隆替，盛衰，兴废。替，衰。潘岳《西征赋》："人之升降，与政隆替，杖信则莫不用情，无欲则赏之不窃。"《宋书·武帝纪》："故大道之行，选贤与能。隆替无常期，禅代非一族。"《旧唐书·穆宗纪论》："臣观五运之推迁，百王之隆替，亦无常治，亦无常乱，在人而已，匪降自天。"

⑥"为人"六句：卑污，卑鄙龌龊。《史记·日者列传》："世皆言曰：'夫卜者多言夸严以得人情，虚高人禄命以说人志，擅言祸灾以伤人心，矫言鬼神以尽人财，厚求拜谢以私于己。'此吾之所耻，故谓之卑污也。"品格，品性，性格。李中《庭茅》："品格清于竹，诗家景最幽。"《鹤林玉露》卷一："洛阳人谓牡丹为花，成都人谓海棠为花，尊贵之也。亦如称欧阳公、司马公之类，不复指其名字称号。然必其品格超绝，始可当此。不然，则进而君公，退而尔汝者多矣。"难乎其继，难于继续下去。《礼记·檀弓》："孔子曰：哀则哀矣，而难为继也。"

⑦"争斗"六句：杀机，欲加杀害之心。司空图《歌者》十二首其六："胸中免被风波挠，肯为螳螂动杀机。"寒微，指出身贫贱，家世低微。《晋书·吾彦传》："出自寒微，有文武才干。"心肠，犹心地。指思想意识。《二刻拍案惊奇》卷一二："这个就是说书的一片道学心肠。"《三国演义》第十三回："哥哥心肠忒好。虽然如此，也要准备。"生意，生机，生命力。《尚书·无逸》"怀保小民，惠鲜鳏寡"蔡沈集传："惠鲜云者，鳏寡之人，垂首丧气，赉予赒给之，使之有生意也。"张栻《立春偶成》："便觉眼前生意满，东风吹水绿参差。"

[评析]

本节中"物盛则必衰，有隆还有替"二句，元稹《行宫》中有极为形象的文学表达："寥落古行宫，宫花寂寞红。白头宫女在，闲坐说玄宗。"首句言行宫之寥落，次句言宫花之寂寞，将白头宫女所在环境景象之寥落描绘了出来，末句中孤独哀怨的白头宫女所说之事，亦必为可伤之事。全篇二十字，将开元天宝以来由盛而衰的经过浓缩在内，可谓《连昌宫词》的缩写。

末句"闲坐说玄宗"另外的可说之处，在于如果能具体化宫女们所"说"的事，无疑有助于理解此诗的深蕴。庙堂权争，深宫筹划，宫女们未必可知，但帝王的寿祚长短，唐王朝丁口的消长，则是她们可见可闻的。以史为证：玄宗之后的肃宗得寿52岁、在位6年，代宗53岁、在位17年，德宗64岁、在位26年，顺宗46岁、在位1年，宪宗43岁、在位15年，穆宗30岁、在位4年。德宗建中元年（780）税户3085076；宪宗元和二年（807）李吉甫撰国计簿，总计天下方镇共48，其中凤翔等15道共70州不申户口，每岁赋入倚办止于浙江东、西等八道合49州，比量天宝供税之户则只有四分之一；穆宗长庆元年（821）户计2375805，人口 15762432。这较之玄宗寿 78 岁、在位 44 年，天宝十三载（754）全国户 9069154、人口 52880488，昔盛今衰就昭然可见了。（详参王洪主编《唐诗精华分卷》）

一日为师，终身为父。①衣不如新，人不如故。忍一言，息一怒；饶一着②，退一步。三十不立，四十见恶，五十相将寻死路。③爱儿不得爱儿怜，聪明反被聪明误④。

[注释]

①"一日"二句：旧时尊师的口号。《玉镜台》第二折："小姐拜哥哥，一日为师，终身为父。学士教小姐写字者。"《西游记》第三十一回："行者道：'你这个泼怪，岂知一日为师，终身为父，父子无隔宿之仇！你伤害我师父，我怎么不来救他？'"

②着（zhāo）：下棋落一子或走一步。陈亮《与吕伯恭正字又书》："方欲出耕于空旷之野，又恐无退后一着。"也指武术的一个招数。《儿女英雄传》第六回："那女子收回左脚，把腿跟向地下一碾，轮起右腿甩了一个'旋风脚'……这一着叫作'连环进步鸳鸯拐'。"

③"三十"三句：《论语·为政》："吾十有五而志于学，三十而立，四十而不惑。"相将，将要，行将。周邦彦《花犯·小石梅花》："相将见、脆丸荐酒，人正在、空江烟浪里。"《秦并六国平话》卷上："张车、严仲子往齐、赵求救，相将一旬余日，并无音信。"

④"聪明"句：苏轼《洗儿》："人皆养子望聪明，我被聪明误一生。惟愿孩儿愚且鲁，无灾无难到公卿。"自以为聪明却反而被聪明耽误或妨害了。《中庸》："子曰：'人皆曰予知，驱而纳诸罟擭陷阱之中，而莫之知辟也。人皆曰予知，择乎中庸而不能期月守也。'"

[评析]

本节中"衣不如新，人不如故"二句，出自《晏子春秋·内篇杂上五》："景公与晏子立于曲潢之上，晏子称曰：'衣莫若新，人莫若故。'公曰：'衣之新也，信善矣，人之故相知情。'晏子归，负载，使人辞于公曰：'婴故老耄无能也，请毋服壮者之事。'公自治国，身弱于高、国，百姓大乱。公恐，复召晏子，诸侯忌其威，而高、国服其政，田畴垦辟，蚕桑豢牧之处不足，丝蚕于燕，牧马于鲁，共贡入朝。墨子闻之，曰：'晏子知道，景公知穷矣。'"意谓故旧不可轻弃。

后来用者有如《古艳歌》："茕茕白兔，东走西顾。衣不如新，人不如故。"该篇初见于《太平御览》卷六八九，题为《古艳歌》，无作者名氏。明、清人选本往往作窦玄妻《古怨歌》。《艺文类聚》卷三〇记窦妻事云："后汉窦玄形貌绝异，天子以公主妻之。旧妻与玄书别曰：'弃妻斥女敬白窦生：卑贱鄙陋，不如贵人。妾日已远，彼日已亲。何所告诉，仰呼苍天。悲哉窦生，衣不厌新，人不厌故。悲不可忍，怨不自去。彼独何人，而居是处。'"却不曾提到窦妻作这首《古艳歌》。造成作者张冠李戴的缘由，无非是作品喜新厌旧的常见主题。（按：《世说新语·贤媛》所载，所谓旧（人）皆自新（人）来，可参："桓车骑不好著新衣，浴后，妇故送新衣与。车骑大怒，催使持去。妇更持还，传语云：'衣不经新，何而得故？'桓公大笑，著之。"）

心去终须去，再三留不住。非意相干，可以理遣；横逆加来，可以情恕。①贫穷患难，亲戚相顾；婚姻死丧，邻保相助。②亲者毋失其为亲，故者毋失其为故。③得意不宜再往，凡事当留余步。④宁使人讶其不来，勿令人厌其不去。有生必有死，孽钱归孽路。不怕无来处,只怕多去处。⑤务要见景生情,切莫守株待兔。⑥丧家亡身,多言占了八分;世微道替,百直曾无一遇。⑦

[**注释**]

① "非意"四句:《晋书·卫玠传》:"玠尝以人有不及,可以情恕;非意相干,可以理遣,故终身不见喜愠之容。"非意,意料之外。干,冒犯。理遣,从事理上得到宽解。萧纲《昭明太子文集·序》:"玉科归理遣之恩,金条垂好生之德。"李之彦《东谷所见·寒暑》:"刻得丧利害,不能理遣,而心火炽盛;妻孥累重,支吾不暇,而家火逼迫。"横逆,横暴无理的行为。《孟子·离娄下》:"有人于此,其待我以横逆,则君子必自反也。"赵岐注:"横逆者,以暴虐之道来加我也。"揭傒斯《奔清甫墓志铭》:"人以横逆相加,未尝难焉。"情恕,原谅。《水浒传》第五十回:"我等兄弟们端的久闻大官人好处,因此行出这条计来。万望大官人情恕。"

② "贫穷"四句:《明太祖实录》卷二五五:(明太祖洪武二十八年二月谕户部)"古者风俗淳厚,民相亲睦,贫穷患难,亲戚相救,婚姻死伤,邻俚相助。"相顾,互相照顾,互相照应。《颜氏家训·兄弟》:"二亲既殁,兄弟相顾,当如形之与影,声之与响。"死丧,指丧葬之事。《汉书·食货志》:"不幸疾病死丧之费,及上赋敛,又未与此。"元稹《崔公墓志铭》:"考公之所尚,仁孝友爱,内外死丧婚嫁之不能自持者,莫不己任之。"邻保,邻居,邻人。古时户籍十户为一保。皇甫枚《三水小牍·王公直》:"所由领公直至村,先集邻保,责手状皆称实,知王公直埋蚕,实无恶迹。"

③ "亲者"二句:《礼记·檀弓》:"丘闻之,亲者毋失其为亲也,故者毋失其为故也。"

④"得意"二句：得意，犹得志。《史记·秦始皇本纪》："日月所照，舟舆所载。皆终其命，莫不得意。"又《六国年表》："秦既得意，烧天下《诗》《书》，诸侯史记尤甚，为其有所刺讥也。《诗》《书》所以复见者，多藏人家，而史记独藏周室，以故灭。"韩愈《潮州刺史谢上表》："宜定乐章，以告神明，东巡泰山，奏功皇天，具著显庸，明示得意。"余步，余裕的地步。

⑤"不怕"二句：来处，所来的地方。郑谷《石门山泉》："云边野客穷来处，石上寒猿见落时。"去处，去的地方。岑参《题虢州西楼》："愁来无去处，只上郡西楼。"

⑥"务要"二句：见景生情，因眼前的景物而引起某种联想或感慨。宫大挺《七里滩》第四折："不由我见景生情，睹物伤怀。"亦指看到眼前的景物，想起应对的办法，即随机应变。守株待兔，希图不经过努力而得到成功。也比喻死守狭隘经验，不知变通。张衡《应问》："世易俗异，事执舛殊，不能通其变而一度以揆之，斯契船而求剑，守株而伺兔也。"《论衡·宣汉》："以已至之瑞，效方来之应，犹守株待兔之蹊，藏身破罝之路也。"萧衍《围棋赋》："勿胶柱以调瑟，专守株而待兔。"

⑦"丧家"四句："丧家"二句，席启图《畜德录》卷一一："言语最要谨慎，交游最要审择。……又云：人生丧家亡身，言语占了八分。"陈弘谋《养正遗规》卷下："人生丧家亡身，言语占了八分。（惟口可恨，耳目次之。）"丧家，覆灭家族。陆机《五等论》："光武中兴，纂隆皇统，而犹遵覆车之遗辙，养丧家之宿疾。"亡身，杀身，丧身。屈原《离骚》："鲧婞直以亡身兮，终然殀乎羽之野。"洪兴祖补注："鲧婞直以亡身，则鲧盖刚而犯上者耳。"桓温《荐谯元彦表》："杜门绝迹，不面伪庭。进免龚胜亡身之祸，退无薛方诡对之讥。"百直，白居易《薛中丞》："百人无一直，百直无一遇。"

[评析]

本节中"守株待兔",典出《韩非子·五蠹》:"是以圣人不期修古,不法常可;论世之事,因为之备。宋人有耕者,田中有株,兔走触株,折颈而死。因释其耒而守株,冀复得兔。兔不可复得,而身为宋国笑。今欲以先王之政,治当世之民,皆守株之类也。"其中,"以先王之政,治当世之民",是说不懂得根据实际情况处理问题。这跟《吕氏春秋·察今》中所记"刻舟求剑"事一样:"楚人有涉江者,其剑自舟中坠于水,遽契其舟曰:'是吾剑之所从坠。'舟止,从其所契者入水求之。舟已行矣,而剑不行,求剑若此,不亦惑乎?以此故法为其国,与此同。时已徙矣,而法不徙,以此为治,岂不难哉?"都具有普遍的借鉴意义。

得忍且忍,得耐且耐,不忍不耐,小事变大。①事以密成,语以泄败。②相论逗英雄,家计渐渐退。③贤妇令夫贵,恶妇令夫败。一人有庆,兆民永赖。④富贵家宜宽厚,而反忌克,如何能享;聪明人宜敛藏,⑤而反炫耀,如何不败。见怪不怪,怪乃自败。一正压百邪,少见必多怪。⑥君子之交淡以成,小人之交甘以坏。视寝兴之早晚⑦,知人家之兴败。寂寞衡茅观燕寝⑧,引起一段冷趣幽思;芳菲园圃看蝶忙,觑破几般尘情世态。

[注释]

① "得忍"四句:忍耐,控制住痛苦的感情或内心的感受。元稹《忆远曲》:"老姑为郎求娶妾,妾不忍见姑郎忍见,为郎忍耐看姑面。"关汉卿《窦娥冤》第四折:"你看这文卷曾道来不道来,则我这冤枉要忍

耐如何耐？"

②"事以"二句：事情由于保守机密而成功，说话不慎、泄露机密会导致失败。《韩非子·说难》："夫事以密成，语以泄败。未必其身泄之也，而语及所匿之事，如此者身危。"

③"相论"二句：相论，相互争斗、攀比。家计，家庭生计。《三国志·魏书·夏侯玄传》"丰不知而往，即杀之"裴松之注引《魏略》："丰前后仕历二朝，不以家计为意，仰俸廪而已。"岑参《赠酒泉韩太守》："太守有能政，遥闻如古人。俸钱尽供客，家计常清贫。"《琵琶记》第二〇出："奴家自从丈夫去后，屡遭饥荒，衣衫首饰尽皆典卖，家计萧然。"

④"一人"二句：《尚书·吕刑》："一人有庆，兆民赖之，其宁惟永。"庆，善。兆民，泛指众民，百姓。《礼记·月令》："（孟春之月）命相布德和令，行庆施惠，下及兆民。"《三国志·魏书·陈群传》："陛下当盛魏之隆，荷二祖之业，天下想望至治，唯有以崇德布化，惠恤黎庶，则兆民幸甚。"

⑤"富贵"四句：宽厚，宽大厚道。《管子·形势》："人主者，温良宽厚则民爱之。"《陈书·虞寄传》："且圣朝弃瑕忘过，宽厚得人，改过自新，咸加叙擢。"忌克，妒忌刻薄。《左传·僖公九年》："无好无恶，不忌不克之谓也。今其言多忌克，难哉！"孔颖达疏："其言多所忌，多欲陵人。"《晋书·王济传》："然外虽弘雅，而内多忌刻，好以言伤物，侪类以此少云。"敛藏，蕴藏。叶适《徐斯远文集·序》："徐观笔墨轻重，以十一敛藏千百，虽铺写纵放，亦无悁惰剥落之态，逆流陡起，体势各成，殆非料拣所能致也。"

⑥"见怪"四句："见怪"二句，洪迈《夷坚三志》卷二："畜生之言何足为信？我已数月来知之矣。见怪不怪，其怪自坏。"《抱朴子·神

仙》："夫所见少则所怪多，世之常也。"牟融《理惑论》："谚云：少所见，多所怪，睹橐驼，言马肿背。"（按：当然，"多见"者有时也会表现异常。如《笑林》所载："鲁有执长竿入城门者，初竖执之，不可入；横执之，亦不可入，计无所出。俄有老父至，曰：'吾非圣人，但见事多矣。何不以锯中截而入？'遂依而截之。"）

⑦寝兴：泛指日夜或起居。潘岳《悼亡诗》三首其二："寝兴目存形，遗音犹在耳。"《旧唐书·王承宗传》："朕念此方，亦犹赤子，一物失所，寝兴靡宁。"

⑧"寂寞"句：衡茅，简陋的茅屋。陶渊明《辛丑岁七月赴假还江陵夜行涂口》："养真衡茅下，庶以善自名。"吴处厚《青箱杂记》卷六："衡茅改色，猿鸟交惊，夫何至陋之穷居，获此不朽之奇事。"燕寝，居息。也指闲居之处。《颜氏家训·勉学》："夫圣人之书，所以设教，但明练经文，粗通注义，常使言行有得，亦足为人，何必'仲尼居'即须两纸疏义，燕寝讲堂，亦复何在？"王利器集解："燕寝，闲居之处。"《夷坚乙志》卷一八："（陈阜卿）除建康留守，思德言所终之地，大恶之。既至，凡居室燕寝，皆避不敢往。"

[评析]

本节中"君子之交淡以成，小人之交甘以坏"二句，出自《庄子·山木》：孔子问子桑雽曰："吾再逐于鲁，伐树于宋，削迹于卫，穷于商周，围于陈蔡之间。吾犯此数患，亲交益疏，徒友益散，何与？"子桑雽曰："子独不闻假人之亡与？林回弃千金之璧，负赤子而趋。或曰：'为其布与？赤子之布寡矣。为其累与？赤子之累多矣。弃千金之璧，负赤子而趋，何也？'林回曰：'彼以利合，此以天属也。'夫以利合者，迫穷祸患害相弃也；以天属者，迫穷祸患害相收也。夫相收之与相弃亦远矣。且君子之交淡若水，小人之交甘若醴；君子淡以亲，小人甘以绝。彼无故以合者，则无故以离。"孔子曰："敬闻命矣！"徐行翔佯而归，绝学捐书，弟子无挹于前，其爱益加进。异日，桑雽又曰："舜之将死，真泠禹曰：'汝戒之哉！形莫若缘，情莫若率；缘则不离，率则不劳；不离不劳，则不求文以待形；不求文以待形，固不待物。'"郭象注云："无利故淡，道合故亲。"是说君子结交的基础是道合，而不是虚言讨好或物质利益，君子之间的交情才会清淡得像水一样，蕴含着亲情在，而不像小人之间的交往那样甘醇似酒，但却隐藏着绝情在。《礼记·表记》也是这样表达："故君子之接如水，小人之接如醴。君子淡以成，小人甘以坏。"

言忠信，行笃敬。① 君子安贫，达人知命。② 惟圣罔念作狂，惟狂克念作圣。③ 爱人者，人恒爱；敬人者，人恒敬。④ 好讼之子，多致终凶；积善之家，必有余庆。⑤ 损友敬而远，益友亲而近。⑥ 善与人交，久而能敬；过则相规，言而有信。⑦ 贫士养亲，菽水承欢；严父教子，义方是训。⑧ 不为昭昭信节，不为冥冥堕行。⑨ 勤，懿行也，君子敏于德义，世人则借勤以济其贪；⑩ 俭，美德也，君子节于货财，世人则假俭以饰其吝。欲临死而无挂碍，先在生时事事看得轻；欲遇变而无仓忙，须向常时念念守得定。⑪

[注释]

① "言忠信"二句：《论语·卫灵公》："子张问行，子曰：'言忠信，行笃敬，虽蛮貊之邦，行矣。言不忠信，行不笃敬，虽州里，行乎哉。'"忠信，忠诚信实。《周易·乾》："君子进德修业，忠信所以进德也。"《史记·秦始皇本纪》："此四君者，皆明智而忠信，宽厚而爱人，

尊贤重士，约从离衡。"欧阳修《朋党论》："君子则不然，所守者道义，所行者忠信，所惜者名节。"笃敬，笃厚敬肃。《尚书·盘庚》："朕及笃敬，恭承民命，用永地于新邑。"

②"君子"二句：王勃《滕王阁序》："所赖君子安贫，达人知命。"安贫，安贫乐道。《后汉书·蔡邕传》："安贫乐贱，与世无营。"许浑《送王总下第归丹阳》："青芜定没安贫处，黄叶应催献赋诗。"达人，通达事理的人。《左传·昭公七年》："圣人有明德者，若不当世，其后必有达人。"孔颖达疏："谓知能通达之人。"《抱朴子·行品》："顺通塞而一情，任性命而不滞者，达人也。"知命，懂得天命。《周易·系辞》："乐天知命，故不忧。"曹植《箜篌引》："先民谁不死，知命复何忧。"《论语·为政》："五十而知天命。"

③"惟圣"二句：《尚书·多方》："惟圣罔念作狂，惟狂克念作圣。"孔传："惟圣人无念于善则为狂人，惟狂人能念于善则为圣人。"《贞观政要·君道》："若惟圣罔念，不慎厥终，忘缔构之艰难，谓天命之可恃……人不见德，而劳役是闻，斯为下矣。"

④"爱人者"四句：《孟子·离娄下》："爱人者，人恒爱之；敬人者，人恒敬之。"恒，常。

⑤"好讼"四句：讼，《说文解字》："讼，争也。……以手曰争，以言曰讼。""积善"二句，《周易·坤》："积善之家，必有余庆；积不善之家，必有余殃。"积善，累积善行。《汉书·董仲舒传》："积善在身，犹长日加益，而人不知也。"《后汉书·邓寇传》："功成身退，让国逊位，历世外戚，无与为比，当享积善履谦之祜，而横为宫人单辞所陷。"韩愈《与孟尚书书》："积善积恶，殃庆自各以其类至。"余庆，先代为后代所遗留下来的福泽。

⑥"损友"二句：损友，有害的朋友。《论语·季氏》："益者三友，

损者三友。友直，友谅，友多闻，益矣；友便辟，友善柔，友便佞，损矣。"益友，有益的朋友。《晏子春秋·内篇杂上五》："圣贤之君，皆有益友，无偷乐之臣。"王谠《唐语林·栖逸》："龟蒙幼精六籍，弱冠攻文，与颜荛、皮日休、罗隐、吴融为益友。"

⑦"善与"四句："善与"二句，《论语·公冶长》："子曰：'晏平仲善与人交，久而敬之。'"规，规劝，规诫。有信，讲信用。《论语·学而》："与朋友交，言而有信。"

⑧"贫士"四句：贫士，穷士，穷儒生。《管子·问》："贫士之受责于大夫者几何人？"陆云《寒蝉赋》："若夫岁聿云暮，上天其凉，感运悲声，贫士含伤。"《敦煌变文集·丑女缘起》："于是贫仕蒙诏，跪拜大王已了。"养亲，奉养父母。《庄子·养生主》："可以保身，可以全生，可以养亲，可以尽年。"菽（shū）水，豆和水，常指晚辈对长辈的供养。《礼记·檀弓》："子路曰：'伤哉！贫也！生无以为养，死无以为礼也。'孔子曰：'啜菽饮水尽其欢，斯之谓孝。'"陆游《湖堤暮归》："俗孝家家供菽水，农勤处处筑陂塘。"《琵琶记》第二出："入则孝，出则弟，怎离白发之双亲？到不如尽菽水之欢，甘齑盐之分。"严父，旧谓父严母慈，故多称父为严父。《韩非子·难一》："今师旷非平公之过，举琴而亲其体，虽严父不加于子，而师旷行之于君，此大逆之术也。"《晋书·夏侯湛传》："受学于先载，纳诲于严父慈母。"《宋史·司马光传》："在洛时，每往夏县展墓，必过其兄旦。旦年将八十，奉之如严父，保之如婴儿。"

⑨"不为"二句："不为"句，不因为人人都看得到而表现自己的节操。昭昭，《老子》："俗人昭昭，我独昏昏。"《抱朴子·论仙》："鬼神之事，著于竹帛，昭昭如此，不可胜数。"信，同"伸"，展示。顾况《瑶草春》："执心轻子都，信节冠秋胡。"后一"不为"句，不因为别人

看不见而堕毁自己的德行。冥冥，《诗经·小雅·无将大车》："无将大车，维尘冥冥。"朱熹集传："冥冥，昏晦也。"

⑩"勤，懿（yì）行也"三句：懿行，美好的品行。《新唐书·柳玭传》："实艺懿行，人未必信；纤瑕微累，十手争指矣。"宋濂《故天台朱府君霞坞阡表》："唯恐其嘉谟懿行不暴白于后世也。"敏于德义，勉力于修养品德和道义。德义，《左传·僖公二十四年》："心不则德义之经为顽，口不道忠信之言为嚚。"《汉纪·高祖纪》："彼皆戴仰大王德义，愿为大王臣妾。德义已行，南面称伯，楚必敛衽而朝。"潘岳《西征赋》："诵六艺以饰奸，焚诗书而面墙。心不则于德义，虽异术而同亡。"

⑪"欲临死"四句：挂碍，牵挂。《铁拐李》第四折："从今日填还了妻子冤家债，我心上别无挂碍。"《鸾镕记》第五出："我孑然一身，有何挂碍？"守定，牢牢守住。欧阳修《与苏丞相书》之五："为客在门前守定，写简不成，悉之。"《追韩信》第二折："想当日子牙守定钓鱼滩，遇文王亲诣磻溪登将台。"

[评析]

本节中"贫士养亲"句之"养亲"，《老学庵笔记》卷三尝记曰："任元受事母尽孝，母老多疾病，未尝离左右。元受自言：'老母有疾，其得疾之由，或以饮食，或以燥湿，或以语话稍多，或以忧喜稍过。尽言皆朝暮候之，无毫发不尽，五脏六腑中事皆洞见曲折，不待切脉而后知，故用药必效，虽名医不迨也。'张魏公作都督，欲辟之入幕。元受力辞曰：'尽言方养亲，使得一神丹可以长年，必持以遗老母，不以献公。况能舍母而与公军事耶？'魏公太息而许之。"可见，忠与孝实难两全。又如《世说新语·言语》："桓公入峡，绝壁天悬，腾波迅急，乃叹曰：'既为忠臣，不得为孝子，如何！'"足见人生之不易。在桓温这里，是忠君所带来的其中一个问题,即与孝的冲突。《孝经·开宗明义》云:"夫孝始于事亲,中于事君,终于立身。"事君固然为立身扬名带来了可能,但在某种程度上却背离了事亲的孝,因为忠君的同时会失去尽孝的机会。因此,"忠孝不能两全"的慨叹几乎贯穿了中国古代士人的生活。(按:当然,如果单单从逻辑学的角度看,桓温的话是省略了选言前提的无效式相容肯定否定式选言推理,其推理过程是:或为忠臣,或为孝子。现在我为忠臣;所以,不能为孝子。很显然,其结论是不可靠的,是违反相容选言推理规则的诡辩。)

识得破,忍不过;说得硬,守不定。笑前辙①,忘后跌。轻千乘,豆羹竞。子有过,父当隐。父有过,子当诤②。木受绳则直,人受谏则圣。③良药苦口利于病,忠言逆耳利于行。④家丑不可外传,流言切莫轻信⑤。下情难于达上,君子不耻下问。⑥芙蓉白面,不过带肉骷髅;美艳红妆,尽是杀人利刃。⑦读书而寄兴于吟咏风雅,定不深心;修德而留意于名誉事功,必无实证。⑧一人非之便立不定,只见得有是非,何曾知有道理;一人不知便就不平,只见得有得失,何曾知有义命。⑨

[注释]

①前辙:比喻以前的错误或教训。《南史·齐高帝诸子传论》:"自宋受晋终,马氏遂为废姓,齐受宋禅,刘宗尽见诛夷,梁武革齐,弗取前辙,子恪兄弟,并皆录用。"

②诤(zhèng):直言规谏。《广雅》:"诤,谏也。"《孝经·谏诤》:"士有诤友,则身不离于令名。"《说苑·臣术》:"有能尽言于君,用则留之,不用则去之,谓之谏;用则可生,不用则死,谓之诤。"

③"木受绳"二句:《尚书·说命》:"说复于王,曰:惟木从绳则

正，后从谏则圣。后克圣，臣不命，其承；畴敢不祗若王之休命！"《孔子家语·子路初见》："木受绳则直，人受谏则圣。"《荀子·劝学》："木直中绳，𫐓以为轮，其曲中规。虽有槁暴，不复挺者，𫐓使之然也。故木受绳则直，金就砺则利。"人受谏则圣，谓人接受直言规劝就会变得英明通达。谏，规劝。

④"良药"二句：谓应正确对待别人的意见和批评。《韩非子·外储说左上》："夫良药苦于口，而智者劝而饮之，知其入而已己疾也。忠言拂于耳，而明主听之，知其可以致功也。"《孔子家语·六本》："良药苦于口而利于病，忠言逆于耳而利于行。"逆耳，刺耳，不顺耳。《史记·留侯世家》："且忠言逆耳利于行，毒药苦口利于病。"苏轼《杭州谢放罪表二首》其一："伏念臣早缘刚拙，屡致忧虞。用之朝廷，则逆耳之奏形于言；施之郡县，则疾恶之心见于政。"

⑤轻信：轻易相信。苏辙《古史·序》："其（指司马迁）为人浅近而不学，疏略而轻信……故其记尧舜三代之事，皆不得圣人之意。"

⑥"下情"二句：下情，指下级或群众的情况或心意。《管子·明法》："臣有擅主者，则主令不得行，而下情不上通。"班固《两都赋序》："或以抒下情而通讽谕。"刘禹锡《上淮南李相公启》："古之所以导下情而通比兴者，必文其言以表之。"不耻下问，比喻谦虚好学，不介意向不及自己的人请教。《论语·公冶长》："敏而好学，不耻下问。"何晏集解："下问，谓凡在己下者。"

⑦"芙蓉"四句：此数语常用来劝诫淫欲，发觉悟之心，破色魔之障。周安士《欲海回狂》："芙蓉白面，须知带肉骷髅；美貌红妆，不过蒙衣漏厕。"

⑧"读书"四句：寄兴，寄寓情趣。刘过《贺新郎》："人道愁来须殢酒，无奈愁深酒浅。但寄兴、焦琴纨扇。"《狮吼记》第二出："因此陶

情诗酒，寄兴烟霞。"风雅，指诗文之事。萧统《文选·序》："故风雅之道，粲然可观。"齐己《送僧游龙门香山寺》："且寻风雅主，细看乐天真。"深心，犹一心，专心。《史记·汲郑列传》："上愈益贵弘汤，弘汤深心疾黯，唯天子亦不说也，欲诛之以事。"颜延之《五君咏·向常侍》："向秀甘淡薄，深心托豪素。"修德，修养德行。《左传·庄公八年》："《夏书》曰：'皋陶迈种德，德，乃降。'姑务修德以待时！"《颜氏家训·归心》："仆妾臣民，与身竟何亲也，而为勤苦修德乎？亦是尧、舜、周、孔虚失愉乐耳。"事功，功绩，功业。《三国志·魏书·牵招传》："渔阳傅容在雁门有名绩，继招后，在辽东又有事功。"范成大《外舅挽词二首》其一："事功才止此，物理故难量。"实证，实际证明。严羽《答出继叔临安吴景仙书》："以禅喻诗，莫此亲切，是自家实证实悟者。"

⑨"何曾"四句：道理，事理。《文子·自然》："用众人之力者，乌获不足恃也；乘众人之势者，天下不足用也。无权不可为之势，而不循道理之数，虽神圣人不能以成功。"韩愈《京尹不台参答友人书》："人见近事，习耳目所熟，稍殊异即怪之，其于道理有何所伤？"得失，犹成败。《管子·七臣七主》："故一人之治乱在其心，一国之存亡在其主。天下得失，道一人出。"尹知章注："明主得，暗主失。"司马光《刘道原〈十国纪年〉序》："英宗皇帝雅好稽古，欲遍观前世行事得失以为龟鉴。"义命，道义和天命。曾巩《答王深甫论扬雄书》："又谓雄非有求于莽，特于义命有所未尽。"周密《齐东野语》卷一九："诲之以安义命而知进退，勉之以崇名节而黜浮竞。"

[评析]

本节中"轻千乘，豆羹竞"二句，出自《孟子·尽心下》："好名之人，能让千乘之国。苟非其人，箪食豆羹见于色。"豆羹，豆器中的羹，喻微小,细微。赵岐注:"好不朽之名者,轻让千乘,伯夷、季札之类是也。诚非好名者,争箪食豆羹变色,讼之致祸,郑子公染指鼋羹之类是也。"(按:"染指"云云,典出《史记·郑世家》:"灵公元年春,楚献鼋于灵公。子家、子公将朝灵公,子公之食指动,谓子家曰:'佗日指动,必食异物。'及入,见灵公进鼋羹,子公笑曰:'果然!'灵公问其笑故,具告灵公。灵公召之,独弗予羹。子公怒,染其指,尝之而出。")朱熹集注:"好名之人,矫情干誉,是以能让千乘之国;然若本非能轻富贵之人,则于得失之小者,反不觉其真情之发见矣。盖观人不于其所勉,而于其所忽,然后可以见其所安之实也。"意思是,好名的人是可以让千乘之国与别人的,但他必须同时轻利。如果他很看重利,即使送人"箪食豆羹",也会面露难色,更不用说送人千乘之国了。

　　智生识,识生断。当断不断,反受其乱。①人各有心,心各有见。有盐同咸,无盐同淡。人间私语,天闻若雷;暗室亏心,神目如电。②一毫之恶,劝人莫作;一毫之善,与人方便。③终身让路,不枉百步;终身让畔,不失一段。④难合亦难分,易亲亦易散。口说不如身行,耳闻不如目见。⑤只见锦上添花,未闻雪里送炭。⑥传家二字耕与读,防家二字盗与奸,倾家二字淫与赌,守家二字勤与俭。⑦作种种之阴功⑧,行时时之方便。不汲汲于富贵,不戚戚于贫贱。⑨素位而行,不尤不怨。⑩先达之人可尊也,不可比媚;权势之人可远也,不可侮慢。⑪祖宗富贵,自诗书中来,⑫子孙享富贵而贱诗书;祖宗家业⑬,自勤俭中来,子孙得家业而忘勤俭。以孝律身,即出将入相,都做得妥妥亭亭;以忍御气,虽横祸飞灾,也免脱千千万万。⑭

[**注释**]

① "当断"二句：做事应当机立断，否则后患无穷。《黄帝四经·兵容》："因天时，与之皆断；当断不断，反受其乱。"《史记·齐悼惠王世家》："嗟乎！道家之言'当断不断，反受其乱'，乃是也。"又《春申君列传》："语曰：'当断不断，反受其乱。'春申君失朱英之谓邪？"

② "人间"四句：旧时告诫人们要慎独之语。《看钱奴》第一折："这等人视贫乏，不恤鳏寡，天生下一种奸猾，将鬼神都瞒唬。常言道：'人间私语，天闻若雷；暗室亏心，神目如电。'信之有也！"私语，私下谈话，低声说话。白居易《琵琶行》："大弦嘈嘈如急雨，小弦切切如私语。"《史记·齐太公世家》："九年，景公使晏婴之晋，与叔向私语曰：'齐政卒归田氏。田氏虽无大德，以公权私，有德于民，民爱之。'"暗室，遮去光线的房间，别人看不见的处所。《晋书·王广女传》："俄于暗室击芳，不中。"《宋书·阮长之传》："在中书省直，夜往邻省，误着履出阁，依事自列门下，门下以暗夜人不知，不受列。长之固遣送之，曰：一生不侮暗室。"《北史·薛聪传》："虽在暗室，终日矜庄，见者莫不憆然加敬。"神目如电，凌蒙初《二刻拍案惊奇》卷一六："小人没处申诉。天理昭彰，神目如电。"

③ "一毫"四句：《三国志·蜀书·先主传》："勿以恶小而为之，勿以善小而不为。"一毫，犹一点儿，表微量之数。《石点头》第四回："每日只在房中做些针指，外边事一毫不管，所以方氏得遂其欲。"

④ "终身"四句："终身"二句，《新唐书·朱敬则传》："终身让路，不枉百步。"畔，田界。《论衡·是应》："男女异路，市无二价，耕者让畔，行者让路。"《孔子家语·好生》："虞芮二国争田而讼，连年不决，乃相谓曰：'西伯仁人也，盍往质之？'入其境，则耕者让畔，行者

让路。"

⑤"口说"二句：身行，亲自执行。《史记·李斯列传》："昔者司城子罕相宋，身行刑罚，以威行之，期年遂劫其君。"耳闻不如目见，《颜氏家训·归心》："夫信谤之征，有如影响；耳闻目见，其事已多，或乃精诚不深，业缘未感，时傥差阑，终当或报耳。"

⑥"只见"二句：比喻人情势利。"只见"句，王安石《即事》："嘉招欲覆杯中渌，丽唱仍添锦上花。"黄庭坚《了了庵颂》："又要涪翁作颂，且图锦上添花。""未闻"句，《宋史·太宗纪》："（淳化四年）是月，雨雪大寒，再遣中使赐孤老贫穷人千钱、米炭。"范成大《大雪送炭与芥隐》："不是雪中须送炭，聊装风景要诗来。"

⑦"倾家"二句：倾家，家产荡尽。刘献廷《广阳杂记》卷一："川北盐水，民所开也，深数百丈。堪舆指示其处，捐数千金以从事。井径三尺许耳，若不得，则倾家矣。"勤俭，勤劳节俭。颜延之《陶征士诔》："居备勤俭，躬兼贫病。"苏轼《乳母任氏墓志铭》："工巧勤俭，至老不衰。"

⑧阴功：犹阴德，指在人世间所做可以在阴间记功的好事。吴筠《游仙》二十四首其五："岂非阴功著，乃致白日升。"苏轼《送蔡冠卿知饶州》："知君决狱有阴功，他日老人酬魏颗。"《淮南子·人间训》："有阴德者必有阳报，有阴行者必有昭名。"

⑨"不汲（jí）汲"二句：《汉书·扬雄传》："不汲汲于富贵，不戚戚于贫贱。"陶渊明《五柳先生传》："不戚戚于贫贱，不汲汲于富贵。"汲汲，心情急切貌。《礼记·问丧》："其往送也，望望然，汲汲然，如有追而弗及也。"孔颖达疏："汲汲然者，促急之情也。"欧阳修《试笔·系辞说》："予之言，久当见信于人矣，何必汲汲较是非于一世哉。"戚戚，忧惧貌，忧伤貌。《论语·述而》："君子坦荡荡，小人长戚戚。"何晏集

解引郑玄曰："长戚戚，多忧惧。"《汉书·韦玄成传》："今我度兹，戚戚其惧。"李清照《声声慢》："寻寻觅觅，冷冷清清，凄凄惨惨戚戚。"

⑩ "素位"二句：素位，现在所处之地位。《中庸》："君子素其位而行，不愿乎其外。"孔颖达疏："素，乡也。乡其所居之位而行其所行之事，不愿行在位外之事。"尤怨，埋怨，怨恨。《唐语林·豪爽》："官吏递相尤怨，夜使囚徒为乐，罪累甚深。"《七修类稿》卷三〇引朱熹语："其词义夷旷萧散，虽托楚声，而无其尤怨切蹙之病。"

⑪ "先达"四句：先达，智慧通达的先辈。宋濂《送东阳马生序》："从乡之先达持经叩问。"比媚，阿谀献媚。侮慢，侮辱怠慢。

⑫ "祖宗"二句：祖宗，泛指祖先。《礼记·祭法》："有虞氏禘黄帝而郊喾，祖颛顼而宗尧。"孔颖达疏："祖，始也，言为道德之初始，故云祖也。宗，尊也，以有德可尊，故云宗。"《窦娥冤》第四折："我窦家三辈无犯法之男，五世无再婚之女；到今日被你辱没祖宗世德，又连累我的清名。"诗书，泛指书籍。杜甫《闻官军收河南河北》："却看妻子愁何在，漫卷诗书喜欲狂。"又专指《诗经》和《尚书》。《左传·僖公二十七年》："《诗》《书》，义之府也；《礼》《乐》，德之则也。"

⑬ 家业：家产。《汉书·杨王孙传》："杨王孙者，孝武时人也。学黄老之术，家业千金，厚自奉养生，亡所不致。"《南齐书·何戢传》："家业富盛，性又华侈，衣被服饰，极为奢丽。"《封氏闻见记·除蠹》："有豪族陈氏为县录事，家业殷富，子弟复多。"

⑭ "以孝"六句：律身，犹律己。杜牧《卢搏除庐州刺史制》："故行令不如行化，律人不如律身。"黄滔《华岩寺开山始祖碑铭》："晦迹樵客，庐于西岩石室，律身守道，如居千众。"出将入相，崔颢《江畔老人愁》："两朝出将复入相，五世叠鼓乘朱轮。"妥妥亭亭，妥帖停当。横祸飞灾，意外出现的灾祸。《碧桃花》第四折："非是我假虚脾爱使乖，也

只怕粉脸香腮，引动你密意幽怀，倒做了横祸飞灾。"《杀狗记》第三十二出："我院君贤达，人间没赛。真是家有贤妻，夫不遭横祸飞灾。"**千千万万**，杜牧《晚晴赋》："千千万万之状容兮，不可得而状也。"

[评析]

本节中"传家二字耕与读"句之"耕与读"，是指既从事农业劳动，又读书或教学。唐庚尝论为士者耕而为农不害其为圣且贤云："问：先王之时，其所谓师儒者，乃六卿之吏；而其所谓士者，乃六卿之民。故为士者，未尝不耕而为农者，未尝不学《周官》，以九职任万民，而士不与焉。盖以士寓于其间故也。周道衰，管仲始以新意变三代之法，定四民之居，而士农之判盖自此始。而孔子、孟子之教以耕稼为小人之事，非士君子所当为，而从学之徒一言及此则深诋而力排之者，何也？舜不耕于历山，禹稷不躬稼而有天下；伊尹不耕于有莘之野乎，何害其为圣且贤？孔子、孟子之论如此，必有旨也。有司愿与闻之。"（《耕读》）张履祥则把"耕读相兼"作为一种重要的道德修养方法和途径来提倡："人言耕读不能相兼，非也。人只坐无所事事，闲荡过日，及妄求非分，营营朝夕，看得读书是人事外事。又为文字章句之家，穷年累岁而不得休息，故以耕为俗末，劳苦不可堪之事，患其分心。若专勤农桑，以供赋役、给衣食，而绝妄为，以其余闲读书、修身，尽优游也。农功有时，多则半年。谚云：'农夫半年闲。'况此半年之中，一月未尝无几日之暇，一日未尝无几刻之息。以是开卷诵习，讲求义理，不已多乎！窃谓'心逸日休'，诚莫过此。"（《补农书》卷下）

善有善报，恶有恶报，若有不报，日子未到。[①]水不紧，鱼不跳。年年防饥，夜夜防盗。祸福无门，惟人自招。[②]好义固为人所钦，贪利乃为鬼所笑③。贤者不炫己之长，君子不夺人所好。受享过分，必生灾害之端；举动异常，每为不祥之兆。④救既败之事，如驭临岩之马，休轻加一鞭；图垂成之功⑤，如挽上滩之舟，莫稍停一棹。窗前一片浮青映白，悟入处，尽是禅机；阶下几点飞翠落红，收拾来，无非诗料。⑥

[注释]

①"善有"四句：意在劝人弃恶向善。《朱砂担》第二折："便好道，善有善报，恶有恶报。天若不降严霜，松柏不如蒿草。神灵若不报应，积善不如积恶。"《八义记》第三十九出："善有善报，恶有恶报；若还不报，时辰未到。"

②"祸福"二句：《左传·襄公二十三年》："祸福无门，唯人所召。"《潜夫论·慎微》："祸福无门，唯人所召。天之所助者顺也，人之所尚者信也。"魏徵《十渐不克终疏》："臣闻祸福无门，唯人所召。人无衅焉，妖不妄作。"祸福，灾殃与幸福。《管子·明法》："人臣之力，能鬲君臣之间，而使美恶之情不扬闻，祸福之事不通彻。"《抱朴子·任命》："祸福交错乎倚伏之间，兴亡缠绵乎盈虚之会。"陈亮《问答上》："心有亲疏，则祸福倚伏于无穷，虽圣智不得而防也。"

③贪利：贪求利益。《管子·重令》："取与贪利之人，将以此收货聚财。"《史记·蔡泽列传》："苏秦、智伯之智，非不足以辟辱远死也，而所以死者，惑于贪利不止也。"

④"受享"四句：受享，享受，享用。黄宗羲《明夷待访录》："视天下为莫大之产业，传之子孙，受享无穷。"不祥，不吉利。《周易·困》："入于其宫，不见其妻，不祥也。"孔颖达疏："祥，善也，吉也。不吉，必有凶也。"干宝《搜神记》卷一四："古徐国宫人娠而生卵，以

为不祥，弃之水滨。"《二刻拍案惊奇》卷一一："不知为甚么心中只觉凄惨，不舍得你别去，莫非有甚不祥？"兆，预兆。《战国策·秦策》："襄主错龟数策占兆，以视利害。"

⑤垂成：接近完成或成功。《三国志·吴书·薛综传》："实欲使卒垂成之功，编于前史之末。"谢榛《四溟诗话》卷二："李献吉极苦思，诗垂成，如一二句弗工，即弃之。"

⑥"悟入处"五句：悟入，佛教语，指参悟入道。《法华经·方便品》："欲令众生悟佛知见故，出现于世；欲令众入佛知道故，出现于世。"禅机，佛教语，谓谈禅说法时，用含有机要秘诀的言辞、动作或事物来暗示教义，使人得以触机领悟。泛指领会。王若虚《议论辨惑》："近世之士，参之以禅机玄学，而圣贤之实益隐矣。"收拾，收聚，收集。《东观汉记·淳于恭传》："家有山田橡树，人有盗取之者，恭助为收拾，载之归。"齐己《送泰禅师归南岳》："有兴寄题红叶上，不妨收拾别为编。"诗料，作诗的材料。范成大《中秋卧病呈同社》："卧病窘诗料，坐贫羞酒钱。"李开先《暮春游城东水村》四首其二："触目俱诗料，置身在画图。"

[评析]

本节中"窗前一片浮青映白，悟入处，尽是禅机；阶下几点飞翠落红，收拾来，无非诗料"六句，说的无非是日常生活的禅意化和诗意化，但不免牵涉更深层次的诗、禅关系乃至"以禅喻诗"，需要稍作疏解。

以禅喻诗作为诗评专业术语，是指以禅宗的某些语言作为譬喻，来形容或描述某些诗歌理论。宋代禅学在知识分子中广为流传，禅宗术语也成为不少人的口头语言，"悟""参"等佛学用语经常被借用来论诗。苏轼《夜直玉堂携李之仪端叔诗百余首读至夜半书其后》说："暂借好诗消永夜，每逢佳处辄参禅。"与李之仪同时的韩驹在《赠赵伯鱼》中也说：

"学诗当如初学禅,未悟且遍参诸方。一朝悟罢正法眼,信手拈出皆成章。"吴可的《藏海诗话》多祖述苏轼诗论,揭橥了"凡作诗如参禅,须有悟门"的宗旨。他曾作有三首《学诗诗》,每首都以"学诗浑似学参禅"开头,所以"学诗如参禅"(曾幾《读吕居仁旧诗有怀其人作诗寄之》)在宋代是大多数诗人的一种共识。将禅宗术语与诗学理论直接结合起来,以严羽的《沧浪诗话》最具影响。其《诗辨》说:"禅道惟在妙悟,诗道亦在妙悟","以禅喻诗,莫此亲切"。"以禅喻诗"的含义约有两个方面:其一,是纯粹借用禅宗术语比拟诗歌理论中的某些内容。《沧浪诗话·诗辨》说:"大抵禅家者流,乘有小大,宗有南北,道有邪正;学者须从最上乘,具正法眼,悟第一义。"完全是用参禅的方式来比喻诗歌理论的某些特点。严羽对这种论诗方法是有很明确的看法的。他在《答出继叔临安吴景仙书》中说,自己以禅喻诗,"本意但欲说得诗透彻,初无意于为文,其合文人儒者之言与否,不问也",表示了他只是为了借以把诗歌理论说得清楚明白,并非有意在儒、佛之间有所取舍。其二,是根据诗、禅相通的原理,用禅学去论证诗学,《沧浪诗话》中论诗歌的特点"不涉理路,不落言筌",论诗歌的形象如"羚羊挂角,无迹可求"等,都不只是概念的借用,而是着力于精神的相通。至于其诗论核心"妙悟说"就更是如此了。作为一种论诗方法,以禅喻诗,以其独特的理论话语引起了后代诗论家的注意和效仿。但平心而论,严羽于佛学涉猎不深,故所喻也时有不当或错位现象。清代的冯班撰《严氏纠谬》一书,对此抉发较多。但严羽以禅喻诗的重点在论诗,借用禅宗的术语仅在于叙说的方便,故也用不着深究,即使偶有舛误,也无碍于诗论实质,这是需要读者加以客观对待的。(参汪涌豪、骆玉明编《中国诗学》)

种麻得麻,种豆得豆。① 天网恢恢,疏而不漏。② 见官莫向前③,

做客莫在后。会数而礼勤，物薄而情厚。④大事不糊涂，小事不渗漏⑤。内藏精明，外示浑厚。⑥佳人傅粉，谁识白刃当前；⑦螳螂捕蝉，岂知黄雀在后。天欲祸人，必先以微福骄之，所以福来不必喜，要看会受；天欲福人，必先以微祸儆之，所以祸来不必忧，要看会救。

[注释]

①"种麻"二句：比喻有什么样的因，就会有什么样的果。《涅槃经》："种瓜得瓜，种李得李。"

②"天网"二句：比喻天道公平，作恶的人逃脱不了国法的惩处。《老子》："天网恢恢，疏而不失。"《魏书·元澄传》："天网恢恢，疏而不漏。"恢恢，宽阔广大貌。《史记·滑稽列传》："天道恢恢，岂不大哉！"欧阳建《临终诗》："恢恢六合间，四海一何宽。"纳兰性德《雨霁赋》："恢恢碧宇，独露苍穹。目无纤翳，皎魄当空。"

③见官：指因讼事而上公堂。《儒林外史》第二十二回："尊卑长幼，自然之理。这话却行不得！但至亲间见官，也不雅相。"

④"会数"二句：司马光《训俭示康》："会数而礼勤，物薄而情厚。"数，频繁。

⑤渗漏：文字、语言上的破绽。《朱子语类》卷六八："《易》言'元者，善之长'，说最亲切，无渗漏。"李贽《答邓石阳》："昨者复书'真空'十六字，已说得无渗漏矣。"

⑥"内藏"二句：精明，精细聪明。曾巩《开府仪同三司制》："某材资桀异，识虑闳深。庄重足以镇浮，精明足以成务。"纪昀《阅微草堂笔记》卷七："南皮令贫无归计，复理旧业，则精明果决，又判断如流矣。"浑厚，淳朴，敦厚。曾巩《馆中祭丁元珍文》："子之为人，浑厚平夷，不阻为崖，不巧为机。"

⑦ "谁识"句：白刃，锋利的刀。《中庸》："白刃可蹈也，中庸不可能也。"《史记·日者列传》："以官为威，以法为机，求利逆暴，譬无异于操白刃劫人者也。"刘长卿《送裴郎中贬吉州》："乱军交白刃，一骑出黄尘。"当前，在面前。《史记·李斯列传》："快意当前，适观而已矣。"《后汉书·光武帝纪》："甲辰，亲勒六军，大陈戎马，大司马吴汉精卒当前，中军次之，骁骑、武卫分陈左右。"杨万里《近峡》："望峡初愁远，当前忽不知。"

[评析]

本节中"螳螂捕蝉，岂知黄雀在后"二句，典出《庄子·山木》："庄周游于雕陵之樊，睹一异鹊自南方来者，翼广七尺，目大运寸，感周之颡而集于栗林。庄周曰：'此何鸟哉，翼殷不逝，目大不睹？'蹇裳躩步，执弹而留之。睹一蝉，方得美荫而忘其身，螳螂执翳而搏之，见得而忘其形；异鹊从而利之，见利而忘其真。庄周怵然曰：'噫！物固相累，二类相召也！'捐弹而反走，虞人逐而谇之。庄周反入，三日不庭，蔺且从而问之：'夫子何为顷间甚不庭乎？'庄周曰：'吾守形而忘身，观于浊水而迷于清渊。且吾闻诸夫子曰："入其俗，从其令。"今吾游于雕陵而忘吾身，异鹊感吾颡，游于栗林而忘真，栗林虞人以吾为戮，吾所以不庭也。'"谓凡事不能只考虑眼前利益，而不顾后患。《说苑·正谏》所载，与之类似："吴王欲伐荆，告其左右曰：'敢有谏者死。'舍人有少孺子者，欲谏不敢，则怀丸操弹于后园，露沾其衣，如是者三旦。吴王曰：'子来何苦沾衣如此？'对曰：'园中有树，其上有蝉，蝉高居，悲鸣饮露，不知螳螂在其后也；螳螂委身曲附欲取蝉，而不顾知黄雀在其傍也；黄雀延颈欲啄螳螂，而不知弹丸在其下也。此三者，皆务欲得其前利，而不顾其后之有患也。'吴王曰：'言之善哉！'乃罢兵。"

入 韵

算甚么命，问甚么卜。①欺人是祸，饶人是福。鹪鹩巢林，不过一枝；鼹鼠饮河，不过满腹。②大俭之后，必有大奢；大兵之后，必有大疫。③天眼恢恢，报应甚速。④人欺不是辱，人怕不是福。人亲财不亲，人熟礼不熟。百病从口入，百祸从口出。片言九鼎⑤，一公百服。点石化为金⑥，人心犹未足。不肯种福田⑦，舍财如割肉。临时空手去，徒向阎君哭⑧。积产遗子孙，子孙未必守；积书遗子孙，子孙未必读。莫把真心空计较⑨，惟有大德享百福。不作无益害有益，不贵异物贱用物。⑩谁人不爱子孙贤，谁人不爱千钟粟，奈五行不是这般题目。⑪恩宜自淡而浓，先浓后淡者，人忘其惠；威宜自严而宽，先宽后严者，人怨其酷。以积货财之心积学问，则盛德日新；以爱妻子之心爱父母，则孝行自笃。⑫

[注释]

①"算甚么"二句：算命，是指推测人之命运休咎的行为，起于先秦。狭义的算命，是指对人生辰八字的预测。广义的算命，则涵盖紫微斗数、看相、八卦六爻、奇门遁甲、风水等。古代的占卜、青乌术、筮法等，均属于算命范畴。算命，泛指四柱八字推算预测。问卜，占卦。用以推断吉凶，解决疑难。《礼记·曲礼》："大飨不问卜。"孔颖达疏："此大飨总祭五帝，其神非一……若其一一问卜，神有多种，恐吉凶不同。"苏轼《荆州》十首其五："游人多问卜，伧叟尽携龟。"

②"鹪鹩(jiāo liáo)"四句：比喻所需有限，易于满足。"鹪鹩"二句，《庄子·逍遥游》："鹪鹩巢于深林，不过一枝。"鹪鹩，张华《鹪鹩赋序》："鹪鹩小鸟也。生于蒿莱之间，长于藩篱之下，翔集寻常之内，而生生之理足矣。色浅体陋，不为人用，形微处卑，物莫之害。繁滋族类，乘居匹游，翩翩然有以自乐也。彼鹫鹗鹍鸿，孔雀翡翠，或被赤霄之际，或托绝垠之外，翰举足以冲天，觜距足以自卫，然皆负矰婴缴，羽毛入贡，何者？有用于人也。夫言有浅而可以托深，类有微而可以喻大，故赋之云尔。"高适《淇上酬薛三据兼寄郭少府微》："且欲同鹪鹩，焉能志鸿鹄。"（按：《全唐诗》谓此首"一作王昌龄诗"。但王昌龄无淇上作诗，而高适集中则淇上诗很多，又诗中"北上登蓟门，……日暮邯郸郭"一段与高适行踪也相符，"故知为高适作"（刘开扬《高适诗集编年笺注》）。）鼹（yǎn）鼠，一种田鼠。

③"大兵"二句：兵，战争。疫，《说文解字》："民皆疾也。"疾病大规模暴发，称大疫。《金史·后妃传》："及壬辰、癸巳岁，河南饥馑。大元兵围汴，加以大疫，汴城之民，死者百余万，后皆目睹焉。"

④"天眼"二句：天眼，佛家称为天眼通，亦称天眼证智通。《地藏菩萨本愿经》疏："天眼通，彻照无碍，能见六道众生，死此生彼，苦乐之相；及见一切世间种种形色，明无障隔。"报应，古人信奉天人感应之说，把日月星辰等自然界的变化说成是对人事治乱的反应或预示，称为报应。《汉书·成帝纪》："朕亲饬躬，郊祀上帝。皇天报应，神光并见。"《魏书·世祖纪》："岂朕精诚有感，何报应之速，云雨震洒，流泽沾渥。"

⑤片言九鼎：片言只语分量很重。片言，简短的文字或语言。陆机《文赋》："立片言而居要，乃一篇之警策。"刘知幾《史通·暗惑》："岂有片言不接，一见无疑，遽欲加以宠荣，复其禄位？"九鼎，古代国家的宝器，是王权至高无上、国家统一昌盛的象征。《史记·封禅书》："禹收九牧之金，铸九鼎，皆尝亨鬺上帝鬼神。遭圣则兴，鼎迁于夏商。周德

衰，宋之社亡，鼎乃沦没，伏而不见。"

⑥"点石"句：旧谓仙道点铁石而成黄金。刘向《列仙传》："许逊，南昌人。晋初为旌阳令，点石化金，以足逋赋。"今比喻修改文章，化腐朽为神奇。或对人稍作指导，就可以让他幡然醒悟。贯休《君子有所思行》二首其二："安得龙猛笔，点石为黄金。"胡仔《苕溪渔隐丛话·后集》卷九："诗句以一字为工，自然颖异不凡，如灵丹一粒，点石成金也。"

⑦福田：佛家认为积善可得福报，犹如种田，可得收获。《优婆塞戒经》卷三："善男子，世间福田凡有三种：一报恩田，二功德田，三贫穷田。报恩田者，所谓父母师长和上。功德田者，从得暖法乃至得阿耨多罗三藐三菩提。贫穷田者，一切穷苦困厄之人。"

⑧阎君：阎王。《秦并六国平话》卷上："果是三魂归地府，多因七魄见阎君。"《四游记》第十五回："渡子走去报阎君，阎君升殿正坐。"袁枚《新齐谐》卷一二："阎君怒叱，将众矮鬼逐出，长鬼责二十板。"

⑨计较：算计，谋划。萧绎《金楼子·立言》："光武神略计较生于天地，故帷幄无他所思，六奇无他所出，于是以谋合议同共成王业而已。"《敦煌变文集·维摩诘经讲经文》："天女咸生喜跃，魔王自己欣欢。此时计较得成，持世修行必退。"

⑩"不作"二句：《尚书·旅獒》："不作无益害有益，功乃成；不贵异物贱用物，民乃足。"无益，没有益处的事。有益，有利益，有好处。《韩非子·六反》："奸伪无益之民六，而世誉之如彼；耕战有益之民六，而世毁之如此：此之谓六反。"韩愈《黄家贼事宜状》："假如尽杀其人，尽得其地，在于国计，不为有益。"异物，奇异、珍奇之物。《史记·刺客列传》："太子日造门下，供太牢具，异物间进，车骑美女恣荆轲所欲，以顺适其意。"用物，日常所用之物。欧阳修《殿试藏珠于渊赋》："不宝

于远,则知用物之足;不见其欲,则无乱心之惑。"

⑪"谁人"三句:《鹤林玉露》卷四载僧晦庵《满江红·胶扰劳生》:"胶扰劳生,待足后、何时是足。据见定、随家丰俭,便堪龟缩。得意浓时休进步,须知世事多翻覆。漫教人、白了少年头,徒碌碌。谁不爱,黄金屋。谁不美,千钟禄。奈五行不是,这般题目。枉费心神空计较,儿孙自有儿孙福。也不须、采药访神仙,惟寡欲。"千钟粟,极言粮多。钟,古代容量单位。古以六斛四斗为一钟,一说八斛为一钟,又谓十斛为一钟。《孔子家语·致思》:"季孙之赐我粟千钟也,而交益亲。"《史记·货殖列传》:"屠牛羊彘千皮,贩谷粜千钟,薪藁千车。"《抱朴子·吴失》:"犹托万钧于尺舟之上,求千钟于升合之中。""奈五行"句,犹谓"五行"不包括这些内容(子孙贤、千钟粟)。五行,指五常,仁、义、礼、智、信。一不杀。配仁,慈爱好生曰仁。五行之木,亦主于仁,仁则不杀,故以不杀配仁也。二不盗。配智,邪正明了曰智。五行之水,亦主于智,智则不盗,故以不盗配智也。三不邪淫。配义,制事合宜曰义。五行之金,亦主于义,义则不邪淫,故以不邪淫配义也。四不妄语。配信,真实不欺曰信。五行之土,亦主于信,信则不妄语,故以不妄语配信也。五不饮酒。配礼,处事有则曰礼。五行之火,亦主于礼,礼则防于过失,故以不饮酒配礼也。题目,品评。《后汉纪·献帝纪》:"(许劭)少读书,雅好三史,善与人论臧否之误,所题目,皆如其言,世称'郭许之鉴'焉。"《世说新语·政事》:"山司徒前后选,殆周遍百官,举无失才。凡所题目,皆如其言。"苏轼《进何去非备论状》:"一经题目,决无虚士,书之史册,足为光华。"

⑫"以积"四句:货财,货物,财物。《礼记·曲礼》:"贫者不以货财为礼,老者不以筋力为礼。"《史记·平准书》:"都鄙廪庾皆满,而府库余货财。"韩愈《原道》:"民者,出粟米麻丝,作器皿,通货财,以事

其上者也。"学问，知识。《荀子·劝学》："不闻先王之遗言，不知学问之大也。"苏轼《登州谢上表》之二："而臣天资钝顽，学问寡浅。"盛德，高尚的品德。《周易·系辞》："富有之谓大业，日新之谓盛德。"《史记·老子列传》："良贾深藏若虚，君子盛德，容貌若愚。"岑参《故仆射裴公挽歌》三首其一："盛德资邦杰，嘉谟作世程。"新，更新。《大学》："汤之盘铭曰：苟日新，日日新，又日新。"张华《励志诗》："进德修业，晖光日新。"孝行，孝敬父母的德行。《周礼·地官·师氏》："教三行：一曰孝行，以亲父母；二曰友行，以尊贤良；三曰顺行，以事师长。"《后汉书·刘茂传》："家贫，以筋力致养，孝行著于乡里。"苏轼《县榜》："牛酒以礼高年，粟帛以旌孝行。"

[评析]

本节中"奈五行不是这般题目"句之"题目"另有可说处。李肇《唐国史补》卷下尝记云："初，诙谐自贺知章，轻薄自祖咏，颙语自贺兰广、郑涉。近代咏字有萧听，寓言有李纾，隐语有张著，机警有李舟、张彧，歇后有姚岘、叔孙羽，诡语影带有李直方、独孤申叔，题目人有曹著。"这段文字中的"题目人"，与"诙谐""轻薄""咏字""歇后"等并举，显然是同样作为一种风格体裁或者形式而提出的。这些文体，与传统概念中以诗、文等为代表的文人创作不同，其游戏性与娱乐性要更为突出。兹录《类说》卷六所引段成式《庐陵官下记》载曹著逸事一则，以见其作为"题目人"代表人物的言辞之机辩："曹著机辩，有客试之，因作谜云：'一物坐也坐，卧也坐，立也坐，行也坐，走也坐。'著应声曰：'在官地？在私地？'复作一谜云：'一物坐也卧，立也卧，行也卧，走也卧，卧也卧。'客不能晓，曹曰：'我谜吞得你谜。'客大惭。"

有学者进一步研究指出，作为一种对人物的品鉴，"题目"自东汉末开始，在魏晋时期尤为兴盛，可大致分为比拟和短评两类，前者多以比喻形容风貌，后者多以短语鉴人德行。由于魏晋时期官员选拔的九品中正制的结束，那类以资人才选拔的短评类题目随之消失，取而代之的是受到娱乐性影响的唐代题目，其形式多取通俗口语，流行于大众。据张鷟《朝野佥载》卷四所载："纳言娄师德，长大而黑，一足蹇，元一目为行辙方相，亦号为卫灵公，言防灵柩方相也。天官侍郎吉顼长大，好昂头行，视高而望远，目为望柳骆驼。殿中侍御史元本竦髀伛身，黑而且瘦，目为岭南考典。驾部郎中朱前疑粗黑肥短，身体垢腻，目为光禄掌膳。东方虬身长衫短，骨面粗眉，目为外军校尉。唐波若矮短，目为郁屈蜀马。目李昭德卒岁胡孙。修文学士马吉甫眇一目，为端箭师。郎中长孺子视望阳，目为呷醋汉。汜水令苏征举止轻薄，目为失孔老鼠。""唐兵部尚书姚元崇，长大行急，魏光乘目为赶蛇鹳鹊。黄门侍郎卢怀慎好视地，目为觑鼠猫儿。殿中监姜蛟肥而黑，目为饱椹母猪。紫微舍人倪若水黑而无须鬓，目为醉部落稽。舍人齐处冲好眇目视日，目为暗烛底觅虱老母。舍人吕延嗣长大少发，目为日本国使人。又目舍人郑勉为醉高丽，目拾遗蔡孚小州医博士诈谙药性。又有殿中侍御史王旭，短而丑黑，目为烟薰地术。目御史张孝嵩为小村方相，目舍人杨仲嗣为热鏊上猢狲，目补阙袁晖为王门下弹琴博士，目员外郎魏恬为祈雨婆罗门，目李全交为品官给使，目黄门侍郎李广为饱水虾蟆。由是坐此品题朝士，自左拾遗贬新州新兴县尉。"可知唐代题目现存材料多为绰号性质短语。这些短语既非韵诗，也不用于歌唱表演，因而有别于宴饮场合中的嘲戏与合生等其他俗文学。（详参朱红《人物品藻与戏谑娱乐：唐代"题目"源流考》）

学须静，才须学。非学无以广才，非静无以成学。①行义要强，受谏要弱。②生于忧患，死于安乐。闲时不烧香，急时抱佛脚。③不患老而无成，只怕幼而不学。咬得菜羹香，寻出孔颜乐。④富贵如刀兵戈矛，稍放纵便销膏靡骨而不知；贫贱如针砭药石，一忧勤即砥节砺行而不觉。⑤

[注释]

①"学须"四句：必须刻苦学习，才能增长才干；要想学有所成，就必须心静。诸葛亮《诫子书》："夫君子之行，静以修身，俭以养德。非淡泊无以明志，非宁静无以致远。夫学须静也，才须学也。非学无以广才，非志无以成学。"

②"行义"二句：《孔子家语·六本》："回有君子之道四焉：强于行义，弱于受谏，怵于待禄，慎于治身。"行义，躬行仁义。《说苑·指武》："纵马华山，放牛桃林，示不复用。天下闻者，咸谓武王行义于天下，岂不大哉？"《后汉书·鲁恭传》："今边境无事，宜当修仁行义，尚于无为，令家给人足，安业乐产。"弱，态度温顺。

③"闲时"二句：平时没有准备，临时慌忙应付。孟郊《读经》："垂老抱佛脚，教妻读黄庭。"刘攽《中山诗话》："王丞相论沙门道，因曰：'投老欲依僧。'客遽对曰：'急则抱佛脚。'王曰：'投老欲依僧，是古诗一句。'客亦曰：'急则抱佛脚，是俗谚全语。上去投，下去脚，岂不的对？'王大笑。"翟灏《通俗编·释道》引张世南《宦游纪闻》："云南之南一番国，专尚释教，又犯罪应诛者，捕之急，趋往寺中，抱佛脚悔过，便赏其罪。今谚云：'闲时不烧香，急来抱佛脚。'乃番僧之语，流于中国也。"烧香，敬神礼佛的一种仪式。礼拜时把香点着插在香炉中，表示诚敬。它是佛门平时积德修行的具体表现之一。寒山诗："烧香请佛力，礼拜求僧助。"

④"咬得"二句：菜羹，《礼记·玉藻》："子卯，稷食菜羹。"孔颖

达疏："以稷谷为饭，以菜为羹而食之。"《论语·乡党》："虽疏食菜羹，必祭，必齐如也。"孔颜乐，是儒学关于人格理想与道德境界的命题，汉、宋以来的儒学大师都把它奉为最高的人格理想与道德境界。简单来说，是指儒家知识分子那种安贫乐道、达观自信的处世态度与人生境界。《论语·述而》："子曰：'饭疏食，饮水，曲肱而枕之，乐亦在其中矣。不义而富且贵，于我如浮云。'"又"其为人也，发愤忘食，乐以忘忧，不知老之将至云尔"。又《论语·雍也》："贤哉，回也！一箪食，一瓢饮，在陋巷。人不堪其忧，回也不改其乐。贤哉，回也！"

⑤"富贵"四句：销膏靡（mí）骨，粉身碎骨。《汉书·董仲舒传》："积恶在身，犹火之销膏，而人不见也。"元好问《万化如大路》："断金几何人，年运剧销膏。"销靡，消失。畅当《南充谢郡客游澧州留赠宇文中丞》："萧萧若凌虚，襟带顿销靡。"《汉书·元后传》："兄弟宗族所蒙不测，当杀身靡骨死辇毂下，不当以无益之故有离寝门之心。"颜师古注："靡，碎也。"针砭，古代以砭石为针，刺穴治病的方法。后世泛称针刺治疗和砭石出血为针砭。苏轼《休兵久矣而国益困》："不忍药石之苦，针砭之伤，一旦流而入于骨髓，则愚恐其苦之不止于药石，而伤之不止于针砭也。"《齐东野语》卷一四："古者针砭之妙，真有起死之功。"忧勤，为国事而忧虑勤劳。《史记·司马相如列传》："且夫王事固未有不始于忧勤，而终于佚乐者也。"白居易《贺雨》："忧勤不遑宁，夙夜心忡忡。"苏轼《司马温公行状》："公言：近岁士大夫以言为讳，间阎愁苦于下，而上不知，明主忧勤于上，而下无所诉，此罪在群臣。"砥（dǐ）节砺（lì）行，磨炼节操和品行。蔡邕《郭有道林宗碑》："若乃砥节砺行，直道正辞，贞固足以干事，隐括足以矫时。"砥砺，磨炼、锻炼。《墨子·节葬》："此皆砥砺其卒伍，以攻伐并兼为政于天下。"《后汉书·窦融传》："融乃与五郡太守共砥厉兵马，上疏请师朝。"《文心雕龙·奏

启》："故位在鸷击，砥砺其气，必使笔端振风，简上凝霜者也。"

[评析]

本节中"生于忧患，死于安乐"二句，出自《孟子·告子下》："舜发于畎亩之中，傅说举于版筑之间，胶鬲举于鱼盐之中，管夷吾举于士，孙叔敖举于海，百里奚举于市。故天将降大任于是人也，必先苦其心志，劳其筋骨，饿其体肤，空乏其身，行拂乱其所为，所以动心忍性，曾益其所不能。人恒过，然后能改。困于心，衡于虑，而后作。征于色，发于声，而后喻。入则无法家拂士，出则无敌国外患者，国恒亡。然后知生于忧患，而死于安乐也。"后唐庄宗李存勖，就是一个典型的反面教材。正如欧阳修《五代史伶官传序》所论："呜呼！盛衰之理，虽曰天命，岂非人事哉！原庄宗之所以得天下，与其所以失之者，可以知之矣。世言晋王之将终也，以三矢赐庄宗而告之曰：'梁，吾仇也；燕王，吾所立；契丹，与吾约为兄弟，而皆背晋以归梁。此三者，吾遗恨也。与尔三矢，尔其无忘乃父之志！'庄宗受而藏之于庙。其后用兵，则遣从事以一少牢告庙，请其矢，盛以锦囊，负而前驱，及凯旋而纳之。方其系燕父子以组，函梁君臣之首，入于太庙，还矢先王，而告以成功，其意气之盛，可谓壮哉！及仇雠已灭，天下已定，一夫夜呼，乱者四应，仓皇东出，未见贼而士卒离散，君臣相顾，不知所归，至于誓天断发，泣下沾襟，何其衰也！岂得之难而失之易欤？抑本其成败之迹而皆自于人欤？《书》曰：'满招损，谦得益。'忧劳可以兴国，逸豫可以亡身，自然之理也。故方其盛也，举天下之豪杰莫能与之争；及其衰也，数十伶人困之，而身死国灭，为天下笑。夫祸患常积于忽微，而智勇多困于所溺，岂独伶人也哉！"

送君千里，终须一别。① 不矜细行，终累大德。② 亲戚不悦，无务外交；事不终始，③无务多业。临难毋苟免，临财毋苟得。④气死莫告状⑤，饿死莫做贼。醉后思仇人，君子避酒客⑥。智者千虑，必有一失；愚者千虑，必有一得。千年田地八百主，田是主人人是客。良田不由心田置，产业变为冤业折。⑦真士无心邀福，天即就无心处牖其衷；佥人著意避祸，⑧天即就著意处夺其魄。权贵龙骧，英雄虎战，以冷眼观之，如蝇竞血，如蚁聚膻；是非蜂起，得失猬兴，⑨以冷情当之，如冶化金，如汤消雪。

[注释]

① "送君"二句：形容朋友间的别离情。《水浒传》第九十回："燕青道：'送君千里，终须一别。不必远劳，后图再会。'"

② "不矜"二句：《尚书·旅獒》："不矜细行，终累大德。"孔传："轻忽小物，积害毁大，故君子慎其微。"矜，慎。细行，小节。曹丕《与吴质书》："观古今文人，类不护细行，鲜能以名节自立。"

③ "亲戚"三句：《墨子·修身》："近者不亲，无务求远；亲戚不附，无务外交。"外交，与朋友、外人的交际。《史记·佞幸列传》："通亦愿谨，不好外交，虽赐洗沐，不欲出。"刘基《连珠》："是以绝外交则可以守淡泊，专内视则可以全淳精。"终始，有始有终。贺兰进明《行路难》五首其五："人生结交在终始，莫以升沉中路分。"李咸用《论交》："易得笑言友，难逢终始人。"

④ "临难"二句：《礼记·曲礼》："临财毋苟得，临难毋苟免。"孔颖达疏："非义而取，谓之苟得。""若君父有难，臣子若苟且免身而不斗，则陷君父于危亡，故云毋苟免。"苟免，白居易《读史诗》五首其四："苟免勿私喜，鬼得而诛之。"苟得，杜甫《前出塞》九首其九："众

人贵苟得，欲语羞雷同。"

⑤告状：提出控告。《北史·许宗之传》："宗之怒，殴杀超。超家人告状，宗之上超谤讪朝政。"

⑥酒客：喜爱饮酒的人，或酒筵上的客人。《汉书·陈遵传》："先是黄门郎扬雄作《酒箴》以讽谏成帝，其文为酒客难法度士。"李白《寻鲁城北范居士失道落苍耳中见范置酒摘苍耳作》："酒客爱秋蔬，山盘荐霜梨。"白居易《醉中得上都亲友书以予停俸多时忧问贫乏偶乘酒兴咏而报之》："一生耽酒客，五度弃官人。"

⑦"良田"二句：心田，佛教语，即心。谓心藏善恶种子，随缘滋长，如田地生长五谷荑稗，故称。萧纲《上大法颂表》："泽雨无偏，心田受润。"白居易《狂吟七言十四韵》："性海澄渟平少浪，心田洒扫净无尘。"冤业，佛家谓因造恶业而招致的冤报。任昉《述异记》："刘言：'蛇伤虎咬，七世冤业。'"（按：《述异记》不见唐前史志著录，亦不见本传记载，《宋史·艺文志》始著录此书；又书中记有任氏死后事情。所以，一般认为此书经唐人改窜，非复旧貌。李剑国《唐前志怪小说辑释》谓："或以为后人伪托任昉，说非。"）《京本通俗小说·菩萨蛮》："僧家怎敢与王府争得是非？这也是宿世冤业！且得他量轻发落，却又理会。"《儿女团圆》第三折："也是咱前生的冤业，劝哥哥姐姐莫痴呆。"折，毁败，消抵。

⑧"真士"三句：真士，有操守、才能之士。《吕氏春秋·疑似》："夫惑于似士者而失于真士，此黎丘丈人之智也。"江淹《遣大使巡诏》："如其说言嘉话，真士智才，亦依名誉上，随事均量，务取厥中。"邀福，祈求赐福。刘禹锡《贾客词》："邀福祷波神，施财游化城。"李昭玘《永兴提刑谢到任启》："不近名而邀福，无倚法以作威。"牖（yǒu）衷，谓启发其内心。龚自珍《题吴南芗东方三大图图为登州蓬莱阁为泰州山为曲阜圣陵》："顽哉鲁与齐，灵气不牖衷。孤负介海岱，海深岱徒崇。"金

（qiān）人，小人。陈子龙《上石斋师》："佥人险夫，攀缘镠辖，纵目谈笑，各据津梁。"

⑨"权贵"七句：权贵，官高势大的人。《汉书·严彭祖传》："彭祖为宣帝博士，至河南、东郡太守。以高第入为左冯翊，迁太子太傅，廉直不事权贵。"李白《梦游天姥吟留别》："安能摧眉折腰事权贵，使我不得开心颜。"龙骧（xiāng），昂举腾跃貌。《汉书·叙传》："云起龙骧，化为侯王，割有齐楚，跨制淮梁。"颜师古注："骧，举也。"杨巨源《观打球有作》："亲扫球场如砥平，龙骧骤马晓光晴。"虎战，像猛虎一样争斗。蜂起，像群蜂飞舞，纷然并起。《史记·项羽本纪论》："夫秦失其政，陈涉首难，豪杰蜂起，相与并争，不可胜数。"《后汉书·谢弼传》："今日边境日蹙，兵革蜂起，自非孝道，何以济之！"猬兴，犹猬起。比喻纷然而起。方孝孺《送河南佥事汤侯序》："而真主一出，群英猬兴。"叶盛《水东日记》卷九："俯仰四十余，科目废而猬兴，兴而欻废，今明诏复饬中书举行。"

[评析]

本节中"智者千虑，必有一失；愚者千虑，必有一得"四句，出自《晏子春秋·内篇杂下六》："晏子方食，景公使使者至。分食食之，使者不饱，晏子亦不饱。使者反，言之公。公曰：'嘻！晏子之家，若是其贫也！寡人不知，是寡人之过也。'使吏致千金与市租，请以奉宾客，晏子辞。三致之，终再拜而辞曰：'婴之家不贫。以君之赐，泽覆三族，延及交游，以振百姓，君之赐也厚矣，婴之家不贫也。婴闻之，夫厚取之君而施之民，是臣代君君民也，忠臣不为也；厚取之君而不施于民，是为筐箧之藏也，仁人不为也；进取于君，退得罪于士，身死而财迁于它人，是为宰藏也，智者不为也。夫十总之布，一豆之食，足于中，免矣。'景公谓晏子曰：'昔吾先君桓公，以书社五百封管仲，不辞而受，子辞之，何也？'晏子曰：'婴闻之，圣人千虑，必有一失；愚人千虑，必有一得。意者管仲之失，而婴之得者耶！故再拜而不敢受命。'"晏子拒赐，表现出其廉洁自律的美德。其中，"圣人千虑"云云，谓管仲的千虑之失，也许正是"我"的千虑之得。多用于发表意见时，是表示自谦的话。《史记·淮阴侯列传》中也有这样的用法："广武君曰：'臣闻智者千虑，必有一失；愚者千虑，必有一得。故曰：狂夫之言，圣人择焉。顾恐臣计未必足用，愿效愚忠。'"

客不离货，财不露白①。逸言不可听，听之祸殃结②，君听臣遭诛，父听子遭灭，夫妇听之离，兄弟听之别，朋友听之疏，亲戚听之绝。鬼神可敬不可谄，冤家宜解不宜结。③人生何处不相逢，莫因小怨动声色。④心思如青天白日，不可使人不知；才华如玉韫珠含，⑤不可使人易测。性天澄澈，即饥餐渴饮，无非康济身肠；心地沉迷，纵演偈谈元，总是播弄精魄。⑥芝兰生于深林，不以无人而不芳；君子修其道德，不为穷困而改节。⑦

[注释]

①露白：露出财物。白，指银子，泛指钱财。《朱砂担》第四折："自古道：出外做客，不要露白。"《二刻拍案惊奇》卷三六："此镜乃我寺发迹之本，岂可轻易露白，放得在别人家去的？"

②祸殃：祸害，灾祸。屈原《九章·惜往日》："宁溘死而流亡兮，恐祸殃之有再。"王逸注："罪及父母与亲属也。"《史记·秦始皇本纪》："内饰诈谋，外来侵边，遂起祸殃。"

③ "鬼神"二句：鬼神，鬼与神的合称，韩愈《原鬼》所谓"无声与形者"。《论语·雍也》："务民之义，敬鬼神而远之，可谓知矣。"《周易·谦》："鬼神害盈而福谦，人道恶盈而好谦。"《礼记·仲尼燕居》："鬼神得其飨，丧纪得其哀。"孔颖达疏："鬼神得其飨者，谓天神人鬼各得其飨食也。"《史记·封禅书》："入寿宫侍祠神语，究观方士祠官之言，于是退而论次自古以来用事于鬼神者，具见其表里。""冤家"句，《说岳全传》第二回："常言道：'冤家宜解不宜结。'那人来惹我，尚然要忍耐，让他几分，免了多少是非。"冤家，仇人。《朝野佥载》卷六："梁简文王之生，志公谓武帝曰：'此子与冤家同年生。'其年侯景生于雁门，乱梁诛萧氏略尽。"《警世通言》卷二一："此去倘然冤家狭路相逢，教他双双受死。"《儒林外史》第十四回："我这里将就垫二三十两银子把与他，他也只当是拾到的，解了这个冤家罢。"

④ "人生"二句："人生"句，意谓冤家路窄。欧阳修《归田录》卷一："寇忠愍公准贬雷州司户。时丁晋公与冯相拯在中书，丁当秉笔，初欲贬崖州，而丁忽自疑，语冯曰：'崖州再涉鲸波，如何？'冯唯唯而已。丁乃徐拟雷州。及丁之贬也，冯遂拟崖州，当时好事者相语曰：'若见雷州寇司户，人生何处不相逢？'"《飞丸记》第二十一出："我不报你，天报你了，饶打，叫队长，收在你队下，明日递收管。正是：若见雷州寇司户，人生何处不相逢！"动声色，说话，流露感情。欧阳修《相州昼锦堂记》："垂绅正笏，不动声色，而措天下于泰山之安，可谓社稷之臣矣。"

⑤ "心思"三句：青天白日，谓天气晴好。韩愈《同水部张员外籍曲江春游寄白二十二舍人》："漠漠轻阴晚自开，青天白日映楼台。"杨万里《明发房溪》二首其一："青天白日十分晴，轿上萧萧忽雨声。"韫(yùn)珠含，比喻不外露。《论语·子罕》："子贡曰：'有美玉于斯，韫椟而藏诸？求善贾而沽诸？'"班固《答宾戏》："宾又不闻和氏之璧，韫

于荆石；随侯之珠，藏于蚌蛤虖？"陆机《文赋》："石韫玉而山辉，水怀珠而川媚。"

⑥"性天"六句：性天，犹天性。《中庸》："天命之谓性。"澄澈，清澈，水清见底。王献之《杂帖》三则其二："镜湖澄澈，清流泻注。"修睦《僧院泉》："澄澈照人胆，深山只一般。"《五灯会元》卷一六："说得天花乱坠，争似饥餐渴饮。"康济，保养。苏轼《留别金山宝觉圆通二长老》："康济此身殊有道，医治外物本无方。"李光《与赵元镇书》："有病固当攻以药石，然不若调饮食，使日中二餐如意，乃康济上策也。"心地，指心，即思想、意念等。佛教认为三界唯心，心如滋生万物的大地，能随缘生一切诸法，故称。《心地观经》卷八："众生之心，犹如大地，五谷五果从大地生……以是因缘，三界唯心，心名为地。"《坛经·疑问品》："使君心地但无不善，西方去此不遥。"王缙《东京大敬爱寺大证禅师碑》："开心地如毛头，扫意尘于色界。"演偈谈元，解释偈语，谈论玄理。播弄，翻动，拨弄。精魄，精神魂魄。徐幹《中论·夭寿》："夫形体者，人之精魄也；德义令闻者，精魄之荣华也。"《三国志·魏书·管宁传》："受诏之日，精魄飞散，靡所投死。"苏舜钦《哭曼卿》："唯君颜色不复见，精魄飘忽随朝霞。"

⑦"芝兰"四句：《孔子家语·在厄》："且芝兰生于深林，不以无人而不芳。君子修道立德，不以穷困而改节。"芝兰，古时比喻德行的高尚或友情、环境的美好等。改节，改变节操。《孔子家语·在厄》："（子贡）入问孔子曰：'仁人廉士改节乎？'"《后汉书·王涣传》："涣少好侠，尚气力，数通剽轻少年。晚而改节，敦儒学，习《尚书》，读律令，略举大义。"

[评析]

本节中"才华如玉韫珠含，不可使人易测"二句，有两则相关典事可以参读。其一，《韩非子·外储说左上》："楚王谓田鸠曰：'墨子者，显学也。其身体则可，其言多而不辩，何也？'曰：'昔秦伯嫁其女于晋公子，令晋为之饰装，从衣文之媵七十人。至晋，晋人爱其妾而贱公女。此可谓善嫁妾，而未可谓善嫁女也。楚人有卖其珠于郑者，为木兰之椟，熏以桂椒，缀以珠玉，饰以玫瑰，辑以羽翠。郑人买其椟而还其珠。此可谓善卖椟矣，未可谓善鬻珠也。今世之谈也，皆道辩说文辞之言，人主览其文而忘有用。墨子之说，传先王之道，论圣人之言，以宣告人。若辩其辞，则恐人怀其文忘其直，以文害用也。此与楚人鬻珠、秦伯嫁女同类，故其言多不辩。'"意在通过寓言故事，说明追求不适当的装饰，反而影响目的的实现，借以表达反对"以文害用"的观点。

其二，《韩非子·和氏》："楚人和氏得玉璞楚山中，奉而献之厉王。厉王使玉人相之，玉人曰：'石也。'王以和为诳，而刖其左足。及厉王薨，武王即位，和又奉其璞而献之武王。武王使玉人相之，又曰：'石也。'王又以和为诳，而刖其右足。武王薨，文王即位，和乃抱其璞而哭于楚山之下，三日三夜，泣尽而继之以血。王闻之，使人问其故，曰：'天下之刖者多矣，子奚哭之悲也？'和曰：'吾非悲刖也，悲夫宝玉而题之以石，贞士而名之以诳，此吾所以悲也。'王乃使玉人理其璞而得宝焉，遂命曰'和氏之璧'。夫珠玉，人主之所急也。和虽献璞而未美，未为主之害也，然犹两足斩而宝乃论，论宝若此其难也。今人主之于法术也，未必和璧之急也；而禁群臣士民之私邪。然则有道者之不戮也，特帝王之璞未献耳。主用术，则大臣不得擅断，近习不敢卖重；官行法，则浮萌趋于耕农，而游士危于战陈；则法术者乃群臣士民之所祸也。人主非能倍大臣之议，越民萌之诽，独周乎道言也，则法术之士虽至死亡，道必不论矣。"借寓言故事讨论治国方略，其要义，略如王先慎集解所云："珠玉人主之所急，然两足刖而始论；法术不如和璧之急，故至死亡而不论。"

满招损,谦受益。①百年光阴,如驹过隙②。世事明如镜,前程暗似漆。有麝自然香,何必当风立。③良田万顷,日食三餐④;大厦千间,夜眠八尺。救生不救死,寄物不寄失。人生孰不需财,匹夫不可怀璧⑤。廉官可酌贪泉水,志士不受嗟来食⑥。适志在花柳灿烂,笙歌沸腾处,那都是一场幻境界;得趣于木落草枯,声稀味淡中,才觅得一些真消息。⑦

[注释]

①"满招损"二句:谓自满会招致损失,谦虚能得到益处。《尚书·大禹谟》:"满招损,谦受益,时乃天道。"

②如驹过隙:比喻时间过得很快。《庄子·知北游》:"人生天地之间,若白驹之过隙,忽然而已。"驹,少壮的骏马。

③"有麝(shè)"二句:比喻人如果有真才实学,不用张扬,声名也会传播开来。顾起元《客座赘语》卷一:"南都闾巷中常谚往往有粗俚而可味者,漫记数则,如曰:'有麝自然香,何必当风立。'此言虽俚,然于人情世事,有至理存焉。"《连环记》第一折:"则愿你顺人和有麝自然香,休得要逆天心无祸谁能勾。"当风,正对着风。《抱朴子·道意》:"当风卧湿,而谢罪于灵祇;饮食失节,而委祸于鬼魅。"陆龟蒙《春思》二首其二:"江南酒熟清明天,高高绿旆当风悬。"

④日食三餐:在春秋战国时期,中上层社会的一日三餐制与下层社会的一日两餐制并行。如《庄子·逍遥游》:"适莽苍者,三餐而反,腹犹果然。"《战国策·齐策》:"士三食不得餍,而君鹅鹜有余食。"《韩非子·外储说左上》:"夫婴儿相与戏也,以尘为饭,以涂为羹,以木为胾,

然至日晚必归饷者,尘饭涂羹可以戏而不可食也。"大概在战国末年,一日三餐制已得到社会的广泛认可而得以推广开来。(据宋镇豪《中国春秋战国习俗史》)

⑤"匹夫"句:匹夫,古代指平民中的男子。亦泛指平民百姓。《左传·昭公六年》:"匹夫为善,民犹则之,况国君乎?"《韩非子·有度》:"刑过不避大臣,赏善不遗匹夫。"班固《白虎通义·爵》:"庶人称匹夫者,匹,偶也。与其妻为偶,阴阳相成之义也。"不可怀璧,原指财宝能致祸。后亦比喻有才能、有理想而受害。《左传·桓公十年》:"初,虞叔有玉,虞公求旃。弗献。既而悔之,曰:'周谚有之:匹夫无罪,怀璧其罪。吾焉用此,其以贾害也?'乃献之。"

⑥志士:有志向和节操的人。《孟子·滕文公下》:"志士不忘在沟壑,勇士不忘丧其元。"曹植《赠徐幹》:"志士营世业,小人亦不闲。"雍裕之《早蝉》:"志士心偏苦,初闻独泫然。"

⑦"适志"六句:适志,犹言舒适自得。《庄子·齐物论》:"昔者庄周梦为胡蝶,栩栩然胡蝶也,自喻适志与。"郭象注:"自快得意,悦豫而行。"《晋书·张翰传》:"人生贵得适志,何能羁宦数千里以要名爵乎?"灿烂,华丽,绚丽。《抱朴子·博喻》:"华衮灿烂,非只色之功;嵩岱之峻,非一篑之积。"沸腾,比喻声音喧闹。《史通·杂说上》:"左氏之叙事也,述行师,则簿领盈视,哓聒沸腾。"声稀味淡,指平淡无奇。蒋士铨《空谷香》第十一出:"人间声稀味淡半世间,分明唤我返白雪。"消息,奥妙,真谛。《赚蒯通》第三折:"形骸土木心无奈,就中消息谁能解?"袁枚《随园诗话》卷六:"元相称韩舍人诗:'欲得人人服,能教面面全。'又曰:'玉磬声声彻,金铃个个圆。'韩舍人,即昌黎也。昌黎硬语横空,而元相以此二联称之。此中消息,非深于诗者不知。"

[评析]

本节中"廉官可酌贪泉水,志士不受嗟来食"二句,所用典故分别出自《晋书·吴隐之传》:"广州包带山海,珍异所出,一箧之宝,可资数世,然多瘴疫,人情惮焉。唯贫窭不能自立者,求补长史,故前后刺史皆多黩货。朝廷欲革岭南之弊,隆安中,以隐之为龙骧将军、广州刺史、假节,领平越中郎将。未至州二十里,地名石门,有水曰贪泉,饮者怀无厌之欲。隐之既至,语其亲人曰:'不见可欲,使心不乱。越岭丧清,吾知之矣。'乃至泉所,酌而饮之,因赋诗曰:'古人云此水,一歃怀千金。试使夷齐饮,终当不易心。'及在州,清操逾厉,常食不过菜及干鱼而已,帷帐器服皆付外库,时人颇谓其矫,然亦终始不易。"以及《礼记·檀弓》:"齐大饥,黔敖为食于路以待饿者而食之。有饿者蒙袂辑屦,贸贸然来。黔敖左奉食,右执饮,曰:'嗟!来食。'扬其目而视之,曰:'予惟不食嗟来之食,以至于斯也。'从而谢焉。终不食而死。曾子闻之曰:'微与,其嗟也可去,其谢也可食。'"说的是贪与廉在人心不在泉水,有尊严和气节的人不接受带侮辱性的施舍。

《后汉书·列女传》所载,是文字略有差异的一种用法:"河南乐羊子之妻者,不知何氏之女也。羊子尝行路,得遗金一饼,还以与妻。妻曰:'妾闻志士不饮盗泉之水,廉者不受嗟来之食。况拾遗求利,以污其行乎!'羊子大惭,乃捐金于野,而远寻师学。一年来归,妻跪问其故,羊子曰:'久行怀思,无它异也。'妻乃引刀趋机而言曰:'此织生自蚕茧,成于机杼,一丝而累,以至于寸,累寸不已,遂成丈匹。今若断斯织也,则捐失成功,稽废时日。夫子积学,当日知其所亡,以就懿德。若中道而归,何异断斯织乎?'羊子感其言,复还终业,遂七年不反。"其中"盗泉",是古泉名,旧时常用以喻不义之财。语例有如《尸子》卷下:

"（孔子）过于盗泉，渴矣而不饮，恶其名也。"《淮南子·说林训》："曾子立廉，不饮盗泉。"李白《赠宣城宇文太守兼呈崔侍御》："回车避朝歌，掩口去盗泉。"《旧唐书·赵隐王徽等传论》："徽志吐盗泉，脱身虎口，功名不坠，君子多之。"在蒙学读本中，这样的"变形"较为常见，但并非必要。

圣贤言语，雅俗并集①。人能体此，万无一失②。

[注释]

①雅俗：文雅和粗俗。《论衡·四讳》："雅俗异材，举措殊操。"《南史·张欣泰传》："欣泰通涉雅俗，交结多是名素，下直辄著鹿皮冠，衲衣锡杖，挟素琴。"《世说新语·赏誉》："武帝每见济，辄以湛调之，曰：'卿家痴叔死未？'济常无以答。既而得叔，后武帝又问如前，济曰：'臣叔不痴。'称其实美。帝曰：'谁比？'济曰：'山涛以下，魏舒以上。'"刘孝标注引《晋阳秋》："济有人伦鉴识，其雅俗是非，少所优调（一作少有优润）。见湛，叹服其德宇。时人谓湛：'上方山涛不足，下比魏舒有余。'湛闻之曰：'欲以我处季、孟之间乎？'"

②万无一失：指非常有把握，绝对不会出差错。枚乘《七发》："孔老览观，孟子持筹而算之，万不失一。"《史记·淮阴侯列传》："以此参之，万不失一。"

[评析]

本节中"雅俗并集"之"雅俗"，另有可说处。从本源上讲，雅俗间的区别，跟先秦的"君子""小人"之别关系甚为密切。君子与小人，是从人的品性进行划分，而雅俗的区别，着重点则是在人的情趣上。最古老的君子的含义，主要指受过教育且有良好品德的人，一般百姓没有受教育的机会，因而也跟那些无德之人被并称为"小人"。这样的划分方式，带有儒学伦理文化的色彩，但对后世中国的文化心理影响至为深远。又，由于最初的雅俗之别，就已经把"义"和"利"牵扯进去了，因此，后世在论雅、俗之别时，义利态度成为一种很重要的衡量指标：重义之士，即为雅士；重利之人，即是俗人。在以农为本的思想下，以谋利为主的商业活动，自古就被视为俗举。宋代，城市经济不断发达，雅俗之辨也日益激烈。而且，雅俗之别还促使宋代文化发生了巨大的改变，一些正统文人借圈定雅文化，以图达到与俗文化相区别的目的。结果，却反而导致雅文化因受到禁锢而日益僵化并衰微。至今无根本改观。

附录一　增广贤文

昔时贤文，诲汝谆谆，集韵增广，多见多闻。观今宜鉴古，无古不成今。

知己知彼，将心比心。酒逢知己饮，诗向会人吟。相识满天下，知心能几人。相逢好似初相识，到老终无怨恨心。

近水知鱼性，近山识鸟音。易涨易退山溪水，易反易覆小人心。

运去金成铁，时来铁似金。

读书须用意，一字值千金。

逢人且说三分话，未可全抛一片心。有意栽花花不发，无心插柳柳成荫。画虎画皮难画骨，知人知面不知心。

注：佛教禅宗认为，话语不可说尽，应尽量暗喻隐含。"逢人"二句，意谓言多语失，对人说话不可无所顾忌，应有所保留。《五灯会元》卷一五："上堂：'太阳东升，烁破大千之暗。诸人若向明中立，犹是影响相驰。若向暗中立，也是藏头露影汉。到这里作么生吐露？'良久曰：'逢人且说三分话，未可全抛一片心。'参上堂世法里面谜，却多少人佛法里面醉。"《警世通言》卷三二："孙富叫家童算还了酒钱，与公子携手下船。正是：逢人且说三分话，未可全抛一片心。"关汉卿《鲁斋郎》第二折："着意栽花花不发，等闲插柳柳成荫。"

钱财如粪土，仁义值千金。

流水下滩非有意，白云出岫本无心。当时若不登高望，谁信东流海洋深。路遥知马力，事久知人心。

两人一般心，有钱堪买金；一人一般心，无钱难买针。

相见易得好，久住难为人。

马行无力皆因瘦，人不风流只为贫。

饶人不是痴汉，痴汉不会饶人。

是亲不是亲，非亲却是亲。美不美，乡中水；亲不亲，故乡人。

莺花犹怕春光老，岂可教人枉度春。相逢不饮空归去，洞口桃花也笑人。红粉佳人休使老，风流浪子莫教贫。

注：红粉，妇女化妆用的胭脂和铅粉。《古诗十九首·青青河畔草》："娥娥红粉妆，纤纤出素手。"佳人，美女。宋玉《登徒子好色赋》："天下之佳人，莫若楚国；楚国之丽者，莫若臣里；臣里之美者，莫若臣东家之子。"司马相如《长门赋》："夫何一佳人兮，步逍遥以自虞。魂逾佚而不反兮，形枯槁而独居。"苏轼《虢国夫人夜游图》："佳人自鞚玉花骢，翩如惊燕踏飞龙。"风流，花哨轻浮。《敦煌词·南歌子》："悔家风流婿，风流无准凭。"《慎鸾交》第一出："小生外似风流，心偏持重也。"浪子，不受习俗惯例和道德规范约束的、放荡不羁的人。罗烨《醉翁谈录》卷二："生平良自珍，羞为浪子负。"

在家不会迎宾客，出路方知少主人。黄金无假，阿魏无真。客来主不顾，应恐是痴人。贫居闹市无人识，富在深山有远亲。

注：阿魏无真，极言阿魏珍贵，很少见到真品。《新疆杂记》云：阿魏，伞形科之多年生草本也，高三四尺，茎径寸许，叶淡红色。五六月间，花丛生于顶，如茴香，气非常之臭，偶一沾之，数日不能去。其液名阿魏精，人取之

贩卖，每斤价钱八钱。根茎如萝卜，径三四寸，长尺余，人取之以熬膏，每斤价钱三四钱，此即真阿魏也。《五杂俎》云：黄金无假，阿魏无真。《本草纲目》则云：黄芩无假，阿魏无真，皆状其得之之难。而不知新疆塔城、伊犁镇西，以及迪化之孚远、奇台等处，遍野漫山，直有用之不竭之势。牵羊、毒羊之说，尤为谬妄矣，且产于伊犁者，其味特香，尤为奇品。（曹炳章《医药学家曹炳章方药论著选》）

谁人背后无人说，那个人前不说人。有钱道真语，无钱语不真。不信但看筵中酒，杯杯先劝有钱人。

注：真语，真实的话。《随园诗话》卷六："余九岁时，偕人游杭州吴山，学作五律，得句云：'眼前三两级，足下万千家。'至今重游此山，觉童语终是真语。"佛教谓为真如一实之理之语，即不作曲示的实语。栖白《寄南山景禅师》："一度林前见远公，静闻真语世情空。"蔡絛《铁围山丛谈》卷五："凭取一真语，天官自相寻。"

闹里有钱，静处安身。来如风雨，去似微尘。

长江后浪推前浪，世上新人赶旧人。近水楼台先得月，向阳花木早逢春。莫道君行早，更有早行人。

注："长江"二句，谓新出现的有一定积淀积累的人、事物等推动旧的人、事物等在某方面的发展等情况。也可指有一定资历的新人新事胜过旧人旧事。刘斧《青琐高议·前集》卷七引《孙氏记》："吾闻古人之诗曰：'长江后浪推前浪，浮世新人换旧人。'"新人，某方面新出现的人物。东方朔《七谏·自悲》："故人疏而日忘兮，新人近而俞好。"旧人，久于其位的人，原有的人员。张九龄《敕四镇节度王斛斯书》："卿彼诸将皆是旧人，既谙山川，又能料敌。"陆游《老学庵笔记》卷一："予去国二十七年复来，自周丞相子

充一人外，皆无复旧人，虽吏胥亦无矣。"

莫信直中直，须防仁不仁。山中有直树，世上无直人。

注：直人，正直的人，直爽的人。《管子·心术》："大道可安，而不可说。直人之言不义不顾，不出于口，不见于色。四海之人，又孰知其则。"王通《中说·天地》："子谓魏徵曰：'汝与凝皆天之直人也，徵也遂，凝也挺，若并行于时，有用舍焉。'"

自恨枝无叶，莫怨太阳偏。大家都是命，半点不由人。

注：不由人，禁不住，不由自主地。《西厢记》第二本第一折："他脸儿清秀身儿俊，性儿温克情儿顺，不由人口儿里作念心儿里印。"《二刻拍案惊奇》卷一一："我也晓得是这般的，只不知为何有些异样，不由人眼泪要落下来，更不知为甚缘故。"

一年之计在于春，一日之计在于寅。一家之计在于和，一身之计在于勤。

责人之心责己，恕己之心恕人。守口如瓶，防意如城。宁可人负我，切莫我负人。再三须慎意，第一莫欺心。

注：恕己，宽宥自己。屈原《离骚》："羌内恕己以量人兮，各兴心而嫉妒。"王夫之通释："如心谓之恕。君子之恕，如其心之忠也。小人之恕，如其心之邪也。"守口如瓶，佛家主张"业报"，认为防止邪念当如守城防敌，言谈谨慎当如不轻启瓶盖，以免遭受恶报苦果。《慈悲道场忏法》卷六："身口业粗易遣，意地微细难除。如来大圣一切智人，于身口意始得不护。况凡惑愚夫而不守慎？若不折挫，未见其善。经云：防意如城，守口如瓶。"《诸经要集》卷九："洁其心而净其意者，则三涂报息，四德常满。防意如城，守口

如瓶。"守口如瓶，后常用以形容说话非常谨慎，严守秘密。

虎生犹可近，人熟不堪亲。来说是非者，便是是非人。

远水难救近火，远亲不如近邻。

有肉有酒多兄弟，急难何曾见一人。人情似纸张张薄，世事如棋局局新。山中也有千年树，世上难逢百岁人。

注：百岁人，崔敏童《宴城东庄》："一年始有一年春，百岁曾无百岁人。能向花前几回醉，十千沽酒莫辞贫。"（《全唐诗》卷二五八）

力微休负重，言轻莫劝人。无钱休入众，遭难莫寻亲。

注：入众，谓将私房财产、奴婢作为各房公产。任昉《奏弹刘整》："刘氏丧亡，抚养孤弱，叔郎整，常欲伤害侵夺。分前奴教子、当伯，并已入众；又以钱婢姊妹弟温，仍留奴自使伯。……整兄弟后分奴婢，唯余婢绿草入众。整复云寅未分财赎当伯，又应属众。"

平生莫作皱眉事，世上应无切齿人。

士者国之宝，儒为席上珍。

若要断酒法，醒眼看醉人。

注：断酒，戒酒。《尚书·酒诰》："王若曰：明大命于妹邦。乃穆考文王，肇国在西土。厥诰毖庶邦庶士，越少正、御事，朝夕曰：'祀兹酒。'惟天降命，肇我民，惟元祀。天降威，我民用大乱丧德，亦罔非酒惟行。越小大邦用丧，亦罔非酒惟辜。"这是将戒酒上升到了国家生死存亡的高度。白居易《答苏庶子》："病来从断酒，老去可禁愁。"《水浒传》第三十九回："李逵道：'哥哥，你自放心去。若是这等疑忌时，兄弟从今日就断了酒，待你回来却开！'"《随园诗话》卷八引马骕《池上》："种鱼有术寻渔父，断酒无心学

醉翁。"醒眼，清醒的眼光。齐己《对菊》："莫嫌醒眼相看过，却是真心爱淡黄。"纳兰性德《虞美人·残灯风灭炉烟冷》："判教狼藉醉清尊，为问世间醒眼是何人。"醉人，喝醉酒的人。王驾《社日》："桑柘影斜春社散，家家扶得醉人归。"

求人须求英雄汉，济人须济急时无。渴时一滴如甘露，醉后添杯不如无。

久住令人贱，频来亲也疏。

酒中不语真君子，财上分明大丈夫。

出家如初，成佛有余。

积金千两，不如明解经书。养子不教如养驴，养女不教如养猪。有田不耕仓廪虚，有书不读子孙愚。仓廪虚兮岁月乏，子孙愚兮礼义疏。同君一夜话，胜读十年书。人不通今古，马牛如襟裾。

注：明解，熟悉，明了。《后汉书·胡广传》："练达事体，明解朝章。"《北史·崔子枢传》："子枢明解世务，所居称职。"《敦煌变文集·秋胡变文》："洞达《九经》，明解《七略》。"

茫茫四海人无数，那个男儿是丈夫。白酒酿成缘好客，黄金散尽为收书。救人一命，胜造七级浮屠。城门失火，殃及池鱼。

庭前生瑞草，好事不如无。欲求生富贵，须下死工夫。百年成之不足，一旦败之有余。

注：瑞草，古代以为吉祥之草，如灵芝、蓂荚之类。或称仙草。《尔雅·释草》"茵，芝"郭璞注："芝，一岁三华，瑞草。"郝懿行义疏："（郭注）盖沿时俗符命之陋，以神芝为瑞草。"卢纶《奉和圣制麟德殿宴百僚》："玉栏丰瑞草，金陛立神羊。"朱敦儒《木兰花慢·折鞭蓉弄水》："念瑞草成畦，琼

蔬未采，尘染衰容。"死工夫，犹苦工夫。沈和《赏花时·潇湘八景》："欲求生富贵，须下死工夫。"《朱子语类》卷一〇："大凡文字有未晓处，须下死工夫，直要见得道理是自家底，方住。"

人心似铁，官法如炉。善化不足，恶化有余。

注："人心"二句，即使人心像铁一样坚硬，如炉的官法也能把它熔化。比喻法律无情。《虚堂和尚语录》卷五："不落因果，突出野狐；人心似铁，官法如炉。不昧因果，得脱野狐，顶上无骨，颔下有须。"《新编五代史平话·梁史平话》卷上："刘文政与那北石佛村教学的秀才杨崇赌钱相争，拿起骰盆，将杨秀才一下打杀了，被捉去押下徐州左狱拷勘。分明是：官法如炉，人心似铁。"官法，国家的法规、法律。《周礼·天官·大宰》："以八法治官府……六曰官法，以正邦治。"郑玄注："官法，谓职所主之法度。"孙诒让正义："官法，谓邦之大事各有专法，箸其礼节名数，若今会典、通礼之属，一官秉之，以授众官，使各依法共治之，是谓官法。"善化，善于教化。《荀子·宥坐》："以出以入，以就鲜洁，似善化。"杨倞注："言万物出入于水则必鲜洁，似善化者之使人去恶就美也。"《史记·建元以来侯者年表》："（黄霸）以贤良举为扬州刺史、颍川太守。善化，男女异路，耕者让畔。"

水至清则无鱼，人至察则无徒。知者减半，省者全无。

在家由父，出家从夫。痴人畏妇，贤女敬夫。

注："在家"二句，《仪礼·丧服》："妇人有三从之义，无专用之道。故未嫁从父，既嫁从夫，夫死从子。"《礼记·郊特牲》："出乎大门而先男帅女，女从男，夫妇之义由此始也。妇人，从人者也，幼从父兄，嫁从夫，夫死从子。"在家，犹在室。《穀梁传·隐公二年》："妇人在家，制于父；既嫁，制于夫；夫死，从长子。"出家，指女性出嫁后离开自己原来的家庭。

是非终日有，不听自然无。宁可正而不足，不可邪而有余。宁可信其有，不可信其无。

注：终日，整天。《周易·乾》："君子终日乾乾。"杜甫《愁坐》："终日忧奔走，归期未敢论。"李涉《题鹤林寺僧舍》："终日昏昏醉梦间，忽闻春尽强登山。因过竹院逢僧话，又得浮生半日闲。""宁可"二句，谓有备无患。《京本通俗小说·拗相公》："宁可信其有，不可信其无。妾亦闻外面人言籍籍，归怨相公。"《盆儿鬼》楔子："那先生人都叫他做贾半仙，宁可信其有，不可信其无。孩儿去意已决，若留在家，也少不得害出场病来。"

竹篱茅舍风光好，道院僧堂总不如。命里有时终须有，命里无时莫强求。道院迎仙客，书堂隐相儒。庭栽栖凤竹，池养化龙鱼。

注："命里"二句，《金瓶梅》第十四回："你说，有这等事？要得富，险上做。有诗为证：富贵自是福来投，利名还有利名忧。命里有时终须有，命里无时莫强求。"强求，勉强以求。《吕氏春秋·贵当》："名号大显，不可强求，必繇其道。"《金史·食货志三》："以国家之所自行者而强求之民，将若之何。"仙客，对隐者或道士的敬称。崔峒《送侯山人赴会稽》："仙客辞萝月，东来就一官。"李宗闵《赠毛仙翁》："不知仙客占青春，肌骨才教称两旬。"书堂，学堂。庾信《周大将军上开府广饶公郑常墓志铭》："就经黉舍，略见书堂；习武兵栏，偏知剑术。"《初刻拍案惊奇》卷一七："达生辞了母亲，又到书堂中去了。"相儒，能辅佐君主、治理国家的读书人。《永乐大典》卷七二三五："相儒堂，《新安续志》：宋丞相江万里，尝读书黟县石鼓院中，僧扁其堂曰'相儒'。"庭栽栖凤竹，吴与弼《栖凤竹》："庭宇肃深沉，苍翠交梧竹。众鸟从纷飞，时看凤来宿。"

结交须胜己，似我不如无。但看三五日，相见不如初。

人情似水分高下，世事如云任卷舒。

会说说都是，不会说无礼。

注："不会"句，谓不善言谈之人，因为无法准确表达自己的真实感情和想法，容易让人误解不懂礼义。无礼，指不循礼法。《诗经·鄘风·相鼠》："相鼠有体，人而无礼。人而无礼，胡不遄死？"《史记·秦本纪》："秦师无礼，不败何待！"《唐语林·方正》："臣知杖无礼之人，不知打神策军将。"

磨刀恨不利，刀利伤人指。求财恨不得，财多害自己。知足常足，终身不辱。知止常止，终身不耻。有福伤财，无福伤己。

差之毫厘，失之千里。若登高必自卑，若涉远必自迩。三思而行，再思可矣。使口不如自走，求人不如求己。

注：三思而行，指做事情应多加考虑，不可贸然从事。《论语·公冶长》："季文子三思而后行。子闻之，曰：'再，斯可矣。'"三思，即多思。三，再三，反复多次。张衡《东京赋》："宪先灵而齐轨，必三思以顾愆。"《南史·毛喜传》："今日之言，必非太后之意，宗社至重，愿加三思。"再，多一次思考。孔子认为，季文子做事过分谨慎。只要考虑问题周全，做事谨慎就行了，如果过于瞻前顾后，会影响行为的及时性和果敢性。《救风尘》第一折："他也合三思而行，再思可矣。"

小时是兄弟，长大各乡里。妒财莫妒食，怨生莫怨死。

人见白头嗔，我见白头喜。多少少年亡，不到白头死。

墙有缝，壁有耳。好事不出门，恶事传千里。

贼是小人，智过君子。君子固穷，小人穷斯滥也。贫穷自在，富贵多忧。不以我为德，反以我为仇。宁向直中取，不可曲中求。

人无远虑，必有近忧。知我者谓我心忧，不知我者谓我何求。晴天不肯去，只待雨淋头。

注："知我者"二句，了解我的人知道我是因为内心忧伤，不了解我的还以为我在寻求什么。形容不被理解的困惑。《诗经·王风·黍离》："彼黍离离，彼稷之苗。行迈靡靡，中心摇摇。知我者谓我心忧，不知我者谓我何求。悠悠苍天，此何人哉！"《毛诗序》："《黍离》，闵宗周也。周大夫行役，至于宗周，过故宗庙宫室，尽为禾黍，闵周室之颠覆，彷徨不忍去而作是诗也。"李涛《登高丘而望远海》："望远海，登高丘，知我者谓我心忧，不知我者谓我何求。归枕蓬莱漱弱水，大观宇宙真蜉蝣。"（载《宋诗纪事》卷七〇）

成事莫说，覆水难收。是非只为多开口，烦恼皆因强出头。忍得一时之气，免得百日之忧。近来学得乌龟法，得缩头时且缩头。惧法朝朝乐，欺公日日忧。

注：乌龟法，比喻不出头、不露面的方法。《续传灯录》卷八："僧问：'如何是祖师西来意？'师曰：'入市乌龟。'曰：'意旨如何？'师曰：'得缩头时且缩头。'"《张协状元》第二十四出："些子房钱忍耐休，秀才相骂孱人羞。我近来学得乌龟法，得缩头时且缩头。"《西游记》第十九回："八戒道：'晓得，晓得！你只管快快前去！老猪学得个乌龟法，得缩头时且缩头。'"

人生一世，草生一春。黑发不知勤学早，看看又是白头翁。月到十五光明少，人到中年万事休。

注：勤学，努力学习。《列女传·邹孟轲母》："孟子惧，旦夕勤学不息。"《东观汉记·桓荣传》："荣少勤学，讲论不息。治《欧阳尚书》，事九江朱文刚，穷极师道，贫窭无资，常客佣以自给，精力不倦，十五年不窥家。"月到十五光明少，关汉卿《蝴蝶梦》楔子："月过十五光明少，人到中年万事休。

儿孙自有儿孙福，莫为儿孙作远忧。"光明，光亮，明亮。《荀子·王霸》："《诗》云：'如霜雪之将将，如日月之光明。'"中年，四五十岁的年纪。《列子·周穆王》："宋阳里华子中年病忘。"《晋书·王羲之传》："谢安尝谓羲之曰：'中年以来，伤于哀乐。'"陆游《闲游》："老躯健似中年日，乡俗淳如太古时。"

儿孙自有儿孙福，莫为儿孙作马牛。人生不满百，常怀千岁忧。

今朝有酒今朝醉，明日愁来明日忧。路逢险处难回避，事到头来不自由。药能医假病，酒不解真愁。

注："今朝"二句，表达乐观洞达、与世无争的情怀。也比喻得过且过。罗隐《自遣》："得即高歌失即休，多愁多恨亦悠悠。今朝有酒今朝醉，明日愁来明日愁。"回避，躲避，避让。韩偓《即目》二首其一："宦途弃掷须甘分，回避红尘是所长。"《敦煌变文集·难陀出家缘起》："便即将身且回避，心中不愿见如来。"苏轼《行香子·秋与》："昨夜霜风。先入梧桐。浑无处、回避衰容。"

人平不语，水平不流。一家有女百家求，一马不行百马忧。有花方酌酒，无月不登楼。三杯通大道，一醉解千愁。深山毕竟藏猛虎，大海终须纳细流。

注：三杯通大道，谓饮酒能通向超脱之道。李白《月下独酌》四首其二："贤圣既已饮，何必求神仙。三杯通大道，一斗合自然。"查慎行《谢院长惠西洋蒲桃酒》："直可三杯通大道，谁教五斗博西凉。"一醉解千愁，谓酒醉可摆脱各种愁闷和烦恼。不忽木《点绛唇·辞朝宁可身》套数："非是微臣常恋酒，叹古今荣辱，看兴亡成败，则待一醉解千愁。"武汉臣《生金阁》第三

折："张千，可不道三杯和万事，一醉解千愁。孩儿，我且不吃，一发等你吃了这钟，凑个三杯，可不好那。"

惜花须检点，爱月不梳头。大抵选他肌骨好，不擦红粉也风流。

注：检点，慎重。《初刻拍案惊奇》卷二〇："那萧秀才因一时无心失误上，白送了一个状元。世人做事，决不可不检点！"梳头，古代妓女第一次接客，又称"梳弄""梳拢""梳栊""梳笼"。肌骨，肌肉与骨骼。应场《侍五官中郎将建章台集诗》："常恐伤肌骨，身陨沉黄泥。"《汉书·王莽传》："军人分裂莽身，支节肌骨脔分，争相杀者数十人。"欧阳修《秋声赋》："其气栗冽，砭人肌骨。"

受恩深处宜先退，得意浓时便可休。莫待是非来入耳，从前恩爱反为仇。留得五湖明月在，不愁无处下金钩。休别有鱼处，莫恋浅滩头。去时终须去，再三留不住。

注：滩头，江河湖海边水涨淹没、水退显露的淤积平地。刘禹锡《送景玄师东归》："滩头蹋屣挑沙菜，路上停舟读古碑。"苏轼《八月七日初入赣过惶恐滩》："七千里外二毛人，十八滩头一叶身。"

忍一句，息一怒，饶一着，退一步。

三十不豪，四十不富，五十将相寻死路。

生不认魂，死不认尸。父母恩深终有别，夫妻义重也分离。人生似鸟同林宿，大限来时各自飞。

人善被人欺，马善被人骑。人无横财不富，马无夜草不肥。人恶人怕天不怕，人善人欺天不欺。善恶到头终有报，只争来早与来迟。黄河尚有澄清日，岂可人无得运时。

注："人无"二句，《双珠记》第三十六出："人无横财不富，马无夜草不肥……方才见那宫女怀中落下一物，不知是什么东西。一时人众，不好拾得，如今安置他们坐地，我假投登东，独自出来寻取。"横财，指意外的、非分的钱财。《独异志》卷上："公曰：理固不同，冥司有三十炉，日夕鼓橐，为说铸横财，我无一焉，恶可匹哉？"陆游《哭王季夷》："梦中有客征残锦，地下无炉铸横财。"《来生债》第一折："那先生说我今年今月今日今时，可当发迹，得些儿横财。"夜草，夜间供给牲畜的饲料。

得宠思辱，安居虑危。念念有如临敌日，心心常似过桥时。

注：念念、心心，所有的念头、心思。指想做某件事或得到某种东西。《五灯会元》卷一五："只如诸人心心不停，念念不住。若能不停处停，念处无念，自合无生之理。"《二程全书·遗书二上》："有人遇一事，则心心念念不肯舍，毕竟何益？"临敌，面对敌人。《吴子·论将》："果者，临敌不怀生。"孔融《荐祢衡表》："飞辩骋辞，溢气坌涌，解疑释结，临敌有余。"皮日休《汉斩丁公论》："则丁公临敌，舍敌无杀，诚恻隐之仁者，岂有猜误辩说疑惧者耶，有利则存不利则亡者耶。"

英雄行险道，富贵似花枝。人情莫道春光好，只怕秋来有冷时。

送君千里，终须一别。

但将冷眼看螃蟹，看你横行到几时。

见事莫说，问事不知。闲事休管，无事早归。

假缎染就真红色，也被旁人说是非。善事可作，恶事莫为。许人一物，千金不移。龙生龙子，虎生虎儿。龙游浅水遭虾戏，虎落平阳被犬欺。

注：《论衡·讲瑞》："或曰：'凤皇、骐驎，生有种类，若龟龙有种类矣。龟故生龟，龙故生龙，形色小大，不异于前者也。见之父，察其子孙，何为不可知？'"

一举首登龙虎榜，十年身到凤凰池。十年窗下无人问，一举成名天下知。

酒债寻常行处有，人生七十古来稀。

养儿待老，积谷防饥。鸡豚狗彘之畜，无失其时。数口之家，可以无饥矣。常将有日思无日，莫把无时当有时。

注："数口之家"二句，《孟子·梁惠王上》："百亩之田，勿夺其时，数口之家可以无饥矣。"

时来风送滕王阁，运去雷轰荐福碑。

注：《喻世明言》卷九："运去雷轰荐福碑，时来风送滕王阁。今朝婚宦两称心，不似从前情绪恶。"《醒世恒言》卷四〇《马当神风送滕王阁》："老叟道：'来日重阳佳节，洪都阎府君欲作《滕王阁记》。子有绝世之才，何不竟往献赋，可获资财数千，且能垂名后世。'王勃道：'此到洪都，有几多路程？'老叟道：'水路共七百余里。'王勃道：'今已晚矣！止有一夕，焉能得达？'老叟道：'子但登舟，我当助清风一帆，使子明日早达洪都。'王勃再拜道：'敢问老丈，仙耶神耶？'老叟道：'吾即中源水君，适来山上之庙，便是我的香火。'王勃大惊，又拜道：'勃乃三尺童稚，一介寒儒，肉眼凡夫，冒渎尊神，请勿见罪！'老叟道：'是何言也！但到洪都，若得润笔之金，可以分惠。'王勃道：'果有所赠，岂敢自私？'老叟笑道：'吾戏言耳！'须臾有一舟至，老叟令王勃乘之。勃乃再拜，辞别老叟上船。方才解缆张帆，但见祥风

缥缈，瑞气盘旋，红光罩岸，紫雾笼堤。王勃骇然回视江岸，老叟不知所在，已失故地矣。……这叫做：运去雷轰荐福碑，时来风送滕王阁。顷刻天明，船头一望，果然已到洪都。"释惠洪《冷斋夜话》卷二："范文正公镇鄱阳，有书生献诗甚工，文公礼之。书生自言：'天下之至寒饿者，无在某右。'时盛行欧阳率更书，《荐福寺碑》墨本直千钱。文正为具纸墨打千本，使售于京师。纸墨已具，一夕雷击碎其碑。故时人为之语曰：'有客打碑来荐福，无人骑鹤上扬州。'东坡作《穷措大》诗曰：'一夕雷轰荐福碑。'"

入门休问荣枯事，观看容颜便得知。官清书吏瘦，神灵庙祝肥。

息却雷霆之怒，罢却虎狼之威。饶人算人之本，输人算人之机。好言难得，恶语易施。一言既出，驷马难追。

注："息却"二句，王仲文《救孝子贤母不认尸》第一折："告大人暂息雷霆之怒，略罢虎狼之威，听老身说一遍咱。"雷霆之怒，像霹雳一样的盛怒。形容愤怒到了极点。《三国志·吴书·陆逊传》："今不忍小忿，而发雷霆之怒，违垂堂之戒，轻万乘之重，此臣之所惑也。"虎狼之威，形容极凶猛的威势。输人，输给别人。机，关键。

道吾好者是吾贼，道吾恶者是吾师。路逢侠客须呈剑，不是才人莫献诗。三人同行，必有我师焉，择其善者而从之，其不善者而改之。

注：侠客，旧称急人之难、出言必信、锄强扶弱的豪侠之士。《史记·游侠列传》："要以功见言信，侠客之义又曷可少哉！"元稹《侠客行》："侠客不怕死，怕死事不成。"才人，指有才能的人，有才情的人。《论衡·书解》："故才人能令其行可尊，不能使人必法己。"王融《报范通直》："三楚多秀士，

江上复才人。"赵翼《论诗》五首其二:"江山代有才人出,各领风骚数百年。"献诗,进献诗作。《国语·周语》:"故天子听政,使公卿至于列士献诗。"韦昭注:"献诗以风也。"《三国志·魏书·陈思王植传》:"谨拜表献诗二篇。"《新唐书·崔颢传》:"初,李邕闻其名,虚舍邀之,颢至献诗。"

少壮不努力,老大徒悲伤。

人有善愿,天必佑之。

莫饮卯时酒,昏昏醉到酉。莫骂酉时妻,一夜受孤凄。

注:卯时,早上五点至七点。酉时,下午五点至七点。孤凄,孤单凄凉。《鲁斋郎》第二折:"单是这小业种好孤凄,从今后谁照觑他饥时饭,冷时衣?"《小孙屠》第九出:"只影孤凄,心下伤悲。一弄儿凄凉,总促在愁眉。"

种麻得麻,种豆得豆。天网恢恢,疏而不漏。见官莫向前,做客莫在后。宁添一斗,莫添一口。螳螂捕蝉,岂知黄雀在后。不求金玉重重贵,但愿儿孙个个贤。

一日夫妻,百世姻缘。百世修来同船渡,千世修来共枕眠。

注:《说文解字》:"世,三十年为一世。"百世,世世代代。《诗经·大雅·文王》:"文王孙子,本支百世。"《史记·平原君虞卿列传》:"此百世之怨而赵之所羞,而王弗知恶焉。"韩愈《祭田横墓文》:"事有旷百世而相感者,余不自知其何心。"姻缘,旧时谓婚姻的缘分。《京本通俗小说·志诚张主管》:"开言成匹配,举口合姻缘。"《初刻拍案惊奇》卷五:"若不是姻缘,眼面前也强求不得的。"修来,谓修业进德以求将来之功。《抱朴子·君道》:"掩细瑕而录大用,忘近恶而念远功,使夫曹刿、孟明有修来之效,魏尚、张敞立雪耻之绩。"《三国志·魏书·袁绍传》"太祖乃还救谭,十月至黎阳"裴松之注引《汉晋春秋》:"是后又望将军改往修来,克己复礼,追还孔怀如初

之爱。"

杀人一万，自损三千。伤人一语，利如刀割。

枯木逢春犹再发，人无两度再少年。未晚先投宿，鸡鸣早看天。

注：投宿，临时住宿。刘向《九叹·逢纷》："平明发兮苍梧，夕投宿兮石城。"司马光《投圣俞》："高吟桑野阔，目瞑即投宿。"《初刻拍案惊奇》卷三〇："儿再世前曾贩羊从夏州来，到此翁姥家里投宿。"鸡鸣，鸡叫。常指天明之前。《诗经·郑风·风雨》："风雨凄凄，鸡鸣喈喈。"鲍照《行药至城东桥》："鸡鸣关吏起，伐鼓早通晨。"

将相胸前堪走马，公侯肚里好撑船。

富人思来年，穷人思眼前。世上若要人情好，赊去物件莫取钱。死生有命，富贵在天。

注：赊，《说文解字》："赊，贳买也。"段注："贳买者，在彼为贳，在我则为赊也。"物件，东西，物品。董解元《西厢记诸宫调》卷七："寄来的物件，斑管、瑶琴、簪是玉，穷包儿里一套衣服，怎不教人痛苦？"

击石原有火，不击乃无烟。人学始知道，不学亦徒然。莫笑他人老，终须还到老。但能依本分，终须无烦恼。

君子爱财，取之有道。贞妇爱色，纳之以礼。

注："贞妇"二句，谓贞洁的女性爱美丽，但装扮也需合乎礼仪。色，美貌。《史记·平原君虞卿列传》："门下一人前对曰：以君之不杀笑躄者，以君为爱色而贱士，士即去耳。"苏轼《自径山回得吕察推诗用其韵招之宿湖上》："多君贵公子，爱山如爱色。"纳，接纳，接受。文天祥《指南录·后序》：

"至通州，几以不纳死。"

善有善报，恶有恶报。不是不报，日子未到。

人而无信，不知其可也。

一人道好，千人传实。凡事要好，须问三老。若争小可，便失大道。年年防饥，夜夜防盗。

注："一人"二句，王符《潜夫论·贤难》："一犬吠形，百犬吠声；一人传虚，万人传实。"《景德传灯录》卷二一："问：'如何是东禅家风？'师曰：'一人传虚，万人传实。'"（按：《战国策·魏策》所载"三人成虎"典事可参："庞葱与太子质于邯郸，谓魏王曰：'今一人言市有虎，王信之乎？'王曰：'否。''二人言市有虎，王信之乎？'王曰：'寡人疑之矣。''三人言市有虎，王信之乎？'王曰：'寡人信之矣。'庞葱曰：'夫市之无虎明矣，然而三人言而成虎。今邯郸去大梁也远于市，而议臣者过于三人矣。愿王察之矣。'王曰：'寡人自为知。'于是辞行，而谗言先至。后太子罢质，果不得见。"）

学者如禾如稻，不学者如蒿如草。

遇饮酒时须饮酒，得高歌处且高歌。

注："遇饮酒时"二句，《张协状元》第二出："孩儿要去莫蹉跎，梦若奇哉喜更多。遇饮酒时须饮酒，得高歌处且高歌。"《幽闺记》第二十九出："莫辞今日醉颜酡，百岁光阴能几何。遇饮酒时须饮酒，得高歌处且高歌。"高歌，高声歌吟。枚乘《七发》："高歌陈唱，万岁无斁。"许浑《秋思》："高歌一曲掩明镜，昨日少年今白头。"刘基《过秦楼》："且高歌对酒，趁取韶华未晚。"

因风吹火，用力不多。不因渔父引，怎得见波涛。

无求到处人情好，不饮从他酒价高。知事少时烦恼少，识人多处是非多。入山不怕伤人虎，只怕人情两面刀。强中更有强中手，恶人须用恶人磨。会使不在家豪富，风流不用着衣多。

光阴似箭，日月如梭。天时不如地利，地利不如人和。黄金未为贵，安乐值钱多。

注：《孟子·公孙丑下》："天时不如地利，地利不如人和。"孟子所说的"天时""地利""人和"，分别是指尖兵作战的时机、气候等，山川险要、城池坚固等，人心所向、内部团结等。《荀子·王霸》："农夫朴力而寡能，则上不失天时，下不失地利，中得人和而百事不废。"荀子所说的"天时""地利""人和"，则分别是指农时、土壤肥沃、人的分工。

世上万般皆下品，思量惟有读书高。世间好语书说尽，天下名山僧占多。

注："世上"二句，《金凤钗》第二折："天子重英豪，文章教尔曹。万般皆下品，惟有读书高。"万般，总括之词，谓各种各样。元稹《岳阳楼》："怅望残春万般意，满棂湖水入西江。"下品，犹下等。魏晋士族门第低的称为下品。《晋书·刘毅传》："上品无寒门，下品无势族。"（按：章太炎《论读经有利而无弊》所云可参："唯晋世贵族用事，盖以九品中正定人材，其弊致于上品无寒门，下品无世族，自然趋入世卿一途，然非有人蓄意主张之也。"）亦泛指质量最低或等级最低者。苏轼《上神宗皇帝书》："不善养生者，薄节慎之功，迟吐纳之效，厌上药而用下品，伐真气而助强阳，根本已危，僵仆无日。"

为善最乐，为恶难逃。羊有跪乳之恩，鸦有反哺之义。

你急他未急，人闲心不闲。隐恶扬善，执其两端。

注："隐恶"二句，《中庸》："子曰：'舜其大知也与！舜好问而好察迩

言，隐恶而扬善，执其两端，用其中于民，其斯以为舜乎！'"两端，谓两个极端。郑玄注："两端，过与不及也，用其中于民，贤与不肖皆能行之也。"朱熹集注："两端，谓众论不同之极致。盖凡物皆有两端，如小大厚薄之类，于善之中又执其两端，而量度以取中，然后用之，则其择之审而行之至矣。然非在我之权度精切不差，何以与此。此知之所以无过不及，而道之所以行也。"

妻贤夫祸少，子孝父心宽。

既坠釜甑，反顾无益。翻覆之水，收之实难。

注：釜、甑，皆古炊煮器名。《孟子·滕文公上》："曰：'许子以釜甑爨，以铁耕乎？'曰：'然。'"朱熹集注："釜，所以煮；甑，所以炊。"《史记·项羽本纪》："皆沉船，破釜甑，烧庐舍。"翻覆，倾覆。

人生知足何时足，人老偷闲且是闲。但有绿杨堪系马，处处有路透长安。

见者易，学者难。莫将容易得，便作等闲看。用心计较般般错，退步思量事事难。

道路各别，养家一般。从俭入奢易，从奢入俭难。

知音说与知音听，不是知音莫与弹。

点石化为金，人心犹未足。信了肚，卖了无。

他人观花，不涉你目。他人碌碌，不涉你足。

注：碌碌，繁忙劳苦貌。牟融《游报本寺》："自笑微躯长碌碌，几时来此学无还。"《三元记》第十五出："红尘滚滚长安道，镜中两鬓萧然皓。碌碌江湖老，身穿幽壑过小桥，渔父停其棹。"

谁人不爱子孙贤，谁人不爱千钟粟。莫把真心空计较，五行不是这题目。

与人不和，劝人养鹅。与人不睦，劝人架屋。但行好事，莫问前程。

注：不和，不和睦。《尚书·多方》："自作不和，尔惟和哉。"《史记·循吏列传》："郑昭君之时，以所爱徐挚为相，国乱，上下不亲，父子不和。"《封氏闻见记·戏论》："县官甚不和！长官称雨，赞府即道晴；赞府称晴，长官即道雨。终日如此，非不和乎？"鹅，在古代被认为是一种吉祥的家禽，养鹅可以辟邪，劝人养鹅是一种善意的举动。不睦，犹不和。（按：不睦，又为中国古代规定的"十恶"之一。《隋书·刑法志》："开皇元年……更定新律。……又置十恶之条，多采后齐之制而颇有损益。一曰谋反，二曰谋大逆，三曰谋叛，四曰恶逆，五曰不道，六曰大不敬，七曰不孝，八曰不睦，九曰不义，十曰内乱。犯十恶及故杀人狱成者，虽会赦犹除名。"《唐律疏议·名例》："不睦。（谓谋杀及卖缌麻以上亲，殴告夫及大功以上尊长、小功尊属。）"《疏》议曰："但有谋杀及卖缌麻以上亲，无问尊卑长幼，总入此条。"沈之奇等辑注《大清律例新增统纂集成》："此条皆亲属相犯，为九族不相协和，故曰不睦。卑幼犯上则重，尊长犯下则轻。"）架屋，此谓建房。作为中国古代非常重要的建筑活动，架屋会有许多吉祥的祈祷仪式，因此劝人架屋也跟劝人养鹅一样，被视为善意的行为。（按：架屋，又是对专事模仿者的讥讽。《世说新语·文学》："庾仲初作《扬都赋》成，以呈庾亮。亮以亲族之怀，大为其名价云：'可三《二京》，四《三都》。'于此人人竞写，都下纸为之贵。谢太傅云：'不得尔，此是屋下架屋耳。事事拟学，而不免俭狭。'"黄滔《薛推先辈》："遂投鄙拙，上渎精奇，伫聆架屋之讥，莫俟披沙之谕。"）

河狭水急，人急计生。明知山有虎，莫向虎山行。路不行不到，事不为不成。人不劝不善，钟不打不鸣。

无钱方断酒，临老始看经。点塔七层，不如暗处一灯。

万事劝人休瞒昧，举头三尺有神明。但存方寸土，留与子孙耕。灭却心头火，剔起佛前灯。

惺惺常不足，懵懵作公卿。众星朗朗，不如孤月独明。

注：懵（měng）懵，糊里糊涂。岑参《感旧赋》："上帝懵懵，莫知我冤。"《传习录》卷上："汝能知昼？懵懵而兴，蠢蠢而食，行不著，习不察，终日昏昏，只是梦昼。"

兄弟相害，不如自生。合理可作，小利莫争。

注：自生，生存自立。（按：哲学意义上的"自生"，是指自己生成。裴頠《崇有论》："夫至无者无以能生，故始生者自生也。"《庄子·齐物论》郭象注："无既无矣，则不能生有。有之未生，又不能为生。然则生生者谁哉？块然而自生耳。"）合理，合乎道理或事理。《史通·载言》："言事相兼，烦省合理。"《北史·斛律光传》："每会议，常独后言，言辄合理。"

牡丹花好空入目，枣花虽小结实成。

欺老莫欺小，欺人心不明。

随分耕锄收地利，他时饱满谢苍天。

注：随分，依据本性，按照本分。刘勰《文心雕龙·熔裁》："谓繁与略，随分所好。"周振甫注："随分所好，跟着作者性分的爱好。分，性分，天性，个性。"《周易·坤》"君子以厚德载物"孔颖达疏："言君子者，亦包公卿诸侯之等；但厚德载物，随分多少，非如至圣载物之极也。"刘基《摸鱼儿》："荣名几许，随分莫求多。"耕锄，耕田除草。泛指农作。储光羲《田家杂兴》八首其七："日旰懒耕锄，登高望川陆。"《三国演义》第三十八回："亮久乐耕锄，懒于应世，不能奉命。"地利，对农业生产有利的土地条件。《尚书·周官》："司空掌邦土，居四民，时地利。"沈约《劝农访民所疾苦诏》："相亩辟畴，广开地利。"饱满，作物颗粒饱满。也可以指吃饱。《百喻经·欲食半饼

喻》:"譬如有人,因其饥故,食七枚煎饼。食六枚半已,便得饱满。"苏辙《梦中反古菖蒲》:"仙人劝我食,再三不忍折。一人得饱满,余人皆不悦。"苍天,天。古人常以苍天为主宰人生的神。也叫上天,上苍。《诗经·王风·黍离》:"悠悠苍天,此何人哉!"毛传:"苍天,以体言之。尊而君之则称皇天,元气广大则称昊天,仁覆闵下则称旻天,自上降鉴则称上天,据远视之苍苍然,则称苍天。"《史记·龟策列传》:"今龟周流天下,还复其所,上至苍天,下薄泥涂。"

得忍且忍,得耐且耐。不忍不耐,小事成大。

相论逞英雄,家计渐渐退。贤妇令夫贵,恶妇令夫败。一人有庆,兆民咸赖。

人老心未老,人穷志莫穷。人无千日好,花无百日红。

杀人可恕,情理难容。

注:"杀人"二句,意谓对杀人者必须给予严惩。《水浒传》第十回:"林冲喝道:'泼贼,我自来又和你无甚么冤仇,你如何这等害我?正是:杀人可恕,情理难容。'"《义侠记》第二十九出:"若不杀张都监、张团练、蒋门神,如何出得这口气?正是:杀人可恕,情理难容。"《蝴蝶梦》第二折:"孩儿每万千死罪犯公徒,那厮每情理难容,俺孩儿杀人可恕。"情理,人情与道理。《后汉书·张堪廉范传》:"若夫高祖之召栾布,明帝之引廉范,加怒以发其志,就戮更延其宠,闻义能徙,诚君道所尚。然情理之枢,亦有开塞之感焉。"《水经注·泗水》:"以今忖古,益知延之之不通情理矣。"李渔《闲情偶寄·凜遵曲谱》:"如《金络索》《梧桐树》是两曲,串为一曲,而名曰《金索挂梧桐》,以金索挂树,是情理所有之事也。"

乍富不知新受用,乍贫难改旧家风。座上客常满,樽中酒不空。屋漏更遭连年雨，行船又遇打头风。笋因落箨方成竹，鱼为奔波始化龙。

注：连年，连续数年，接连多年。《汉书·王商传》："商死后，连年日蚀、地震。"郑遂初《别离怨》："荡子戍辽东，连年信不通。"戴良《登大牢山》："那堪回首东南地，烽火连年警报闻。"

记得少年骑竹马，看看又是白头翁。

注：骑竹马，古时儿童常相与骑竹马为戏，后因用作咏儿童生活与友谊的典故。《世说新语·品藻》："桓公语诸人曰：'少时与渊源共骑竹马。'"白居易《喜入新年自咏》："大历年中骑竹马，几人得见会昌春。"韦庄《途次逢李氏兄弟感旧》："晓傍柳阴骑竹马，夜隈灯影弄先生。"亦省作"骑竹"。杜甫《清明》二首其一："绣羽衔花他自得，红颜骑竹我无缘。"王夫之《石崖先生传略》："与两从兄，自斗草骑竹，以至就外傅，皆未尝一语失敬爱之度。"

礼义生于富足，盗贼出于贫穷。

天上众星皆拱北，世间无水不朝东。

君子安平，达人知命。

注：安平，安于平淡。又有平安之意。《韩非子·六反》："君上之于民也，有难则用其死，安平则尽其力。"焦赣《易林·旅之·家人》："土陷四维，安平不危，利以居止，保有玉女。"司马光《请建储副或进用宗室第一状》："况所受祖宗光明盛大之基业，岂可不为之深思远虑，措之于安平坚固之地，以保万世无疆之休哉！"

忠言逆耳利于行，良药苦口利于病。顺天者存，逆天者亡。人为财死，鸟为食亡。

夫妻相合好，琴瑟与笙簧。有儿贫不久，无子富不长。

注：相合，彼此一致，相符。《后汉书·张升传》："升少好学，多关览，而任情不羁。其意相合者，则倾身交结，不问穷贱。"《三国演义》第五十九回："天下高见，多有相合。文和之谋，正合吾心中之事也。"琴瑟，弹奏琴瑟。《诗经·周南·关雎》："窈窕淑女，琴瑟友之。"后比喻夫妇间感情和谐。亦借指夫妇。苏轼《答求亲启》："许敦兄弟之好，永结琴瑟之欢。"笙簧（shēng huáng），指笙。簧，笙中之簧片。《礼记·明堂位》："垂之和钟，叔之离磬，女娲之笙、簧。"郑玄注："笙簧，笙中之簧也……女娲作笙簧。"

善必寿老，恶必早亡。爽口食多偏作病，快心事过恐生殃。

富贵定要安本分，贫穷不必枉思量。画水无风空作浪，绣花虽好不闻香。贪他一斗米，失却半年粮。争他一脚豚，反失一肘羊。

龙归晚洞云犹湿，麝过春山草木香。

注：许浑《题崔处士山居》："龙归晓洞云犹湿，麝过春山草自香。"

平生只会量人短，何不回头把自量。见善如不及，见恶如探汤。

注：自量，估计自己的才能和力量。《抱朴子·刺骄》："今世人无戴阮之自然，而效其倨慢，亦是丑女暗于自量之类也。"曹植《求自试表》："窃不自量，志在效命，庶立毛发之功，以报所受之恩。"韩愈《调张籍》："蚍蜉撼大树，可笑不自量。"

人贫志短，马瘦毛长。自家心里急，他人未知忙。贫无达士将金赠，病有高人说药方。

注：自家，自己。《北史·太宗明元帝纪》："冬十一月壬午，诏使者巡行

诸州，校阅守宰资财，非自家所赍，悉簿为赃。"施肩吾《望夫词》："自家夫婿无消息，却恨桥头卖卜人。"《窦娥冤》第二折："自家张驴儿，可奈那窦娥百般的不肯随顺我。"

触来莫与说，事过心清凉。秋至满山多秀色，春来无处不花香。

凡人不可貌相，海水不可斗量。清清之水，为土所防。济济之士，为酒所伤。蒿草之下，或有兰香。茅茨之屋，或有侯王。无限朱门生饿殍，几多白屋出公卿。

注：清清，清洁明澈貌。《晏子春秋·内篇问下四》："美哉，水乎清清！其浊无不雩途，其清无不洒除，是以长久也。"济济，众多貌。《诗经·大雅·旱麓》："瞻彼旱麓，榛楛济济。"毛传："济济，众多也。"卢纶《元日早朝呈故省诸公》："济济延多士，跄跄舞百蛮。"蒿草，草名，有青蒿等数种。曹丕《陌上桑》："寝蒿草，荫松柏，涕泣雨面沾枕席。"袁宏道《相逢行》："行行即曲巷，曲巷多蒿草。"侯王，泛指诸侯。《老子》："道常无为而无不为。侯王若能守之，万物将自化。"《史记·项羽本纪》："乃分天下，立诸将为侯王。"陆机《五等论》："汉矫秦枉，大启侯王。境土逾溢，不遵旧典。"

醉后乾坤大，壶中日月长。万事皆已定，浮生空自忙。

注：壶中日月，旧指道家悠闲清静的无为生活。《后汉书·费长房传》："费长房者，汝南人也。曾为市掾。市中有老翁卖药，悬一壶于肆头，及市罢，辄跳入壶中。市人莫之见，唯长房于楼上睹之，异焉，因往再拜奉酒脯。翁知长房之意其神也，谓之曰：'子明日可更来。'长房旦日复诣翁，翁乃与俱入壶中。唯见玉堂严丽，旨酒甘肴盈衍其中，共饮毕而出。翁约不听与人言之。后乃就楼上长房曰：'我神仙之人，以过见责，今事毕当去，子宁能相随

乎？楼下有少酒，与卿为别。'长房使人取之，不能胜，又令十人扛之，犹不举。翁闻，笑而下楼，以一指提之而上。视器如一升许，而二人饮之终日不尽。"李白《下途归石门旧居》："何当脱屣谢时去，壶中别有日月天。"

千里送毫毛，礼轻仁义重。

世事明如镜，前程暗似漆。光阴黄金难买，一世如驹过隙。

良田万顷，日食一升。大厦千间，夜眠八尺。千经万典，孝义为先。

注：孝义，行孝重义。《新唐书·太宗皇帝纪》："赐孝义之家粟五斛。"《宋史·郝戭传》："聂事舅姑亦以孝义著。"《琵琶记》第四十二出："耀门间，进官职，孝义名传天下知。"

一字入公门，九牛拖不出。衙门八字开，有理无钱莫进来。

注：衙门，旧时官吏办事的地方。《北齐书·宋世良传》："每日衙门虚寂，无复诉讼者。"马愈《马氏日抄·牌额》："正统间，京师营造衙门，其牌额皆程南云书。"李渔《玉搔头》第五出："只指望讨几封荐书，往各衙门走走，骗些银子用的。"

富从升合起，贫因不算来。家中无才子，官从何处来。

万事不由人计较，一生都是命安排。急行慢行，前程只有多少路。

注：安排，谓施以心思人力。与纯任自然、不加干预相对而言。《清波杂志》卷九："积从胡瑗学，一见异待之。尝延食中堂，二女子侍立，将退，积问曰：'门人或问见侍女否，何以答之？'瑗曰：'莫安排。'积闻此言，省悟，所学顿进。"陆游《兀坐久散步野舍》："先师有遗训，万事忌安排。"

人间私语，天闻若雷。暗室亏心，神目如电。一毫之恶，劝人莫作。一毫之善，与人方便。欺人是祸，饶人是福。天网恢恢，报应甚速。圣贤言语，神钦鬼伏。

注：神鬼，神灵和鬼怪。《水经注·河水》："岩堂之内，每时见神人往还矣，盖鸿衣羽裳之士，练精饵食之夫耳。俗人不悟其仙者，乃谓之神鬼，彼羌目鬼曰唐述，复因名之为唐述山。"钦伏，敬服。《水浒传》第十三回："那索超见了杨志手段高强，心中也自钦伏。"鬼伏，比喻变化莫测。司空图《漫书》五首其四："神藏鬼伏能千变，亦胜忘机避要津。"

人各有心，心各有见。口说不如身逢，耳闻不如目见。

养军千日，用在一朝。国清才子贵，家富小儿骄。

利刀割体痕易合，恶语伤人恨不消。公道世间惟白发，贵人头上不曾饶。

有钱堪出众，无衣懒出门。为官须作相，及第必争先。

注：无衣，没有衣着。《诗经·秦风·无衣》："岂曰无衣？与子同袍。"《东观汉记·崔湜传》："民冬月无衣，积细草而卧其中。"王微《杂诗》二首其二："讵忆无衣苦，但知狐白温。"作相，做宰相。及第，科举应试中选。韩愈《与祠部陆员外书》："其后一二年，所与及第者皆赫然有声。"高承《事物纪原》卷三："汉之取士，其射策中者，谓之高第，隋唐以来，进士诸科，遂有及第之目。"争先，犹抢前。《左传·襄公二十七年》："晋楚争先。"杜预注："争先歃血。"孟浩然《送陈七赴西军》："一闻边烽动，万里忽争先。"元好问《赠答郝经伯常》："文阵自怜吾已老，名场谁与子争先。"

闲时不烧香，急时抱佛脚。幸生太平无事日，恐逢年老不多时。国乱思良将,家贫思贤妻。池塘积水须防旱,田地勤耕足养家。根深不怕风摇动,树正无愁月影斜。

注:太平无事,时世安宁和平,或生活清静无忧。焦竑《玉堂丛语·方正》:"惟高堂厚禄身享太平无事之日者,见月则乐也。"良将,能征善战的将领。《孙子·火攻》:"故明主慎之,良将警之,此安国全军之道也。"《史记·李斯传》:"离其君臣之计,秦王乃使其良将随其后。"秦观《高无悔跋尾》:"于是议者皆以二高料敌有古良将之风,惜乎诏使之不能用也。"

奉劝君子,各宜守己。只此程式,万无一失。

注:奉劝,勉励,劝告。敬辞。《南史·袁颛传》:"便建牙驰檄,奉劝晋安王子勋即大位。"袁宏道《答友人书》:"奉劝吾兄,不如且拨置此事,作些有用生涯。"程式,法式,规格,准则。《管子·形势》:"仪者,万物之程式也;法度者,万民之仪表也。"《汉书·刑法志》:"此为国者之程式也。"赵璘《因话录》卷三:"李相国程、王仆射起、白少傅居易兄弟、张舍人仲素为场中词赋之最,言程式者,宗此五人。"

附录二　训蒙增广改本

注：训蒙，教育蒙童。多指旧时学塾对儿童进行启蒙教育。《尚书·伊训》："具训于蒙士。"孔颖达疏："蒙谓蒙稚，卑小之称。"朱德润《送周元礼任福州蒙古学正》："且陈平塞策，莫讲训蒙书。"汤式《一枝花·题崇明顾彦昇洲上居》："幽寻不索桃源洞，高卧何须太华峰，但得个留心诵周孔，研朱墨训蒙。"

四　言

人生在世，多见多闻。勤耕苦读，作古证今。

世人读书，专为功名。书自是书，人自是人。

注："书自是"二句，谓心神不专一。《朱子语类》卷一○四："便是要自家意思与他为一。若心不在上面，书自是书，人自是人，如何看得出！"

圣贤言语，神钦鬼伏。身体力行，自有好处。

注：身体力行，亲身体验，努力实行。《淮南子·泛论训》："故圣人以身体之。"高诱注："体，行。"《中庸》："好学近乎知，力行近乎仁，知耻近乎勇。"章懋《答东阳徐子仁》："合而观之，皆可得其要矣。但不能身体力行，则虽有所见，亦无所用。"

千经万典，孝义为先。空口诵读，替人数钱。

注：诵读，熟读，背诵。《三国志·吴书·阚泽传》："居贫无资，常为人佣书，以供纸笔；所写既毕，诵读亦遍。"韦应物《学仙》二首其二："仙人

变化为白鹿，二弟玩之兄诵读。"

一毫之恶，劝人莫作。一毫之善，与人方便。
善有善报，恶有恶报。不是不报，日子未到。
善事可作，恶事莫为。人有善念，天必从之。
种麻得麻，种豆得豆。天网恢恢，疏而不漏。
闹里有钱，静处安身。来如风雨，去似微尘。
一饮一啄，莫非前定。君子安贫，达人知命。

注："一饮"二句，《西游记》第三十一回："是臣不负前期，变作妖魔，占了名山，摄他到洞府，与他配了一十三年夫妻。一饮一啄，莫非前定。"一饮一啄，原指鸟类生活自由自在。后也指人的饮食。《庄子·养生主》："泽雉十步一啄，百步一饮，不蕲畜乎樊中。神虽王，不善也。"前定，谓凡事皆为命中注定。郭彖《睽车志》卷五："因追忆囊者士人所遇，盖鬼也，益知科名无非前定。"《初刻拍案惊奇》卷四〇："奉劝世人看取：数皆前定如此，不必多生妄想。"

人心似铁，官法如炉。善化不足，恶化有余。
城门失火，殃及池鱼。听天安命，意外之虞。
柔能胜刚，天翻地覆。贤女敬夫，痴人怕妇。

注：柔能胜刚，《老子》："天下莫柔弱于水，而攻坚强者莫之能胜，以其无以易之。弱之胜强，柔之胜刚，天下莫不知，莫能行。"《后汉书·臧宫传》："黄石公记曰：'柔能制刚，弱能制强。'柔者德也，刚者贼也，弱者仁而助之也，强者怨之归也。"《水浒传》第二十四回："古人道：柔软是立身之本，刚强是惹祸之胎。似娘子的大郎所为良善时，万丈水无涓滴漏。"天翻地覆，形容变化极大。刘商《胡笳十八拍》："天翻地覆谁得知，如今正南看

北斗。"

好言难得,恶语易施。一言既出,驷马难追。
见事莫说,问事不知。闲事休管,无事早归。
知足常乐,终身不辱。知止常止,终身不耻。
大使大用,犯分越礼。有福伤财,无福伤己。

注:大使大用,犹大手大脚。《白玉扇》:"谁知命运乖舛,兼之先年大使大用搞惯,俭约不来,这些庄稼怎能够用?不得已又将押租抵借。"《乾隆游江南》:"原来此妓乃是重富欺贫的一个刁猾妇人,故客人若有钱的,他便极意承迎;如若使用稍减的,他眉锁春山,诈着恼人之样。是日见常师父如此大使大用,不知他在何处得许多银子,正要求惠些。"犯分,僭越等级名分。《荀子·性恶》:"然则从人之性,顺人之情,必出于争夺,合于犯分乱理而归于暴。"《万历野获编》卷三:"至于嫔嬙之属,不过备职事,侍巾栉,若宠之太过,以骄恣犯分……鲜有不为祸乱者。"越礼,越出礼法的规定,不守规矩。《西京杂记》卷二:"(文君)十七而寡,为人放诞风流,故悦长卿之才而越礼焉。"《晋书·裴頠传》:"昔穆叔不拜越礼之飨,臣亦不敢闻殊常之诏。"曾巩《谢杜相公书》:"在丧之日,不敢以世俗浅意,越礼进谢。"

差之毫厘,失之千里。与悔于终,宁慎于始。

注:"与悔"二句,与其将来后悔,不如一开始就谨慎对待。《老子》:"慎终如始,则无败事。"吴兢《贞观政要·尊敬师傅》:"原夫太子,宗祧是系。善恶之际,兴亡斯在。不勤于始,将悔于终。"

人各有心,心各有见。君子小人,义利上辨。
借刀杀人,因风吹火。用力不多,用心太左。

注：左，不正，偏邪。《增韵》："左，人道尚右，以右为尊，故非正之术曰左道。"梁绍壬《两般秋雨庵随笔》卷七："人道尚右，以右为尊，故尊文曰'右文'，尊武曰'右武'，莫能尚者，曰'无出其右'，重右也。失谋曰'左计'，异端曰'左道'，降秩曰'左迁'，卑左也。然今之序官及位次，则皆尚左矣。"

积谷防饥，养儿防老。年年防干，夜夜防盗。
一人道好，十人传宝。若争小可，便失大道。
人穷志短，马瘦毛长。人为财死，鸟为食亡。
人生一世，草生一春。寸阴寸璧，一刻千金。

注：寸阴寸璧，形容时间可贵。《淮南子·原道训》："故圣人不贵尺之璧，而重寸之阴，时难得而易失也。"一刻千金，形容时间非常宝贵。苏轼《春夜》："春宵一刻值千金，花有清香月有阴。"

一人传虚，百人传实。耳闻是虚，眼见是实。
字经三写，乌焉成马。一犬吠形，百犬吠声。

注："字经"二句，喻事经辗转，易出讹谬。《抱朴子·遐览》："又譬之于书字，则符误者，不但无益，将能有害也。书字人知之，犹尚写之多误，故谚曰：'书三写，鱼成鲁，虚成虎。'"陆九渊《与苏宰书》："其施行与其建请，本旨绝相违背，真所谓'字经三写，乌焉成马'。失今不救，又将遍于天下矣。"刘献廷《广阳杂记》卷四："予意黄鹤楼即黄鹄矶，后人讹'鹄'为'鹤'……字经三写，乌焉成马。天下事已往者皆成冷风荡烟，又何是非之可论？"（按：《韩非子·外储说左上》所载可参："郢人有遗相国书者，夜书，火不明，因谓持烛者曰：'举烛。'云而过书举烛。举烛，非书意也。燕相受书而说之，曰：'举烛者，尚明也，尚明也者，举贤而任之。'燕相白王，王大说，国以治。治则治矣，非

书意也。今世举学者多似此类。"）

花言巧语，挑灯拨火。烂牙嚼舌，报应难躲。

注：花言巧语，原指修饰过多、内容空泛的言语或文辞。后多指用来骗人的、虚伪动听的话。《朱子语类》卷二〇："巧言，即今所谓花言巧语，如今世举子弄笔端做文字者便是。"挑拨，搬弄是非，调唆。《水浒传》第二十一回："是谁挑拨你？我娘儿两个，下半世过活，都靠着押司。外人说的闲是闲非，都不要听他，押司自做个主张。"嚼舌，乱说，搬弄是非。《货郎旦》第二折："他自吃醉了，这等脚高步低，立也立不住，干我甚么事，说我推他，要你来嚼舌。"

得人钱财，与人消灾。吃人酒饭，与人担担。

注：消灾，消除灾祸。《后汉书·尹敏传》："上疏陈《洪范》消灾之术。"《三国志·魏书·张臶传》："诏求隐学之士能消灾复异者。"

打伙求财，心甘意愿。有盐同咸，无盐同淡。

注：打伙，结伴，合伙。《小尉迟》第一折："你本是那波泥鳅打伙相随从，可便干闹起一座水晶宫。"《喻世明言》卷一九："（杨益）就与和尚说道：'你既与众人打伙不便，就到我舱里权住吧！'"

耕三余一，耕九余三。找碗吃碗，恐怕天下。

注："耕三"句，耕种三年，积余一年的粮食。《礼记·王制》："三年耕，必有一年之食；九年耕，必有三年之食。"桓宽《盐铁论·力耕》："故三年耕而余一年之蓄，九年耕有三年之蓄。此禹汤所以备水旱而安百姓也。"

积少成多，积水成河。苦扒苦挣，得过且过。

注：积少成多，《战国策·秦策》："积薄而为厚，聚少而为多。"《汉书·董仲舒传》："聚少成多，积小致巨。"得过且过，只要能够过得去，就这样过下去。形容胸无大志。陆游《杂咏》四首其二："得过一日且一日，安知今吾非故吾。"《小孙屠》第四出："孩儿，我听得道你要出外打旋，怕家中得过且过，出去做甚的？"

过桥抽板，过渡焚身。忘恩背义，必遭天收。

注：过桥抽板，比喻目的达到后，就把帮助过自己的人一脚踢开。《元史·彻里帖木儿传》："参政可谓过河拆桥者矣。"忘恩背义，忘掉他人对自己的恩德，做出背信弃义的事情。《三国演义》第一一六回："忘恩背义之贼，有何面目见天下人乎！"

恩将仇报，窄路相逢。杀人可恕，情理难容。

注：恩将仇报，拿仇恨回报所受的恩惠。指忘恩负义。《西游记》第三十回："我若一口说出，他就把公主杀了，此却不是恩将仇报？"窄路相逢，在很窄的路上相遇，没有地方可让。《相逢行》："相逢狭路间，道隘不容车。"

君子量大，小人气大。恶人胆大，善人福大。

注：《旧唐书·孙思邈传》："胆欲大而心欲小，智欲圆而行欲方。"

告状讨钱，水里捞盐。告官打虎，辞别宗祖。

注：宗祖，祖宗，先祖。《礼记·祭法》："七代之所更立者，禘、郊、宗、祖，其余不变也。"韩愈《元和圣德诗》："正月元日，初见宗祖。躬执百礼，登降拜俯。"

事宽则圆，事危则变。见风使法，要有识见。

注：事宽则圆，遇到事情只要从容对待，就能圆满解决。俞万春《荡寇志》第一三一回："此人本是一勇之夫，不难取他，只是攻击得紧，他必死命相拒。看来此事，事宽则圆，急难成效。"识见，见解，见识。《世说新语·栖逸》："郗尚书与谢居士善，常称：'谢庆绪识见虽不绝人，可以累心处都尽。'"《传习录》卷上："因论先生之门，某人在涵养上用功，某人在识见上用功。"

坐享成功，修积得好。今世不修，来生怎了。

注：坐享，不出力，只享受。《水浒传》第一一四回："柴某自蒙兄长高唐州救命已来，一向累蒙仁兄顾爱，坐享荣华，不曾报得恩义。"修积，行善积德。《西游记》第四十回："不知那世里修积，今生得遇老师父。"来生，指来世，下一世。颜延之《又释何衡阳书》："何必陋积庆之延祚，希无验于来生。"李渔《奈何天·惊丑》："前生孽障今世消，及早把来生预祷。"

逢山开路，遇水搭桥。扶危救困，贤者多劳。

注："逢山"二句，形容不畏艰险，在前开道。《哭存孝》第二折："三千鸦兵为先锋，逢山开道，遇水叠桥。"《西游记》第二十九回："贫僧有两个徒弟，善能逢山开路，遇水叠桥。"扶危救困，对处境危急、困难的人给以救济帮助。《魏徵改诏》第三折楔子："今日个扶危救困休辞惮，疾便的牵战马上雕鞍。"《水浒传》第三十八回："多听的江湖上来往的人说兄长清德，扶危济困，仗义疏财。"

偷天换日，奸巧非常。天怒人怨，家败人亡。

注：偷天换日，比喻暗中以假代真，掩盖事物的真相，以达到欺骗、蒙混的目的。《三宝太监西洋记通俗演义》第九〇回："那两个大圣，原是偷天换日的光棍；两个力士，原是掘地三尺的光棍。"屠隆《彩毫记》第十六出："叵耐狂生诗太狂，只愁谤语外传扬；但凭换日偷天手，难免嘲风弄月殃。"奸巧，犹奸诈。《管子·治国》："民作一则田垦，奸巧不生。"《墨子·尚同》："小人见奸巧，乃闻不言也，发罪钧。"《东观汉记·邱腾传》："怀挟奸巧，稽留道路。"天怒人怨，形容为害作恶十分严重，引起普遍的愤怒。《后汉书·袁绍传》："自是士林愤痛，人怨天怒，一夫奋臂，举州同声。"《晋书·温峤传》："会琨为段匹䃅所害，峤表琨忠诚，虽勋业不遂，然家破身亡，宜在褒崇，以慰海内之望。"

老子兴家，千辛万苦。儿子享福，夜嫖日赌。

注：老子，父亲的俗称。《宋书·潘综传》："儿年少，自能走，今为老子不走去。老子不惜死，乞活此儿。"陆游《老学庵笔记》卷一："予在南郑，见西陲俚俗谓父曰老子，虽年十七八，有子，亦称老子。"兴家，振兴门庭。《南史·高昭刘皇后传》："后母桓氏，梦吞玉胜生后，时有紫光满室，以告寿之。寿之曰：'恨非是男。'桓笑曰：'虽女亦足兴家矣。'"千辛万苦，各种各样的艰难困苦。张之翰《元日》："千辛万苦都尝遍，只有吴淞水最甘。"享福，享受幸福。《后汉书·公孙瓒传》："绍母亲为傅婢，地实微贱，据职高重，享福丰隆。"《云笈七签》卷九七："紫微会良谋，唱纳享福多。"嫖（piáo），男子玩弄失足妇女。

人非圣贤，焉能无过。马有失蹄，人有失错。

注："人非圣贤"二句，《左传·宣公二年》："人谁无过，过而能改，善莫大焉。"失错，差错。《周礼·春官·大史》"与群执事读礼书而协事"贾公

彦疏："恐事有失错，物有不供故也。"高文秀《渑池会》楔子："据着我说，玉璧不当与他。倘有失错，悔之晚矣。"

改过迁善，一刀两段。这才聪明，这才能干。

注：改过迁善，指去恶就善。《周易·益》："君子以见善则迁，有过则改。"一刀两段，比喻坚决断绝关系。《五灯会元》卷一二："一刀两段，未称宗师。"《朱子语类》卷三四："圣人发愤便忘食，乐便忘忧，直是一刀两段，千了百当。"能干，有才能，会办事。欧阳修《论西北事宜札子》："代州诸寨主、监押三十余员，内无三四人能干而晓事者。"《铁拐李》第一折："这个兄弟姓张名千，因他能干，就跟着我办事。"

下水思命，上坎思财。二回有事，那个拢来。

小时摸针，大来偷金。教子婴孩，教妇初来。

注："小时"二句，谓要注意防微杜渐。摸偷，小偷小摸，情节较轻微的偷窃。金，黄金。喻贵重之物。《史记·万石张叔列传》："塞侯直不疑者，南阳人也。为郎，事文帝。其同舍有告归，误持同舍郎金去。已而金主觉，妄意不疑，不疑谢有之，买金偿。而告归者来而归金，而前郎亡金者大惭，以此称为长者。"（按：被诬不辩，久而得白，也称"偷金"。）

为富为仁，耀武扬威。一发如雷，一败如灰。

注：耀武扬威，炫耀武力，显示威风。常用来形容士兵、军队。《两世姻缘》第三折："你这般耀武扬威待怎么！"《三国演义》第一〇五回："姜维在南郑城上见魏延、马岱耀武扬威蜂拥而来。"

一毛不拔，一钱如命。两脚一伸，干干净净。

注：一毛不拔，比喻极端吝啬。《孟子·尽心上》："杨子取为我，拔一毛而利天下，不为也。"李汝珍《镜花缘》第二十三回："谁知这些穷酸，一钱如命，总要贪图便宜，不肯十分出价。"干干净净，精光，一点不剩。《水浒传》第二十五回："一把火烧得干干净净的，没了踪迹。便是武二回来，待敢怎地？"

虚张声势，偷木作利。一朝现滩，不如穷的。

注：虚张声势，指并无实力，故意大造声势。韩愈《论淮西事宜状》："淄青、恒冀两道，与蔡州气类略同。今闻讨伐元济，人情必有救助之意。然皆暗弱，自保无暇，虚张声势，则必有之。"

和气致祥，乖气致殃。免人怨恨，总要温良。

注：温良，温和善良。《管子·形势》："人主者，温良宽厚则民爱之。"《汉书·匡衡传》："举异材，开直言，任温良之人，退刻薄之吏。"

骄傲满假，意气自雄。不有奇祸，必有奇穷。

注：骄傲，自负而轻视他人。《管子·禁藏》："骄傲侈泰，离度绝理，其唯无祸，福亦不至矣。"屈原《离骚》："保厥美以骄傲兮，日康娱以淫游。"王逸注："倨简曰骄，侮慢曰傲。"《史记·邹阳列传》："今人主诚能去骄傲之心，怀可报之意。"满假，自满自大。《尚书·大禹谟》："克勤于邦，克俭于家，不自满假。"孔传："满，谓盈实；假，大也。"孔颖达疏："言己无所不知，是为自满；言己无所不能，是为自大。"元稹《招讨镇州制》："逮我长理，何其远哉！岂朕之满假荒宁，自圣而不可教耶？"《涑水记闻》卷六："封禅，帝王之盛事，然愿陛下慎于盈成，不可遽自满假。"意气，精神，神色。《晏子春秋·内篇问上》："寡人意气衰，身病甚。"《史记·李将军列传》：

"会日暮,吏士皆无人色,而广意气自如。"沈辽《奉陪颖叔赋吐绶鸟》:"方其振舞时,意气艳且闲。"自雄,自豪,自以为了不起。方孝孺《赠王时中序》:"赵括以善兵自雄,一战而丧军杀将,犯兵法所忌。"《聊斋志异》卷七:"王即慨然诵近体一作,顾盼自雄。"奇穷,犹困厄。陆游《答勾简州启》:"伏念某性资冥顽,问学衰废,留落殊方者累岁,奇穷举世而一人。"

狐假虎威,心高气傲。俗人眼红,高人冷笑。

注:狐假虎威,比喻依仗别人的势力欺压人。《战国策·楚策》:"荆宣王问群臣曰:'吾闻北方之畏昭奚恤也,果诚何如?'群臣莫对。江一对曰:'虎求百兽而食之,得狐。狐曰:"子无敢食我也。天帝使我长百兽,今子食我,是逆天帝命也。子以我为不信,吾为子先行,子随我后,观百兽之见我而敢不走乎?"虎以为然,故遂与之行,兽见之皆走。虎不知兽畏己而走也,以为畏狐也。今王之地方五千里,带甲百万,而专属之昭奚恤,故北方之畏昭奚恤也,其实畏王之甲兵也,犹百兽之畏虎也。'"魏收《为后魏孝静帝伐元神和等诏》:"谓己功名,难居物下,曾不知狐假虎威,地凭雾积。"心高气傲,《冻苏秦》第一折:"我可也心高气傲惹人憎。"冷笑,指含有讽刺、轻蔑、不满、无可奈何等心情的笑。《北史·崔赡传》:"赡别立异议,收读讫笑而不言。赡正色曰:'圣上诏群臣议国家大典,少傅名位不轻,赡议若是,须赞其所长;若非,须诘其不允。何容读国士议文,直此冷笑?'"韩偓《六月十七日召对自辰及申方归本院》:"如今冷笑东方朔,唯用诙谐侍汉皇。"

一无所能,大语掀天。假得难看,蠢得可怜。

注:一,都,全。《镜花缘》第十五回:"除吃喝之外,一无所能,因此海外把他又叫酒囊饭袋。"钱泳《履园丛话》卷二三:"苏州叶某者,性迂拙,一无所能,其父死,既无产业,且有遗负。"大语,大话,狂言。徐幹《中

论·谴交》："然掷目指掌，高谈大语，若此之类，言之犹可羞，而行之者不知耻。"《三国志·吴书·孙坚传》："卓不怖罪而鸱张大语，宜以召不时至，陈军法斩之。"韩愈《试大理评事王君墓志铭》："卢从史既节度昭义军，张甚，奴视法度士，欲闻无顾忌大语。"掀天，翻天。极言声势之大。白居易《风雨晚泊》："青苔扑地连春雨，白浪掀天尽日风。"齐己《赠琴客》："此境此身谁更爱，掀天羯鼓满长安。"可怜，值得怜悯。《庄子·庚桑楚》："汝欲返性情而无由入，可怜哉！"成玄英疏："深可哀愍也。"白居易《卖炭翁》："可怜身上衣正单，心忧炭贱愿天寒。"

日读诗书，不学圣贤。早出苦海，拨云见天。

注：拨云见天，冲破黑暗见到光明。比喻疑团消除，心里顿时明白。《晋书·乐广传》："此人之水镜，见之莹然，若披云雾而睹青天也。"《西厢记》第二本楔子："自别兄长台颜，一向有失听教。今得一见，如拨云睹日。"

山河易改，本性难易。变化气质，学道尊师。

注："山河"二句，形容人的本性难以改变。《谢金吾》第三折："可不的山河易改，本性难移。"《醒世恒言》卷三五："看官有所不知。常言道得好，江山易改，禀性难移。"本性，固有的性质或个性。《荀子·性恶》："然则礼义积伪者，岂人之本性也哉！"《文心雕龙·事类》："夫姜桂同地，辛在本性；文章由学，能在天资。"气质，人的生理、心理等素质，是相当稳定的个性特点。张载《张子语录》中："为学大益，在自求变化气质。"元好问《送刘子东游》："刘郎世旧出雄边，生长幽并气质全。"学道，学习道艺，即学习儒家学说，如仁义礼乐之类。《论语·阳货》："君子学道则爱人，小人学道则易使也。"唐庚《大观四年作诗寄任因命舍弟同赋》："学道一生凡几化，不因到此始知非。"唐顺之《万思节以集中无名作诗见贻》二首其一："学道频年慕屡

空，支离犹堕语言中。"

明师益友，点石成金。淫朋损友，丧家亡身。

注：明师，贤明的老师。《韩非子·五蠹》："文学习则为明师，为明师则显荣。"《抱朴子·勤求》："由此论之，明师之恩，诚为过于天地，重于父母多矣，可不崇之乎？可不求之乎？"淫朋，邪党。亦谓勾结，朋比为奸。《尚书·洪范》："凡厥庶民，无有淫朋，人无有比德，惟皇作极。"蔡沈集传："淫朋，邪党也。"夏僎详解："盖谓之淫朋，则若群而不逞之类。"蔡邕《正交论》："闻之前训曰：君子以朋友讲习，而正人无有淫朋。"

明师难得，性道难闻。肯行好事，自遇高人。

注：性道，人性与天道。顾炎武《述古》："哆口论性道，扪籥同蒙瞽。"

人无利心，谁肯早起。个个不贪，那得人使。

注：利心，利欲之心。《荀子·非十二子》："今之所谓处士者，无能而云能者也，无知而云知者也，利心无足，而佯无欲者也。"《朱子语类》卷五一："凡事不可先有利心，才说着利，必害于义。圣人做处，只向义边做。"《醒世恒言》卷三九："那和尚们，名虽出家，利心比俗人更狠。"

穷沾富恩，富沾天恩。人心淳厚，雨水调匀。

注：淳厚，淳朴敦厚。《汉书·朱邑传》："为人淳厚，笃于故旧。"沈约《答陶隐居难均圣论》："昔之淳厚，群生何幸；今之浇薄，群生何幸。"《北史·房谟传》："少淳厚，虽无造次能，而沉深内敏。"调匀，调和均匀。苏轼《论河北京东盗贼状》："若春雨调匀，却可以广种秋稼。"

穷不舍命，富不沾财。劫运一到，尽化成灰。

注：舍命，舍弃生命。《诗经·郑风·羔裘》："彼其之子，舍命不渝。"高亨注："此句言舍出生命也不变节。"劫运，灾难，厄运。沈璟《懒画眉·送别》："玉销香断，花残月孤。这的是五行劫运，合受催促。"

雁孤一世，虎不吃儿。人无廉耻，百事可为。

注：廉耻，廉操与知耻。《荀子·修身》："无廉耻而嗜乎饮食。"《淮南子·泰族训》："民无廉耻，不可治也。非修礼义，廉耻不立。"

蜂能朝王，蚁知行兵。食王水土，当报君恩。

注：行兵，领兵，用兵。《周书·宣帝纪》："初令授总管刺史及行兵者，加持节。"岑参《胡歌》："关西老将能苦战，七十行兵仍未休。"水土，指水中和陆上。《礼记·郊特牲》："笾豆之荐，水土之品也。"孔颖达疏："其笾豆所荐之物，或水或土所生品类也。"《史记·孟子荀卿列传》："先列中国名山大川，通谷禽兽，水土所殖，物类所珍，因而推之，及海外人之所不能睹。"（按：水土，也指某一地域的自然条件、生活环境。《晏子春秋·内篇杂下六》："橘生淮南则为橘，生于淮北则为枳，叶徒相似，其实味不同。所以然者何？水土异也。"《三国志·吴书·周瑜传》："驱中国士众远涉江湖之间，不习水土，必生疾病。"《广阳杂记》卷三："馥庭向在广西太平府，极言其山川奇秀，草木鸟兽之玮奇，而水土大恶，外乡人不可居。"）

鱼知朝斗，燕知敬戊。怨天憾地，人不如物。

注：朝斗，道家谓朝拜北斗七元星君。苏轼《东坡志林》卷二："绍圣二年五月望日，敬造真一法酒成，请罗浮道士邓守安拜奠北斗真君。"怨憾，仇恨，怨恨。《南史·檀珪传》："吾与足下素无怨憾，何以相苦？直是意有左右

耳。"李贽《寄答留都》:"且彼来书时时怨憾邓和尚,岂以彼所恶者必令人人皆恶之,有一人不恶,便时时仇憾此人乎?"

爱财如命,财即祸胎。更有甚者,舍命取财。

钱有要处,命有算处。生有地头,死有去处。

注:地头,处所,地方。欧阳修《论监牧札子》:"欲乞权暂差臣,仍于吴中复等三人内更差一人,与臣同诣左右厢监牧地头,躬亲按视。"苏轼《乞将合转一官与李直方酬奖状》:"直方步行百余里,装作贩牛小客,既至地头,众皆畏惧不前,独弓手节级程玉等二人,与直方持枪大呼,排户而入。"

只有投生,那有投死。家纵贫穷,不可淹女。

注:投生,犹投奔生路,投胎。姚鼐《简斋年七十五腹疾累月自忧不救邀作豫挽诗》四首其四:"海山兜率犹黏著,那更投生向玉溪。"投死,犹效死。《后汉书·光武帝纪》:"萧王推赤心置人腹中,安得不投死乎?"李贤注:"投死,犹言致死。"曹操《让县自明本志令》:"及至袁绍据河北,兵势强盛,孤自度势,实不敌之。但计投死为国,以义灭身,足垂于后。"

贪生怕死,畜比人同。爱惜物命,也是阴功。

注:贪生怕死,贪恋生存,畏惧死亡。《汉书·文三王传》:"今立自知贼杀中郎曹将,冬月迫促,贪生畏死,即诈僵仆阳病,徼幸得逾于须臾。"爱惜,爱护珍惜。朱浮《为幽州牧与彭宠书》:"临人亲职,爱惜仓库。"杜甫《古柏行》:"君臣已与时际会,树木犹为人爱惜。"物命,有生命的物类。《法苑珠林》卷二二:"臣闻佛神清洁,不进酒肉,爱重物命,如护一子。所有供养,烧香而已;所可祭祀,饼果之属。"元好问《苏彦远墓铭》:"彦远资禀仁厚,自幼重惜物命,有不忍之爱。"

兄弟手足，莫犯嫌疑。贤愚不等，兼高扯低。

注：嫌疑，怀疑，猜疑。《三国志·吴书·孙坚传》："坚与卓非有骨肉之怨也，而将军受谮润之言，还相嫌疑！"又《诸葛恪传》："山民去恶从化，皆当抚慰，徙出外县，不得嫌疑，有所执拘。"《南史·邓琬传》："子勋次第既同，深致嫌疑。"不等，不一样，不同。《癸辛杂识·续集上》："一日，入酒肆中坐，觉卓下有所遗物如钥匙之状，极其光莹，俱各不等，凡数十枚，莫晓其为何物。"

堂前教子，枕边教妻。对症下药，量体裁衣。

注：堂前，正厅。朱庆余《近试上张水部》："洞房昨夜停红烛，待晓堂前拜舅姑。"《清平山堂话本·快嘴李翠莲记》："（翠莲）泡了一盘茶，托至堂前，摆下椅子，走到公婆面前，道：'请公公、婆婆堂前吃茶。'"对症下药，比喻针对事物的问题所在，采取有效的措施。《三国志·魏书·华佗传》："府吏倪寻、李延共止，俱头痛身热，所苦正同。佗曰：'寻当下之，延当发汗。'或难其异，佗曰：'寻外实，延内实，故治之宜殊。'即各与药，明旦并起。"量体裁衣，比喻按照实际情况办事。《墨子·鲁问》："子观越王之志何若？意越王将听吾言，用我道，则翟将往，量腹而食，度身而衣，自比于群臣，奚能以封为哉？"

说话人短，记话人长。说长道短，惹祸招殃。

注：说长道短，议论别人的好坏是非。崔瑗《座右铭》："无道人之短，无说己之长。"《儒林外史》第五十三回："这些缙绅士大夫家筵席间，定要几个梨园中人，杂坐衣冠队中，说长道短，这个成何体统！"惹祸招殃，给自己引来麻烦。《蓝采和》第三折："数遍到此，曾谏李王，李王不听，只恐怕惹

祸招殃。"

漫钱得使，漫马得骑。人怕伤心，树怕剥皮。
知己知彼，将心比心。宁可负我，不可负人。
心有天高，命如纸薄。脱胎换骨，为善去恶。

注：脱胎换骨，道教用语，指修道者得道以后，就转凡胎为圣胎，换凡骨为仙骨。魏伯阳《参同契》："弥历十月，脱出其胞，骨弱可卷，肉滑若铅。"释惠洪《冷斋夜话》卷一："然不易其意而造其语，谓之换骨法；窥入其意而形容之，谓之夺胎法。"《西游记》第二十七回："那长老自服了草还丹，真是脱胎换骨，神爽体健。"

国之妖孽，贪官污吏。家之妖孽，逆子恶媳。

注：妖孽（niè），犹祸害，危害。《国语·吴语》："今大夫老，而又不自安恬逸，而处以念恶，出则罪吾众，挠乱百度，以妖孽吴国。"贪官污吏，贪赃枉法的官吏。《鸳鸯被》第四折："一应贪官污吏，准许先斩后闻。"

国之祥祯，良将忠臣。家之祥祯，孝子贤孙。

注：祥祯（zhēn），吉祥。张华《食举东西厢乐》十六首其五："皇化洽，洞幽明。怀柔百神，辑祥祯。"《敦煌变文集·妙法莲华经讲经文》："于一日，感祥祯，忽向庵前瑞气生。道有国王求妙法，虔心启告审分明。"孝子贤孙，孝敬父母的、有德行的子孙。刘唐卿《降桑椹》第五折："圣人喜的是义夫节妇，爱的是孝子贤孙。"

一贫一富，乃知交态。一贵一贱，交情乃见。

注：交态，犹言世态人情。《史记·汲郑列传》："一死一生，乃知交情。

一贫一富，乃知交态。"杜甫《久客》："羁旅知交态，淹留见俗情。"王若虚《李仲和墓碣铭》："予与仲和别十年，阅人益多，观交态益熟，而思仲和益深。"

着着见将，事事留心。临深履薄，养性修身。

注：将，下象棋时攻击对方的将或帅。临深履薄，比喻小心谨慎，唯恐有失。《诗经·小雅·小旻》："战战兢兢，如临深渊，如履薄冰。"《后汉书·杨终传》："岂可不临深履薄，以为至戒？"黄庭坚《祭司马谏议之》："公休重厚而明惠，和而清，小心畏义，临渊履冰，学问醇一。"养性修身，通过自我反省体察，使身心达到完美的境界。《博望烧屯》第一折："贫道本是南阳一耕夫，岂管尘世之事？只可修身养性，贫道去不的也。"

世人通病，知而不行。因循两字，耽搁一生。

注：通病，普遍的弊病。杨万里《通鉴韵语·序》："然其涯也浩，则其记览也艰；其绪也纷，则其诵数也苦，此学者通病也。"王夫之《读四书大全说·论语》："盖干禄之学，当亦不外言行；而或摭拾为言，敏给为行，以合主者之好，则古今仕学之通病，于是俗学与圣学始同终异。"因循，延宕，拖延。司马光《答楚州粮料胡寺丞宗愈》："京师日困俗事，因循逾年，尚未报谢。"《四春园》第一折："你可也莫因循，休迟慢，天色儿真然向晚。"耽搁，延误。《西游记》第十四出："无缘分怎的消任，直耽阁到如今。"《西游记》第八十八回："十四遍寒暑，即十四年了。想是途中有甚耽搁。"

出家如初，成佛有余。许人一物，千金不移。

养兵千日，用在一朝。忠心报国，不可辞劳。

注：辞劳，因怕辛劳而推却。《抱朴子·臣节》："出不辞劳，入不数功。"

家有一老,胜如一宝。千千有头,万万有脑。

注:胜如,超过。

官有正条,民有私约。朝修野守,和亲康乐。

注:私约,私下约定。《史记·范雎列传》:"王稽知范雎贤,谓曰:'先生待我于三亭之南。'与私约而去。"和亲,和睦相亲。《礼记·乐记》:"在闺门之内,父子兄弟同听之,则莫不和亲。"《左传·襄公二十三年》:"中行氏以伐秦之役怨栾氏,而固与范氏和亲。"晁错《对贤良文学策》:"百姓和亲,国家安宁。"康乐,安乐。《礼记·乐记》:"啴谐、慢易、繁文、简节之音作,而民康乐。"

医病不倒,原病退还。耽搁时候,也是冤愆。

注:退还,退回,返回。《三国志·魏书·齐王芳传》:"五月,吴太傅诸葛恪围合肥新城,诏太尉司马孚拒之。秋七月,恪退还。"《晋书·郗超传》:"今盛夏,悉力径造邺城,彼伏公威略,必望阵而走,退还幽朔矣。"冤愆(qiān),冤仇,罪过。《西游记》第九十六回:"点一架药师灯,焰焰辉光亮。拜水忏,解冤愆;讽《华严》,除诽谤。"《阅微草堂笔记》卷一:"然利己者必损人,种种机械,因是而生,种种冤愆,因是而造。"

吝啬之父,必产奢男。积德之家,必生贵子。

注:吝(lìn)啬,过分爱惜自己的财物,当用而不用。《三国志·魏书·曹洪传》:"始,洪家富而性吝啬。"《朱子语类》卷七一:"六五居尊位,却如此敦本尚俭,便似吝啬。"

多言多败，多事多害。多男多惧，多寿多辱。

五　言

观今宜鉴古，无古不成今。读书须用意，一字值千金。
士者国之宝，儒为席上珍。不受苦中苦，难为人上人。
击石原有火，不击乃无烟。为学始知道，不学亦罔然。

注：罔然，犹茫然，恍惚不解貌。《论衡·谢短》："文吏自谓知官事，晓簿书，问之曰：'晓知其事，当能究达其义，通见其意否？'文吏必将罔然。"王安石《进字说札子》："若蒙视天，终以罔然。"

人不通古今，马牛而襟裾。欲求生富贵，须下死功夫。
钱财如粪土，仁义值千金。再三须重事，第一莫欺心。
忠臣不怕死，怕死不忠臣。明知山有虎，要向虎山行。
相识满天下，知心能几人。酒逢知己饮，诗向会人吟。
近水知鱼性，近山知鸟音。路遥知马力，事久见人心。
虎生犹可近，人熟不堪亲。来说是非者，便是是非人。
山中有直树，世上无直人。莫信直中直，须防仁不仁。
力微休负重，言轻莫劝人。无钱休入众，遭难莫寻亲。
两人一般心，有钱堪买金。一人一般心，无钱堪买针。
运去金成铁，时来铁似金。大家都是命，半点不由人。
人生不满百，常怀千岁忧。药能医假病，酒不解真愁。
在家千日好，出门一时难。未晚先投宿，鸡鸣早看天。
莫吃卯时酒，昏昏醉到酉。莫骂酉时妻，一夜受孤凄。
国正天心顺，官清民自安。妻贤夫祸少，子孝父心宽。

天下无难事，只怕有心人。大德可回天，君子能安命。

注："天下"二句，谓只要有志向，有毅力，没有什么办不到的事情。《西游记》第二回："悟空道：'这个却难！却难！'祖师道：'世上无难事，只怕有心人。'悟空闻得此言，叩头礼拜。"王骥德《韩夫人题红记》第二十七出："天下无难事，只怕有心人。"有心人，有志之人。叶廷琯《吹网录》卷四："观其所自叙，大瓢真一代有心人哉！而百余年来，未见有刻本流传，故为录藏而记之。"大德，德行高尚的人。《中庸》："故大德必得其位。"《孟子·离娄上》："天下有道，小德役大德，小贤役大贤。"佛教也以"大德"尊称年长德高的僧人。杨衒之《洛阳伽蓝记》卷二："常有大德名僧讲一切经，受业沙门，亦有千数。"《翻译名义集·释氏众名》："婆檀陀，《大论》：秦言大德。《毗奈耶律》云：佛言今日后，小下苾刍，于长宿处，应唤大德。"道士亦有称大德者。《因话录》卷四："元和以来，京城诸僧及道士，尤多大德之号。"

人人有姊妹，个个有六亲。不欲人加我，亦勿加诸人。

注：姊妹，兄弟姐妹。《谢金吾》第三折："今皇帝是俺嫡堂叔侄，先皇帝是俺同胞的那姊妹。"六亲，历史上有代表性的说法凡三种：一是据《左传》，以父子、兄弟、姐妹、甥舅、婚媾及姻娅为六亲。二是据《老子》，以父子、兄弟、夫妇为六亲。三是据《汉书》，以父、母、兄、弟、妻、子为六亲。今泛指亲属，即在血缘和婚姻关系中最亲近的人。加诸，凌驾于。《论语·公冶长》："我不欲人之加诸我也，吾亦欲无加诸人。"何晏集解引马融曰："加，陵也。"韩愈《争臣论》："吾闻君子不欲加诸人，而恶讦以为直者。"

一报还一报，点滴不差移。我不淫人妇，谁敢戏我妻。

注：“一报"句，指做一件坏事后必受到一次报复，或以其人之道还治其人之身。《赵氏孤儿》第四折："谁着你使英雄忐使过，做冤仇能做毒，少不的一还一报无虚误。"差移，犹差错。沈仕《锁南枝·题所见》："唐土儿却知音，留下他弓鞋印。我轻轻验，细细轮，不差移，止三寸。"

儿大爷难管，将惰兵更骄。非是鱼不是，皆因网不牢。
养儿不如我，买田做甚么。养儿强过我，买田做甚么。
贫不与富斗，富不与官斗。男不和女斗，水不和山斗。
饿死莫做贼，气死莫告状。忍气可留财，忍口不拖账。

注：忍口，抑制食欲。李贽《礼诵药师经毕告文》："诵经方至两部，我喘病即减九分；再诵未及四部，我忍口便能斋素。"

要知前世因，今生受者是。要知后世果，今生作者是。

注：前世，前生，谓前一辈子。《国语·晋语》："方臣之少也，进秉笔，赞为名命，称于前世，立义于诸侯，而主弗志。"佛教指的是某个六道众生今生之前的每一世（前一辈子）。今生，此生，谓这一辈子。白居易《和杨六尚书喜两弟汉公转吴兴鲁士赐章服命宾开宴用庆恩荣赋长句见示》："感美料应知我意，今生此事不如君。"文天祥《得儿女消息》："痴儿莫问今生计，还种来生未了因。"受者，《大般涅槃经》："虽无作者，而有作业。虽无受者，而有果报。受者虽灭，果不败亡。"后世，谓来世。《无量寿经》卷下："寿终后世，尤深尤剧，入其幽冥，转身受生。"

自家心里争，他人未知忙。触来莫与竞，事过心清凉。
相论逞英雄，家计渐渐退。恶妇令夫败，贤妇令夫贵。
有恩须当报，无仇莫结怨。任他风浪起，只是不开船。

注：结怨，结下怨仇。《尚书·泰誓》："自绝于天，结怨于民。"《史记·平津侯主父列传》："行无穷之欲，甘心快意，结怨于匈奴，非所以安边也。"风浪，水面上的风和波浪。陆龟蒙《江南曲》："寄语樟船郎，莫夸风浪好。"比喻艰险的遭遇。叶适《题五畏斋》："君不见匹夫胆大气如山，风浪只在须臾间。"李贽《与城老》："大抵七十之人，平生所经风浪多矣。"

慈母生恶子，贤父出奸儿。惜钱休教子，护短莫从师。

注：恶子，犹恶少。王符《潜夫论·述赦》："轻薄恶子，不道凶民，思彼奸邪，起作盗贼。"杜甫《荆南兵马使太常卿赵公大食刀歌》："荆岑弹丸心未已，贼臣恶子休干纪。"叶绍翁《四朝闻见录·甲集》："若今惟苟合，是玷名恶子之中，得士如斯，在公焉用？"

少钱无道理，认真不自在。那个好男儿，肯欠来生债。
有命不怕病，心正不怕邪。心中无冷病，那怕吃西瓜。

注：心正，心意纯正不偏。《大学》："意诚而后心正，心正而后身修。"

世乱奴欺主，时衰鬼弄人。家贫出孝子，国乱见忠臣。

注："世乱"二句，形容人失势倒霉时的处境。《五灯会元》卷一五："僧问：'既是善神，为甚么却被雷打？'师曰：'世乱奴欺主，年衰鬼弄人。'"《初刻拍案惊奇》卷一一："如今且不要露风声，等他先做了整备。正是：势败奴欺主，时衰鬼弄人。"

莫笑他人老，终须还到老。欺山莫欺水，欺大莫欺小。
宁遭父母手，莫遭父母口。不怕生坏命，只怕得坏病。
在家靠父母，出门靠主人。行客拜坐客，非亲却是亲。

注：行客，指后到的客人。《儿女英雄传》第十二回："讲行客拜坐客，也是等他二位来；难道母亲就这样的跑到街上去不成？"（按：也指过客，旅客。《淮南子·精神训》："是故视珍宝珠玉犹砾石也，视至尊穷宠犹行客也。"高诱注："行客，犹行路过客。"《南史·夷貊传》："土俗欢乐，物丰而贱，行客不赍粮。"王廷相《秋日巴中旅行》："巴东秋气早，行客已凄凄。"）坐客，座上的客人。《三国志·魏书·吕布传》"是儿最叵信者"裴松之注引《献帝春秋》："布缚急，谓刘备曰：'玄德，卿为坐客，我为执虏，不能一言以相宽乎？'"陈鹄《耆旧续闻》卷一〇："一时坐客，皆骚人墨客。"

朝廷无空地，世上无闲人。家贫如水洗，坐地吃山崩。

注：空地，荒地，空闲的土地。《史记·萧相国世家》："长安地狭，上林中多空地，弃，愿令民得入田。"李颀《题卢五旧居》："窗前绿竹生空地，门外青山如旧时。"沈括《梦溪笔谈》卷九："室之前有空地丈余。"家贫如水洗，形容极度贫穷。《剪发待宾》第一折："小生幼习儒业，颇读诗书，争奈家贫如洗。"

雷打三世冤，蛇咬对头人。报应原不爽，善恶自分明。
招弓如招箭，隔行如隔山。不是撑船手，莫去摸篙竿。
打伙如夫妻，同财同性命。船沉各自浮，其心不可问。

注：同财，共有家庭财产。陶渊明《与子俨等疏》："济北汜稚春，晋时操行人也，七世同财，家人无怨色。"《南史·封延伯传》："世为州郡著姓，寓居东海，三世同财，为北州所宗附。"

轻人轻自己，克财克子孙。要扯屋上草，须看屋下人。
打蛇打七寸，杀猪杀到喉。安钢安在口，救人救到头。

注：打蛇打七寸，《吴下谚联》卷四："蛇有七寸，在头之下，腹之上，觑得清，击得重，制其要害之处，得之矣。"安钢，在旧刀口上加上点儿钢，重新回火锻造，可使之锋利。

栽花莫栽刺，从易不从难。劝人终有益，退步自然宽。
忍人所不忍，能人所不能。低头便走礼，有志事竟成。

注："有志"句，谓有志向的人，做事终究会成功。《后汉书·耿弇传》："将军前在南阳，建此大策，常以为落落难合，有志者事竟成也。"

有人有世界，结亲结义气。父母养其身，朋友长其志。

注：结亲，指两家因婚姻结成亲戚。《后汉纪·献帝纪》："且陶谦虽死，徐州未易亡。彼惩往年之败，将惧而结亲，相为表里。"《单刀会》第一折："第一计：趁今日孙刘结亲，已为唇齿，就江下排宴设乐。"

酒从宽处落，钱从热处攒。隔行休贪利，无水不行船。
弹货是买主，过海是神仙。要知心腹事，但听口边言。

注：弹（tán），称重。《陈州粜米》第一折："拿来上天平弹着。"买主，货物等的购买者。沈自徵《簪花髻》："则杨升庵出卖一副冷淋侵鲜血颈子，向普天下寻不着一个买主。"《红楼梦》第四回："不瞒老爷说，不但这凶犯躲的方向我知道，一并这拐卖之人我也知道，死鬼买主也深知道。"过海，相传八仙过海时不用舟船，各有一套法术。后比喻各自拿出本领或办法，互相竞赛。《八仙过海》第二折："则俺这八仙过海神通大，方显这众圣归山道法强，端的万古名扬。"八仙，是中国民间传说中的八位神仙。真正集八人合称"八仙"的，是在元人创作的杂剧中。如马致远的《吕洞宾三醉岳阳楼》第四折末《水仙子》，即以吕洞宾的口吻，依次介绍道："第一个是汉钟离，现掌着

群仙箓；这一个是铁拐李，发乱梳；这一个是蓝采和，板撒云阳木；这一个是张果老，赵州桥骑倒驴；这一个是徐神翁，身背着葫芦；这一个是韩湘子，韩愈的亲侄；这一个是曹国舅，宋朝的眷属；则我是吕纯阳，爱打的简子愚鼓。"均为男性，没有何仙姑，却多了个徐神翁。直到明代吴元泰的《东游记》，才排定了八仙的顺次：铁拐李、钟离权、蓝采和、张果老、何仙姑、吕洞宾、韩湘子、曹国舅。

价高招远客，酒醉骂仇人。饱暖思淫佚，饥寒起盗心。

注：远客，远方的来客。宋玉《九辩》："去乡离家兮徕远客，超逍遥兮今焉薄？"苏轼《次韵子由除日见寄》："府卒来驱傩，矍铄惊远客。"淫佚，同"淫逸"，恣纵逸乐。《国语·楚语》："齐桓、晋文，皆非嗣也，还轸诸侯，不敢淫逸。"《战国策·楚策》："专淫逸侈靡，不顾国政，郢都必危矣！"诸葛亮《正议》："子桓淫逸，继之以篡。"

弹琴费指甲，说话费精神。有子万事足，无病一身轻。

注："有子"二句，苏轼《借前韵贺子由生第四孙斗老》："今日散幽忧，弹冠及新沐。况闻万里孙，已报三日浴。朋来四男子，大壮泰临复。开书喜见面，未饮春生腹。无官一身轻，有子万事足。"《初刻拍案惊奇》卷二〇："常言道：无病一身轻，有子万事足。"

少年不努力，老来徒伤悲。是事都不会，看死一盘棋。
虎死不倒威，人穷款式在。地方不生儿，年年都有卖。

注：款式，本指格式、式样。《聊斋志异》卷一："谛视之，款式雕文，与狐物更无殊别。"此犹架势。

货贱人挟疑，水深人难过。难扯五皮齐，水浅地头薄。

注：扯齐，找全。五皮，为中医常用方剂成分。如《华氏中藏经》所载"五皮饮"，组成成分为：桑白皮、大腹皮、茯苓皮、生姜皮、陈橘皮各等分，利水消肿。

手冷才向火，心静自然凉。常怀金不换，莫做石敢当。

注：金不换，谓事物极其宝贵，不能用金换取。褚人获《坚瓠补集》卷六："喜称人心金不换，万年欢赏赤松游。"也是一种毛笔的名称。又是一种药草名，即三七。石敢当，又称泰山石敢当。陶宗仪《南村辍耕录》卷一七："今人家正门适当巷陌桥道之冲，则立一小石将军，或植一小石碑，镌其上曰石敢当，以厌禳之。"此风俗始盛于唐代，文字记载最早见于史游《急就章》："师猛虎，石敢当。所不侵，龙未央。"颜师古注曰："卫有石碏、石买、石恶，郑有石制，皆为石氏。周有石速，齐有石之纷如，其后以命族。敢当，所向无敌也。"

吃节拔一节，在行习一行。手长衣袖短，师高弟子强。

注："手长"句，形容家境贫寒穷苦。

艺多不养家，心多烂了肺。久坐必有禅，思不出其位。

注：出位，越位，超越本分。《周易·艮》："君子以思不出其位。"王弼注："各止其所，不侵害也。"李翱《劝河南尹复故事书》："伏望不轻改二百年之旧礼，重惜一时之所未达，意尽词真，无以越职出位言为罪，幸甚。"洪迈《容斋五笔》卷八："白居易为左赞善大夫，盗杀武元衡，京都震扰。居易首上疏，请亟捕贼，刷朝廷耻，以必得为期。宰相嫌其出位，不悦，因是贬江州司马。"

久佃成业主，久病成太医。囤得千日货，自有赚钱时。

注：佃（diàn），租种田地。业主，产业的所有者。褚人获《坚瓠集》卷四："崇明佃户揽田，先以鸡鸭送业主，此通例也。"《儒林外史》第十六回："我赌气不卖给他，他就下一个毒，串出上手业主拿原价来赎我的。"太医，古代宫廷中掌管医药的官员，亦以泛称皇家医生。宋元以后用为对一般医生的敬称。《后汉纪·孝明皇帝纪》："永平元年，强病。显宗遣中常侍、钩盾令将太医乘驿视疾。"《西厢记》第三本第二折："请个好太医看他证候咱。"《警世通言》卷三〇："许多太医下药，病只有增无减。"

下错一着棋，满盘皆是输。小心天下去，大事不糊涂。
箧缠三到紧，话讲三到稳。火搬三到息，人搬三到穷。

注：三到，犹三次，三遍。

不怕无人请，只怕艺不精。不怕无钱使，只怕误口齿。

注："不怕无钱"二句，谓怕说错话，口无遮拦。口齿，言语，谈吐。李渔《凰求凤》第二十一出："此人并无失德，只是平常口齿不谨，最喜谈人闺阃之事。"

相与邻近好，犹如一片宝。但能依本分，终须无烦恼。

注：邻近，接近。杜甫《咏怀古迹》五首其四："武侯祠屋常邻近，一体君臣祭祀同。"

人穷思老账，家宽出少年。礼多人不怪，人好吃水□。

注：老账，旧债。亦指过去事件的记录或未了结的事。"□"原字已失，

今或当作"甜"。

吃药不投方，那怕放船装。看尽王叔和，不如见症□。

注：放船，解缆开船。《世说新语·尤悔》："谢太傅于东船行，小人引船，或迟或速，或停或待。又放船从横，撞人触岸。"王叔和，名熙，山东高平人。早年随族南下荆襄投奔王粲，依附刘表。青年时代生活在襄阳，并接触医学，与卫汛友善，或曾受学于张仲景。后到许昌为魏国太医令，期间收集整理了张仲景遗论。晚年寓居麻城，并集魏晋以前医学之大成，编纂《脉经》。卒葬白果药王冲老爷山。《三国志》《晋史》均无传。"□"原字已失，今或当作"状"。

讨亲看娘种，十马九不全。红颜多薄命，福在丑人边。

注：讨亲，娶亲。按民间传说，"十不全"是指：目有一眇，耳有一聩，手有一卷，腿有一拐，口偏，齿缺，发秃，面麻，鸡胸，锅背。当然也有泛指一切的意思，而并不单单是外貌方面的概括。

无功不受禄，有病莫瞒医。卖田不怕旱，买田不怕迟。
儿不嫌母丑，狗不嫌家贫。鸦有反哺义，羊有跪乳恩。
国乱思良将，家贫思贤妻。早知灯是火，饭熟几多时。
出钱为功果，当用不须悭。空口说空话，归根是枉然。

注：功果，犹功德。指念佛、诵经、斋醮等。洪迈《夷坚乙志》卷四："十二娘至今未得生天，愿营功果救拔我。"《张生煮海》第一折："请秀才稳便。老僧且回禅堂，作些功果去也。"《琵琶记》第三十八出："你休啼哭。小人如今回去，教俺相公多多做些功果，追荐他便了。"悭（qiān），吝啬。《水浒传》第五回："这两个人好生悭吝，见放着许多金银，却不送与俺。"归根，

结局,归宿。苏辙《守岁》:"来日日新无限事,归根一笑彼安知。"《昆仑奴》第四折:"或者有几句好言语点悟我,也是我归根处了。"枉然,徒然,白费。《琵琶记》第五出:"有孩儿也枉然,你爹娘倒教别人看管。"《慎鸾交》第二十出:"财物既然失去,烦恼也是枉然。"

路不铲不平,事不为不成。人不劝不善,钟不打不鸣。

山高皇帝远,客去主人安。无祸即是福,有吃莫瞒天。

注:"山高"句,原指偏僻的地方,中央的权力达不到。今泛指遇事自作主张,不受约束。黄溥《闲中今古录摘抄》:"天高皇帝远,民少相公多。一日三遍打,不反待如何?"

家贫邻里富,人多火烟轻。宁为太平犬,莫做离乱人。

注:火烟,指炊烟。《南齐书·五行志》:"日入后,土雾勃勃如火烟。"《醒世姻缘传》第九回:"就是奶奶回去住些时,也只好把这门锁了,我们跟去服事奶奶。难道又留个火烟在这里?""宁为"二句,意指生逢乱世,人不如畜,民不聊生,痛苦不堪。《幽闺记》第十九出:"子不能庇父,君无可保臣。宁为太平犬,莫作离乱人。"离乱,变乱。常指战乱。《晋书·刑法志》:"是时承离乱之后,法网弛纵,罪名既轻,无以惩肃。"李益《喜见外弟又言别》:"十年离乱后,长大一相逢。"

酒醉心明白,客听主安排。是亲有三顾,除死无大灾。

注:三顾,泛指一再顾访或诚意邀请。沈佺期《陪幸韦嗣立山庄》:"茅室承三顾,花源接九重。"

天上崖鹰瘦,地上光棍穷。有利必有害,人容天不容。

注：光棍，俗称没有老婆的成年男人。冯惟敏《僧尼共犯》："佛公佛母，辈辈相传，生长佛子。哄俺弟子，都做光棍，一世没个老婆。"

富从升合起，贫因不算来。家中无才子，官从何处来。

王法制光棍，鸡狗制横人。君子避酒客，好汉顾三村。

注：王法，王朝的法令，国家的法令。《逸周书·小明武》："敦其王法，济用金鼓，降以列阵。"《三国志·魏书·董卓传》："暹、奉不能奉王法，各出奔。"韩愈《读皇甫湜公安园池诗书其后》二首其一："春秋书王法，不诛其人身。"光棍，地痞，无赖。李鉴堂《俗语考原·光棍》："俗谓无赖匪徒以敲诈为事者为光棍。"《杀狗劝夫》楔子："却信着这两个光棍，搬坏了俺一家儿也。"《东堂老》第三折："付与他钱钞，他那里去做甚么买卖，多咱又被那两个光棍弄掉了。"

一回着蛇咬，二回莫进草。一回上了当，二回莫照样。

注：上当，受骗吃亏。《儒林外史》第五十四回："我今年七十多岁，看经念佛，观音菩萨听着，我怎肯眼睁睁地看着你上当不说？"照样，依照某种样式。《红楼梦》第四十五回："宝钗等选了一回，各色东西可用的只有一半，将那一半又开了单子，与凤姐儿去照样置买，不必细说。"

同君一夜话，胜读十年书。结交须胜己，似我不如无。
但看三五日，相见不如初。贪他一斗米，失却半年粮。
争他一脚豚，反失一肘羊。万事皆已定，浮生空自忙。

注："万事"二句，《救风尘》第三折："万事分已定，浮生空自忙。无非花共酒，恼乱我心肠。"《初刻拍案惊奇》卷一："这几位名人，说来说去，都是一个意思。总不如古语云：'万事分已定，浮生空自忙。'"分定，本分所

定，命定。《孟子·尽心下》："君子所性，虽大行不加焉，虽穷居不损焉，分定故也。"李商隐《即目》："单栖应分定，辞疾索谁忧。"《初刻拍案惊奇》卷三二："红颜薄命，自古如此，岂独妾一人！此皆分定之事，敢生嗟怨？"浮生，以人生在世，虚浮不定，因称人生为"浮生"。《庄子·刻意》："其生若浮，其死若休。"鲍照《答客》："浮生急驰电，物道险弦丝。"元稹《酬哥舒大少府寄同年科第》："自言行乐朝朝是，岂料浮生渐渐忙。"

六　言

责人之心责己，恕己之心恕人。饶人不是痴汉，痴汉不会饶人。

成功不可朽败，旧业不可改图。百年成之不足，一旦坏之有余。

注：朽败，腐烂，朽坏。《论衡·论死》："夫卧，精气尚在，形体尚全，犹无所知，况死人精神消亡，形体朽败乎！"贾思勰《齐民要术》卷五："世人见漆器暂在日中，恐其炙坏，合着阴润之地，虽欲爱慎，朽败更速矣。"旧业，原有的产业、家业。《汉书·王莽传》："又上书归孝哀皇帝所益封邑，入钱献田，殚尽旧业，为众倡始。"《醒世恒言》卷六："王臣思想要往都下寻访亲知，整理旧业，为归乡之计。"改图，改变计划。《左传·哀公二年》："郢不足以辱社稷，君其改图。"《旧唐书·王重荣传》："今军府积实，苦被征求，复来收兵，是贼危我也，倘不改图，危亡必矣。"

穷人休争恶气，富豪莫压乡愚。明人不做暗事，行事要照诗书。

注：恶气，怨气，怒气。《醒世恒言》卷八："都是孙家老乞婆，害我家坏了门户，受这恶气！"乡愚，旧时对乡村老百姓的蔑称。《石点头》第三回：

"以致欺瞒良善，吞嚼乡愚，串通吏胥侵渔、隐匿、拖欠，无所不至。"暗事，不光明磊落的事。《喻世明言》卷二八："你同个男子合伙营生，男女相处许多年，一定配为夫妇了。自古明人不做暗事，何不带顶髻儿，还好看相。"

靠人不如靠神，积金不如积德。远走不如近推，尤人不如自责。

自重不可自大，自谦不可自卑。有才要更有德，有守难于有为。

注：自重，尊重自己的人格。《汉书·魏相传》："愿少慎事自重，臧器于身。"曾巩《都官员外郎曾君墓志铭》："其家故贫，然君为人，节廉自重。"自大，自负。曹操《让县自明本志令》："今孤言此，若为自大，欲人言尽，故无讳耳。"《旧唐书·温造传》："臣闻元和、长庆中，中丞行李，不过半坊，今乃远至两坊，谓之笼街喝道，但以崇高自大，不思僭拟之嫌，若不纠绳，实亏彝典。"自谦，自我谦逊。《后汉书·光武帝纪》："帝不纳。常自谦无德。"自卑，轻视自己。杜甫《雨》："穷荒益自卑，飘泊欲谁诉。"《新唐书·王行瑜传》："克用曰：尚父何自卑，吾被命讨三贼，公其一也。"有守，有操守，有节操。《尚书·洪范》："凡厥庶民，有猷、有为、有守，汝则念之。"孔传："民戢有道，有所为，有所执守。"《新唐书·陆元方传》："弘景以直道进，议论持正有守。"《老学庵笔记》卷一〇："师鲁文章传世，且刚直有守，非欺后世者，可信不疑也。"有为，有作为。《周易·系辞》："是以君子将有为也，将有行也。"苏轼《学士院试孔子从先进论》："君子之欲有为于天下，莫重乎其始进也。"

天有不测风云，人有暂时祸福。八十不可留餐，九十不可留宿。

注：暂时，一时，短时间。费昶《和萧洗马画屏风二首》其二《秋夜凉风起》："红颜本暂时，君还讵相及。"《梦溪笔谈》卷二："古之兼官，多是暂时摄领。"留宿，留下来住宿。《韩非子·十过》："师涓明日报曰：'臣得之矣，而未习也，请复一宿习之。'灵公曰：'诺。'因复留宿。"

有福不可享尽，有话不可说尽。有势不可使尽，有谋不可用尽。

穷人钱就是命，无钱便成死症。你若把他算死，他来变你败子。

注：死症，不治之症。比喻无法克服的困难。《红楼梦》第九十九回："若你不管，我们实在是死症了。"败子，败家之子。《韩非子·显学》："夫严家无悍勇，而慈母有败子。"《醒世恒言》卷三七："岂知亲眷们都道，子春泼天家计，尽皆弄完，是个败子，借贷与他，断无还日。"

栽树要栽松柏，结交要结君子。相与狗党狐群，大家扯下浑水。

注：松柏，象征坚贞。《论语·子罕》："岁寒，然后知松柏之后凋也。"狗党狐群，比喻坏人勾结在一起。《金雀记》第十九出："羞杀你狗党狐群，我怎肯丧志污红粉。"浑水，浑浊不清的水。比喻龌龊的处境。《红楼梦》第九十回："不然，就是他和琴妹妹也有了什么不对的地方儿，所以设下这个毒法儿，要把我拉在浑水里，弄一个不清不白的名儿，也未可知。"

恭敬不如从命，施药不如传方。家熟不如国熟，花香不及书香。

注："恭敬"句，客套话，多用在对方对自己客气，虽不敢当，但不好违

命。《笋谱·杂说》："故又谚曰：恭敬不如从命，受训莫如从顺。"《东堂老》楔子："便好道，恭敬不如从命，他是个有病的人，我依着他则便了。"也用于劝人接受馈赠。《西厢记》第二本第三折："先生休作谦，夫人专意等。常言道：'恭敬不如从命。'休使得梅香再来请。"施药，施舍药物。高彦休《唐阙史·王居士神丹》："尝持珠诵佛，施药里巷。"韩偓《腾腾》："乌帽素餐兼施药，前生多恐是医僧。"书香，此指世代读书的习尚。林景熙《述怀次柴主簿》："书香剑气俱寥落，虚老乾坤父母身。"《醒世恒言》卷七："钱生家世书香，产微业薄，不幸父母早丧，愈加零替。"

无天绝人之意，特恐扭天行事。医有割股之心，只愁学艺不精。

注：绝意，断绝某种意念。《论衡·刺孟》："在鲁则归之于天，绝意无冀，在齐则归之于王，庶几有望。"韩愈《杂诗》四首其三："停车卧轮下，绝意于神仙。"苏轼《代张方平谏用兵书》："故臣愿陛下远览前世兴亡之迹，深察天心向背之理，绝意兵革之事。"割股，割下自身的股肉来治疗父母的病。是封建社会所认为的孝行。《旧唐书·王友贞传》："友贞弱冠时，母病笃。医言唯啖人肉乃差。友贞独念无可求治，乃割股肉以饴亲，母病寻差。则天闻之，令就其家验问，特加旌表。"《庄子·盗跖》："介子推至忠也，自割其股以食文公。"《新五代史·何泽传》："五代之际，民苦于兵，往往因亲疾以割股，或既丧而割乳庐墓，以规免州县赋役。"《宋史·选举志》："上以孝取人，则勇者割股，怯者庐墓。"

满口仁义道德，满腹奸盗邪淫。识破一钱不值，枉自装做好人。

注：仁义道德，泛指旧时鼓吹的道德规范。韩愈《原道》："后之人，其

欲闻仁义道德之说，孰从而听之。"奸盗邪淫，《红楼梦》第七十回脂评："一篇奸盗邪淫文字，反以四子五经、公羊穀梁、秦汉诸作起，以《太上感应篇》结。"识破，看穿别人的秘密或事物的真相。文天祥《赠莆阳卓大著顺宁精舍三十韵》："人生天地间，一死非细事。识破此条贯，八九分地位。"识破一钱不值，《史记·魏其武安侯列传》："夫无所发怒，乃骂临汝侯曰：生平毁程不识不直一钱，今日长者为寿，乃效女儿咕嗫耳语。"枉自，徒然，白白地。《水浒传》第二十四回："如今枉自有三五七口人吃饭，都不管事。"《慎鸾交》第二十五出："狂徒枉自把奸邪逞，一事无成只落得命早倾。"

朝廷敬老尊贤，冥间赏罚善恶。吉人自有天相，凶人自有天祸。

注：敬老尊贤，指尊敬年纪大的或品德高尚、才能出众的人。刘向《说苑·修文》："入其境，土地辟除，敬老尊贤，则有庆，益其地。"冥间，阴间。《敦煌变文集·目连变文》："汝母生前多悭诳，受之业报亦如斯。常在冥间受苦痛，大难得逢出离期。"赵叔向《肯綮录·赵清真高士入冥》："赵清真先生者，有道之士也。能入冥间，观世间所谓地狱者。"（按：《肯綮录》作者历来有赵叔向、赵叔问两说。余柯君《〈肯綮录〉作者及成书时代献疑》认为，两说皆非是，其作者或另有其人，此书抑或非宋人所撰。）赏罚，奖赏和惩罚。《尚书·康王之诰》："惟新陟王，毕协赏罚，戡定厥功，用敷遗后人休。"蔡邕《上封事陈政要七事》："宜追定八使，纠举非法，更选忠清，平章赏罚。"李康《运命论》："赏罚悬于天道，吉凶灼乎鬼神。""吉人"句，谓天佑善人。《石点头》第十二回："吉人自有天相，谅不至于丧身，万一有甚不测，后事俱在我身上，决不有负所托。"《醒世恒言》卷二五："自古道：'吉人自有天相。'遐叔正在帅府门首叹气，傍边忽转过一个道士问道：'君子何叹？'"凶人，恶人，凶恶之人。《尚书·泰誓》："我闻吉人为善惟日不足，凶人为不善亦惟日不

足。"《史记·五帝本纪》："舜宾于四门，乃流四凶族，迁于四裔，以御螭魅，于是四门辟，言毋凶人也。"韩愈《论淮西事宜状》："兵之胜负，实在赏罚。赏厚可令廉士动心，罚重可令凶人丧魄，然可集事。"天祸，上天降下的祸殃。《公羊传·宣公十二年》："边垂之臣，以干天祸。"潘岳《寡妇赋》："何遭命之奇薄兮，遘天祸之未悔。"丁谓《丁晋公谈录》："晋公言真宗即位，有彗星见于东方……是天祸也。"

莫绷死人过河，须解网罗施雀。莫支瞎子跳岩，恐搬石头打脚。

注：网罗，比喻束缚人的东西。李山甫《又代孔明哭先主》："尽驱神鬼随鞭策，全罩英雄入网罗。"支，支使。《儿女英雄传》第四十回："再看了看左右无人，只得两个小丫头子，便把那两个小丫头子也支使开。"

甚而送子读书，不如读书送子。智者千虑一失，愚者百短一长。

月满方逢薄蚀，水满常多崩决。光棍总怕倒楞，快刀终有一缺。

注：薄蚀，薄食。《吕氏春秋·明理》："其月有薄蚀。"高诱注："薄，迫也。日月激会相掩，名为薄蚀。"《史记·天官书》："逆行所守，及他星逆行，日月薄蚀，皆以为占。"《旧唐书·孙思邈传》："故五纬盈缩，星辰错行，日月薄蚀，孛彗飞流，此天地之危诊也。"崩决，崩塌溃决。

阴地不如心地，命好不如心好。买田不如教子，死宝不如活宝。

注：阴地，坟地。《水浒传》第一〇一回："他听信了一个风水先生，看

中了一块阴地，当出大贵之子。"《癸辛杂识·别集上》："倪文节为吾乡一代名流，常与秀邸为邻，颇有侵越地界之争。常为之语曰：'住场好不如肚肠好，坟地好不如心地好。'盖有为而发也。"

碗米养个恩人，石米养个仇人。君子以功报德，小人记仇忘恩。

注：恩人，对自己有恩情的人。《琵琶记》第十七出："恩人相见，分外眼明；仇人相见，分外眼睁。"《水浒传》第四回："若非恩人垂救，怎能够有今日！"《儒林外史》第十三回："娄府两公子将五百两银子送了侠客，与他报谢恩人。"石，十升为一斗，十斗为一石。白居易《官牛》："一石沙，几斤重，朝载暮载将何用？"报德，报答别人的恩德。《诗经·小雅·蓼莪》："欲报之德，昊天罔极。"《论语·宪问》："以直报怨，以德报德。"韩愈《上张仆射书》："上无以承事于公，忘其将所以报德者；下无以自立，丧失其所以为心。"忘恩，忘记别人对自己的恩德。《醒世恒言》卷一〇："万望先生垂怜我异乡之人，怎生用贴药救得性命，决不忘恩！"

已恩不如再恩，一误何容再误。切莫知法犯法，慎毋当做不做。

注：知法犯法，指明知故犯。《儒林外史》第四回："何美之才开了门，七八个人一齐拥了进来，看见女人、和尚一桌子坐着，齐说道：'好快活！和尚妇人青天白日调情！好僧官老爷！知法犯法！'"

分家切莫相争，譬如多生几人。养亲切莫推躲，犹如止生一我。

注：分家，亲属析产，分居各自过活。《红楼梦》第一〇五回："回王爷：

'贾赦、贾政并未分家。闻得他侄儿贾琏现在承总管家,不得不尽行查抄。'"

七　言

打虎还要亲兄弟,出阵不离父子兵。业可养身须着力,事非关己莫劳心。

注:着力,尽力,用力。吴涵虚《上升歌》:"玉皇有诏登仙职,龙吐云兮凤著力。"赵翼《陔余丛考》卷四三:"《齐书》:苍梧王欲害萧道成,陈太妃骂曰:'道成有大功,今害之,谁复为汝着力者?'"劳心,动脑筋,费心思。《孟子·滕文公上》:"或劳心,或劳力;劳心者治人,劳力者治于人。"柳宗元《送薛存义任序》:"蚤作而夜思,勤力而劳心。"

百炼化身成铁汉,三缄其口学金人。长江后浪趋前浪,世上新人趱旧人。

注:百炼,多次锻炼,久经磨炼。刘琨《重赠卢谌》:"何意百炼刚,化为绕指柔。"李善注引应劭《汉书注》:"说者以金取坚刚,百炼不耗。"《三国志·魏书·崔琰传》:"孙疏亮亢烈,刚简能断;卢清警明理,百炼不消,皆公才也。"陈汝元《金莲记》第四出:"三昧上真炁已全,百炼中凡心俱净。"铁汉,坚强不屈的男子。《五灯会元》卷一二:"学道须是铁汉,着手心头便判。直趣无上菩提,一切是非莫管。"三缄其口,形容说话谨慎,或不肯、不敢开口。《说苑·敬慎》:"孔子之周,观于太庙。右阶之前,有金人焉。三缄其口,而铭其背曰:'古之慎言人也。'"《水浒后传》第十三回:"危行言逊,祸免生肘,金人示诫,三缄其口。"金人,铜铸人像。《史记·秦始皇本纪》:"收天下兵,聚之咸阳,销以为钟镰,金人十二,重各千石,置廷宫中。"《三国志·魏书·董卓传》:"椎破铜人十及钟镰,以铸小钱。"趋,《说文》:"趋,走也。"《释名》:"疾行曰趋,疾趋曰走。"趱(zǎn),赶。《张协状元》第四

十八出:"长江后浪催前浪,一替新人趱旧人。复相公,有何钧旨?"

白酒酿成缘好客,黄金散尽为收书。一缘二命三风水,四积阴功五读书。

注:风水,也称"青乌术""青囊术",学术性的称法是"堪舆"。指宅基地或坟地周围的风向、水流、山脉等。信者认为"风水"的好坏能决定宅主或葬者一家的祸福。旧题郭璞《葬书》:"经曰:气乘风则散,界水则止。古人聚之使不散,行之便有止,故谓之风水。"《喻世明言》卷三九:"此间武强山广有隙地,风水尽好,我先与你葺理葬事。"

受恩深处宜先退,得意浓时便好休。莫待是非来入耳,从前恩爱反为仇。

深山毕竟藏猛虎,大海终须纳细流。留得五湖明月在,不愁无处下金钩。

月到十五光明少,人到中年万事休。命里有时终须有,命里无时莫苦求。

注:苦求,极力哀求。《红楼梦》第七十一回:"鸳鸯忙要回身,司棋拉住苦求。"

路逢险处难回避,事到头来不自由。人生知足何时足,人老偷闲且是闲。

枯木逢春犹再发,人无两度再少年。一家饱暖千家怨,半世功名万世冤。

无求到处人情好,不饮任他酒价高。贫无达士将金赠,富有高人说药方。

秋至满山皆秀色，春来无处不花香。龙归晚洞云犹湿，麝过春山草木香。

画水无风空作浪，绣花虽好不闻香。人逢喜事精神爽，船到滩头水路开。

注："人逢"句，谓人遇到喜庆之事则心情舒畅。《五灯会元》卷一九："无生国里，未是安居。万仞崖头，岂容驻足？且望空撒手，直下翻身一句作么生道？人逢好事精神爽，入火真金色转鲜。"《醒世恒言》卷八："刘璞见妻子美貌非常，甚是快乐。真个是：人逢喜事精神爽。那病早去了几分。"

万事不由人计较，一生都是命安排。池塘积水须防旱，田地深耕是养家。

一朝天子一朝臣，一辈新鲜一辈陈。一苗露水一苗草，一层山水一层人。

注："一朝"句，指当权者变动，下属也随之变动。《追韩信》第三折："咱王是一朝天子一朝臣。"《牡丹亭》第十五出："万里江山万里尘，一朝天子一朝臣。俺北地怎禁沙日月，南人偏占锦乾坤。"

父母恩深终有别，夫妻义重也分离。人生似鸟同林宿，大限来时各自飞。

饿儿不吃猫儿饭，冷死不向佛前灯。平生不做亏心事，夜半敲门心不惊。

平生只会量人短，何不回头把自量。各人打扫门前雪，休管他人瓦上霜。

注："各人"二句，比喻不要多管闲事，或者用来形容那些明哲保身的人。《琵琶记》第三十出："相公，夫妻何事苦相妨，莫把闲愁积寸肠。难道各人自扫门前雪，莫管他家屋上霜。"打扫，扫除，清理。《倩女离魂》楔子："下次小的每，打扫书房，着孩儿安下，温习经史，不要误了茶饭。"《红楼梦》第三回："你们赶早打扫两间下房，让他们去歇歇。"

妙药难医冤孽病，横财不富命穷人。命中只有八合米，走尽天下不满升。

注：冤孽，亦即冤业。

一家养女百家求，一马不行百马忧。马背不如牛背稳，漫言骑马胜骑牛。

注：漫言，莫言，别说。魏源《寰海后十首》其一："漫言孤注投壶易，万古澶渊几寇莱。"

各人做事各人了，管人闲事受人磨。知恩报恩天下少，反眼无情世间多。

注：反眼，翻脸。韩愈《柳子厚墓志铭》："一旦临小利害，仅如毛发比，反眼若不相识。"《东谷所见·谦逊》："尝见世人……谦逊之风，良可嘉尚。及其见利则趋，见便则夺，惟恐或后于人，虽骨肉亦疏绝，契交反眼不相识。"

谋人妻子不养家，谋人田地水推沙。聪明反被聪明误，处错还从错处扒。

注：谋，图谋，营求。《论语·卫灵公》："子曰：'君子谋道不谋食。'"诸葛亮《出师表》："陛下亦宜自谋，以咨诹善道，察纳雅言。"《南史·王思

远传》:"思远谓曰:'时事稍异,兄觉不?凡人多拙于自谋,而巧于谋人。'"妻子,妻,成年男子的正式配偶。《诗经·小雅·常棣》:"妻子好合,如鼓瑟琴。"杜甫《新婚别》:"结发为妻子,席不暖君床。"《三国志平话》卷上:"学究妻子又来送饭,不见学究回来,告与公公得知,即时将引长子等去寻。"(按:妻子,一般指妻和子。《孟子·梁惠王上》:"必使仰足以事父母,俯足以畜妻子。"《后汉书·吴佑传》:"佑问长:'有妻子乎?'对曰:'有妻未有子也。'"《百喻经·水火喻》:"入佛法中,出家求道。既得出家,还复念其妻子眷属、世间之事、五欲之乐。")错处,错误之处。《传习录》卷上:"不久即去世,早日许多错处,皆不及改正。"

山穷水尽疑无路,柳暗花明又一村。黄河尚有澄清日,岂可人无得运时。

注:"山穷"二句,陆游《游山西村》:"莫笑农家腊酒浑,丰年留客足鸡豚。山重水复疑无路,柳暗花明又一村。箫鼓追随春社近,衣冠简朴古风存。从今若许闲乘月,拄杖无时夜叩门。"山穷水尽,山和水都到了尽头。比喻无路可走,陷入绝境。《聊斋志异》卷一二:"苟不至山穷水尽时,勿望给与也!"柳暗花明,形容柳树成荫,繁花似锦的春天景象。王维《早朝》:"柳暗百花明,春深五凤城。"也比喻在困难中遇到转机。

十年窗下无人问,一举成名天下知。一举首登龙虎榜,十年身到凤凰池。

红粉佳人休便老,风流浪子莫叫贫。山上也有千年树,世上难逢百岁人。

莺花犹怕春光老,岂可教人枉度春。相逢不饮空归去,洞口桃花也笑人。

杂　言

　　但行好事，莫问前程。施恩不望报，望报不施恩。

　　注："施恩"二句，指有德之人给予别人恩惠却不图回报，而如果意在得到报答，还不如不施恩，也不是真正的施恩。崔瑗《座右铭》："施人慎勿念，受施慎勿忘。"《三国志·吴书·朱治传》"既嗣父爵，迁偏将军"裴松之注："轻财尚义，施不望报。"《儿女英雄传》第二十七回："不然你又讲究到甚么施恩不望报的话，不收我的，师傅先合你噶下个点儿。"施恩，给人以恩惠。曹植《求通亲亲表》："诚可谓恕己治人，推惠施恩者矣。"《左传·昭公六年》"民知有辟，则不忌于上"孔颖达疏："民知在上不敢越法以罪己，又不能曲法以施恩，则权柄移于法，故民皆不畏上。"

　　人身难得，乐土难生。但存方寸地，留与子孙耕。

　　注：乐土，安乐的地方。《诗经·魏风·硕鼠》："逝将去女，适彼乐土。"杜甫《垂老别》："何乡为乐土，安敢尚盘桓。"张先《天仙子·公择将行·般涉调》："坐治吴州成乐土。诏卷风飞来圣语。"

　　黄金无假，阿魏无真。只有真财主，那有真客人。

　　注：财主，旧时指占有大量财产，往往靠剥削为生的富人。寒山诗："我见凡愚人，多畜资财谷……财主忽然死，争共当头哭。"《四春园》第一折："我当初也是巨富的财主来，唤我做李十万。"客人，此指客商、商贩。《宣和遗事·前集》："蔡京又更茶法，天下立茶场，拘榷茶货，令客人赴官请引，自于茶园买茶，赴官秤验，纳息批引，限日贩卖。"《三国志平话》卷中："赵云按敌楼，言天晚，来日入城。客人不肯，言：'俺资本船货物多，城外恐有失。'"《水浒传》第十六回："杨志说道：俺只道是歹人，原来是几个贩枣子

的客人。"

当局者迷,旁观者清。若要断酒法,醒眼看醉人。

绳锯木断,水滴石穿。大吃如小赌,数不可细算。

注:"绳锯"二句,比喻力量虽小,只要坚持下去,事情就能成功。《鹤林玉露》卷一〇:"一日一钱,千日千钱,绳锯木断,水滴石穿。"

人无远虑,必有近忧。晴天不肯去,直待雨淋头。

注:"晴天"二句,比喻不能及早动手或毫无准备。《五灯会元》卷一二:"僧问:'一言合道时如何?'师曰:'七颠八倒。'曰:'学人礼拜。'师曰:'教休不肯休,直待雨淋头。'"《喻世明言》卷一:"三巧儿唤丫鬟开看,只见薛婆衣衫半湿,提个破伞进来,口儿道:'晴干不肯走,直待雨淋头。'"

贫穷自在,富贵多忧。宁向直中取,不可曲中求。

成事莫说,覆水难收。捡倒人情做,得休且罢休。

注:罢休,停止,不再进行。范成大《次韵宗伟阅番乐》:"罢休诗社工夫淡,先净书生气味酸。"《临川梦》第一出:"蛛丝挚肘,龙门开窦。咳!甚公车犹难罢休。"

河狭水急,人急计生。无钱方断酒,临老始看经。

当断不断,反受其乱。斩草不除根,萌芽依旧生。

注:萌芽,比喻始发或初生的事物。《汉书·李寻传》:"宜察萧墙之内,毋忽亲疏之微。诛放佞人,防绝萌牙。"韩愈《和侯协律咏笋》:"萌芽防浸大,覆载莫偏恩。"

挝山抵水，开口乱言。哄得愚者过，恐怕识者弹。

注：挝（zhuā）山抵水，犹欺骗。与"开口乱言"同义反复。抵，《后汉书·刘隆传》："帝诘吏由趣，吏不肯服，抵言于长寿街上得之。"《资治通鉴》胡三省注："抵，欺也。"《夷坚丁志》卷二："客船过务败税，抵言是君家物，果否？"

杀人八百，自损三千。害人终害己，头上有青天。

奢能折富，俭可养廉。从俭入奢易，从奢入俭难。

注：养廉，培养并保持廉洁的美德。司空图《太尉琅琊王公河中生祠碑》："均能劝勇，俭足养廉。"《宋史·职官志》："诸路职官，各有职田，所以养廉也。"《金史·从坦传》："若实给俸粟之半，少足养廉，则可责其效力。"（按：又有所谓"养廉银"，是清朝特有的官员薪给制度。创自雍正元年（1723）的该薪给制度，本意是想借由高薪，来培养鼓励官员廉洁习性，并避免贪污情事的发生，故名。养廉银源自地方火耗或税赋，因此视各地富庶程度，数额有所不同。一般来说，养廉银为薪水的十倍到一百倍。）

好事难为，好人难做。点石化为金，人心犹未足。

齿刚则折，舌柔则存。灭却心头火，剔起佛前灯。

注："齿刚"二句，牙齿刚硬就容易折断，舌头柔软才能完好保存。说的是之所以要忍的道理。《少年老伴自皆殊序》："前阙况且年高之辈，气力则尽合衰羸；英俊后生，武艺则要夸骁捷。今者小来疗大，不顾能解存亡，射堕则准拟论功，竞来则正争人我。不期老年朋党，弯弧而两断并盈；可畏后生，强弩而一筹不得。遂则魂惊胆碎，洽背汗流，面带忧颜，自惭衰劣。古云道：齿刚则折，舌柔则长。经中之不载虚言，书内之具传此事。睹此希奇之事，终要晓示后人。乃题一首之七言，聊申四韵之八句。"（张锡厚主编《全敦煌诗》

卷七七据伯2761《祈祷文》卷背抄本校录)

低下于人，必有所求。来到屋檐下，谁敢不低头。

口角言语，贤不责愚。是非终日有，不听自然无。

注：口角，争吵。《醒世恒言》卷二九："但钮成原系我家佣奴，与家人卢才口角而死，却与我无干。"潘荣陛《帝京岁时纪胜·禁忌》："元旦不食米饭，惟用蒸食米糕汤点，谓一年平顺，无口角之扰。"

前事可凭，后事难量。坐地等花开，未来休指望。

注：前事，过去的事情。《战国策·赵策》："前事之不忘，后事之师。"《后汉书·李固传》："远寻先世废立旧仪，近见国家践阼前事，未尝不询访公卿，广求群议，令上应天心，下合众望。"后事，后来的事。《左传·昭公三十二年》："天子实云，虽有后事，晋勿与知可也。"白居易《自江陵之徐州路上寄兄弟》："家贫忧后事，日短念前程。"指望，期望，希望。苏辙《论冬温无冰札子》："孙述知长垣县，决杀诉灾无罪之人，台官有言，然后罢任，虽行推勘，而纵其抵欺，指望恩赦。"《生金阁》第二折："俺衙内大财大礼，娶将你来，指望百年偕老。"《初刻拍案惊奇》卷二九："孩儿痴心想着，不但可以免罪，或者还有些指望也不见得。"

比上不足，比下有余。宁可正而不足，不可斜而有余。

注："比上"二句，赶不上前面的，却也超过了后面的。多是满足现状，不努力进取之人安慰自己的话。有时也用来劝人要知足。郭店楚简《太一生水》："天不足于西北，其下高以强；地不足于东南，其上低以弱。不足于上者，有余于下；不足于下者，有余于上。"《书法要录》卷七："芝自云：'上比崔杜不足，下方罗赵有余。'"张华《鹪鹩赋》："将以上方不足而下比

有余。"

言最招尤,心怕用错。闲谈莫论人非,静坐常思己过。

人贫不语,水平不流。正宜雪里送炭,替他水到开沟。

变产还钱,磕头免讼。是病总宜早医,长痛不如短痛。

注:变产,变卖产业。《警世通言》卷二五:"桂迁没奈何,特地差人回家变产,得二千余,加利偿还。"磕头,洪迈《夷坚支志》卷五:"任深悼前非,磕头谢罪。""长痛"句,长期痛苦还不如短期痛苦。指果断处事。唐甄《潜书·仁师》:"蜀人谚曰:'长痛不如短痛。'久乱不定,长痛也;一战之杀,一令之诛,短痛也。"

时穷势迫,生死关头。慎勿喉上接血,更休火上回油。

乘时如天,待时如死。懒人错过了机缘,忙人做不得好事。

注:乘时,乘机,趁势。左思《吴都赋》:"富中之甿,货殖之选,乘时射利,财丰巨万。"《宋史·王晏传》:"今契丹南侵,天下汹汹,英雄豪杰固当乘时自奋。"待时,等待时机。《孟子·公孙丑上》:"虽有智慧,不如乘势;虽有镃基,不如待时。"孙楚《为石仲容与孙皓书》:"骁勇百万,畜力待时,役不再举,今日之谓也。"刘基《顺斋箴为夏仲珍作》:"天地顺动,百度弗渝。待时而行,处顺以守。"机缘,佛教语,谓众生信受佛法的根机和因缘。《景德传灯录》卷四:"有坦然、怀让二人来参……然言下知归,更不他适。让机缘不逗,辞往曹溪。"因以指机会与缘分。袁宏道《与董思白书》三通其一:"青牛过函谷,而关尹适病,虽走之机缘未偶,然为尊丈省五千言著述之苦矣。"《慎鸾交》第十出:"妹子,你若果然爱他,把真心话儿说几句在我心上,待我替你缓缓图之,或者有些机缘也未见得。"

使心用心，反害自身。牵牛下海先湿脚，飞蛾打火自烧身。

合理可作，小利莫争。万事劝人休瞒昧，举首三尺有神明。

守口如瓶，防意如城。话到口边留半句，理从是处让三分。

谋事在人，成事在天。用心计较般般错，退步思量事事宽。

注：谋事，谋划事情。《左传·襄公元年》："凡诸侯即位，小国朝之，大国聘焉，以继好、结信、谋事、补阙，礼之大者也。"

一日夫妻，百世姻缘。百世修来同船渡，千世修来共枕眠。

杀人偿命，该账还钱。世上若要人情好，赊去物件莫收钱。

注："杀人"二句，指杀人者须抵命，欠债者要还钱。《任风子》第二折："可知道杀人偿命，欠债还钱。你这般说才是。"该账，欠账。

光阴似箭，日月如梭。遇饮酒时须饮酒，得高歌处且高歌。

财将义取，事过理边。随分耕锄收地利，他时饱暖谢苍天。

善必寿考，恶必早亡。富贵定要依本分，贫穷不必枉思量。

醴泉无源，芝草无根。无限朱门生饿殍，几多白屋出公卿。

注："醴（lǐ）泉"二句，比喻人的成就全靠自己的努力。虞翻《与弟书》："扬雄之才，非出孔氏之门，芝草无根，醴泉无源。"醴泉，甜美的泉水。《礼记·礼运》："故天降膏露，地出醴泉。"《史记·大宛列传赞》引《禹本纪》："昆仑其高二千五百余里，……其上有醴泉、瑶池。"韩愈《鸳鸯》："饥食玉山禾，渴饮醴泉流。"芝草，灵芝。《后汉书·显宗孝明帝纪》："是岁，甘露仍降，树枝内附，芝草生殿前，神雀五色翔集京师。"左思《魏都赋》："德连木理，仁挺芝草。皓兽为之育薮，丹鱼为之生沼。"韩愈《与崔群书》："凤皇芝草，贤愚皆以为美瑞；青天白日，奴隶亦知其清明。"

士农工商，各尽其职。早起二朝当一工，一勤天下无难事。

注：各尽其职，各司其职，各自尽到自己的职责。《韩非子·扬权》："使鸡司夜，令狸执鼠，皆用其能，上乃无事。"《后汉书·曹褒传》："汉遭秦余，礼坏乐崩，且因循故事，未可观省，有知其说者，各尽所能。"

得箭还箭，得弓还弓。留得人情千日在，人生何处不相逢。
人怕三对面，树怕一墨线。口说不如身逢，耳闻不如目见。
万般皆下品，唯有读书高。学者如禾如稻，不学者如蒿如草。
用人则不疑，疑人则不用。特恐君子见疑，反把小人重用。

注："用人"二句，任用一个人，就不要怀疑他；怀疑一个人，就不要任用他。所谓"不疑"，正如陈亮《论开诚之道》所云："臣愿陛下虚怀易盛，开心见诚，疑则勿用，用则勿疑。与其位，勿夺其职；任徼事，勿间以言。"一是充分授权，二是不乱指挥。《三国志·魏书·郭嘉传》裴松之注引《傅子》："用人无疑，唯才所宜。"《旧唐书·文宗纪》："五月壬戌朔戊辰诏：元首股肱，君臣象类，义深同体，理在坦怀。夫任则不疑，疑则不任。"《金史·熙宗纪》："谚不云乎：'疑人勿使，使人勿疑。'自今本国及诸色人，量才通用之。"见疑，受到怀疑。《晏子春秋·内篇杂上五》："见疑于齐君，将出奔。"《文心雕龙·明诗》："而辞人遗翰，莫见五言，所以李陵、班婕妤见疑于后代也。"重用，任命担任重要职务。《三国演义》第五十七回："统曰：'吾欲投曹操去也。'肃曰：'此明珠暗投矣！可往荆州投刘皇叔，必然重用。'"《水浒传》第十一回："既有柴大官人书缄相荐，亦是兄长名震寰海，王头领必当重用。"

做事留一线，日后好相见。交绝不出恶声，莫谓桥崩路断。

注："做事"二句，指做事要留有余地，不可做绝。"交绝"句，谓即使

绝交也不恶语中伤对方。《史记·乐毅列传》:"臣闻古之君子,交绝不出恶声。"交绝,绝交,关系断绝。《战国策·西周策》:"周君不听,是公之知困而交绝于周也。"恶声,怨恨之声。《庄子·山木》:"一呼而不闻,再呼而不闻,于是三呼邪,则必以恶声随之。"

去时终须去,再三留不住。做事斩钉截铁,为人光风霁月。

注:斩钉截铁,形容说话或行动坚决果断,毫不犹豫。《景德传灯录》卷一七:"师谓众曰:'学佛法底人如斩钉截铁始得时。'"原喻禅门顿悟果决,有似云门宗三转语中"截断众流"义。《朱子语类》卷五一:"看来,惟是孟子说得斩钉截铁。"马致远《哨遍·张玉岩草书》:"斩钉截铁,缠葛垂丝,似有风云气。据此清新绝妙,堪为家宝,可上金石。"光风霁(jì)月,以雨过天晴时万物明净的景象比喻开阔的胸襟和心地。光风,雨后初晴时的风。《楚辞·招魂》:"光风转蕙,泛崇兰些。"王逸注:"光风,谓雨已日出而风,草木有光也。"权德舆《古乐府》:"光风淡荡百花吐,楼上朝朝学歌舞。"霁,雨雪停止。黄庭坚《濂溪诗序》:"舂陵周茂叔,人品甚高,胸怀洒落,如光风霁月。"

勤俭生富贵,懒惰受饥寒。若要分分到手,除非步步向前。

注:懒惰,偷懒,不勤快。陶渊明《责子》:"阿野已二八,懒惰故无匹。"《朱子语类》卷一〇七:"先生病中应接不倦,左右请少节之。先生厉声曰:'你懒惰,教我也懒惰!'"《桃花女》楔子:"此人勤谨老实,又不懒惰,又不偷盗。"

不因渔父引,怎得见波涛。得人点水之恩,须当涌泉而报。

注:"得人"二句,即使受人一点小小的恩惠,也应当加倍报答。(按:

"衔环""结草"二典可为之注脚。《左传·宣公十五年》："魏武子有嬖妾，无子。武子疾，命颗曰：'必嫁是。'疾病，则曰：'必以为殉。'及卒，颗嫁之，曰：'疾病则乱，吾从其治也。'及辅氏之役，颗见老人结草以亢杜回，杜回踬而颠，故获之。夜梦之曰：'余，而所嫁妇人之父也。尔用先人之治命，余是以报。'"《后汉书·杨震传》"杨震字伯起……父宝"李贤注引《续齐谐记·华阴黄雀》："宝年九岁时，至华阴山北，见一黄雀为鸱枭所搏，坠于树下，为蝼蚁所困。宝取之以归，置巾箱中。唯食黄花。百余日毛羽成，乃飞去。其夜有黄衣童子向宝再拜曰：'我西王母使者，君仁爱救拯，实感成济。'以白环四枚与宝：'令君子孙洁白，位登三事，当如此环矣。'"）

闲时不烧香，急时抱佛脚。屎胀才挖茅私，从前当面错过。

注：茅私，茅厕。

客来主不顾，应恐是痴人。在家不会迎宾客，出门方知少主人。

相见易得好，久住难为人。相逢好似初相识，到老终无怨恨心。

三杯通大道，一醉解千愁。今朝有酒今朝醉，明日愁来明日忧。

不以我为德，反以我为仇。而今世事多惊悸，黄叶飞来怕打头。

注：惊悸，惊慌而致心悸，十分担心害怕。《后汉纪·献帝纪》："仰惟爵高宠厚，俯思自效，忧深责重，惊悸累息，如临于谷。"《新唐书·李祐传》："臣狂失心，惝恍惊悸。"

四两拨千斤，一静制百动。好汉不吃眼前亏，君子斗智不斗勇。

注：四两拨千斤，谓顺势借力，以小力胜大力。"一静"句，谓沉着冷静，用理智可以控制冲动。苏洵《心术》："故一忍可以支百勇，一静可以制百动。"《老子》："重为轻根，静为躁君。是以君子终日行不离辎重，虽有荣观，燕处超然。奈何万乘之主，而以身轻天下？轻则失根，躁则失君。""君子"句，谓君子在计谋上较量而不从武力上比高下。《史记·项羽本纪》："汉王谢项王曰：'吾宁斗智不斗力。'"

惜花须检点，爱月不梳头。大抵选他肌骨好，不搽红粉也风流。

注：搽（chá），涂抹。马致远《汉宫秋》第一折："将两叶赛宫样眉儿画，把一个宜梳裹脸儿搽。"《儒林外史》第二十四回："这和尚积年剃了光头把盐搽在头上，走到放牛所在……哄出牛舌头来舐他的头。"

英雄行险道，富贵似花枝。人情莫道春光好，只怕秋来有冷时。

官清司吏瘦，神灵庙祝肥。入门休问荣枯事，观看容颜便得知。

注：司吏，负责办理文书的小吏。孟汉卿《魔合罗》第三折："老夫上任三个日头，今日升厅，坐起早衙，怎生不见掌案当该司吏？"

若要人不知，除非己莫为。假缎染就真红色，也被旁人说是非。

你急他未急，人闲心不闲。但有绿杨堪系马，处处有路通长安。

上山擒虎易，开口靠人难。知音说与知音听，不是知音莫与谈。

衙门八字开，无钱莫进来。清官难逃猾吏手，瘦狗都熬出油来。

注：猾吏，奸猾的官吏。《论衡·商虫》："豪民猾吏，被刑乞贷者，威胜于官，取多于吏。"《抱朴子·诘鲍》："关梁所以禁非，而猾吏因之以为非焉。"

一字入公门，九牛拖不出。告人一状三世冤，两扇磨子一齐鉥。

注：鉥（yù），磨光。杨慎《俗言·磨鉥》："《五音谱》：'磨砻渐销曰鉥。'今俗谓磨光曰磨鉥是也。"曹寅《唐县开元寺》："开元寺古北平西，石子垚垚鉥马蹄。"

黄金未为贵，安乐值钱多。知事少时烦恼少，识人多处是非多。

人无千日好，花无百日红。曾记少年骑竹马，看看又是白头翁。

一娘生九子，十指痛肝心。手板手背都是肉，大襟扯来盖小襟。

注：肝心，比喻人的内心。《论衡·超奇》："书疏文义，夺于肝心。"《三国志·蜀书·诸葛亮传》："朕用伤悼，肝心若裂。"苏辙《病后白发》："筋力从凋朽，肝心罢激昂。"大襟，指纽扣偏在一侧的中式上衣或袍子的前面部分，通常从左侧到右侧，盖住底襟。小襟，中式大襟衣服的里襟，即掩在大襟底下的狭长部分。

无风不起浪，有麝自然香。大风吹倒梧桐树，自有旁人说短长。

注：无风不起浪，比喻事出有因。"大风"二句，比喻某种横逆的事情发生，总会有人议其是非短长。《随园诗话》卷九："'大风吹倒梧桐树，自有旁人说短长。'宋人笑赵师睪欲附范文正公祠堂诗也。"《琵琶记》第三十一出："一心只欲转家乡，争奈爹行不忖量。大风吹倒梧桐树，自有傍人说短长。"罗贯中、冯梦龙《三遂平妖传》第九回："地方邻里见是宦家，又是有名的剥皮公子，谁敢出头开口，只是背地里暗笑。正是大风吹倒梧桐树，自有旁人说短长。"短长，优劣，是非。《鬼谷子·捭阖》："度权量能，校其伎巧短长。"陶弘景注："必量度其谋能之优劣，校考其伎巧之长短，然后因材而用。"《世说新语·文学》："（服虔）闻崔烈集门生讲传……每当至讲时，辄窃听户壁间。既知不能逾己，稍共诸生叙其短长。"苏辙《论张颉不可用札子》："然不知人才各有短长，未必生于其乡，必善其事。"

自恨枝无叶，莫怨太阳偏。书非误我须勤学，命不如人只听天。

注：误我，耽误我。《东周列国志》第十二回："痛定生悲，泪如雨下，连声叹曰：'齐姜误我，齐姜误我！'即召公子朔问之，朔辞不知。"《旧唐书·史思明传》："却骂曹将军曰：'这胡误我，这胡误我！'"

人情到处赶，落雨好借伞。那家挂个无事牌，与人方便自方便。

注：人情，人与人之间的应酬，婉指馈赠、财礼。《京本通俗小说·西山一窟鬼》："你这厮许了我人情又不还，我怎的不打你？"《元典章新集·禁骚

扰》："近年以来，内外诸衙门指与上司官员庆贺馈送，一切人情，或私相追往，公然于所辖官吏俸钞科取。"落雨，下雨。

有钱男子汉，无钱汉子难。有钱若不行方便，如入宝山空手还。

注：汉子，对男子的通称。《水浒传》第二十七回："那两个汉子急待向前，被武松大喝一声，惊得呆了。"空山空手还，杨显之《郑孔目风雪酷寒亭》楔子："正是当权若不行方便，如入宝山空手回。"黄宗羲《前封中顺大夫按察副使荣期郑公墓志铭》："吾试浙而失此士，真如宝山空手归矣。"

惧法朝朝乐，欺公日日忧。近来学得乌龟法，得缩头时且缩头。

人善被人欺，马善被人骑。善恶到头终有报，只争来早与来迟。

人老心未老，人穷志不穷。屋漏更遭连夜雨，船行又被打头风。

得宠思辱，安居虑危。念念有如临敌日，心心常似过桥时。

常将有日思无日，莫把无时作有时。醉后乾坤大，壶中日月长。

爽口食多防作疾，快心事过恐生殃。救人一命，胜造七级浮屠。

积金千两，不如明解经书。非因果报方行善，岂为功名始读书。

注：果报，佛家语，因果报应。即凤世种善因，今生得善果，为恶则得恶

报。《法苑珠林》卷七七引《惟无三昧经》："一善念者，亦得善果报；一恶念者，亦得恶果报。"《七修类稿》卷二五："世间果报之事，此善善恶恶天道好还者也。"

美不美，乡中水。亲不亲，故乡人。

平生不作皱眉事，世上应无切齿人。谁人背后无人说，那个人前不说人。

有钱道真语，无钱语不真。不信但看筵中酒，杯杯先劝有钱人。

先到为君，后到为臣。莫道君行早，更有早行人。

近水楼台先得月，向阳花木早逢春。会说说都市，不会说说屋里。

墙有缝，壁有耳。好事不出门，恶事传千里。

点塔七层，不如暗处一灯。众星朗朗，不如孤月独明。

慈不掌兵，慈太姑息。义不掌财，义流侠气。

注：姑息，无原则地宽容。《礼记·檀弓》："君子之爱人也以德，细人之爱人也以姑息。"《唐国史补》卷中："德宗自复京阙，常恐生事，一郡一镇，有兵必姑息之。"《儒林外史》第八回："人家请先生的，开口就说要严；老夫姑息的紧，所以不曾着他去从时下先生。"

姑息则养奸，任侠则乱用。真义可以入神，真慈足以得众。

注：养奸，谓纵容奸邪。《后汉书·王符传》："古者唯始受命之君，承大乱之极……故不得不有一赦，与之更新，颐育万民，以成大化。非以养奸活罪，放纵天贼也。"《啸亭杂录》卷七："守令来谒，命判试其才，教曰：'深文伤和，姑息养奸，戒之哉。'"任侠，凭借权威、勇力或财力等手段扶助弱

小，帮助他人。《史记·季布传》："季布者，楚人也。为气任侠，有名于楚。"《汉书·季布传》："为任侠有名。"颜师古注："任谓任使其气力。侠之言挟也，以权力侠辅人也。"叶绍翁《四朝闻见录·乙集》："周南，吴中人。游太学有时名，然颇任侠，与水心先生善。"入神，专注于眼前有浓厚兴趣的事物或陷入沉思。《周易·系辞》："精义入神，以致用也。"孔颖达疏："言圣人用精粹微妙之义，入于神化。寂然不动，乃能致其所用。"后多用以指一种技艺达到神妙之境。《古诗十九首》："弹筝奋逸响，新声妙入神。"《梦溪笔谈》卷一七："予家所藏摩诘画《袁安卧雪图》，有雪中芭蕉，此乃得心应手，意到便成，故造理入神，迥得天意，此难可与俗人论也。"得众，谓得人心。《论语·阳货》："恭则不侮，宽则得众。"邢昺疏："宽则得众者，言行能宽简则为众所归也。"《后汉书·隗嚣传》："季父崔，素豪侠，能得众。"

口水会淹死人，河水都洗不清。坛子栽花冤屈死，活人抬到死人坑。

注：冤屈，冤枉。《杀狗劝夫》第三折："我几曾杀人来，是好冤屈也。"

讨赏卖乖，面善心恶。对我常说别人，对人宁不说我。

注：讨赏，请求赏赐，乞求恩赐。《死里逃生》第四出："杨爷把两个和尚已杀了，我们拿了衣巾去讨赏。"《两般秋雨庵随笔》卷三："关上见箱笼稍多，任意讨赏。"卖乖，谓显示乖巧，卖弄聪明。李开先《一江风·卧病江皋》："卖乖来，缘木求鱼，打草惊蛇，倒做庄家派。"

好歹都不可听，早些把他看破。家有贤妻，男儿不遭横事。

注：好歹，不管怎样，无论如何。《京本通俗小说·错斩崔宁》："若是半路里追不着的时节，直到他爹娘家中，好歹追他回来，问个明白。"《鸳鸯被》

第一折：" 姑姑，你若作成我这桩亲事，重重相谢。你好歹早些儿来回话。" 看破，看透，看穿。陆游《破阵子》："看破空花尘世，放轻昨梦浮名。" 李曾伯《水调歌头（蒲制帅以喜雨韵为寿，和以谢之）》："世缘道眼看破，闻早问先畴。"《水浒传》第六十一回："如今大名府做公的极多，倘若被人看破，枉送了你的性命。""家有"二句，《伍员吹箫》第三折："家有贤妻，男儿不遭横事。"横事，意外的事故或灾祸。秦观《与苏公先生简》："薄田百亩，虽不能尽充饘粥丝麻，若无横事，亦可给十七。"《儒林外史》第五十二回："那毛二胡子无计可施，只得将本和利一并兑还，才完了这件横事。"

王法始于阃门，家齐而后国治。恶人自有恶人磨，强中更有强中手。

注：阃门，门前的栅栏，此指家中。《说文》："阃，门遮也。"《论衡·乱龙》："故今县官斩桃为人，立之门侧；画虎之形，著之门阃。"杜甫《李监宅》二首其一："门阃多喜色，女婿近乘龙。"家齐，治家。《大学》："欲齐其家者，先修其身。"《风筝误》第三出："不会齐家会做官，只因情法有严宽。"国治，治理国家政务。《大学》："欲治其国者，先齐其家。"《文心雕龙·诸子》："野老治国于地利，驺子养政于天文。"

前人狠，不如后人强。长城万里今犹在，那见当年秦始皇。

三代为官，不可轻师慢匠。敬斯文乃得斯文，舍得盐才下得酱。

注：斯文，指礼乐教化、典章制度。《论语·子罕》："天之将丧斯文也，后死者不得与于斯文也。"《汉书·叙传》："武功既抗，亦迪斯文。宪章六学，统一圣真。"韩愈《唐故江南西道观察使中大夫洪州刺史兼御史中丞上柱国赐紫金鱼袋赠左散骑常侍太原王公神道碑铭》："生人之治，本乎斯文。"又谓文

雅。《五侯宴》第三折："一生村鲁，不尚斯文。"《桃花扇》第一出："相公说得，老汉就说不得？今日偏要假斯文，说他一回。"

常调官好做，家常饭好吃。山珍海味，只图一点名气。

注：常调，宋朝判、司、簿、尉及其摄官，依不同出身、任数、考数、举主员数、是否流外，升转录事参军或下州令、录，称为常调。以此法升转之官，则称常调官。《鹤林玉露》卷一："范文正公云：'常调官好做，家常饭好吃。'"家常饭，家中的日常简便饭食。杨朝英《水仙子·自足》："客到家常饭，僧来谷雨茶。"《新齐谐》卷六："宿松石赞臣家，饶于财，兄弟数人，资各数万。宿俗富饶之家，每日必设一家常饭，置外厅堂，不拘来客，皆就食焉，号曰燕坐。"山珍海味，山野和海里出产的各种珍贵食品。泛指丰富的菜肴。分上八珍：狸唇、驼峰、猴头、熊掌、燕窝、兔脯、鹿筋、黄唇胶。中八珍：鱼翅、银耳、果子狸、鲥鱼、广肚、蛤什蟆、鱼唇、裙边。下八珍：海参、龙须菜、大口磨、川竹笋、赤鳞鱼、干贝、蛎黄、乌鱼蛋。韦应物《长安道》："山珍海错弃藩篱，烹犊炰羔如折葵。"名气，犹名声。

谁人不爱子孙贤，谁人不想千钟粟。怎奈五行不是这般题目。

水太清则无鱼，人太紧则无智。智者减半，愚者全无。

莫奈何，三字丧却多少品行不为过，三字昧却多少良心该无妨，三字失却多少事机。

注：事机，行事的时机。《三国志·魏书·田畴传》："虞自出祖而遣之。"裴松之注引《先贤行状》："畴因说虞曰：'今帝主幼弱，奸臣擅命，表上须报，惧失事机。'"《贞观政要·任贤》："勣每行军，用师筹算，临敌应变，动合事机。"

忍一句，息一怒。饶一着，退一步。

三十不豪，四十不富，五十将来寻死路。

弟兄如手足，夫妻如衣服。衣服敝，可再缝，手足折，难再续。

注："弟兄"六句，表达古人重血缘、轻姻亲的习俗。《三国演义》第十五回："古人云：兄弟如手足，妻子如衣服。衣服破，尚可缝；手足断，安可续？吾三人桃园结义，不求同生，但愿同死。"其中"衣服破"四句，毛宗岗评点云："但闻人有继妻，不闻有继兄继弟。"

遇着明人好说话，遇着明神好打卦。宁可与行家提鞋，不可与悾子同侪。

注：明神，神灵。古谓日、月、山川之神。《周礼·秋官·司盟》："北面诏明神。"《后汉书·隗嚣传》："凡我同盟，三十一将，十有六姓，允承天道，兴辅刘宗。如怀奸虑，明神殛之。"《金史·乐志》："俎豆毕陈，物其嘉矣。馨香始升，明神燕喜。"打卦，投掷占具获得卦象的占卜方式。《盆儿鬼》楔子："孩儿在长街市上，撞见一个贾半仙，是打卦的先生。"《金瓶梅》第八回："用纤手向脚上脱下两只红绣鞋儿来，试打了一个相思卦，看西门庆来不来。"《醒世姻缘传》第四回："晁大舍慌了手脚，岳庙求签，王府前演禽打卦，叫瞎子算命。"行家，精通某种业务的人。《坚瓠己集》卷三："卢仝下第出都，投逆旅，有一人附火吟曰：'学织锦绫工未多，乱投机杼错抛梭。莫教宫锦行家见，把似文章笑杀他。'仝问之，答云：'旧隶宫锦坊，近以薄技投本行云。如今花样不同，且东归也。'"臧懋循《元曲选·序》："行家者，随所妆演，无不模拟曲尽，宛若身当其处，而几忘其事之乌有；能使人快者掀髯，愤者扼腕，悲者掩泣，美者色飞，是惟优孟衣冠，然后可与于此。故称曲上乘首曰当行。"悾（kōng）子，无知的人。《论语·泰伯》："子曰：'狂而

不直，侗而不愿，悾悾而不信，吾不知之矣。'"同侪（chái），同伴，伙伴。何薳《春渚纪闻·陷蛇出虱身轻》："寨卒有萧愁者，为人性率，同侪多狎侮之。"周亮工《书影》卷二："鹿伯顺有使者来宽，同侪三人，拟一时婚娶。"

入山不怕伤人虎，只怕人情两面刀。当面有成人之美，背后有杀人之刀。

注：成人之美，成全别人的好事。《论语·颜渊》："子曰：'君子成人之美，不成人之恶。小人反是。'"

单丝不能成线，独木不能成林。会打三班鼓，也要五六人。

注：单丝不能成线，比喻个人力量单薄，难把事情办成。《连环计》第二折："说甚么单丝不线，我着你缺月再圆。"三班鼓，徐珂《清稗类钞·乞丐类·上海有湖北之丐》："三班鼓者，亦行乞之具。其演法，用三人，一人陈鼓击之。鼓有竹架，活之，可翕张。一人槌小鼓，一人歌，金者、锣者节而和之。"

人上十口难盘，账上十串难还。

宁添一斗，莫添一口。道路各别，养家一般。

牛可耕，马可乘。好吃懒做，不如畜牲。

注：好吃懒做，贪于吃喝，懒于做事。《金瓶梅词话》第七回："为女妇人家，好吃懒做，嘴大舌长，招是惹非，不打他，打狗不成？"《红楼梦》第一回："且人前人后，又怨他不会过，只一味好吃懒做。"畜牲，指牛、马、羊、鸡、狗、猪六畜。《左传·桓公六年》："不以畜牲，不以器币。"杜预注："畜牲，六畜。"

穿不穷，吃不穷，不会打算一世穷。

注：打算，本为计算、核算，后引申为考虑、计划。《鹤林玉露》卷四："祭酒芮国器奏曰：'陛下只是被数文腥钱使作，何不试打算，了得几番犒赏？'"《青衫泪》第三折："恰打算离别苦况味，见小玉言端的，又惊散鸳鸯两处飞。咱须索权回避。"《红楼梦》第八十一回："我原打算去告诉老太太接二姐姐回来，谁知太太不依。"

做到老，学到老，还有三分学不到。

见者易，作者难。莫将容易得，便作等闲看。

谦受益，满招损。山山出俊秀，处处有贤人。

注：俊秀，才智杰出的人。《后汉书·党锢传》："学中语曰：'天下模楷李元礼，不畏强御陈仲举，天下俊秀王叔茂。'"《三国志·吴书·吴主传》："招延俊秀，聘求名士，鲁肃、诸葛瑾等始为宾客。"朱熹《大学章句·序》："及其十有五年，则自天子之元子、众子，以至公、卿、大夫、元士之适子，与凡民之俊秀，皆入大学。"

养儿总要有教诏，一笼鸡必有个叫。一个巴掌拍不响，要鱼吃大家补网。

注：教诏，教诲，教训。《战国策·燕策》："齐赵强国也，今主君幸教诏之，合从以安燕，敬以国从。"《吕氏春秋·审分》："不知乘物而自怙恃，夺其智能，多其教诏，而好自以。"秦观《辞史官表》："若非承父兄之教诏，世守其言；则必积师友之渊源，材充厥职。""一个"句，比喻矛盾和纠纷不是单方面引起的。《红楼梦》第五十八回："袭人道：'一个巴掌拍不响，老的也太不公些，小的也太可恶些。'"

利字侧边立把刀,一个钱要个命消。夸口太医莫好药,夸口妇人莫好脚。

注:侧边,旁边。《水浒传》第六十回:"黑旋风李逵在侧边叫道:'哥哥休说做梁山泊主,便做了大宋皇帝,却不好!'"

若要江湖深,除非不做声。当家方知盐米贵,养子方知父母恩。

注:做声,引申为发表意见。《朱子语类》卷一三四:"黄歇取楚太子也是如此,当时被他取了,秦也不曾做声。"《水浒传》第十六回:"须是相公当面分付道休要和他别拗,因此我不做声,这两日也看他不得,权且耐他。"

要辨三叉路,须问去来人。马行无力皆因瘦,人不风流只为贫。

一朝权在手,便把令来行。人情似水分高下,世事如云任卷舒。

害人之心不可有,防人之心不可无。宁可信其有,不可信其无。

注:"害人"二句,谓既不要伤害他人,也要提高警惕,多多提防居心叵测之人。

将相顶头堪走马,公侯肚里好撑船。宁做他不是,莫做我不贤。

注:不贤,不贤明,无才能。《论语·子张》:"贤者识其大者,不贤者识其小者,莫不有文武之道焉。"《韩非子·王道》:"是故不贤而为贤者师,不

智而为智者正。"刘歆《移书让太常博士》:"贤者识其大者,不贤者识其小者。"

牡丹花好空入目,枣花虽小结实成。惺惺常不足,蒙蒙作公卿。

注:蒙蒙,糊涂不明。班固《幽通赋》:"昒昕寤而仰思兮,心蒙蒙犹未察。"李善注:"言己旦仰思此梦,心中蒙蒙,未知其吉凶。"

是非只为多开口,烦恼皆因强出头。忍得一时之气,免得百日之忧。

不是姻缘不是妻,不是才人莫献诗。良臣择主而事,良禽择木而栖。

注:"良臣"二句,旧指贤臣选择明主而事。《左传·哀公十一年》:"鸟则择木,木岂能择鸟?"《气英布》第三折:"寡人闻良鸟择木而栖,忠臣择主而事。尔当阳君英布,本以楚将,来归寡人,非其择主之明,何以至此?"《三国演义》第三回:"布曰:'恨不逢其主耳。'肃笑曰:'良禽择木而栖,贤臣择主而事。见机不早,悔之晚矣。'"良臣,《管子·八观》:"豪杰不安其位,则良臣出;积劳之人不怀其禄,则兵士不用;民偷处而不事积聚,则囷仓空虚。"《三国志·魏书·徐邈传》:"徐邈清尚弘通……皆掌统方任,垂称著绩。可谓国之良臣,时之彦士矣。"《贞观政要·择官》:"虚心尽意,日进善道,勉主以礼义,谕主以长策,将顺其美,匡救其恶,如此者,良臣也。"(按:论良臣、忠臣之别可参《旧唐书·魏徵传》:"徵再拜曰:'愿陛下使臣为良臣,勿使臣为忠臣。'帝曰:'忠、良有异乎?'徵曰:'良臣,稷、契、咎陶是也。忠臣,龙逢、比干是也。良臣使身获美名,君受显号,子孙传世,福禄无疆。忠臣身受诛夷,君陷大恶,家国并丧,空有其名。以此而言,相去远矣。'帝深纳其言。")

养儿养女往上长,刻薄成家,理无久享。寡妇门前是非多,嫌疑是避,好歹由他。

千年田地八百主,失何足忧,得何足喜。银子钱米身外物,生不带来,死不带去。

注:"千年"三句,谓人生有限,世事难料,聚敛财产到头来只能是一场空。《景德传灯录》一一:"有僧问:'如何是和尚家风?'师云:'千年田,八百主。'僧云:'如何是千年田、八百主?'师云:'郎当屋舍勿人修。'"辛弃疾《最高楼》:"千年田换八百主,一人口插几张匙。"《醉醒石》第十五回:"你愁儿子小,怕此产动人眼,起人图。古云'千年田地八百主',也无终据之理。"

十年兴败多少人,夸甚么富,压甚么贫。人争闲气一场空,欺甚么弱,逞甚么雄。

注:逞雄,谓显示自己雄壮有力。《二刻拍案惊奇》卷四〇:"俺呵,一班儿弟兄逞雄,脱离着祸丛。"方履籛《飞蛾赋》:"彼夫胡蝉之微翼,方息情于晨风。蜉蝣之陋采,亦停质以逞雄。"

神仙难断阴骘命,相由心变,福自天生。皇天不昧苦心人,大富由命,小富由勤。

注:阴骘(zhì),犹阴德,指上天降下的善报。《尚书·洪范》:"惟十有三祀,王访于箕子。王乃言曰:'呜呼!箕子,惟天阴骘下民,相协厥居,我不知其彝伦攸叙。'"孔传:"骘,定也。天不言而默定下民。"皎然《同薛员外谊喜雨诗兼上杨使君》:"乃知阴骘数,制在造化情。"梅尧臣《欧阳郡太君挽歌》二首其二:"暮年终飨福,阴骘不应欺。"《阅微草堂笔记》卷一七:

"吾辛苦积得小阴骘，当有一孙登第。"相由心变，指一个人看到的事物，或者对事物的理解、解释、观感及其所发生的变化，由他的内心决定。"相"指的是物相，世间万物的表现形式；与"性"相对，性一般是指事物的本质。《无常经》："世事无相，相由心生。可见之物，实为非物；可感之事，实为非事。"

早晨栽树晚遮阴，望梅止渴，赖佛逃生。人家养儿你受福，借母怀胎，移花接木。

注：望梅止渴，《世说新语·假谲》："魏武行役，失汲道，军皆渴，乃令曰：'前有大梅林，饶子，甘酸，可以解渴。'士卒闻之，口皆出水，乘此得及前源。"《警世通言》卷三四："写拆书看了，虽然不曾定个来期，也当画饼充饥，望梅止渴。"赖佛逃生，谓遁迹空门。移花接木，比喻暗中使用巧计在事情进行过程中更换人或事物。苏轼《次韵王廷老和张十七九日见寄》二首其二："接果移花看补篱，腰镰手斧不妨持。上都新事长先到，老圃闲谈未易欺。"《二刻拍案惊奇》卷一七："同窗友认假作真，女秀才移花接木。"张缙彦《域外集·宁古物产论》："中土多治园圃，引渠水去其荒秽，而沃以粪壤，无疾风甚雨以伤之，故果木花卉得以遂其所养，且移花接树，杜可以为黎，棘可以为枣……花木变幻，固有非其本质者也。"

一龙挡住千江水，不是福端，便是祸始。和气能招万里财，近者既悦，远者自来。

注：祸始，灾祸的开端。《三国志·魏书·袁绍传》："出长子谭为青州，沮授谏绍：'必为祸始。'绍不听。"夏完淳《大哀赋·序》："追原祸始，几及千言。"和气，态度温和。《京本通俗小说·错斩崔宁》："那刘君荐极是为人和气，乡里见爱，都称他：刘官人，你是一时运限不好，如此落寞。再过几

时，定时有个亨通的日子。""近者"二句，让近处的人快乐满意，使远处的人闻风归附。《论语·子路》："叶公问政。子曰：'近者说，远者来。'"

主人让客三千里，水虽要船，船更要水。事怕旁边一句言，好事耸成，歹事劝散。

人心不足蛇吞象，心高隔财，愚不自理。只有男州莫女县，牝鸡司晨，妖人出见。

注："人心"句，比喻人贪心不足，就像蛇想吞食大象一样。《山海经·海内南经》："巴蛇食象，三岁而出其骨。"屈原《天问》："一蛇吞象，厥大何如？"牝（pìn）鸡司晨，即母鸡报晓。旧时用来比喻女人篡权乱世，认为是凶祸之兆。《尚书·牧誓》："牝鸡无晨。牝鸡司晨，惟家之索。"《新唐书·太宗长孙皇后传》："与帝言，或及天下事，辞曰：'牝鸡司晨，家之穷也，可乎？'"《旧五代史·庄宗纪论》："外则伶人乱政，内则牝鸡司晨。"

是非之地莫乱走，手不摸红，红不染手。呵得风来大家凉，有祸同当，有福同享。

注：是非之地，有麻烦的地方。"有祸"二句，指患难与共，和衷共济。《东坡志林》卷二："死生可以相待，祸福可以相共，唯此一事，对面相分付不得。"

三贫三富不到老，有钱休夸，无钱休恼。捉虎容易放虎难，是佛当拜，是魔当斩。

万丈高楼从地起，登高必自卑，行远必自迩。祖宗旧业莫轻抛，留得青山在，何愁没柴烧。

注："留得"二句，比喻只要基础或根本还存在，暂时遭受损失或挫折无

伤大体。《看钱奴》第二折："我则道留下青山怕没柴。"凌蒙初《初刻拍案惊奇》卷二二："'留得青山在，不怕没柴烧。'虽是遭此大祸，儿子官职还在，只要到得任所便好了。"

那个男儿不出门，家中有剩饭，路上有饥人。一钱逼死英雄汉，难中好救人，好人多落难。

注：落难，遭到不幸，遭遇灾祸。《京本通俗小说·志诚张主管》："听说如此落难，连声叫道：'苦恼！苦恼！'"

真金那怕红火炼，鱼烂刺出来，水清石自见。三员长者当员官，不信老人言，定会打破船。

注：真金，纯金，真正的金子。贾思勰《齐民要术》卷九："色同琥珀，又类真金。入口则消，状若凌雪，含浆膏润，特异凡常也。"苏鹗《杜阳杂编》卷下："（沧浪洲）又有金莲花，洲人研之如泥，以间彩绘，光影焕烁，与真金无异，但不能入火而已。"宋应星《天工开物》卷中："广南货物以蝉蜕壳调水描画，向火一微炙而就，非真金色也。""水清"句，比喻事情到最后终会彻底显露或真相大白。《古艳歌》："夫婿从门来，斜倚西北盼。语卿且勿盼，水清石自见。"长者，指德高望重的人。《韩非子·诡使》："重厚自尊，谓之长者。"《史记·项羽本纪》："陈婴者，故东阳令史，居县中，素信谨，称为长者。"班彪《王命论》："汉王长者，必得天下。"（按：长者，也是旧时对男子的尊称。白行简《李娃传》："生跪拜前致词曰：'闻兹地有隙院，愿税以居，信乎？'姥曰：'惧其浅陋湫隘，不足以辱长者所处，安敢言直耶！'"《水浒传》第七十二回："凤世有缘，今夕相遇二君，草草杯盘，以奉长者。"）员官，即正员官，有具体执掌的官员。所谓职有常守，位有常员。（按：员官，又为北方水神名。庾信《周祀五帝歌·黑帝云门舞》："北辰为政玄坛，北陆之祀员官。"倪璠注："云'员官'

者，北方水府之官也……此祀黑帝，乃天帝协光纪之神，在北方司水，若水官矣。")老人，老年人。《左传·宣公十五年》："及辅氏之役，颗见老人结草以亢杜回，杜回踬而颠，故获之。"《史记·循吏列传》："（子产）治郑二十六年而死，丁壮号哭，老人儿啼。"冯著《燕衔泥》："双燕碌碌飞入屋，屋中老人喜燕归。"打破，使物体破坏、损伤。《齐民要术》卷六："瀹鸡子法：打破，泻沸汤中，浮出，即掠取。"马致远《荐福碑》第二折："天色暄热，打破了我这脚。我慢慢的行波。"《水浒传》第八回："林冲走不到三二里，脚上泡被新草鞋打破了，鲜血淋漓。"

大树底下好遮阴，天落长子顶，家和万事兴。有钱莫打女官司，官有十条路，九条人不知。

信了肚，卖了屋。依得口，搬起走。

窝儿棚，迷魂阵。赌博场，陷人坑。

注：迷魂阵，比喻使人迷惑而上当的圈套、计谋。《云窗梦》第二折："三停刀砍不断黄桑棍，九稍炮打不破迷魂阵。"《水浒传》第二十四回："岂是风流胜可争，迷魂阵里出奇兵。"赌博，古时用斗牌、掷色子等形式，拿有价值的东西作注码来比输赢的一种游戏、娱乐方式。在不同的文化和历史背景下，有不同的意义。

说大话，使小钱。哄性子，上贼船。

注：大话，虚夸不实的话。李商隐《义山杂纂》："穷汉说大话。"李贽《豫约·早晚守塔》："故我尝自谓我能为忠臣者，以此能忘家忘身之人卜之也，非欺诞说大话也。"《奈何天》第十四出："我笑你难争气，泼天大话才离嘴，代伊惭愧，代伊惭愧。"

蜂糖口，苦瓜心。外君子，内小人。

见到风，就是雨。爱乱说，不明理。

风前烛，瓦上霜。来日短，去日长。

注："来日"二句，陆机《短歌行》："苹以春晖，兰以秋芳。来日苦短，去日苦长。"来日，未来的日子。韩愈《除官赴阙至江州寄鄂岳李大夫》："年皆过半百，来日苦无多。"（按：来日，也指往日、过去的日子。曹植《善哉行》："来日大难，口燥唇干。今日相乐，皆当喜欢。"李白《来日大难》："来日一身，携粮负薪。"王琦注："来日，谓已来之日，犹往日也。"陈与义《和王东卿绝句四首》其二："来日安榴花尚稀，压墙丹实已垂垂。"）去日，已过去的岁月。曹操《短歌行》："对酒当歌，人生几何。譬如朝露，去日苦多。"高启《忆昨行寄吴中故诸人》："去日已去不可止，来日方来犹可喜。"

人害人，害不倒。天害人，草不生。

传真方，卖假药。害死人，人不觉。

下犯上，小欺大。天不容，地不载。

守钱奴，书呆子。酱里虫，酱里死。

注：守钱奴，守财奴。《后汉纪·光武帝纪》："凡殖财者贵以施也，不则守钱奴耳！"《太平广记》卷三六〇引《广古今五行记·邓差》："寸光可惜，人生在世，终止为身口耳。一朝病死，安能复进甘美乎？终不如临沮邓生，平生不用，为守钱奴耳。"黄庭坚《四休居士》三首其一："富贵何时润髑髅，守钱奴与拘官囚。"书呆子，指只知读书的人，或沉溺于书籍而不通人情世故的人。《履园丛话》卷二一："为官者必用读书人，以其有体有用也。然断不可用书呆子，凡人一呆而万事隳矣。"王应奎《柳南随笔》卷三："归舟经吴淞江，夜遇肱篋者，乃从容语之曰：'财物尽尔取，有茄砚一枚，我自少习用，不忍舍也。'盗曰：'真书呆子！'因笑而掷还之。"陆以湉《冷庐杂识》

卷七："初得中正榜，引见后，以口嘘气，以手拂尘，上以为书呆子。"

二架梁，半罐水。三寸舌，一张嘴。
注：二架梁，指一间屋。架，指梁架，两道梁构成一间屋。《新唐书·卢杞传》："屋二架为间，差税之，上者二千，中千，下五百，吏执筹入第室计之，隐不尽，率二架抵罪，告者以钱五万畀之。"

文不文，武不武。莫下场，死得苦。
听人劝，得一半。若要好，问三老。
要饭吃，凭天讨。冤枉钱，莫去找。
会找钱，不为难。保得倒，才算好。
吃了酒，哑了口。端我碗，服我管。
知其白，守其黑。莫逞能，要藏拙。
注：逞能，显示自己能干，卖弄本领。《韩非子·说林下》："故势不便，非所以逞能也。"《南齐书·东昏侯纪》："屈此万乘，躬事角抵，昂首翘肩，逞能橦木，观者如堵，曾无怍容。"《水浒传》第六十一回："看着卢俊义喝道：卢员外休要逞能，先教你看花荣神箭！"藏拙，掩藏拙劣，不以示人。罗隐《自贻》："纵无显效亦藏拙，若有所成甘守株。"《水浒传》第十九回："晁某是个不读史书的人，甚是粗卤，今日事在藏拙，甘心与头领帐下做一小卒，不弃幸甚。"

睁只眼，闭只眼。过一天，算一天。
眼不见，心不烦。耳不闻，心不乱。
一分利，一分害。不贪财，总自在。
孽钱归孽路，是如此来，是如此去。有钱沽清酒，便益莫买，浪荡莫收。

　　注：清酒，清醇味美的酒。与味薄质劣的"浊酒"相对。《三国志·魏书·徐邈传》："平日醉客谓酒清者为圣人，浊者为贤人。"《周礼·天官·酒正》："辨三酒之物，一曰事酒，二曰昔酒，三曰清酒。"郑玄注："郑司农曰：'……清酒，祭祀之酒。……清酒，今中山冬酿接夏而成。'"贾公彦疏："三曰清酒者，此酒更久于昔，故以清为号，祭祀用之。……清酒，今中山冬酿接夏而成者，以昔酒为久，冬酿接春，昭此清酒久于昔酒，自然接夏也。"（按：酒又有五齐之分，即成色不同的五种酒：泛齐、醴齐、盎齐、缇齐、沉齐。泛齐是指糟滓上浮之酒，醴齐是汁滓相和之酒，盎齐是白色的酒，缇齐是丹黄色的酒，沉齐是糟滓下沉的酒。）

　　水火不容情，破船少载，曲突徙薪。穷人养骄子，爱之勿劳，害之至死。

　　注：容情，犹徇情，讲情面。《宋史·选举志》："其考官容情任意者，许台谏风闻弹奏，重置典宪。"曲突徙薪，比喻事先采取措施，才能防止灾祸。《汉书·霍光传》："臣闻客有过主人者，见其灶直突，傍有积薪。客谓主人，更为曲突，远徙其薪，不者且有火患。主人嘿然不应。俄而家果失火，邻里共救之，幸而得息。于是杀牛置酒，谢其邻人，灼烂者在于上行，余各以功次坐，而不录言曲突者。人谓主人曰：'乡使听客人之言，不费牛酒，终亡火患。今论功而请宾，曲突徙薪亡恩泽，焦头烂额为上客邪？'主人乃寤而请之。"骄子，父母溺爱骄纵的儿子。《孙子兵法·地形》："厚而不能使，爱而不能令，乱而不能治，譬若骄子，不可用也。"叶适《缋溪县新开塘记》："故为之买田掘之，又为之买楗桩木石与之，工食助之，如父母待骄子然。"爱之勿劳，《论语·宪问》："子曰：'爱之，能勿劳乎？忠焉，能勿诲乎？'"

为人不自在，自在不为人。

世事明如镜，前程暗似漆。千里送毫毛，礼轻仁义重。

有儿穷不久，无儿富不长。人怕老来穷，谷怕午时风。

见官莫向前，做官莫在后。人无横财不富，马无夜草不肥。

说话说与明人，送饭送与饥人。会使不在家富豪，风流不怕着衣多。

道吾好者是吾贼，道吾恶者是吾师。有缘千里来相会，无缘对面不相逢。

注："有缘"二句，《张协状元》第十四出："有缘千里能相会，无缘对面不相逢。"《水浒传》第三十五回："宋江听了大喜，向前拖住道：'有缘千里来相会，无缘对面不相逢！只我便是黑三郎宋江。'"缘，又称因缘，佛教语。佛教谓使事物生起、变化和坏灭的主要条件为因，辅助条件为缘。《四十二章经》："沙门问佛，以何因缘，得知宿命，会其至道？"《翻译名义集·释十二支》："前缘相生，因也；现相助成，缘也。"旧时常以宿世的"因缘"来解释人们今生的关系，犹言缘分。沈约《为文惠太子礼佛愿记》："未来因缘，过去眷属，并同兹辰，预此慈善。"《送征衣》："今世共你如鱼水，是前世因缘。"辛弃疾《醉花阴·为人寿》："何日跨飞鸾，沧海飞尘，人世因缘了。"

富贵不压于乡党，宰相回来拜县丞。人不出言身不贵，火不烧山地不肥。

注：宰相，是对历代辅助皇帝、统领群僚、总揽政务的最高行政长官的通称或俗称，并非具体的官名。与"丞相"不是一个概念。《韩非子·显学》："明主之吏，宰相必发于州部，猛将必起于卒伍。"《吕氏春秋·贵公》："夫相，大官也，处大官者，不欲小察，不欲小智。"《史记·陈丞相世家》："宰相者，上佐天子理阴阳，顺四时，下育万物之宜，外镇抚四夷诸侯，内亲附百

姓，使卿大夫各得任其职也。"《颜氏家训·省事》："或有劫持宰相瑕疵，而获酬谢；或有喧聒时人视听，求见发遣。"县丞，官名。始于战国，秦汉沿置，典文书及仓狱，为县令之辅佐官。历代所置略同。清县丞为正八品，与主簿分掌一县粮马、征税、户籍、巡捕之事。往往省主簿而专置县丞。《新唐书·百官志》："县令掌导风化，察冤滞，叫狱讼……县丞为之贰。"出言，指说话，发言。《诗经·小雅·都人士》："其容不改，出言有章。"《说苑·谈丛》："口者关也，舌者机也。出言不当，四马不能追也。"刘基《郁离子·九难》："出言而侍者辟易。"身不贵，《目连救母》卷上："人不无良身不贵，火不烧山地不肥。告兵师，这几日闲居无事，况春郊景物鲜妍，下山游玩一番，便道打掳一回，多少是好。"

有理问得君王倒，有钱难买子孙贤。酒不劝人人不醉，花不逢春不乱开。

注：君王，古称天子或诸侯。《诗经·小雅·斯干》："朱芾斯皇，室家君王。"郑玄笺："室家，一家之内。宣王将生之子，或且为诸侯，或且为天子。"《楚辞·招魂》："君王亲发兮惮青兕。"白居易《长恨歌》："天生丽质难自弃，一朝选在君王侧。"

黑心进得衙门，黑心进不得庙门。大路不平旁人划，死人旁边有活人。

注：黑心，阴险狠毒的心肠。《红楼梦》第三十七回："那个主儿的一伙子人见是这屋里的东西，又该使黑心弄坏了才罢。"庙门，宗庙、寺庙的门。《尚书·顾命》："诸侯出庙门俟。"《荀子·哀公》："君入庙门而右，登自胙阶。"

挣钱犹如针挑土，败家犹如水推沙。好儿不吃分家饭，好女不穿嫁妆衣。

在官三日人问我，离官三日我问人。天上无云不下雨，地下无媒不成亲。

注：在官，在职为官，任职于官署。《尚书·皋陶谟》："翕受敷施，九德咸事，俊乂在官。"《管子·明法》："行货财而得爵禄，则污辱之人在官；寄托之人不肖而位尊，则民倍公法而趋有势。"苏辙《为兄轼下狱上书》："臣窃思念，轼居家在官，无大过恶。"无媒，没有婚姻介绍人。《礼记·坊记》："故男女无媒不交，无币不相见。恐男女之无别也。"《战国策·齐策》："太史敫曰：'女无媒而嫁者，非吾种也，污吾世矣。'"《孔子家语·致思》："士不中间见，女嫁无媒，君子不以交，礼也。"

糟糠之妻不下堂，贫贱之交不可忘。近山不可枉烧柴，近河不可枉用水。

注："糟糠之妻"二句，《后汉书·宋弘传》："后弘被引见，帝令主坐屏风后，因谓弘曰：'谚言贵易交，富易妻，人情乎？'弘曰：'臣闻贫贱之交不可忘，糟糠之妻不下堂。'帝顾谓主曰：'事不谐矣。'"糟糠（zāo kāng），酒滓、谷皮等粗劣食物。《荀子·荣辱》："今使人生而未尝睹刍豢稻粱也，惟菽藿糟糠之为睹，则以至足为在此也。"《汉书·食货志》："庶人之富者累巨万，而贫者食糟糠。"王安石《再上龚舍人书》："其术不过发常平，敛富民，为糟糠之养，出糟糠之余，以有限之食，给无数之民。"借指共过患难的妻子。《东坡志林》卷三："闻之居富贵者不易糟糠，有姬姜者不弃憔悴。"《鸣凤记》第二十九出："把我旧时糟糠弃土苴。"下堂，旧时谓离婚，即妻子被丈夫遗弃或与丈夫离异。陈善《扪虱新话·上集》卷四："此心在焉，则菅蒯不可以代匦，糟糠不可以下堂，是未尝有正色也。"贫贱之交，贫困潦倒时结

交的知心朋友。

附偶语

偶语五十七联。录古集谚为训蒙，有关痛痒者，有不关痛痒者。

注：集录，收集、抄录在一起。任昉《王文宪集·序》："所撰《古今集记》《今书七志》，为一家言，不列于集。集录如左。"戴叔伦《意林·序》："（马总）家有子史，幼而集录，探其旨趣，意必有归，遂增损庚书，详择前体，裁成三轴。"古谚，古代谚语。《拾遗记》："何休木讷多智，三坟五典，阴阳算术，河洛谶纬，及远年古谚，历代图籍，莫不咸诵也。"痛痒，比喻紧要的事。张穆《与陈颂南书》："穆蒙不弃，不四五日，辄示过，乃不闻以新知相贶，所谈者皆泛泛不关痛痒之言，何以自了？深为先生惧之。"

利刀割体疮犹合，恶语伤人恨不消。当路莫栽荆棘草，他年免挂子孙衣。

书到用时方恨少，事非经过不知难。养性莫贪眠性水，成家宜戒败家汤。

注：眠性，是桑蚕幼虫期多次停止食桑就眠蜕皮的一种遗传特性。各龄期的蚕取食到一定程度，积累了一定的营养物质，就需要休眠。这种习性与遗传性和内分泌有关，并受生活条件的影响。

红罗帐中真地狱，鸳鸯枕上是刀山。德积百年元气厚，书经三代雅人多。

注：罗帐，床四周的帷幔。王昌龄《长信秋词》五首其五："白露堂中细

草迹，红罗帐里不胜情。"毛熙震《小重山》："晓来闲处想君怜，红罗帐、金鸭冷沉烟。"地狱，为佛教六道中的恶道之一，一般有"八大地狱"的说法，分别是：等活地狱、黑绳地狱、众合地狱、号叫地狱、大叫地狱、炎热地狱、大热地狱、阿鼻地狱。造"十不善业"（即十恶）者堕之，即囚禁和惩罚生前罪孽深重的亡魂之地。鸳鸯枕，绣有鸳鸯的枕头。温庭筠《南歌子·懒拂鸳鸯枕》："懒拂鸳鸯枕，休缝翡翠裙。罗帐罢炉熏。"晁端礼《鹧鸪天·红紫飘零绿满城》："晓来苔上拾残英。连教贮向鸳鸯枕，犹有余香入梦清。"刀山，佛教语。地狱中的酷刑之一。《观佛三昧海经·观佛心品》："狱卒罗刹驱魔罪人令登刀山，未至山顶，刀伤足下乃至于心。"陈集原《龙龛道场铭》："六趣轮回，剑叶与刀山竞起。"《西游记》第十回："油锅狱、黑暗狱、刀山狱，战战兢兢，悲悲切切，皆因强暴欺良善，藏头缩颈苦伶仃。"常用来比喻极险恶的境地。周紫芝《竹坡诗话》："议者谓子厚南迁，不得为无罪，盖未死而身已在刀山矣。"

欲高门第须行善，要好儿孙必读书。酒债寻常行处有，人生七十古来稀。

是事让人非我弱，平生守己任他强。书有未曾经我读，事无不可对人言。

注："事无"句，比喻行事坦荡，光明磊落。《宋史·司马光传》："吾无过人者，但平生所为，未尝有不可对人言者。"

天上众星皆拱北，世间无水不朝东。世间好语书说尽，天下名山僧占多。

退一步行安乐法，说三个好喜欢缘。酒逢知己千杯少，话不投机半句多。

注："退一步"二句，刘过《赠术士》："退一步行安乐法，道三个好喜欢缘。"《鹤林玉露·丙编》卷四："龙洲刘改之诗云：'退一步行安乐法，道三个好喜欢缘。'真西山喜诵之。或曰：退一步行，可也。至于道三个好，乃随俗徇情耳，何足言乎？余曰：古人直道而行。理之所在，蓦直行将去，仕止久速，莫不皆然，乌有所谓退一步者？自后世贪荣竞进，争一阶半级，至于杀人，于是始以退一步行为安乐法矣。古人是则曰是，非则曰非，明白正直，曾何回护？自后世恶直好佞，以直言贾祸者，比比皆是，于是始以道三个好为喜欢缘矣，此处衰世之法也。盖万事称好，不特司马德操为然，而吾夫子固有危行言孙之说矣。好尽言以翘人之过，此国武子所以见杀也，可不戒哉！"

两耳不闻窗外事，一心专读圣贤书。能言未必真君子，善处方为大丈夫。

注：善处，妥善处理，善于处理。《国语·晋语》："君子曰：'善处父子之间矣。'"杜甫《送张二十参军赴蜀州因呈杨五侍御》："皇华吾善处，于汝定无嫌。"《万历野获编》卷一九："人益追服陆之善处怨家云。"

须求无愧于天地，要留好样与儿孙。子姜不及老姜辛，一人难结万人缘。

注：无愧，没有什么惭愧之处。《颜氏家训·涉务》："人性有长短，岂责具美于六涂哉？但当皆晓指趣，能守一职，便无愧耳。"韩愈《潮州刺史谢上表》："编之乎《诗》《书》之策而无愧，措之乎天地之间而无亏。"

一辈不管二辈事，前头吓怕后头人。各人吃饭各人饱，汉子做事汉子当。

注：前头，前面。寒山诗："前头失却柂，后头又无柁。"苏彦文《斗鹌

鹌·冬景》:"最怕的是檐前头倒把冰锥挂,喜端午愁逢腊八。"《初刻拍案惊奇》卷三一:"前头走的还跑了几个,后头走的,反被前头的拉住,一时跑不脱。"汉子,指好汉、大丈夫。陆人龙《辽海丹忠录》:"奴酋道:'好汉子!且送他回察院。'叫佟、李两个劝他投降。"钱世昭《钱氏私志》:"一生聪明要做甚么?三世诸佛,则是一个有血性的汉子。"李贽《五死篇》:"夫如此而死既已不可得,如彼而死又非英雄汉子之所为,然则将何以死乎?"

无事莫登三宝殿,有钱难买一身安。三两黄金四两福,一劫人生万劫难。

注:"无事"句,比喻没有事情不会上门。《警世通言》卷二八:"白娘子道:'无事不登三宝殿,去做什么?'"三宝殿,泛指一般的佛殿,除了在举行与祈祷、礼拜等有关的信仰活动时,一般人平时不能随便进入嬉戏。三宝,指佛教徒尊敬供养的佛、法、僧三宝。

东方不亮西方亮,一理能通百理通。崖鹰不打巢下食,恶龙难斗地头蛇。

注:"恶龙"句,《西游记》第四十五回:"行者道:'你也忒自重了,更不让我远乡之僧。也罢,这正是强龙不压地头蛇。'"《醒世恒言》卷七:"大官人休说满话!常言道:恶龙不斗地头蛇。"

闲时办来急时用,有心安顿无心人。人无喜色休开店,钱不归身恰似无。

注:安顿,安排、安置。王千秋《解佩令》:"著意收拾,安顿在、胆瓶儿里。"《水浒传》第五十六回:"晁盖、宋江都来陪话道:'若不是如此,观察如何肯在这里住?'随即拨定房屋,与徐宁安顿老小。"喜色,欣喜的神色。

《礼记·文王世子》:"内竖曰:'今日安。'世子乃有喜色。"《论语·公冶长》:"令尹子文三仕为令尹,无喜色;三已之,无愠色。"《史记·孔子世家》:"孔子年五十六,由大司寇行摄相事,有喜色。"恰似,犹恰如。李白《襄阳歌》:"遥看汉水鸭头绿,恰似葡萄初酦醅。"李煜《虞美人·春花秋月何时了》:"问君能有几多愁。恰似一江春水向东流。"《秦并六国平话》卷上:"今来攻秦不下,难以退兵。恰似骑着虎头,若不毙虎,虎有伤人之意。"

大人不见细人过,死马当成活马医。路在险处须当避,人在公门正好修。

注:"大人"句,《龙图耳录》:"那人道:'你不必如此,吾大人不见小人过,饶恕他就是了。你告诉他,叫他好好的伺候,伺候好了,吾还要赏他呢。'"大人,指德行高尚、志趣高远的人。《孟子·告子上》:"从其大体为大人,从其小体为小人。"《法言·学行》:"大人之学也为道,小人之学也为利。"阮籍《大人先生传》:"夫大人者,乃与造物同体,天地并生,逍遥浮世,与道俱成。"细人,见识短浅之人,小人。《礼记·檀弓》:"君子之爱人也以德,细人之爱人也以姑息。"《说苑·反质》:"君子服善则益恭,细人服善则益倨。""死马"句,泛指做最后的尝试。《宏智禅师广录》卷一:"若恁么会去,许尔有安乐分,其或未然不免作死马医去也。"

输钱只为赢钱起,买举还是中举人。一口沙糖一口屎,半年辛苦半年闲。

注:"买举"句,《鸳鸯针》卷一:"不知俗语说得好:'买举须当中举年。'这句,俨然有个可求不可求的道理在里面。如那不当中举之年,妄求非福,机事不密,一旦败露,名实俱丧。"此中"买举"句,比喻事情虽然容易,也得等待一定的时机。中举,科举时代称乡试考中为中举。李贽《答耿

司寇》："故使克明即不中举，即不中进士，即不作大官，亦当为天地间有数奇品，超类绝伦。"沙糖，即砂糖。《北史·真腊传》："饮食多苏酪、沙糖、粳粟、米饼。"《老学庵笔记》卷六："沙糖，中国本无之。唐太宗时外国贡至，问其使人：'此何物？'云：'以甘蔗汁煎。'用其法煎成，与外国者等。自此中国方有沙糖。"《本草纲目》卷三三集解引吴瑞曰："稀者为蔗糖，干者为砂糖，球者为球糖，饼者为糖饼。砂糖中凝结如石，破之如沙，透明白者，为糖霜。"

眼里无珠不识宝，朝内有人好做官。真人面前说假话，天子脚下有贫亲。

注：眼里无珠，《举案齐眉》第一折："常言道，贤者自贤，愚者自愚，就似那薰莸般各别难同处，怎比你有眼却无珠。""朝内"句，《儿女英雄传》第三十三回："恰恰的被一个旁不相干的有心人听见了，倒着实的在那里关切，正暗合了'朝中有人好做官'那句俗话。""真人"句，谓在真诚可靠或知情的人面前不必说谎话。《慎鸾交》第十六出："真人面前莫说假话，岂有过来数日，还不曾相近之理！"《儒林外史》第五十回："我看老爹这个举动，自是个豪杰。真人面前，我也不说假话了。我这场官司，倒不输在台州府，反要输在江宁县。"（按：道家称修真得道或成仙的人为"真人"。唐代以后，少数道家人士有被帝王赠号为真人的，如唐玄宗封庄子为"南华真人"、文子为"通玄真人"等。历代均有。）"天子"句，《西洋记》第八十七回："夫人差矣！他既是你的哥哥，就是我的大舅。天子门下有贫亲，请他相见，有何不可？快请出来。"

酒吃人情肉吃味，早见公婆晚见妻。朋友面前莫说假，父母身上好安钱。

越叫姑娘越拐脚，半积阴功半养身。爱儿不得爱儿益，与人做事与人周。

愁人莫对愁人说，一年不比一年同。浪子收心一片宝，宰相家人七品官。

注：收心，指改邪归正。《二刻拍案惊奇》卷二四："如此过了几时，伯皋与他娶了妻，生有一子。指望他渐渐老成，自然收心。""宰相"句，谓仆人依仗主人的权势而得荣华富贵。《长生殿》第三出："君王舅子三公位，宰相家人七品官。"《吴下谚联》卷二"宰相家人七品官"条："古者大国之卿，当小国之君，原有如此义例。"家人，旧时指仆人。《红楼梦》第一一四回："一个人若要使起家人们的钱来，便了不得了。"七品，古代官员按地位高低区分等级。魏、晋分官员等级为九品，自一品至九品。北魏每品各分正、从，共十八品，四品以下各品又各分上、下阶，共三十阶。唐、宋文职同北魏，武职三品起分上、下阶。元、明、清文武官皆分九品，各有正、从而无上、下阶之分。正七品是品级的十三级。

胜者王侯败者寇，只重衣冠不重贤。一回相见一回老，百岁曾无百岁人。

半作主人半作客，一分行贷一分钱。一层火炉一层炕，半由天子半由臣。

清官难判家屋事，弟兄不和邻里欺。出头桷子先遭难，花脚猫儿不守家。

注：邻里，邻居。《论语·雍也》："子曰：'毋，以与尔邻里乡党乎！'"杜甫《寄题江外草堂》："霜骨不堪长，永为邻里怜。"蒲道源《闲居纪事》二首其一："客从长安回，叙阔访邻里。"桷（jué），方形的椽子。韩愈《进学解》："夫大木为栭，细木为桷。"花脚猫，喻指闲游浪荡、爱串门子的女人。

得食猫儿强似虎，褪毛鸾凤不如鸡。读点好书充腹笥，省些闲事养精神。

注：鸾凤，鸾鸟与凤凰。刘向《九叹·远游》："驾鸾凤以上游兮，从玄鹤与鹪明。"《西京杂记》卷一："武帝匣上皆镂为蛟龙、鸾凤、龟麟之象，世谓为蛟龙玉匣。"陈允平《尉迟杯》："尽天涯、梦断东风，彩云鸾凤无侣。"笥（sì），书箱。《后汉书·边韶传》："韶口辩，曾昼日假卧，弟子私嘲之曰：'边孝先，腹便便。懒读书，但欲眠。'韶潜闻之，应时对曰：'边为姓，孝为字。腹便便，五经笥。但欲眠，思经事。寐与周公通梦，静与孔子同意。师而可嘲，出何典记？'嘲者大惭。"后因称腹中所记之书籍和所有的学问为"腹笥"。杨亿《受诏修书述怀感事三十韵》："讲学情田堉，谈经腹笥虚。"《明史·周玄传》："尝挟书千卷止高棅家，读十年，辞去，尽弃其书，曰：'在吾腹笥矣。'"纳兰性德《与韩元少书》："钱牧斋腹笥既富，文笔又长，援古证今，每发一端，便如瓶水泻地，迸注分流。"

天作棋盘星作子，水有源头木有根。那里为梁那里为栋，一边是坎一边是崖。

注：梁，支撑屋顶的又粗又长的横木。栋，主梁，直接支撑屋脊的大梁。《庄子·人世间》："仰而视其细枝，则拳曲而不可以为栋梁。"《世说新语·赏誉》："庾子嵩目和峤：森森如千丈松，虽磊砢有节目，施之大厦，有栋梁之用。"《南史·王俭传》："栝柏豫章虽小，已有栋梁气矣，终当任人家国事。"坎崖，山坡。

一人下井万人磊石，三节梳头两节穿衣。七十二计走为上计，两个半天总有一天。

注："三节"句，中国古代女子的代名词。《抱妆盒》第二折："谁想寇承

御是个三绺梳头、两截穿衣女流之辈，倒有这片忠心。"三节梳头，即三绺头，亦作"三柳头"，是明代妇女的一种发型。前发高束，形似凤凰头，左右两小绺在耳前倒挽上去，形成双鬓，主要的一绺在脑后挽圆髻，别上玉簪，罩以马尾纺织的圆网，再从额顶至后脑勺包上帕子。未婚女孩不挽圆髻，年轻的已婚妇女包白帕，老年妇女包青帕。《型世言》第三十七回："吕达道：'男是男扮，女是女扮。'相帮他梳个三柳头，掠鬓戴包头，替他搽粉涂脂，又买了裹脚布，要他缠脚。"两节穿衣，上衣下裙，或上衣下裤。走为上计，谓遇到强敌或陷于困境时，离开回避是最好的策略。《南齐书·王敬则传》："檀公三十六策，走是上计。"《冷斋夜话》卷九："渊材曰：'三十六计，走为上计。'"《水浒传》第十八回："晁盖道：'却才宋押司也教我们走为上计，却是走那里去好？'"七十二计，鬼谷子有七十二斗智谋略（七十二变）。所谓七十二，乃是天、地、阴、阳五行之成数，亦盈数也，故言数之至多者，每极之七十二也。如阴阳家有"七十二钻"之说，道家倡"七十二福地"之说等。

害人终害己，输口不输身。欺山不欺水，填河不填沟。

三言两语话，七嘴八舌头。红口白牙齿，冷酒热肚脾。

注：三言两语，简单几句话。关汉卿《救风尘》第二折："我到那里，三言两句，肯写休书，万事俱休。"《水浒传》第六十一回："小乙可惜夜来不在家里，若在家时，三言两语，盘倒那先生。"七嘴八舌，形容人多语杂。袁枚《牍外余言》："楚公子围为虢之会，其时子围篡国之状，人人知之，皆有不平之意，故晋大夫七嘴八舌，冷讥热嘲，皆由于心之大公也。"红口白牙，凭空无据。指诬陷他人。《红楼梦》第九十八回："宝钗道：'果真死了，岂有红口白舌咒人死的呢！'"

名贤集

四言集

但行好事,莫问前程。与人方便,自己方便。①善与人交,久而敬之。

[注释]

①"与人"二句:指谦逊忍让,所谓于人有利,于己有益。《幽闺记》第二十六出:"罢罢罢,自古道:与人方便,自己方便。看你这两个妇人,也不是已下人家的。"《西游记》第十八回:"行者陪着笑道:施主莫恼。与人方便,自己方便。你就与我说说地名何害?我也可解得你的烦恼。"方便,便利。桃叶《答王团扇歌三首》其二:"动摇郎玉手,因风托方便。"(载《玉台新咏》卷一〇)佛家语,即随方因便,以为利导之意。《维摩诘经》:"摩诘以无量方便,饶益众生。"

人贫志短,马瘦毛长。人心似铁,官法如炉。
谏之双美,毁之双伤。①赞叹福生,作念祸生。②

[注释]

①"谏之"二句:双美,两美。陆机《文赋》:"离之则双美,合之则两伤。"(按:两美,又指忠臣与明君。屈原《离骚》:"曰两美其必合兮,孰信修而慕之!"王逸注:"灵氛言以忠臣而就明君者,两美必合。")毁,诋毁,毁谤。《战国策·齐策》:"夏侯章每言,未尝不毁孟尝君也。或以告孟尝君,孟尝君

曰：'文有以事夏侯公矣，勿言。'董之繁菁以问夏侯公，夏侯公曰：'孟尝君重，非诸侯也，而奉我四马百人之食。我无分寸之功而得此，然吾毁之以为之也。君所以得为长者，以吾毁之者也。'"高诱注："毁，谤。"韩愈《原毁》："是故事修而谤兴，德高而毁来。呜呼！士之处此世，而望名誉之光，道德之行，难已！"李朝威《柳毅传》："妾，洞庭龙君小女也。父母配嫁泾川次子，而夫婿乐逸，为婢仆所惑，日以厌薄。既而将诉于舅姑，舅姑爱其子，不能御。迨诉频切，又得罪舅姑。舅姑毁黜以至此。"

②赞叹：称赞。《百喻经·五百欢喜丸喻》："时彼国人，卒尔敬服，咸皆赞叹。"《敦煌变文集·维摩诘经讲经文》："适蒙慈悲圣主，会上宣扬，大觉牟尼，筵中告语，千般赞叹，何以胜当，百种谈论，实斯悚惕。"作念，宋明行院市语谓咒骂。《行院声嗽·人事》："咒骂：作念。"《青衫泪》第二折："直把你作念到关津渡口前，活咒到天涯海角边。"

积善之家，必有余庆；积恶之家，必有余殃。①

[注释]

①"积恶"二句：积恶，累积恶行。《汉书·董仲舒传》："积恶在身，犹火之销膏，而人不见也。"余殃，后患。《北齐书·文宣帝纪论》："飨国弗永，实由斯疾，胤嗣殄绝，固亦余殃者也。"

休争闲气，日有平西。①来之不善，去之亦易。人平不语，水平不流。得荣思辱，处安思危。

[注释]

①"休争"二句：闲气，因无关紧要的事惹起的气恼。梅尧臣《永

叔赠酒》："始得语且横，既醉论益坚。曾不究世务，闲气争古先。"《刘弘嫁婢》第一折："着我出去，便出去了罢，受他这们闲气做甚么。"平西，太阳在西方将落。薛昂夫《蟾宫曲·题烂柯石桥》："恰待持杯，酒未沾唇，日又平西。"

羊羹虽美，众口难调。① 事要三思，免劳后悔②。

[注释]

① "羊羹"二句：比喻事情难于尽善尽美。《五灯会元》卷四二："问：'一雨所润，为什么万木不同？'师曰：'羊羹虽美，众口难调。'"邓玉宾《粉蝶儿》："若是更损贤良，欺忠孝。羊羹虽美，众口难调。只争个迟共早，终须报。"众口难调，比喻做事很难让所有的人都满意。欧阳修《归田录》卷一："丁晋公之南迁也，行过潭州，自作《斋僧疏》云：'补仲山之衮，虽曲尽于巧心；和傅说之羹，实难调于众口。'"众口，众人之口。姚士麟《见只编》卷上："各该官军家丁众口齐称，先年抚道不扣粮饷，抚养军民。"

② 后悔：事后懊悔。《诗经·召南·江有汜》："不我以，其后也悔。"《史记·封禅书》："天子既诛文成，后悔恨其早死，惜其方不尽，及见栾大，大说。"李德裕《论救杨嗣复李珏陈夷直状》："伏望且降使臣，就彼鞫问，待得其罪，显戮不迟，如便遣使，必贻后悔。"

太子入学，庶民同例。① 官至一品，万法依条。②

[注释]

① "太子"二句：太子，封建社会皇帝的第一顺位继承人。商周时

期，天子及诸侯的嫡长子称太子或世子。自汉朝开始，只有法定继承人才能称太子或皇太子。梁章钜《称谓录》卷一〇引《白虎通·爵》："天子之子称太子。"《事物纪原》卷一："唐虞而上，皆传之贤，故无太子之文，夏商之王，虽传之子，其文略矣。至周始见文王世子之目，武王继之称太子发，此其始也。汉天子号皇帝，故其嫡称皇太子。《汉书·高祖纪》：'五年二月甲午，汉王即皇帝位，尊太子曰皇太子。'此其始也。"敖英《绿雪亭杂言》："古者天子之嫡子，亦称世子；诸侯之子，亦称太子。西汉，天子嫡子称皇太子，诸王之子称太子，如皇太子杀梁王太子之类是也。金、元庶子皆称太子，如四太子兀术之类是也。"诸侯王或藩王的正式继承人只能称世子。《仪礼·聘礼》"世子之丧"贾公彦疏："世子，惟据天子、诸侯之子。"《白虎通义·爵》："所以名之为世子何？言欲其世世不绝也。"入学，学童初次进入学校读书。《周礼·春官·大胥》："春入学，舍采合舞。"《后汉书·献帝纪》："结童入学，白首空归，长委农野，永绝荣望，朕甚愍焉。"庶民，众民，平民。《诗经·大雅·灵台》："庶民攻之，不日成之。"《后汉书·光武帝纪》："（建武十一年八月）诏曰：'敢灸灼奴婢论如律，免所灸灼者为庶民。'"同例，一例，同样。《晋书·周札传》："札在石头，忠存社稷，义在亡身……臣谓宜与周顗、戴若思等同例。"杜佑《通典·刑八》："如郑善果等，官位不卑，纵令犯罪，不可与诸囚同例。"

②"官至"二句：一品，封建社会中官品的最高一级。自三国魏以后，官分九品，最高者为一品。《晋书·惠帝纪》："乃发王公奴婢手春给兵廪，一品已下不从征者，男子十三以上皆从役。"贾岛《上杜驸马》："妻是九重天子女，身为一品令公孙。"万法，指一切事物。朱昭之《难顾道士〈夷夏论〉》："《金刚般若》，文不逾千，四句所弘，道周万法。"苏轼《东林第一代广惠禅师真赞》："而况于出三界，了万法，不生不老，

不病不死，应物而无情者乎？"法，指事物及其现象，也指理性、佛法等。条，条例，法律文件，也泛指分条订立的规则、章程。陈子昂《上蜀川安危事》："若纵而不括，以养贼徒，蜀州大弊，必是未息。天恩允此请，乞作条例括法。"《宋史·神宗纪》："甲子，陈升之、王安石创置三司条例，议行新法。"《啸亭杂录》卷九："谢芗泉巡南漕归，告余曰：'见公所定条例，每项皆有宽饶余利，使人乐于从事，故一时所理井井，久而易行。'"

得之有本，失之无本。凡事从实，积福自厚。① 无功受禄，寝食不安。②

[注释]

① "凡事"二句：凡事，不论什么事。魏承班《谒金门》："愁倚画屏凡事懒，泪沾金缕线。"从实，依照实际、真实情况。《汉书·匡衡传》："恐郡不肯从实，可令家丞上书。"《水浒传》第二十六回："你这淫妇听着！你把我的哥哥性命怎地谋害了？从实招来，我便饶你！"积福，聚积福运。《说苑·谈丛》："众正之积，福无不及也；众邪之积，祸无不逮也。"《岳阳楼》第二折："化一盏茶吃，你可是甜言蜜语的。出家人那里不是积福处！"

② "无功"二句：无功受禄，泛指不出力而接受报酬。《诗经·魏风·伐檀》："《伐檀》，刺贪也，在位贪鄙，无功而受禄，君子不得进仕尔。"《旧唐书·李元恺传》："无功受禄，灾也。"禄，旧时官吏的薪俸。寝食不安，形容心情烦躁、昼夜不宁。《战国策·齐策》："秦王恐之，寝不安席，食不甘味。"《敦煌变文集·叶净能诗》："皇帝自此之后，日夜思慕，寝食不安。"

财高气壮,势大欺人。言多语失①,食多伤心。送朋友酒,日食三餐。酒要少吃,②事要多知。

[**注释**]

①言多语失:话说多了就难免有说错的地方。

②"送朋友"三句:送朋友酒,是说送别朋友时才饮酒。吃酒,喝酒。《水浒传》第十二回:"不如只就小寨歇马,大秤分金银,大碗吃酒肉,同做好汉。"又第十五回:"他们不怕天,不怕地,不怕官司;论秤分金银,异样穿绸锦;成瓮吃酒,大块吃肉:如何不快活!"

相争告人,万种无益。①礼下于人,必有所求。②

[**注释**]

①"相争"二句:相争,彼此争夺,争斗。《传习录》卷中:"相矜以知,相轧以势,相争以利,相高以技能,相取以声誉。"《二刻拍案惊奇》卷一九:"万家两个大儿子只好眼睁睁看他使势行凶,不敢相争,内财一空。"告,控告。《陈州粜米》第一折:"则这官吏知情,外合里应,将穷民并。点纸连名,我可便直告到中书省。"万种,各种各样。

②"礼下"二句:有礼于人,必有向人求助的事。《左传·昭公二十五年》:"己亥,公孙于齐,次于阳州。齐侯将唁公于平阴,公先于野井。齐侯曰:'寡人之罪也。使有司待于平阴。为近故也。'书曰:'公孙于齐,次于阳州。齐侯唁公于野井。'礼也。将求于人,则先下之,礼之善物也。"《万事足》第二十五折:"啊呀,小娘子,礼下于人,必有所求。

贤夫远隔异省，两载音稀，虽有盟言，多成画饼。小娘子担阁青春，将来恐有白头之叹，不若从权改适，帮养佳儿，即使贤夫再至，亦难怪小娘子。"

敏而好学①，不耻下问。居必择邻②，交必良友。

[注释]

①敏而好学：《论语·公冶长》："子曰：'敏而好学，不耻下问，是以谓之文也。'"敏，勤勉。《中庸》："人道敏政，地道敏树。"郑玄注："敏，犹勉也。"好学，喜爱学习。《颜氏家训·勉学》："初为阉寺，便知好学，怀袖握书，晓夕讽诵。"《魏书·孙绍传》："绍少好学，通涉经史，颇有文才，阴阳术数，多所贯涉。"《归田录》卷二："圣俞在时，家甚贫。余或至其家，饮酒甚醇，非常人家所有，问其所得，云：'皇亲有好学者，宛转致之。'"

②择邻：选择好的邻居。何晏《景福殿赋》："嘉班妾之辞辇，伟孟母之择邻。"白居易《欲与元八卜邻先有是赠》："每因暂出犹思伴，岂得安居不择邻！"苏轼《崔文学甲携文见过萧然有出尘之姿问之则孙介夫之甥也故复用前韵赋一篇示志举》："自言总角岁，慈母为择邻。"

顺天者存，逆天者亡。人为财死，鸟为食亡。得人一牛，还人一马。①老实常在，脱空常败。②

[注释]

①"得人"二句：比喻知恩必报，或礼尚往来。《嘉泰普灯录》卷二

八:"得人一牛,还人一马,有往有来,可知礼也。"

② "老实"二句:老实,忠厚诚实。《救风尘》第一折:"待嫁一个老实的,又怕尽世儿难成对。"脱空,落空,没有着落。朱熹《答刘定夫》:"下稍说得张皇,都无收拾,只是一场大脱空,直是可恶。"吕本中《东莱吕紫微师友杂记》:"刘器之尝论至诚之道,凡事据实而言,才涉诈伪,后来忘了前话,便是脱空。"

三人同行,必有我师。

人无远虑,必有近忧。

寸心不昧,万法皆明。① 明中施舍,暗里填还。② 人间私语,天闻若雷。暗室亏心,神目如电。肚里跷蹊,神道先知。③

[注释]

① "寸心"二句:寸心,指心。旧时认为心的大小在方寸之间,故名。陆机《文赋》:"函绵邈于尺素,吐滂沛乎寸心。"杜甫《偶题》:"文章千古事,得失寸心知。"昧,隐藏,违背。法,此指为人行事的方式方法。

② "明中"二句:施舍,给人财物。《左传·宣公十二年》:"老有加惠,旅有施舍。"王引之《经义述闻·春秋左传中》:"古人言'施舍'者有二义……《左传》之'施舍'皆赐予义。"暗里,犹暗中,背地里。李珣《南乡子·烟漠漠》:"暗里回眸深属意,遗双翠,骑象背人先过水。"填还,犹偿还,报偿。韩愈《论变盐法事宜状》:"盐商利归于己,无物不取,或从赊贷升斗,约以时熟填还。用此取济,两得利便。"《汉宫秋》第一折:"我特来填还你这泪揾湿鲛绡帕,温和你露冷透凌波袜。"《初刻拍案惊奇》卷三〇:"佛说戒杀,还说杀一物要填还一命。"

③"肚里"二句：肚里，心中，胸中。孟郊《择友》："虽笑未必和，虽哭未必戚。面结口头交，肚里生荆棘。"谢良佐《上蔡语录》卷上："今人学诗，将章句横在肚里，怎生得脱？"蹺蹊（qiāo qi），也作蹊蹺，奇怪，可疑。《朱子语类》卷二九："如一件事物相似，自恁地平平正正，更著不得些子蹺蹊。"《京本通俗小说·错斩崔宁》："小娘子与那后生看见赶得蹺蹊，都立住了脚。"神道，指天道，神妙莫测之理。《周易·观》："观天之神道，而四时不忒。圣人以神道设教，而天下服矣。"

人离乡贱①，物离乡贵。

[注释]

①人离乡贱：谓农耕文明造就的古人"安土重迁"的思想，即安于本乡本土，不愿轻易迁移。《汉书·元帝纪》："安土重迁，黎民之性；骨肉相附，人情所愿也。"离乡，离别故乡。《西厢记诸宫调》卷五："相国夫人道得：'可惜，早是孩儿一身离乡客寄，死作个不着坟墓鬼。'"

杀人可恕，情理难容。
人欲可断，天理可循。心要忠恕，意要诚实。①

[注释]

①"心要"二句：忠，尽心为人。恕，推己及人。忠恕，即《论语·卫灵公》所谓"己所不欲，勿施于人"。《论语·里仁》："夫子之道，忠恕而已矣。"朱熹集注："尽己之谓忠，推己之谓恕。"《后汉书·章帝纪》："体之以忠恕，文之以礼乐。"诚实，真诚老实。《潜夫论·实贡》：

"夫高论而相欺，不若忠论而诚实。"《京本通俗小说·错斩崔宁》："劝君出语须诚实，口舌从来是祸基。"

狎昵恶少，久必受累。屈志老成，急可相依。

施惠无念①，受恩莫忘。勿营华屋，勿谋良田。

[注释]

①无念：无妄念。此处犹无须总是念叨。白居易《对小潭寄远上人》："借问不流水，何如无念心。"又《晚起》："北阙停朝簿，西方入社名。惟吟一句偈，无念是无生。"《坛经》："般若三昧，即是无念。何名无念？若见一切法，心不染著，是为无念。"谓无念虽指无杂念，但并非无一毫之念，心专一则杂念自无。

祖宗岁远，祭祀宜诚①。子孙虽愚，诗书宜读。刻薄成家，理无久享②。

[注释]

①祭祀：祀神供祖的仪式。《史记·白起列传》："死而非其罪，秦人怜之，乡邑皆祭祀焉。"《论衡·解除》："祭祀无鬼神，故通人不务焉。"柳宗元《监祭使壁记》："圣人之于祭祀，非必神之也，盖亦附之教也。"

②辜：亏负。白居易《戊申岁暮咏怀》三首其三："幸得展张今日翅，不能辜负昔时心。"

[评析]

本集中"人欲可断，天理可循"二句有可说处。"存天理，灭人欲"，出自《礼记·乐记》:"夫物之感人无穷,而人之好恶无节,则是物至而人化物也。人化物也者,灭天理而穷人欲者也。于是有悖逆诈伪之心,有淫佚作乱之事。"后来,程颐说:"人心私欲,故危殆;道心天理,故精微。灭私欲则天理明矣。"(《二程全书·遗书二四》)朱熹集其成,《朱子语类》卷一二云:"孔子所谓'克己复礼',《中庸》所谓'致中和''尊德性''道问学',《大学》所谓'明明德',《书》曰'人心惟危,道心惟微。惟精惟一,允执厥中',圣贤千言万语,只是教人明天理、灭人欲。"又卷四:"学者须是革尽人欲,复尽天理,方始为学。"又卷一三:"问:'饮食之间,孰为天理,孰为人欲?'曰:'饮食者,天理也;要求美味,人欲也。'""饮食,天理也,山珍海味,人欲也;夫妻,天理也,三妻四妾,人欲也。"又《晦庵集》卷五五:"然观古人为学,只是升高自下,步步踏实,渐次解剥,人欲自去,天理自明。"简括而言,朱熹主张的是明理见性。人为自己的私欲所蒙蔽,所以看不到自己的真实面貌,不能体悟到天地之理。要想体验到、找到万事万物的共同之理,就要除去人的私欲。

朱熹曾自许,平生所学唯"天理""人欲"四字。"理"就是万物之所以各自成其"物"的道理以及该物在运动变化和发展中自身应当遵循的"当然之则"。在天地万物之先,有一种不依赖任何客观存在的绝对观念,叫"天理"。当天生万物之时,"天理"先天地注入天地万物之中,决定了天地万物的存在,是万事万物先天必然具有的道理。这个"理"是每个"物"所天赋的,是任何人和事都无法改变的。"人"是"天下之物"的一种特殊表现形态。朱熹在追求"天理"的同时,把"人欲"视为追求"天理"道路上的最大障碍。因此提出"灭人欲"的思想主张,并把它看作"成圣"的必要途径。其主旨,是要把人类社会的伦理秩序,高扬为客观世界的宇宙规律,为其普遍性与合理性立法,力图使全社会认同天理,以天理之准则,规范社会和人生。遵照此主旨,朱熹要求人们持敬畏精神,去认识并接受天理的先验理性,提高对天理的自觉意识。基于人心本善,以道德自律格物致知、存理去欲。在社会生活中,展现理的崇高地位和普遍必然性。(详参徐天河《朱子闽学的核心内涵与现代社会》)

五言集

黄金浮世在，白发故人稀。①多金非为贵②，安乐值钱多。

[注释]

①"黄金"二句：浮世，人间，人世。旧时认为人世间是浮沉、聚散不定的。阮籍《大人先生传》："逍遥浮世，与道俱成。"杜牧《将赴京留赠僧院》："空悲浮世云无定，多感流年水不还。"故人，旧交，老友。《庄子·山木》："夫子出于山，舍于故人之家。"《史记·范雎列传》："然公之所以得无死者，以绨袍恋恋，有故人之意，故释公。"王维《送元二使安西》："劝君更尽一杯酒，西出阳关无故人。"

②多金：多钱财，很多财物。《战国策·秦策》："苏秦曰：'嫂何前倨而后卑也？'嫂曰：'以季子之位尊而多金。'"郭钰《秋望》："燕马关山远，吴船岁月深。归来苏季子，何用苦多金。"《万历野获编》卷一三："其人拥多金，负小慧，学诗画，以此得交士大夫。"

休争三寸气①，白了少年头。百年随时过，万事转头空。②

[注释]

①三寸：指舌。《艺文类聚》卷一七引《不用舌论》："留侯不得已而掉三寸，亦反初服而效神仙。"萧纲《舌赋》："夫三端所贵，三寸著名，故微言传乎往记，妙说表乎丹青。"

②"百年"二句：随时，任何时候，不拘何时。骆宾王《与程将军书》："随时任其舒卷，与物同其波流者矣。"张道洽《岭梅》："到处皆诗境，随时有物华。"转头，转动头部。《古诗为焦仲卿妻作》："转头向户里，渐见愁煎迫。"韩愈《复偶见三绝》其三："半身映竹轻闻语，一手揭帘微转头。"梅尧臣《王祁公北园》："强骑瘦马往城北，二十三年如转头。"后因以之比喻时间短暂。

耕牛无宿草，仓鼠有余粮。①万事分已定，浮生空自忙。

[注释]

①"耕牛"二句：《桃花女》楔子："耕牛无宿草，仓鼠有余粮。万事分已定，浮生空自忙。"耕牛，耕田用的牛。曹操《军谯令》："其举义兵已来，将士绝无后者，求其亲戚以后之，授土田，官给耕牛，置学师以教之。"陆龟蒙《祝牛宫辞·序》："冬十月，耕牛为寒，筑宫纳而皂之。"宿草，存留过夜的草料。仓鼠，啮齿动物。仓鼠两颊皆有颊囊（分布在中亚者除外），从白齿侧延伸到肩部，可以用来临时储存或搬运食物回洞储藏，故名。余粮，指吃和用以外余下的粮食。《商君书·靳令》："民有余粮，使民以粟出官爵。官爵必以其力，则农不怠。"

结有德之朋，绝无义之友。①常怀克己心，法度要谨守。②

[注释]

①"结有德"二句：有德，谓道德品行高尚，能身体力行。《周礼·春官·大司乐》："凡有道者、有德者，使教焉。"郑玄注："德，能躬行者。"《论语·宪问》："子曰：'有德者必有言，有言者不必有德。'"韩

愈《论孔戣致仕状》:"七十求退,人臣之常礼;若有德及气力尚壮,则君优而留之。"无义,没有公理正道,不讲正义。《论语·阳货》:"子曰:'君子有勇而无义为乱,小人有勇而无义为盗。'"《公羊传·庄公二十四年》:"曹羁谏曰:'戎众以无义,君请勿敌也。'"

②"常怀"二句:克己,克制私欲,严于律己。《汉书·王嘉传》:"孝文皇帝欲起露台,重百金之费,克己不作。"韩愈《贺太阳不亏状》:"陛下敬畏天命,克己修身,诚发于中,灾销于上。"法度,法令制度。《尚书·大禹谟》:"儆戒无虞,罔失法度。"贾谊《过秦论》:"内立法度,务耕织,修守战之具。"谨守,谨慎守护,敬慎守持。《晏子春秋·内篇谏下三》:"景公树竹,令吏谨守之。"陆机《辨亡论》:"将谨守峡口以待擒耳。"楼钥《集英殿修撰曾公神道碑》:"事亲尽礼,谨守家法。"

君子坦荡荡①,小人常戚戚。见事知长短,人面识高低。②

[注释]

①"君子"句:君子,指人格高尚、道德品行兼好之人。此语广见于先秦典籍,多指君王之子,着重强调地位的崇高。而后该词被赋予道德的含义。《周易·乾》:"君子终日乾乾。"《诗经·周南·关雎》:"窈窕淑女,君子好逑。"《尚书·大禹谟》:"君子在野,小人在位。"坦荡,形容胸襟开朗,心地纯洁。《论语·述而》郑玄注:"坦荡荡,宽广貌。"沈约《怀旧诗·伤王谌》:"长史体闲任,坦荡无外求。"

②"见事"二句:长短,长处和短处。《汉纪·宣帝纪》:"人各有长短,子欲学我亦不能,吾欲效子亦败矣。"张居正《陈六事疏》:"臣窃以为事无全利,亦无全害;人有所长,亦有所短。要在权利害之多寡,酌长短之所宜,委任责成,庶克有济。"人面,人的脸面。《墨子·明鬼》:

"刻佳人面,胡敢异心。"孙诒让《墨子闲诂》:"人面,言有面目而为人,非百兽贞虫飞鸟之比也。"《二刻拍案惊奇》卷二八:"自古道:清酒红人面,黄金黑世心。"

心高遮甚事①,地高偃水流。水深流去慢,贵人语话迟②。道高龙虎伏,德重鬼神钦。人高谈今古,物高价出头③。

[注释]

①"心高"句:心高,心中追求的目标高。遮,阻挡。《史记·陈涉世家》:"陈王出,遮道而呼涉。"《吕氏春秋·应同》:"子不遮乎亲,臣不遮乎君。"甚事,什么事。邵雍《二十九日依韵和洛阳陆刚叔主簿见赠》:"相阔夏秋闻甚事,可亲灯火读何书。"《儒林外史》第三回:"母亲不知是甚事,吓得躲在屋里,听见中了,方敢伸出头来说道:'诸位请坐,小儿方才出去了。'"

②语话:谈话,说话。张鹭《游仙窟》:"十娘共少府语话,须臾之间,五嫂则至。"《老学庵笔记》卷三:"老母有疾,其得疾之由,或以饮食,或以燥湿,或以语话稍多,或以忧喜稍过。"

③出头:超出其他。《随园诗话》卷七:"香树尚书题红叶云:'一夜流传霜信遍,早衰多是出头枝。'"

休倚时来势,提防时去年。藤萝绕树生①,树倒藤萝死。官满如花谢,势败奴欺主。命强人欺鬼,运衰鬼欺人。②

[注释]

①藤萝:紫藤的通称。杨炯《群官寻杨隐居诗序》:"寒山四绝,烟

雾苍苍；古树千年，藤萝漠漠。"

②"官满"四句：《白兔记》第三十一出："你见我哥嫂磨灭我，你也来戏弄我。自古道得好：'势败奴欺主，时乖鬼弄人。'"官满，官吏任职期满。白居易《别草堂三绝句》其三："山色泉声莫惆怅，三年官满却归来。"鬼，《说文解字》："鬼，人所归为鬼。从人，象鬼头。鬼阴气贼害，从厶。凡鬼之属皆从鬼。"《礼记·祭义》："众生必死，死必归土，此谓之鬼。"又《祭法》："庶人庶士无庙者，死曰鬼。"

但得一步地，何须不为人①。人无千日好，花无百日红。人有十年壮，鬼神不敢傍②。

[注释]

① "但得"二句：但得，倘若能。王建《精卫词》："但得海水作枯池，海中鱼龙何所为。"王仙仙《答孙玄照》："但得他时人放去，水中长作一双飞。"一步地，谓立足之地。一步，行走时两脚间的距离。阮籍《大人先生传》："以万里为一步，以千岁为一朝。"《朱子语类》卷二："只似在圆地上走，一人过急一步，一人差不及一步，又一人甚缓，差数步也。"何须，犹何必，何用。曹植《野田黄雀行》："利剑不在掌，结友何须多。"《封氏闻见记》卷一〇："宰相曰：'七千可为多矣，何须万？'"贺铸《临江仙·暂假临淮东道主》："何须绣被，来伴拥蓑眠。"为人，与人友好地交往。

②傍：贴近，靠近。左思《蜀都赋》："尔乃邑居隐赈，夹江傍山，栋宇相望，桑梓接连。"《木兰诗》："雄兔脚扑朔，雌兔眼迷离。双兔傍地走，安能辨我是雄雌。"杜甫《剑门》："一夫怒临关，百万未可傍。"

厨中有剩饭，路上有饥人。①

[注释]

①"厨中"二句：旧时僧道求布施食物之口语。后常用来形容贫富不均。《香囊记》第十九出："厨中有冷饭，路上有饥人。娘子，求乞些粮米。"《西游记》第五十七回："施主，厨中有剩饭，路上有饥人。贫僧是东土来，往西天取经的。我师父在路饥渴了，家中有锅巴冷饭，千万化些儿救口。"

饶人不是痴，过后得便宜。量小非君子，无度不丈夫。①路遥知马力，日久见人心。长存君子道，须有称心时。②

[注释]

①"量小"二句：量、度，度量、器量、涵养。《史记·司马相如列传》："人之度量相越，岂不远哉！"《抱朴子·逸民》："宜其以布衣而君四海，其度量盖有过人者矣。"苏洵《张益州画像记》："公南京人，慷慨有节，以度量容天下。"丈夫，犹言大丈夫，指有志气、有节操、有作为的男子。孟郊《答姚怤见寄》："君有丈夫泪，泣人不泣身。"张思光《门律自序》："丈夫当删《诗》《书》、制礼乐，何至因循，寄人篱下。"

②"长存"二句：长存，经久存在，长久保留。张衡《西京赋》："若历世而长存，何遽营乎陵墓。"《文心雕龙·史传》："使一代之制，共日月而长存。"刘大櫆《补溪草堂歌为顾学正备九作》："曾将草露比富贵，惟有处士名长存。"称心，符合心愿。《三国演义》第四十四回："将军何不去寻乔公，以千金买此二女，差人送与曹操，操得二女，称心满意，必班师矣。"《水浒传》第七十二回："怎敢说来宅上出入，只求同席

一饮,称心满意。"

雁飞不到处,人被名利牵。

地有三江水①,人无四海心。有钱善使用②,死后一场空。为仁不富矣,为富不仁矣。

[注释]

①三江:泛指外流河系里众多江河水道的总称。最早提出"三江"名称的,是《禹贡》:"淮海惟扬州。彭蠡既猪,阳鸟攸居。三江既入,震泽底定。""三江"的说法主要有:其一,《国语·越语》"三江环之"注,以吴江、钱塘江、浦阳江为三江。《吴越春秋·夫差内传》"出三江之口"注,"吴江"作"松江"。其二,《水经注·沔水》引晋郭璞说,以岷江、松江、浙江为三江。其三,《禹贡》释文引《吴地记》,以松江、娄江、东江为三江。其四,《汉书·地理志》"三江既入"注,以北江、中江、南江为三江。

②使用:使人员、器物、资金等为某种目的服务。陈以仁《存孝打虎》楔子:"大人呼唤小官,那厢使用?"《喻世明言》卷二一:"两日正没生意,且去淘摸几贯钱钞使用。"

君子喻于义,小人喻于利。①贫而无怨难,富而无骄易。

[注释]

①"君子"二句:《论语·里仁》:"君子喻于义,小人喻于利。"喻,明白,知道。《孟子·告子下》:"征于色,发于声,而后喻。"《荀子·正

名》:"单足以喻则单,单不足以喻则兼。"杨倞注:"喻,晓也。"《后汉书·杜笃传》:"以喻客意。"

百年还在命,半点不由人。在家敬父母,何须远烧香。家和贫也好,不义富如何。①

[注释]

①"家和"二句:《论语·学而》:"礼之用,和为贵。"不义,不合乎道义。《国语·周语》:"佻天不祥,乘人不义,不祥则天弃之,不义则民叛之。"《史记·汲郑列传》:"天子置公卿辅弼之臣,宁令从谀承意,陷主于不义乎!"

晴干开水道①,须防暴雨时。寒门生贵子②,白屋出公卿。将相本无种,男儿当自强。③

[注释]

①水道:水流的通道。《儿女英雄传》第三十三回:"要不用车,挖了水道,雇上四个长工庠水,也够使的了。"

②"寒门"句:寒门,寒微的门第。专指门第势力较低的世家,又称庶族。《三国志·吴书·周泰传》"(孙权)遣使者授以御盖"裴松之注引《江表传》:"卿吴之功臣,孤当与卿同荣辱,等休戚。幼平意快为之,勿以寒门自退也。"李白《溧阳濑水贞义女碑铭》:"粲粲贞女,孤生寒门。"贵子,日后当显贵的子嗣。《旧唐书·中宗上官昭容传》:"初,婉儿在孕时,其母梦人遗己大秤,占者曰:'当生贵子,而秉国权衡。'既

生女，闻者嗤其无效，及婉儿专秉内政，果如占者之言。"

③"将相"二句：《史记·陈涉世家》："王侯将相，宁有种乎？"无种，谓没有血统相传关系。《抱朴子·至理》："知长生之可得，仙人之无种耳。"《玉环记》第十五出："穷通算来各有时，将相本无种。"自强，自己努力图强。屈原《九章·怀沙》："惩连改忿兮，抑心而自强。"《史记·留侯世家》："上虽苦，为妻子自强。"《宋史·董槐传》："外有敌国，则其计先自强。自强者人畏我，我不畏人。"

欲要夫子行①，无可一日清。三千徒众立，七十二贤人。②成人不自在，自在不成人。③

[注释]

①夫子：孔门尊称孔子为夫子。后因以特指孔子。《论语·学而》："子禽问于子贡曰：'夫子至于是邦也，必闻其政，求之与？抑与之与？'"韩愈《重答张籍书》："自文王没，武王、周公、成、康相与守之，礼乐皆在，及乎夫子，未久也；自夫子而及乎孟子，未久也。"

②"三千"二句：《吕氏春秋·遇合》："孔子周流海内，再干世主，如齐至卫，所见八十余君，委质为弟子者三千人，达徒七十人。"《史记·孔子世家》："孔子以诗书礼乐教弟子，盖三千焉，身通六艺者七十有二人。"（按：其实，"三千弟子"这一说法并不可靠。如《孟子·公孙丑上》："以德服人者，中心悦而诚服也，如七十子之服孔子也。"《史记·仲尼弟子列传》："孔子曰'受业身通者七十有七人'，皆异能之士也。"据钱穆《先秦诸子系年·孔子弟子通考》，传世文献中能够落实的孔子弟子，确认有名字和籍贯记录的仅二十七人。）徒众，门徒。《汉书·后苍传》："满昌授九江张邯、琅邪皮容，皆至大官，徒众尤盛。"《六祖坛经》："五祖更欲与语，且见徒众总在左右，乃令随

众作务。"贤人,有才德的人。《周易·系辞》:"有亲则可久,有功则可大。可久则贤人之德,可大则贤人之业。"《史记·太史公自序》:"守法不失大理,言古贤人,增主之明。"杜甫《述古》三首其一:"贤人识定分,进退固其宜。"

③"成人"二句:《鹤林玉露》卷三:"庐陵士友藏朱文公一小简真迹云:'便中承书,知比日侍奉安佳。吾子读书,比复如何,只是专一勤苦,无不成就。第一更切检束操守,不可放逸。亲近师友,莫与不胜己者往来,熏染习熟,坏了人也。景阳想已赴省,季章当只在家,凡百必能尽心苦口,切须承禀,不可有违。谚云:成人不自在,自在不成人。此言虽浅,然实至切之论,千万勉之。《大学说》漫纳试读之,不晓处可问季章也。未即相见,千万为门户自爱。'此简盖与其亲戚卑行也。"成人,成器,成材。《水浒传》第十七回:"这贼配军!你是犯罪的囚徒,我一力抬举你成人,怎敢做这等不仁忘恩的事!"

国正天心顺,官清民自安①。妻贤夫祸少,子孝父心宽。

[注释]

①自安:自安其心。《荀子·王霸》:"故人主天下之利势也,然而不能自安也,安之者必将道也。"《汉书·张禹传》:"而禹与凤并领尚书,内不自安,数病上书乞骸骨,欲退避凤。"陈鸿《长恨歌传》:"太上皇亦不久人间,幸惟自安,无自苦耳。"

白云朝朝过,青天日日闲。自家无运至,却怨世界难。①

[注释]

①"白云"四句:《合同文字》楔子:"白云朝朝走,青山日日闲。

自家无运智，只道作家难。"世界，犹世间。（按：佛教典籍对世界结构通常作两种区分：其一，把世界分为佛国世界和众生世界，又把众生世界分为欲界、色界和五色界这"三界"；其二，把世界分为有情世间和器世间两种。佛教对人类所处的世界作出了细致入微的描绘，宣扬"须弥山中心"说。提出"三千大千世界"说，宣传无量无边的空间和无始无终的时间交织成无限的宇宙。这种宏观宇宙论，是佛教学者以因果报应论为主导，吸取、利用古印度的天文地理知识和神话传说，运用虚构和夸张的手法加以改造而成，宗教信仰色彩要远远超过哲学意蕴。）

有钱能解语①，无钱语不听。时间风火性，烧了岁寒衣。②人生不满百，常怀千岁忧。

[注释]

①解语：领会。《清平山堂话本·五戒禅师私红莲记》："五戒听了此言，心中一时解语（悟），面皮红一回，青一回，便转身辞回卧房。"

②"时间"二句：《喻世明言》卷三五："逡巡过了一年，当年是正月初一日。皇甫殿直自从休了浑家，在家中无好况。正是：'时间风火性，烧了岁寒心。'"风火性，形容脾气暴躁，极易致怒。此处比喻时间过得飞快。刘庭信《寨儿令·戒嫖荡》："若论蛇蝎，尚有潜蛰，不似你娘风火性不曾绝。"《牡丹亭》第四十七回："正是我一时风火性。大金家得知，这溜金王到有些欠稳。"寒衣，旧时，每年农历十月初一日，人们焚烧五色纸，为先人送去御寒的衣物，称"寒衣节"。

来说是非者，便是是非人。积善有善报，积恶有恶报。报应有早晚，祸福自不错。

花有重开日，人无常少年。①

[注释]

① "花有"二句：谓不可虚度年华。陈著《续任溥赏酴醾劝酒》二首其一："花有重开日，人无再少年。相逢拌酩酊，何必备芳鲜。"《窦娥冤》楔子："花有重开日，人无再少年。不须长富贵，安乐是神仙。"《二刻拍案惊奇》卷四〇："花有重开日，人无再少年。俺乃穿宫班直老王的便是。"

人无害虎心，虎有伤人意。①上山擒虎易，开口告人难。

[注释]

① "人无"二句：《晋书·郭文传》："尝有猛兽忽张口向文，文视其口中有横骨，乃以手探去之。温峤问曰：'猛兽害人，人之所畏，而先生独不畏耶？'文曰：'人无害兽之心，则兽亦不害人。'"《灰阑记》第一折："常言道：'人无害虎心，虎有伤人意。'我说道人见老虎谁敢汤，虎不伤人吃个屁！"伤人，使人受到伤害。《五灯会元》卷四三："利刀割肉疮犹合，恶语伤人恨不销。"《归潜志》卷二："子迁为人介特，自守不群，然尚气使酒，刚甚。平居循谨，惟恐伤人。"

忠臣不怕死，怕死不忠臣。①

[注释]

① "忠臣"二句：《豫让吞炭》第一折："折末尸骸横百段，热血污黄尘。忠臣不怕死，怕死不忠臣。"《赵氏孤儿》第一折："你既没包身

胆，谁着你强做保孤人？可不道忠臣不怕死，怕死不忠臣！"忠臣，旧指忠于君主的官吏。《晏子春秋·内篇问上三》："景公问于晏子曰：'忠臣之事君也何若？'晏子对曰：'有难不死，出亡不送。'公不说，曰：'君裂地而封之，疏爵而贵之，君有难不死，出亡不送，可谓忠乎？'对曰：'言而见用，终身无难，臣奚死焉；谋而见从，终身不出，臣奚送焉。若言不用，有难而死之，是妄死也；谋而不从，出亡而送之，是诈伪也。故忠臣也者，能纳善于君，不能与君陷于难。'"《史记·屈原贾生列传》："怀王以不知忠臣之分，故内惑于郑袖，外欺于张仪，疏屈平而信上官大夫、令尹子兰。"杜甫《秦州见敕目薛三璩授司议郎毕四曜除监察与二子有故远喜迁官兼述索居凡三十韵》："忠臣词愤激，烈士涕飘零。"

从前多少事，过去一场空。满怀心腹事，尽在不言中。①

[注释]

①"满怀"二句：《救风尘》第二折："满怀心腹事，尽在不言中。自家宋引章的母亲是也。"满怀，犹满腔，心中充满。潘岳《夏侯常侍诔》："前思未殚，后感仍集。积悲满怀，逝矣安及。呜呼哀哉。"心腹，衷情，真意。《尚书·盘庚》："今予其敷心腹肾肠，历告尔百姓于朕志。"王褒《四子讲德论》："是以海内欢慕，莫不风驰雨集……咸洁身修思，吐情素而披心腹。"《喻世明言》卷一："便把椅儿掇近了婆子身边，向他诉出心腹，如此如此。"

既在矮檐下，怎敢不低头。家贫知孝子，国乱识忠臣。
凡是登途者①，都是福薄人。须受苦中苦，方为人上人。

[注释]

①登途：上路，起程。梁肃《述初赋》："何皇鉴之偏属，降湛恩于鲰生。若侧足以登涂，方饬躬以效诚。"朱熹《答汪尚书书》："伏蒙劝行，尤荷眷念……但老人年来多病，既不敢劳动登途，又不敢远去膝下，只此一事，便自难处。"《敦煌变文集·降魔变文》："舍利弗与众而辞别，是日登途便即发。"

命贫君子拙，时来小儿强。命好心也好，富贵直到老；命好心不好，中途夭折了①；心命都不好，穷苦直到老。

[注释]

①"中途"句：中途，半路，途中。《列子·力命》："中涂遇东郭先生。"李白《叙旧赠江阳宰陆调》："中途不遇人，直到尔门前。"司马光《重经车辋谷》："中涂太息坐磐石，涕泗不觉双滂沱。"夭折，短命早死。《荀子·荣辱》："乐易者常寿长，忧险者常夭折。"王逸《九思·伤时》："愍贞良兮遇害，将夭折兮碎糜。"

年老心未老，人穷行莫穷。自古皆有死，民无信不立。①

[注释]

①"自古"二句：文天祥《过零丁洋》："人生自古谁无死，留取丹心照汗青。"《论语·颜渊》："子贡问政。子曰：'足食，足兵，民信之矣。'子贡曰：'必不得已而去，于斯三者何先？'曰：'去兵。'子贡曰：

'必不得已而去，于斯二者何先？'曰：'去食。自古皆有死，民无信不立。'"民无信不立，谓国家得不到老百姓的信任就会垮掉。也可以指人没有信用就没有立足之地。

乖汉瞒痴汉，痴汉总不知。乖汉变驴子，却被痴汉骑。

[评析]

  本集中"君子喻于义，小人喻于利"二句中包含的"义利之辨"，在中国文化中特别重要，是因为公私矛盾以及与之相关的一系列矛盾，均可从道德上概括为义利矛盾，所以，义利之辨也代表了处理公私矛盾等最重要的道德原则。义代表公，代表国家，代表中央，代表任人唯贤，代表君子做人的准则；利代表私，代表私人团体，代表地方，代表任人唯亲，代表小人做人的准则。可以说，中国文化的逻辑决定了正确处理义利之间的关系，是实现善治的最重要条件之一。但如果利被抬到首要位置，将导致人心腐烂，从而毁坏一切制度："放于利而行，多怨"（《论语·里仁》），"上下交征利，而国危矣"（《孟子·梁惠王上》）。总之，以义利关系作为中国文化中治道的一部分，本身就体现了伦理而非制度在中国国家治理中的重要价值。

  又，"烧了岁寒衣"句亦有可说处。其中所关涉的孟姜女哭长城的故事，顾炎武早已基本探索出了来龙去脉，兹录以备参：《春秋传》："齐侯袭莒，杞梁死焉。齐侯归，遇杞梁之妻于郊，使吊之，辞曰：'殖之有罪，何辱命焉。若免于罪，犹有先人之敝庐在，下妾不得与郊吊。'齐侯吊诸其室。"《左氏》之文，不过如此而已。《檀弓》则曰："其妻迎其柩于路，而哭之哀。"《孟子》则曰："华周、杞梁之妻善哭其夫，而变国俗。"言哭者始自二书。《说苑》则曰："杞梁、华舟进斗，杀二十七人而死，其妻闻之而哭，城为之阤，而隅为之崩。"《列女传》则曰："杞梁之妻无子，内外皆无五属之亲，既无所归，乃枕其夫之尸于城下而哭，内诚动人，道路过者莫不为之挥涕，十日而城为之崩。"言崩城者始自二书，而《列女传》上文亦载《左氏》之言。夫既有"先人之敝庐"，何至枕尸城下？且庄公既能遣吊，岂至暴骨沟中？崩城之云，未足为信。且其崩者城耳，未云长城。长城筑于威王之时，去庄公百有余年。而齐之长城，又非秦始皇所筑之长城也！后人相传乃谓秦筑长城，有范郎之妻孟姜送寒衣至城下，闻夫死，一哭而长城为之崩，则又非杞梁妻事矣。夫范郎者何人哉？使秦时别有此事，何其相类若此？唐僧贯休乃据以作诗云："筑人筑土一万里，杞梁贞妇啼呜呜。"则竟以杞梁为秦时筑城之人，似并《左传》《孟子》而未读者矣。古诗："谁能为此曲？无乃杞梁妻。"崔豹《古今注》卷中："乐府《杞梁妻》者，杞植妻妹朝日所作也。植战死，妻曰：'上则无父，中则无夫，下则无子，人生之苦至矣。'乃抗声长哭，杞都城感之而颓，遂投水死。其妹悲姊之贞操，乃作歌，名曰《杞梁妻》焉。梁，殖字也。"按，此则又云杞之都城，春秋杞成公迁于缘陵，今昌乐市，文公又迁于淳于，今安丘市，其时杞地当已入齐。要之，非秦之长城也。（《日知录》卷二五）

在此框架基础上，顾颉刚于1924年发表《孟姜女故事的转变》（载北京大学《歌谣周刊》），讨论这一故事的演变。其论述线索是：孟姜女故事已经流传了2500年，从《左传》所记故事看，说的是齐庄公袭莒，杞梁作先锋，战死沙场。杞梁妻在郊外遇见齐庄公，但不愿接受庄公的"郊吊"，庄公只好去杞梁家里吊唁。故事本来是称颂杞梁妻遵奉礼法。战国中期，《礼记》记述了杞梁妻悲歌哀哭；到西汉后期，刘向的《说苑》发展为哭声"崩城"。此外，哭城的地方，由开始的无所指，到西晋崔豹《古今注》说哭的地方为杞都城；北魏郦道元《水经注》写成莒城；

到了唐朝，哭倒的竟是长城了。故事发生地由中国中部的齐国变为了两千多里外的长城，杞梁也变成了秦朝人。最后，女主人公名字，直到宋代《孟子疏》才出现"其妻孟姜向城而哭"的确指。而"孟姜"是以春秋时期齐国等地通称的美女之名代之。

六言集

常将好事于人，祸不临身害己①。

[注释]

①临身：临到己身。龚炜《巢林笔谈·王恕斋》："娄民有冤鬼临身者，家人许以经忏超荐。"

既读孔孟之书，必达周公之礼。①君子敬而无失，与人恭而有礼。②事君数斯辱矣，朋友数斯疏矣。③

[注释]

①"既读"二句：郑光祖《醉思乡王粲登楼》第二折："你可晓得那鹤非染而自白，鸦非染而自黑。既读孔圣之书，必达周公之礼。"《张天师》第二折："可不道既读孔圣书，那里也必达周公礼。"孔孟之书，代指儒家经典。周公，姬姓，名旦，周文王姬昌第四子，周武王姬发之弟。曾两次辅佐武王伐纣，并制作礼乐。因其采邑在周，爵为上公，故称。周公之礼，此指儒家推崇的封建礼仪。

②"君子"二句：《论语·颜渊》："君子敬而无失，与人恭而有礼。"无失，没有失误。《老子》："是以圣人无为，故无败；无执，故无失。"董仲舒《春秋繁露·官制象天》："立成数以为植，而四重之，其可以无失矣。"

③"事君"二句：《论语·里仁》："子游曰：'事君数，斯辱矣；朋友数，斯疏矣。'"数，烦琐。《礼记·祭义》："祭不欲数，数则烦，烦则不敬。祭不欲疏，疏则怠，怠则忘。"

人无酬天之力，天有养人之心。①静坐常思己过，闲谈莫论人非。

[注释]

①"人无"二句：酬，酬答，报答。《仪礼·士冠礼》："主人酬宾，束帛俪皮。"郑玄注："饮宾客而从之以财货曰酬，所以申畅厚意也。"《左传·昭公二十七年》："吾无以酬之。"养，教育，熏陶。《孟子·离娄下》："以善养人，然后能服天下。"《汉书·礼乐志》："礼以养人为本。"

一马不备双鞍，忠臣不事二主。①常想有力之奴，不念无为之子。②

[注释]

①"一马"二句："一马"句，喻从一而终。《敦煌变文集·秋胡变文》："一马不被两鞍，单牛岂有双车并驾？"《元史·列女传》："衣氏，汴梁儒士孟志刚妻。志刚卒，贫而无子，有司给以棺木。衣氏给匠者曰：'可宽大其棺，吾夫有遗衣服，欲尽置其中。'匠者然之。是夕，衣氏具鸡黍祭其夫，家之所有悉散之邻里及同居王媪，曰：'吾闻一马不被两鞍，吾夫既死，与之同棺共穴可也。'遂自刭死。"（按：按照郭松义《伦理与生活——清代的婚姻关系》的研究，有清代，受到旌表的贞节烈妇有100万人，还有因种种缘故合例而未得旌表者，亦当有此数。至于在旌表大潮影响下甘愿守孀，而未能

熬满年头，或年过三十却格于规例而不得旌表的人，当然就更多了。）不事，不侍奉，不服事。《周易·蛊》："不事王侯，高尚其事。"

②"常想"二句：有力，有功劳。《国语·晋语》："自文公以来，有力于先君而子孙不育者，将授立之，得之者赏。"《史记·孙子吴起列传》："（吴王）西破强楚，入郢，北威齐晋，显名诸侯，孙子与有力焉。"《汉书·高祖吕皇后传》："太后蚤失父，其奉太后外家魏氏有力，乃召复魏氏，赏赐各以亲疏受之。"无为，无所作为。王安石《上时政疏》："夫因循苟且，逸豫而无为，可以侥幸一时，而不可以旷日持久。"李贽《三教归儒说》："然则今之无才无学，无为无识，而欲致大富贵者，断断乎不可以不讲道学矣。"

人有旦夕祸福，天有昼夜阴晴。①君子当权积福，小人仗势欺人。②

[注释]

①"人有"二句：吕蒙正《破窑赋》："天有不测风云，人有旦夕祸福。"《合同文字》第四折："天有不测风云，人有旦夕祸福。那厮恰才无病，怎生下在牢里便有病？张千，你再去看来。"旦夕，比喻很短的时间。《古诗为焦仲卿妻作》："蒲苇一时纫，便作旦夕间。"《三国志·蜀书·孟光传》："旦夕之危，倒悬之急。"陈子昂《为建安王与诸将书》："尽病水肿，命在旦夕。"

②"君子"二句：当权，掌握权力，掌握政权。曹植《陈审举表》："夫能使天下倾耳注目者，当权者是矣。"仗，凭借，依靠。《西厢记》第五本第三折："他学师友，君子务本；你倚父兄，仗势欺人。"

人将礼乐为先①,树将枝叶为圆。马有垂缰之义,狗有湿草之恩。②

[注释]

①礼乐:古代帝王常以兴礼乐为手段,以求达到尊卑有序、远近和合的统治目的。《礼记·乐记》:"乐也者,情之不可变者也。礼也者,理之不可易者也。乐统同,礼辨异。礼乐之说,管乎人情矣。"孔颖达疏:"乐主和同,则远近皆合;礼主恭敬,则贵贱有序。"《吕氏春秋·孟夏》:"乃命乐师习合礼乐。"高诱注:"礼所以经国家,定社稷,利人民;乐所以移风易俗,荡人之邪,存人之正性。"杜甫《秋野》五首其三:"礼乐攻吾短,山林引兴长。"

②"马有"二句:喻人应知恩图报。《双忠记》第二十七出:"犬有湿草之恩,马有垂缰之报,乃忘君事仇,反犬马之不如也。"《珍珠记》第十二出:"你受了我家这等厚恩,今日得中,便写休书家来,弃了我小姐,是何道理?……就是那鸦有反哺,犬知湿草,马有垂缰义。"《镜花缘》第二十六回:"总而言之,凡鳞介鸟兽为四灵所属,种类虽别,灵性则一。如马有垂缰之义,犬有湿草之仁。"义恩,道义恩情。《淮南子·人间训》:"或有功而见疑,或有罪而益信,何也?则有功者离恩义,有罪者不敢失仁心也。"戴叔伦《去妇怨》:"心知恩义绝,谁忍分明别。"《三国演义》第五十回:"云长是个义重如山之人,想起当日曹操许多恩义,与后来五关斩将之事,如何不动心?"

运去黄金失色,时来铁也争光。①怕人知道休做,要人敬重勤学。②

[注释]

① "运去"二句：失色，相比之下仿佛失去原有的色泽光彩。冒襄《影梅庵忆语》杜濬评曰："是篇娓娓至数千言，浩浩荡荡，西起昆仑，东注溟渤，冲融窈窕，异派分支，千态万状，姿媚横生，顿使《会真》《长恨》等篇，黯然失色。非辟疆莫能为此文，非姬莫能当此作，真千秋大观矣！"争光，比试光辉。《淮南子·说山训》："日出星不见，不能与之争光也。"《史记·屈原贾生列传》："推此志也，虽与日月争光可也。"张守节正义："推此志意，虽与日月争其光明，斯亦可矣。"杜甫《成都府》："初月出不高，众星尚争光。"

② "怕人"二句：知道，晓得。杨汝士《建节后偶作》："山僧见我衣裳窄，知道新从战地来。"《朱子语类》卷三三："某自十五六时，闻人说这道理，知道如此好，但今日方识得。"敬重，尊重。《韩非子·说林下》："今君少主也而务名，不如令荆贺君之孝也，则君不夺公位，而大敬重公，则公常用宋矣。"《史记·滑稽列传》："有诏得令乳母乘车行驰道中。当此之时，公卿大臣皆敬重乳母。"

泰山不却微尘，积少垒成高大。①人道谁无烦恼，风来浪也白头。②

[注释]

① "泰山"二句：李斯《谏逐客书》："太山不让土壤，故能成其大。"泰山，又名岱山、岱宗，位于今山东中部，号为"五岳"之首。《老子》："九层之台，起于垒土。"垒，堆集。《左传·文公十二年》："秦不能久，请深垒固军以待之。"高大，又高又大。苏轼《超然台记》：

"物非有大小也,自其内而观之,未有不高且大者也。彼挟其高大以临我,则我常眩乱反复。"

②"人道"二句:人道,佛教语,犹言人界。佛教谓众生根据生前善恶行为、因果报应,在天道、人道、修罗道、畜生道、饿鬼道、地狱道这六道中轮回。《佛说业报差别经》:"由先造增上下品身语妙意妙行,故生人道。"此指人生历程。烦恼,烦闷苦恼。《百喻经·五人买婢共使作喻》:"譬如五人,共买一婢,其中一人语此婢言:'与我浣衣。'又有一人复语浣衣。婢语次者:'先与其浣。'后者恚曰:'我共前人同买于汝,云何独尔?'即鞭十下。如是五人各打十下。五阴亦尔。烦恼因缘,合成此身,而此五阴,恒以生、老、病、死、无量苦恼搒笞众生。"浪头,波浪。李颀《送刘昱》:"八月寒苇花,秋江浪头白。"《朱子语类》卷四五:"动静恰似船一般,须随他潮去始得。浪头恁地高,船也随他上;浪头恁地低,船也随他下。"

[评析]

本集中"马有垂缰之义,狗有湿草之恩"二句,分别典出刘敬叔《异苑》卷三:"苻坚为慕容冲所袭,坚驰骝马,堕而落涧,追兵几及,计无由出。马即踟蹰,临涧垂鞍与坚。坚不能及,马又跪而授焉,坚援之,得登岸而走庐江。"以及干宝《搜神记》卷二〇:"孙权时李信纯,襄阳纪南人也。家养一狗,字曰黑龙。爱之尤甚,行坐相随,饮馔之间,皆分与食。忽一日,于城外饮酒大醉,归家不及,卧于草中。遇太守郑瑕出猎,见田草深,遣人纵火爇之。信纯卧处,恰当顺风。犬见火来,乃以口拽纯衣,纯亦不动。卧处比有一溪,相去三五十步,犬即奔往,入水湿身,走来卧处,周回以身洒之,获免主人大难。犬运水困乏,致毙于侧。俄尔信纯醒来,见犬已死,遍身毛湿,甚讶其事。睹火踪迹,因尔恸哭。

闻于太守,太守悯之曰:'犬之报恩甚于人。人不知恩,岂如犬乎?'即命具棺椁衣衾葬之。今纪南有义犬冢,高十余丈。"后者,《搜神后记》卷九所载与之相近:"晋太和中,广陵人杨生,养一狗,甚爱怜之,行止与俱。后生饮酒醉,行大泽,草中眠,不能动。时方冬月燎原,风势极盛。狗乃周章号唤,生醉不觉。前有一坑水,狗便走往水中还,以身洒生左右草上。如此数次,周章跬步,草皆沾湿。火至,免焚。生醒,方见之。尔后,生因暗行,堕于空井中,狗呻吟彻晓。有人经过,怪此狗向井号,往视。见生。生曰:'君可出我,当有厚报。'人曰:'以此狗见与,便当相出。'生曰:'此狗曾活我已死,不得相与。余即无惜。'人曰:'若尔,便不相出。'狗因下头目井。生知其意,乃语路人云:'以狗相与。'人即出之,系之而去。却后五日,狗夜走归。"(按:《搜神后记》,旧题陶潜撰,后来有些人疑非潜作。鲁迅《中国小说史略》也说:"潜性旷达,未必拳拳于鬼神,盖伪托也。"不过,释慧皎《高僧传·序》已有"陶渊明《搜神录》"语,《隋志》又正式题作"陶潜撰",其时去渊明未远,闻见较切,固不容因一些"枝节琐细"(袁珂《中国神话史》)的问题,如书中有后人附益的记陶潜死后十多年的事之类,便遽定其为伪托。)湿草垂缊,犬马恋主,虽其事未必真有其实,但意义就在于:物犹如此,人何以堪!

七言集

贫居闹市无人问，富在深山有远亲。交情好似初相见①，到老终无怨恨心。白马红缨彩色新，不是亲家强来亲。②一朝马死黄金尽，亲者如同陌路人。③

[注释]

①交情：人们在相互交往中建立起来的感情。《史记·汲郑列传》："一死一生，乃知交情。一贫一富，乃知交态。一贵一贱，交情乃见。"皎然《春夜与诸同宴呈陆郎中》："南国宴佳宾，交情老倍亲。"元好问《寄答刘生》："省郎共结交情厚，野老还欣礼数宽。"

②"白马"二句：彩色，多种颜色。《文子·道原》："听失于非誉，目淫于彩色。"段成式《酉阳杂俎·前集》卷五："（术士）乃合彩色于一器中，骤步抓目，徐祝数十言，方欲水再三噀壁上，成维摩问疾变相，五色相宜如新写。"亲家，泛称亲戚之家。《潜夫论·思贤》："自春秋之后，战国之制，将相权臣，必以亲家：皇后兄弟，主婿外孙，年虽童妙，未脱桎梏，由藉此官职，功不加民，泽不被下而取侯。"《后汉书·光武郭皇后传》："况迁大鸿胪，帝数幸其第，会公卿诸侯亲家饮燕，赏赐金钱缣帛，丰盛莫比，京师号况家为金穴。"

③"一朝"二句：比喻一旦失势，就会陷入一无所有的境地。《冻苏秦》第四折："假使一朝马死黄金尽，可不的依旧苏秦做陌路看承被人哂。""一朝"句，《追韩信》第三折："这的是一朝马死黄金尽，那时节

有家难奔,有国难投,急不得已羞扯龙泉自去刎。"《对玉梳》第一折:"有一日使的来赤手空拳,梦撒撩丁,前吊砖后吊瓦,槌着胸,跌着脚,哭哭啼啼,悲悲切切,恰还魂,敢恁时马死黄金尽。"《初刻拍案惊奇》卷二〇:"假如那王孙公子倚傍着祖宗势耀,顶戴着先人积攒下的浮财,不知稼穑,又无甚事业,只图快乐,落得受用。却不知乐极悲生,也终有马死黄金尽的时节。"亲,《说文解字》:"亲,至也。"本义为感情深厚,关系密切。朱浮《与彭宠书》:"凡举事,无为亲厚者所痛,而为见仇者所快。"陌路,陌生人。白居易《重到城七绝句·见元九》:"每逢陌路犹嗟叹,何况今朝是见君。"《阅微草堂笔记》卷一七:"君先陌路视我,而怪我视君如陌路,君忘之欤?"

青草发时便盖地①,运通何须觅故人。但能依理求生计②,何必欺心作恶人。

[注释]

①盖地:覆盖大地。形容数量多或声势大。《水浒传》第八十三回:"远远望见辽兵盖地而来,黑洞洞遮天蔽日,都是皂雕旗。"

②生计:赖以度生的产业或职业。亦指维持生活的办法。《陈书·姚察传》:"清洁自处,赀产每虚。或有劝营生计,笑而不答。"白居易《送萧处士游黔南》:"生计抛来诗是业,家园忘却酒为乡。"

才与人交辨人心,高山流水向古今。
莫作亏心侥幸事,自然灾祸不来侵。①

[注释]

① "莫作"二句：侥幸，意外获得成功或免除灾害。《潜夫论·述赦》："或抱罪之家，侥幸蒙恩，故宣此言，以自悦喜。"韩愈《病鸱》："侥幸非汝福，天衢汝休窥。"灾祸，灾难，灾害。《荀子·子道》："故劳苦雕萃而能无失其敬，灾祸患难而能无失其义。"《史记·历书》："灾祸不生，所求不匮。"《太平广记》卷四八三引《岭表录异》："言此国遇华人飘泛至者，虑有灾祸。"

人着人死天不肯，天着人死有何难。我见几家贫了富，几家富了又还贫。

三寸气在千般用，一旦无常万事休。①人见利而不见害②，鱼见食而不见钩。

[注释]

① "三寸"二句：《大宋宣和遗事·亨集》："贾奕觑了，认的是天子衣，一声长叹，忽然倒在地。不知贾奕性命如何？三寸气在千般用，一日无常万事休。"《西厢记》第五本第四折："罢罢！要这姓名怎么，不如触树身死。妻子空争不到头，风流自古恋风流。三寸气在千般用，一日无常万事休。"《警世通言》卷二五："虽唤做吉祥而逝，却不曾有片言遗嘱。常言说得好：三寸气在千般用，一日无常万事休。"三寸气，犹言一口气。借指生命。吕岩《七言》："解接往年三寸气，还将运动一周天。"（载《全唐诗》卷八五六）三寸，指上、中、下三丹田。《黄庭内景经·灵台章》："灵台郁荡望黄野，三寸异室有上下。"梁丘子注："三丹田上、

中、下三处各异,每室方圆一寸,故云三寸。今人犹谓心为方寸,即一所。"千般,多种多样。王维《听百舌鸟》:"入春解作千般语,拂曙能先百鸟啼。"《菩萨蛮》:"枕前发尽千般愿。要休且待青山烂。"无常,人死的婉辞。法显《佛国记》:"共诸同志游历诸国,而或有还者,或有无常者。"段成式《酉阳杂俎·续集》卷一:"贫道已力衰弱,无常将至,君前所求物,聊用为别。"

②利害:利益与损害。《周易·系辞》:"情伪相感而利害生。"韩康伯注:"情以感物则得利,伪以感物则致害也。"《史记·龟策列传》:"先知利害,察于祸福。"

是非只为多开口,烦恼皆因强出头。平生正直无私曲,问甚天公饶不饶。①

[注释]

①"平生"二句:正直,公正无私,刚直坦率。《尚书·洪范》:"无反无侧,王道正直。"蔡沈集传:"正直,不偏邪也。"《韩诗外传》卷七:"正直者顺道而行,顺理而言,公平无私,不为安肆志,不为危激行。"私曲,偏私阿曲,不公正。《管子·五辅》:"故善为政者,田畴垦而国邑实,朝廷闲而官府治,公法行而私曲止。"《南史·何远传》:"远性耿介,无私曲,居人间绝请谒,不造诣。"天公,天。以天拟人,故称。《尚书大传》卷五:"烟氛郊社不修,山川不祝,风雨不时,霜雪不降,责于天公。"陆游《残雨》:"五更残雨滴檐头,探借天公一月秋。"

猛虎不在当道卧,困龙也有升天时。①

[注释]

①"猛虎"二句：当道，指在路上。东方朔《七谏·初放》："块兮鞠，当道宿。举世皆然兮，余将谁告？"柳宗元《牛赋》："当道长鸣，闻者惊辟。"方岳《独往》："不肯避人当道笋，相看如客对门山。"困龙，比喻处于困境的有才能、有福分的人。《石点头》第六回："如今且说一个先时狼狈，后来富贵的女子。莫说旁人不料他有这段荣华了，便是他引镜自照，也想不起当年面目。正是：时运未来君莫笑，困龙终有上天时。"升天，上升于天界。《论衡·龙虚》："世称黄帝骑龙升天，此言盖虚，犹今谓天取龙也。"曹植《当墙欲高行》："龙欲升天须浮云，人之仕进待中人。"《水经注·河水》："群仙不欲升天者，皆往来也。"

临崖勒马收缰晚，船到江心补漏迟。①

[注释]

①"临崖"二句：喻做错事已无法挽救。《钟离春智勇定齐》第三折："这厮不识咱运机，将人来紧追袭，呀，你如今船到江心补漏迟，抵多少临崖勒马才收骑。"《醒世恒言》卷一七："过迁渐渐自怨自艾，懊悔不迭。正是：临崖立马收缰晚，舡到江心补漏迟。"

家业有时为来往①，还钱常记借钱时。常将有日思无日，莫待无时思有时。

[注释]

①来往：交际往来。《史记·吕不韦列传》："（华阳夫人）从容言子

重订增广贤文 名贤集 | 355

楚质于赵者绝贤,来往者皆称誉之。"韩愈《与孟尚书书》:"与之语,虽不尽解,要自胸中无滞碍;以为难得,因与来往。"

金风未动蝉先觉,暗算无常死不知。①青山只会明今古,绿水何曾洗是非。

[注释]

① "金风"二句:金风,秋风。张协《杂诗》十首其三:"金风扇素节,丹霞启阴期。"李善注:"西方为秋而主金,故秋风曰金风也。"秦观《鹊桥仙·纤云弄巧》:"金风玉露一相逢,便胜却人间无数。"先觉,事先认识觉察。《论语·宪问》:"不逆诈,不亿不信,抑亦先觉者,是贤乎!"《宋书·谢灵运传论》:"张、蔡、曹、王曾无先觉,潘、陆、颜、谢去之弥远。"吕延济注:"言此数人曾不先觉天成之妙而去之远也。"《旧唐书·韩思复传》:"善思此时遂能先觉,因诣相府有所发明,进论圣躬必登宸极。"暗算,暗中图谋伤害或陷害。《水浒传》第七十四回:"部署问他先要了文书,怀中取出相扑社条,读了一遍,对燕青道:'你省得么?不许暗算。'"无常,变化不定。《尚书·蔡仲之命》:"民心无常,惟惠之怀。"孔安国传:"民之于上,无有常主,惟爱己者则归之。"《后汉书·西羌传》:"所居无常,依随水草。"李格非《洛阳名园记·吕文穆园》:"亦可以观万物之无常,览时之倏来而忽逝也。"

善恶到头终有报,只争来早与来迟。蒿里隐着灵芝草,淤泥陷着紫金盆。①

[注释]

① "蒿里"二句：蒿，蒿属植物。引申为野草。淤泥，犹污泥。萧衍《净业赋》："淤泥不能污其体，重昏不能覆其真。"方干《东山瀑布》："不缘真宰能开决，应向前山杂淤泥。"寒山诗："我自观心地，莲花出淤泥。"紫金，古代的一种珍贵矿物。

劝君莫做亏心事，古往今来放过谁。山寺日高僧未起，算来名利不如闲。

人生七十古来稀，多少风光不同居①。长江一去无回浪，人老何曾再少年。

[注释]

① "多少"句：风光，光景。冯梦龙《挂枝儿·五更天》："莫负了有限的好风光，似这等闲是闲非也，待闲了和他讲。"《再生缘》卷一五："女儿得受夫人诰，自己又饥有食来寒有衣。处此风光心本足，小千岁，偏偏一旦病沾躯。"同居，犹共处。《吕氏春秋·应同》："勤者同居则薄矣。"高诱注："同居于世。"张籍《征妇怨》："妇人依倚子与夫，同居贫贱心亦舒。"

大道劝人三件事，戒酒除花莫赌钱。①言多语失皆因酒，义断亲疏只为钱。

[注释]

① "大道"二句：大道，正道，常理。《礼记·礼运》："孔子曰：

'大道之行也，与三代之英，丘未之逮焉，而有志焉。'"《汉书·司马迁传》："又其是非颇缪于圣人，论大道则先黄、老而后六经。"柳宗元《箕子碑》："当纣之时，大道悖乱，天威之动不能戒，圣人之言无所用。"除花，指不贪恋女色。

有事但近君子说，是非休听小人言。

妻贤何愁家不富，子孝何须父向前。心好家门生贵子①，命好何须靠祖田。侵人田土骗人钱，荣华富贵不多年。②莫道眼前无报应，分明折在子孙边。

[注释]

①家门：犹家族。《左传·昭公三年》："政在家门，民所无依。"焦赣《易林·临之·遁》："八百诸侯，不期同时。慕西文德，兴我宗族，家门雍睦。"《后汉书·虞诩传》："自此二十余年，家门不增一口，斯获罪于天也。"

②"侵人"二句：田土，田地。《后汉书·马援传》："其田土肥壤，灌溉流通。如令羌在湟中，则为害不休，不可弃也。"杜甫《岳麓山道林二寺行》："桃源人家易制度，橘洲田土仍膏腴。"荣华富贵，位贵而荣显。李峤《汾阴行》："山川满目泪沾衣，富贵荣华能几时。"

酒逢知己千杯少，话不投机半句多。衣服破时宾客少，识人多处是非多。草怕严霜霜怕日①，恶人自有恶人磨。月过十五光明少，人到中年万事和。

[注释]

①严霜：凛冽的霜，浓霜。宋玉《九辩》："秋既先戒以白露兮，冬又申之以严霜。"王安石《拒霜花》："落尽群花独自芳，红英浑欲拒严霜。"

良言一句三冬暖，恶语伤人六月寒。①

[注释]

①"良言"二句：良言，善意而有益的话。《汉书·路温舒传》："诽谤之罪不诛，而后良言进。"恶语，无礼、中伤的语言。班昭《女诫·妇行》："择辞而说，不道恶语，时然后言，不厌于人，是谓妇言。"王若虚《文辨》："子厚才识不减退之，然而令人不爱者，恶语多，而和气少耳。"

雨里深山雪里烟，看时容易做时难。无名草木年年发，不信男儿一世穷。

若不与人行方便，念尽弥陀总是空①。

[注释]

①弥陀：阿弥陀佛的简称，意译为无量寿佛。佛教中指西方极乐世界的教主。其塑像在寺院中常与释迦牟尼、药师二佛并坐，称"三尊"。卢思道《辽阳山寺愿文》："愿西遇弥陀，上征兜率。"苏轼《绝句》三首其一："市区收罢豚鱼税，来与弥陀共一龛。"

少年休笑白头翁，花开能有几日红。

越奸越狡越贫穷，奸狡原来天不容①。富贵若从奸狡得，世间呆汉吸西风②。忠臣不事二君主，烈女不嫁二夫郎。③小人狡猾心肠歹，君子公平托上苍。④

[注释]

①"奸狡"句：奸狡，奸诈狡猾。《晋书·王敦传》："奸狡饕餮，未有隗比，虽无忌、宰嚭、弘恭、石显未足为喻。"不容，不能容纳，不能宽容。《论语·乡党》："入公门，鞠躬如也，如不容。"邢昺疏："君门虽大，敛身如狭小不容受其身也。"《世说新语·识鉴》："嵩性狼抗，亦不容于世。"王得臣《麈史》卷上："主上富于春秋，吾辈辅导当以德，若使人主轻于杀人，则吾辈亦将以不容矣。"

②呆汉：蔑称，痴呆的人。《竹叶舟》第四折："呆汉，你这一遭赶科场去，夺一个状元中，则管拜我怎的？"

③"忠臣"二句：君主，国君。《韩非子·爱臣》："是故诸侯之博大，天子之害也；群臣之太富，君主之败也。"烈女，重义轻生、有节操的女子。《战国策·韩策》："非独政之能，乃其姊者，亦列女也。"《后汉书·顺烈梁皇后传》："常以列女图画置于左右，以自监戒。"

④"小人"二句：狡猾，诡诈习钻。《左传·昭公二十六年》："若我一二兄弟甥舅，奖顺天法，无助狡猾，以从先王之命，毋速天罚，赦图不谷，则所愿也。"上苍，上天。袁康《越绝书·请籴内传》："昔者上苍以越赐吴，吴不受也。"

一字千金价不多，会文会算有谁过①。身小会文国家用，大汉空长作什么②。

[注释]

①会文会算：指有一定的文化水平。《儿女英雄传》第七回："什么书儿都念过，什么字儿都认得，学得能写会算，又是一把的好活计。"

②大汉：身材高大的男子。《桯史》卷六："时姑苏有民家姓唐，一兄一妹，其长皆丈有二尺，里人谓之唐大汉。"《三国演义》第一回："正饮间，见一大汉推着一辆车子，到店门首歇了，入店坐下，便唤酒保。"《喻世明言》卷一："这孩子虽则年小，生得：眉清目秀，齿白唇红。行步端庄，言辞敏捷。聪明赛过读书家，伶俐不输长大汉。"

[评析]

本集中"一朝马死黄金尽"句，似暗用《战国策·燕策》"千金市骨"之典：郭隗先生曰："臣闻古之人君，有以千金求千里马者，三年不能得。涓人言于君曰：'请求之。'君遣之。三月得千里马，马已死，买其首五百金，反以报君。君大怒曰：'所求者生马，安事死马而捐五百金？'涓人对曰：'死马且买之五百金，况生马乎？天下必以王为能市马，马今至矣。'于是不能期年，千里之马至者三。今王诚欲致士，先从隗始。隗且见事，况贤于隗者乎？岂远千里哉？"于是昭王为隗筑宫而师之。乐毅自魏往，邹衍自齐往，剧辛自赵往，士争凑燕。

又，据胡宅梵《记弘一大师之童年》，"一朝"句前有"白马红缨彩色新"一句，又作"高头白马万两金"："师有乳母刘氏，能背诵《名贤集》（集为格言诗，四五七言递加），时教师习诵其词，如'高头白马两金，不是亲来强求亲。一朝马死黄金尽，亲者如同陌路人。'又如'人贫志短，马瘦毛长。'师虽在八九岁之间，亦颇能解其义。"（按：胡文原题《弘师童年行述》，初载于竺摩法师1941年元旦在澳门出版的《觉音》杂志第20~21期合刊上，前言称，该刊曾经弘一法师过目并亲笔修正："于是师乃条述其幼年状况，予即秉笔为记，记毕呈阅，复经师亲以朱笔改正。"但据今存弘一法师修改稿，胡宅梵刊件并非按照弘一法师认定与修改发表，而是顾自再行修改，却未经弘一法师再认定。如上录"时教师"及"师虽在"二句，弘一法师修改稿分别为："时时教师习诵其词""时师虽在八九岁之间，闻之已起厌世之心"。详见王巨安《弘一修改稿〈弘师童年行述〉的存世意义》。）如此一来，也许更有助于理解"一朝马死黄金尽"句之义，即便其不曾用典，或者不甚知晓其用典；并且，尽管弘一法师修改稿中"已起厌世之心"云云，不免会给读者稍稍带来异样的感觉。

参考引用文献举要

《重订增广贤文精编》林晓峰编著　上海古籍出版社2000年版

《增广贤文》张齐明译注　中华书局2013年版

《训蒙增广改本》徐海荣主编　华夏出版社2002年版

《名贤集》孟琢、彭著东译注　中华书局2013年版

《朱子家训》[明]朱用纯编　岳麓书社2011年版

《菜根谭》[明]洪应明撰　中华书局2008年版

《幼学琼林精解》[明]程登吉著、王治卿注解　人民文学出版社2009年版

《事林广记》[宋]陈元靓撰　中华书局1999年版

《续小儿语》吴洋译注　中华书局2014年版

《浙江畸人别记》（一）孙延钊撰　《浙江省通志馆馆刊》创刊号（民国三十四年二月十五日出版）

《嘉兴明清望族疏证》龚肇智撰　方志出版社2011年版

《学苑零拾》黄永年著　华东师范大学出版社2001年版

《汉画考释和研究》李发林著　中国文联出版社2000年版

《浮生六记》[清]沈复著　人民文学出版社1999年版

《世说新语笺疏》[南朝宋]刘义庆著、余嘉锡笺疏　上海古籍出版

社 1993 年版

《博物志》［晋］张华撰　上海古籍出版社 2012 年版

《唐摭言》［五代］王定保撰　上海古籍出版社 2012 年版

《涑水记闻》［宋］司马光撰　中华书局 1989 年版

《七修类稿》［明］郎瑛著　上海书店出版社 2009 年版

《云谷杂记》［宋］张淏撰　中华书局 1958 年版

《景德传灯录》［宋］释道原编　上海书店出版社 2010 年版

《石林燕语》［宋］叶梦得撰　中华书局 1984 年版

《直斋书录解题》［宋］陈振孙撰　上海古籍出版社 1987 年版

《全唐文补遗》（第二辑）吴钢主编　三秦出版社 1995 年版

《六一诗话　冷斋夜话》［宋］欧阳修撰，［宋］释惠洪撰　凤凰出版社 2009 年版

《困学纪闻》［宋］王应麟撰　上海古籍出版社 2015 年版

《义门读书记》［清］何焯著　中华书局 1987 年版

《读韩记疑》［清］王元启撰　嘉庆刻本

《韩昌黎诗系年集释》［唐］韩愈著、钱仲联集释　上海古籍出版社 2007 年版

《宋诗选注》钱锺书著　生活·读书·新知三联书店 2002 年版

《唐钞文选集注汇存》周勋初辑　上海古籍出版社 2000 年版

《侯鲭录　墨客挥犀》［宋］赵令畤撰，［宋］彭乘撰　中华书局 2002 年版

《清夜录》［宋］俞文豹撰　巴蜀书社 1993 年影印本

《西溪丛语》［宋］姚宽撰　中华书局 1993 年版

《北梦琐言》［宋］孙光宪撰　中华书局 2002 年版

《四库全书总目》［清］爱新觉罗·永瑢等撰　中华书局 1963 年影

印本

《全上古三代秦汉三国六朝文》［清］严可均辑校　中华书局 1958年版

《五灯会元》［宋］释普济编　中华书局 1984 年版

《曾公遗录》［宋］曾布撰　中华书局 2016 年版

《书影》［清］周亮工撰　上海古籍出版社 1981 年版

《玉壶清话》［宋］释文莹撰　中华书局 1997 年版

《中吴纪闻》［宋］龚明之撰　上海古籍出版社 1986 年版

《酉阳杂俎》［唐］段成式撰　中华书局 2015 年版

《刘元卿集》［明］刘元卿撰　上海古籍出版社 2014 年版

《封氏闻见记》［唐］封演撰　中华书局 2008 年版

《归潜志》［金］刘祁撰　中华书局 1983 年版

《集异记》［唐］薛用弱撰　中华书局 1980 年版

《小窗幽记》［明］陈继儒撰　中华书局 2008 年版

《随园诗话》［清］袁枚撰　人民文学出版社 1982 年版

《渑水燕谈录　归田录》［宋］王辟之撰，［宋］欧阳修撰　中华书局 1997 年版

《老学庵笔记》［宋］陆游撰　中华书局 1997 年版

《吴均集校注》［南朝梁］吴均著、林家骊校注　浙江古籍出版社 2005 年版

《读杜心解》［清］浦起龙撰　中华书局 2010 年版

《杜诗详注》［唐］杜甫著、［清］仇兆鳌注　中华书局 1997 年版

《语译广解四书读本》蒋伯潜著　浙江人民出版社 1986 年版

《清国行政法》［日］织田万撰　中国政法大学出版社 2003 年版

《群经平议》［清］俞樾撰　北京大学出版社 2014 年版

《传习录注疏》［明］王阳明撰、邓艾民注　上海古籍出版社2012年版

《清平山堂话本校注》［明］洪楩辑、程毅中校注　中华书局2012年版

《吴下谚联》［清］王有光撰　中华书局1982年版

《苏诗补注》［宋］苏轼著、［清］查慎行补注　凤凰出版社2013年版

《明清笔记谈丛》谢国桢著　上海书店出版社2004年版

《天闻阁琴谱》［清］张孔山、［清］唐彝铭编　中国书店出版社2014年影印本

《杜臆》［明］王嗣奭撰　上海古籍出版社1983年版

《吹剑录全编》［宋］俞文豹撰、张宗祥校订　古典文学出版社1958年版

《北窗炙輠录》［宋］施德操撰　文渊阁《四库全书》本

《五杂俎》［明］谢肇淛撰　上海书店出版社2015年版

《古今诗话》［宋］李颀撰　中华书局1980年排印郭绍虞辑《宋诗话辑佚》本

《学斋占毕》［宋］史绳祖撰　文渊阁《四库全书》本

《考工记图》［清］戴震撰　湖南科学技术出版社2014年版

《鹤林玉露》［宋］罗大经撰　中华书局1983年版

《通制条格校注》方龄贵校注　中华书局2001年版

《丹铅总录笺证》［明］杨慎撰、王大淳笺证　浙江古籍出版社2013年版

《朝野佥载》［唐］张鷟撰　中华书局2005年版

《阅微草堂笔记》［清］纪昀撰　上海古籍出版社1980年版

《明皇杂录》［唐］郑处诲撰　中华书局1994年版

《韦庄集笺注》［五代］韦庄著、聂安福笺注　上海古籍出版社2002年版

《癸辛杂识》［宋］周密撰　中华书局1988年版

《分甘余话》［清］王士禛撰　中华书局1989年版

《甘泽谣》［唐］袁郊撰　上海古籍出版社1991年版

《独异志》［唐］李亢撰　中华书局1983年版

《唐代小说史话》程毅中著　文化艺术出版社1990年版

《土风录》［清］顾张思撰　上海古籍出版社2015年版

《青藤山人路史》［明］徐渭撰　齐鲁书社1995年影印《四库全书存目丛书》本

《管锥编》钱锺书撰　生活·读书·新知三联书店2007年版

《从〈七步诗〉的由来评曹植诗的整理》黄永年撰载《黄永年学术经典文集》　山西人民出版社2015年版

《历史人物》郭沫若著　中国人民大学出版社2005年版

《杜阳杂编》［唐］苏鹗撰　中华书局上海编辑所1958年版

《畜德录》［清］席启图撰　《四库全书存目丛书》本

《五种遗规》［清］陈弘谋撰　凤凰出版社2016年版

《楚辞补注》［宋］洪兴祖补注　中华书局1983年版

《夷坚志》［宋］洪迈撰　中华书局2006年版

《青箱杂记》［宋］吴处厚撰　中华书局1985年版

《颜氏家训集解》［北齐］颜之推著、王利器集解　中华书局1993年版

《唐语林校证》［宋］王谠著、周勋初注解　中华书局1987年版

《齐东野语》［宋］周密撰　中华书局1983年版

《补农书校释》［清］张履祥著　农业出版社 1983 年版

《广阳杂记》［清］刘献廷撰　中华书局 1997 年版

《明夷待访录》［明］黄宗羲撰　中华书局 1981 年版

《四溟诗话》［明］谢榛著　人民文学出版社 1961 年版

《中国诗学》汪涌豪、骆玉明编　东方出版中心 1999 年版

《高适诗集编年笺注》［唐］高适著、刘开扬笺注　中华书局 1981 年版

《新齐谐》［清］袁枚撰　人民文学出版社 1996 年版

《中山诗话》［宋］刘攽撰　中华书局 1981 年排印何文焕辑《历代诗话》本

《通俗编》［清］翟灏著　东方出版社 2013 年版

《唐前志怪小说辑释》李剑国辑释　上海古籍出版社 2011 年版

《水东日记》［明］叶盛撰　中华书局 1980 年版

《客座赘语》［明］顾起元撰　中华书局 1987 年版

《醉翁谈录》［宋］罗烨撰　古典文学出版社 1957 年版

《医药学家曹炳章方药论著选》曹炳章著　中国中医药出版社 2016 年版

《青琐高议》［宋］刘斧撰　上海古籍出版社 2012 年版

《闲情偶寄》［清］李渔撰　上海古籍出版社 2000 年版

《癸巳类稿》［清］俞正燮撰　商务印书馆 1957 年版

《古今注》《中华古今注》［晋］崔豹撰，［唐］马缟撰　商务印书馆 1956 年版

《中国神话传说词典》（修订版）袁珂编著　北京联合出版公司 2013 年版

《清波杂志校注》［宋］周煇著、刘永翔校注　中华书局 1997 年版

《事物纪原》［宋］高承撰　中华书局1989年版

《玉堂丛语》［明］焦竑撰　中华书局1981年版

《睽车志》［宋］郭彖撰　上海古籍出版社2012年版

《两般秋雨庵随笔》［清］梁绍壬撰　上海古籍出版社1982年版

《云笈七签》［宋］张君房编　中华书局2003年版

《履园丛话》［清］钱泳撰　中华书局1997年版

《东坡志林》［宋］苏轼撰　中华书局1981年版

《吹网录》［清］叶廷琯撰　辽宁教育出版社1998年版

《洛阳伽蓝记》［北魏］杨衒之撰　中华书局2010年版

《西塘集耆旧续闻》［宋］陈鹄撰　中华书局2002年版

《梦溪笔谈》［宋］沈括撰　上海书店出版社2003年版

《坚瓠集》［清］褚人获辑撰　上海古籍出版社2012年版

《容斋随笔》［宋］洪迈著　中华书局2005年版

《俗语考原》［清］李鉴堂编　上海文艺出版社1985年影印本

《齐民要术》［北魏］贾思勰著　上海古籍出版社2009年版

《笋谱》［宋］释赞宁著　浙江古籍出版社2014年版

《肯綮录》［宋］赵叔向撰　大象出版社2008年排印《全宋笔记》本

《〈肯綮录〉作者及成书时代献疑》余柯君撰　《浙江学刊》2017年第2期

《陔余丛考》［清］赵翼著　上海古籍出版社2012年版

《全敦煌诗》张锡厚主编　作家出版社2006年版

《帝京岁时纪胜》［清］潘荣陛撰　北京古籍出版社2001年版

《潜书》［清］唐甄撰　中华书局2009年版

《沈刻元典章》中国书店出版社2011年版

《唐国史补》《因话录》［唐］李肇撰，［唐］赵璘撰　上海古籍出版

社1979年版

《啸亭杂录》《续录》［清］爱新觉罗·昭梿撰　上海古籍出版社2012年版

《四朝闻见录》［宋］叶绍翁著　中华书局1989年版

《元曲选》［明］臧懋循编　中华书局1989年版

《清稗类钞》［清］徐珂编撰　中华书局2010年版

《域外集》［清］张缙彦撰　黑龙江人民出版社1984年版

《天工开物》［明］宋应星著　上海古籍出版社2016年版

《柳南随笔》［清］王应奎撰　中华书局1997年版

《冷庐杂识》［清］陆以湉撰　中华书局1997年版

《郁离子》［明］刘基撰　上海古籍出版社1981年版

《扪虱新话》［宋］陈善撰　中华书局1985年版

《辽海丹忠录》［明］陆人龙撰　山西人民出版社2000年版

《竹坡诗话》［宋］周紫芝撰　《历代诗话》本

《本草纲目》［明］李时珍著　黄山书社2005年版

《人物品藻与戏谑娱乐：唐代"题目"源流考》朱红撰　《文学遗产》2014年第4期

《中国春秋战国习俗史》宋镇豪著　人民出版社1994年版

《中兴间气集》［唐］高仲武编　国家图书馆出版社2009年版

《称谓录》［清］梁章钜著　福建人民出版社2003年版

《经义述闻》［清］王引之撰　上海古籍出版社2016年版

《嘉泰普灯录》［宋］释正受辑　上海古籍出版社2014年版

《京本通俗小说》上海古籍出版社1988年版

《泽螺居诗经新证》于省吾著　中华书局2003年版

《墨子闲诂》［清］孙诒让著　中华书局2001年版

《朱子闽学的核心内涵与现代社会》徐天河撰　载《世界客属第 25 届恳亲大会国际客家文化学术研讨会论文集》　福建教育出版社 2012 年版

《先秦诸子系年》钱穆著　商务印书馆 2001 年版

《异苑》［宋］刘敬叔撰　中华书局 1996 年版

《影梅庵忆语》［清］冒襄撰　岳麓书社 1991 年版

《万历野获编》［明］沈德符著　中华书局 1989 年版

《日知录集释》［清］顾炎武著、［清］黄汝成集释　上海古籍出版社 2006 年版

《巢林笔谈》［清］龚炜撰　中华书局 1997 年版

《伦理与生活——清代的婚姻关系》郭松义著　商务印书馆 2002 年版

《敦煌变文集》王重民等编　人民文学出版社 1984 年版

《搜神后记》［晋］陶渊明撰　中华书局 2007 年版

《中国神话史》袁珂著　上海文艺出版社 1988 年版

《朱子语类》［宋］黎靖德编　中华书局 1986 年版

《新刊大宋宣和遗事》　古典文学出版社 1954 年版

《女诫》［汉］班昭撰　中央民族大学出版社 1996 年版

《麈史》［宋］王得臣撰　上海古籍出版社 1986 年版

《越绝书》［汉］袁康撰　上海古籍出版社 1985 年版

《桯史》［宋］岳珂撰　中华书局 1981 年版

《弘一修改稿〈弘师童年行述〉的存世意义》王巨安撰　《浙江档案》2017 年第 1 期